Goldstadt-Reiseführer
Schottland
Waltraud Lajta

24 Lübeck
Edelsteinstraße 74

Goldstadt-Reiseführer der Touristenregionen Großbritanniens

Goldstadt-Reiseführer
Band 59

Schottland

**Burgen, Schlösser, Städte
Shetland- und Hebrideninseln
Rundreisen zu den
interessantesten Sehenswürdigkeiten**

Waltraud Lajta

16 Farbfotos
83 Fotos schwarzweiß
 2 Übersichtsskizzen
 5 Routenskizzen
 6 Stadtpläne

GOLDSTADTVERLAG PFORZHEIM

Titelbild: Dunnottar Castle

Für die uns freundlicherweise zur Verfügung gestellten Fotos bedanken wir uns bei der British Tourist Authority, beim Aberdeen Tourist Board und bei Herrn Dr. Hans Lajta

ISBN 3-87269-059-0

© 1991 Goldstadtverlag Pforzheim
4. überarbeitete Auflage
Nachdruck, Fotokopie, Aufzeichnung und Verarbeitung mittels elektronischer Systeme, auch auszugsweise, ohne schriftliche Genehmigung des Verlages nicht gestattet.
Herstellung: Karl A. Schäfer, Buch- und Offsetdruckerei, Pforzheim
Vertrieb: GeoCenter Verlagsvertrieb GmbH, München

0491119030

In 1314 Robert the Bruce defeated a large English force in a memorable battle at Bannockburn and although this was by no means the end of the wars it served to unite the Scots as a nation. They had taken the worst that mighty England could throw at them and survived. This pride is exhibited in the following words:

> *"For, as long as but a hundert of us remain alive, never will we on any conditions be brought under English rule. It is in truth not for glory, nor riches, nor honours that we are fighting, but for Freedom - for that alone, which no honest man gives up but with his life."*
>
> *DECLARATION OF ARBROATH, 1326*

SCHOTTLAND -

ein Land am Rande Europas, eigenständig, weltoffen, traditionsbewußt, mit reicher Geschichte und mit Menschen, die „anders" sind als wir. Sogar der Engländer sagt:
Scotland is different . . .

Der Schotte ist stolz auf seine Vergangenheit, weil er sich seiner Geschichte nicht schämt, obwohl sie von zahllosen Schlachten und blutigen Kriegen geprägt ist: sie wurden immer dann geführt, wenn Freiheit und Unabhängigkeit in Gefahr waren.

Dudelsack, Kilt und Tartan, Gatherings . . . das sind gesellige Zusammenkünfte mit Spielen und sportlichen Wettkämpfen, mit Erinnerungen an alte Freundschaften, aber auch an uralte Clan-Fehden, mit heiteren und mit ernsten Tänzen, mit viel Whisky. Keine Show dem Touristen zuliebe, damit er etwas zu staunen hat, sondern tief verwurzeltes Volkstum. Unvergeßliche Eindrücke für den Kontinentaleuropäer.

Der Dudelsack (Bild 1): ein Musikinstrument, das die Menschen schon vor mehr als dreitausend Jahren kannten. Ein Instrument, das in Schottland eine Heimat gefunden hat und nirgendwo sonst mit solcher Hingabe gespielt wird wie hier. Man spielte ihn auf dem Schlachtfeld, aber auch bei Hochzeiten und freudigen Ereignissen. Man spielt ihn heute noch zu vielen geselligen und feierlichen Anlässen.

Das Royal Highland Gathering in Braemar: wichtigstes und farbenprächtigstes Schauspiel des Landes, ein Stück uralter Tradition im Tal des Rivers Dee, der „schottischsten" aller schottischen Flußlandschaften, wo eine Vielfalt alter Burgen und Schlösser von der reichen Geschichte des Landes künden. Die Hochlandspiele von Braemar sind weltberühmt: Clanmitglieder aus allen Teilen des schottischen Hochlandes treffen hier in ihren traditionellen Kilts zum Wettbewerb zusammen. Wo früher die Waffen sprachen regiert heute der Sport. Sie werfen den Hammer, sie stemmen gewaltige Baumstämme und schleudern sie weit von sich. Sie tanzen zum Klang des Dudelsacks. Nirgendwo ist Schottland „schottischer" als hier (Bild 2-8).

Dann die abwechslungsreiche Landschaft: einmal heiter und bunt, dann wieder still, verträumt, ernst, melancholisch. Weltabgeschiedene, einsame Seen, die hier „Lochs" genannt werden. Malerische, eindrucksvolle Bergtäler, von stolzen Burgen bewacht, legendenumwoben, romantisch. Erinnerungen an Burns, Scott, Maria Stuart, Bonnie Prince Charlie ... (Bild 9-12). Auch in der Hauptstadt Edinburgh mit ihrem mächtigen, historischen Castle (Bild 13-16).

Und noch vieles mehr. Es ist unmöglich, von Schottland nicht beeindruckt zu werden.

Schottland ist ein schönes, ein beliebtes Reiseland. Das Wetter ist in der Regel sonniger als in England, die Straßen sind gut, die Menschen (zum überwiegenden Teil) freundlich, die Landschaft reizvoll bis großartig.

Die meisten Touristen wollen die Landschaft Schottlands kennenlernen. Viele sind verwundert wenn sie hören, daß es außer Edinburgh auch noch andere sehenswerte Königsstädte gibt, daß man – die nötige Zeit dafür vorausgesetzt – an die zweihundert Burgen und Schlösser besichtigen kann, mit einem Wort, daß die historischen und architektonischen „Sehenswürdigkeiten" den landschaftlichen weder in der Zahl, noch an Bedeutung, nachstehen.

Ich habe mich in diesem Buch bemüht, darauf hinzuweisen. Ich ging dabei von der Voraussetzung aus, daß jedermann eine Landschaft selber sehen, empfinden, erleben kann und daß es nicht notwendig ist, sie mit allerlei Attributen und Superlativen in überschwenglicher oder dichterischer Form zu beschreiben. Robert Burns und Sir Walter Scott konnten das besser. Ich stand also vor der Frage, ob ich die Reise- und Routenbeschreibungen in erzählender Form durchführen sollte. Wegen der Fülle von Sehenswertem, und weil ich bestrebt war, so viele Informationen wie nur möglich zu geben, entschied ich mich schweren Herzens auf die nüchterne Darstellung. Es ist mir bewußt, daß der Stil des Geschriebenen darunter litt, aber ich vertraue darauf, daß mir der Leser das verzeihen wird, da er doch statt dessen ein geballtes Maß an Hinweisen auf Sehenswürdigkeiten bekommt, die fast alles umfassen was Schottland zu bieten hat.

Bei der Wahl der Routenführung habe ich mich entschlossen, sie von Süden nach Norden zu beschreiben, da mir die Statistik sagt, daß der überwiegende Teil aller Touristen, hauptsächlich aber die PKW-Reisenden, ihr Reiseprogramm so einteilen, daß sie auf dem Weg zu ihrem Reiseziel so viel wie möglich Aufenthalte und Besichtigungen einplanen, während die Rückreise in der Regel rasch erfolgt und für Besichtigungen nur wenig Zeit bleibt. Da fast alle Schottlandbesucher von England her anreisen, ergibt es sich von selber, daß ich die Reiserouten nach Edinburgh oder Glasgow, und von dort weiter nach Norden wählte und nicht umgekehrt.

Wo sich hingegen Rundfahrten „anbieten", z.B. von Aberdeen zu den zahlreichen Schlössern im Tal des *Dee*, oder von Inverness rund um das nordwestliche Hochland, da habe ich nicht gezögert, statt einfacher Routen lohnende Rundfahrten zu beschreiben.

Auf umständliche und detaillierte Kilometerangaben im Text habe ich zumeist verzichtet, da ich doch annehme, daß kein Schottlandfahrer die Reise ohne entsprechende Autokarte antritt.

So kommen wir noch zur Schreibweise. Viele schottischen Eigennamen und Ortsbezeichnungen werden in Schottland anders geschrieben als in England. Ich habe mich bemüht, die jeweils lokal übliche Weise beizubehalten. So gibt es beispielsweise bei den Clan-Namen verschiedene Schreibweisen: MacDonald, Macdonald und McDonald bezeichnen ein und dasselbe, nur sind in den verschiedenen Landesteilen auch die Schreibweisen oft verschieden. Es handelt sich also nicht um Nachlässigkeiten, wenn ich einmal diese, einmal jene Form wähle.

Noch ein Wort zum Abschluß: Begnügen Sie sich auf ihrer Schottlandreise nicht mit ein paar Stunden Grenzlandabteien, ein paar Tagen Edinburgh und einem Ausflug zu den „Bonnie Banks of Loch Lomond". Eine „Schnupperreise" nach Schottland bringt ebensowenig wie ein „Schnuppern" von schottischem Whisky. Genießen Sie Schottland. Es ist auf jeden Fall „anders" and no day is long enough.

Ich wünsche Ihnen eine wunderschöne Reise!

1 Dudelsack

Braemar - Hochlandspiele

Hochlandtreffen mit Volkstanz und Dudelsack

9 Loch Maree

10 Corpach mit Ben Nevis

Sanft ansteigende Hügel und malerische Seen sind charakteristisch für die Lowlands.

Loch Beoraid bei Glenfinnan

Vor dem Edinburgh Castle

INHALTSVERZEICHNIS

A Reiseland Schottland

11	1.	Vom Land und seinen Menschen
15	2.	Das Klima
16	3.	Ein flüchtiger Blick auf Schottlands Geschichte
22	4.	Literatur, Wissenschaft, Forschung
24	5.	Clans, Tartans, Kilts und Tweeds
28	6.	Feste, Festivals, Common Ridings
30	7.	Die schottische Küche, der schottische Whisky

34 **B Die schottischen Burgen und Schlösser**

C Streckenbeschreibungen

- 69 1. Drei Strecken von (England-) Gretna Green nach Glasgow.
- 71   A) Auf der A-74 über Moffat nach Glasgow
- 75   B) Über Dumfries und Cumnock nach Glasgow.
- 79   C) Längs der Küste über Stranraer und Ayr nach Glasgow.
- 89   Die Insel Bute.
- 92 2. Von (England) Newcastle über Carter Bar, Jedburgh, Dryburgh, Melrose und Lauder nach Edinburgh (mit Verbindung Kelso-Coldstream).
- 98 3. Von (England) Carlisle über Hawick, Galashiels und Peebles nach Edinburgh
- 104 4. Von (England) Newcastle über Berwick-upon-Tweed nach Edinburgh.
- 111 5. Von Edinburgh über Linlithgow und Falkirk nach Stirling und Glasgow.
- 115 6. Von Glasgow längs des Loch Lomond nach Fort William und weiter über Loch Ness nach Inverness (mit Abzweigungen zu den Fährschiffhäfen Oban und Mallaig).
- 127 7. Von Oban nach Lochgilphead (Glasgow).
- 129 8. Von Glasgow über Inveraray und Tarbert nach Campbeltown und zu den Inseln Islay, Jura, Gigha und Arran.
- 136 9. Von Oban zu den Hebrideninseln Coll, Tiree, Colonsay, Mull, Iona und Staffa.
- 140 10. Von Mallaig bzw. Kyle of Lochalsh quer durch die Hebrideninsel Skye und zu den Inseln Eigg und Rhum.
- 146 11. Von Edinburgh über Perth und den Killiekrankiepaß nach Inverness.
- 157 12. Von Edinburgh über Dundee nach Aberdeen und weiter nach Faserburgh und Banff.
- 181 13. Von Inverness nach Aberdeen.
- 189 14. Von Inverness nach Thurso und Rundfahrt durch das nordwestliche Hochland.
- 204 15. Quer durch die Äußeren Hebrideninseln.
- 210 16. Die Orkneyinseln und Shetlandinseln.

D Stadtbeschreibungen

216	Edinburgh
217	Historische Entwicklung
219	Weg 1: Die Princes Street.
225	Weg 2: Von der Princes Street zu Edinburgh Castle.
232	Weg 3: Die „Royal Mile" zwischen Castle und Holyroodhouse
246	Weg 4: Über Grassmarket und Greyfriars zu den Meadows.
249	Weg 5: Die New Town zwischen Calton Hill und Dean Village
253	Ausflüge: Zoo, Craigmillar Castle, Lauriston Castle, Leith und Newhaven, Roslin, Dalkeith Park, Dalmeny.
255	Glasgow
257	Die Stadtbesichtigung.
266	Die Parkanlagen.
267	Ausflüge: Provan Hall, Hamilton, Paisley und Kilbarchan, Loch Lomond, The Trossachs.
272	Aberdeen
275	Die Stadtbesichtigung.
287	Ausflüge:
287	1. Rundfahrt mit Drum Castle, Crathes Castle, Craigievar Castle und Alford.
290	2. Rundfahrt bis Balmoral Castle und Braemar.
295	3. Pitmedden Garden und Haddo House
299	Perth
299	Die Stadtbesichtigung
302	Ausflüge: Huntingtower Castle, Scone Palace, Elcho Castle, Abernethy, Megginch Castle Gardens.
307	Stirling
307	Die Stadtbesichtigung
315	Ausflüge:
315	1. Rundfahrt nach Aberfoyle, zu den Trossachs, nach Callander und über Dunblane zurück nach Stirling.
322	2. Menstrie Castle, Castle Campbell und Wasserfälle des Devon.
322	3. Alloa, Clackmannan und Culross.

E Allgemeine touristische Hinweise

325	1. Informationen über Schottland
325	2. Einreisebestimmungen
325	3. Die Einreise
330	4. Reisen in Schottland
333	5. Hotels, Gasthöfe und andere Unterkunftsmöglichkeiten.
336	6. Währung und Geldumtausch
340	**Orts- und Stichwortverzeichnis**

A
REISELAND SCHOTTLAND

1. Vom Land und seinen Menschen

Schottland ist der nördliche Teil von Großbritannien. Es erstreckt sich in Nordsüdrichtung über 440 km und mißt an seiner breitesten Stelle etwa 240 km. Trotzdem ist kein Gebiet Schottlands mehr als 65 km vom Meer entfernt, weil die Nordsee (im Osten), der Atlantik (im Norden und Westen) und die Irische See (im Südwesten) die Felsenküste tief zerklüftet haben. Die tief in das Land einschneidenden Meeresarme werden *Firth, Loch* oder *Sea-Loch* genannt.

Im allgemeinen unterscheidet man zwischen den *Scottish Lowlands* im Süden und den *Scottish Highlands* im Norden. Unter den Lowlands darf man aber keinesfalls ein „Tiefland" im wörtlichen Sinne verstehen; die *Scottish Lowlands* sind hügeliger als die meisten Gebiete Englands. Das einzige wirkliche „Tiefland" erstreckt sich zwischen diesen beiden traditionellen Hälften Schottlands, nämlich zwischen dem *Firth of Clyde* und dem Tal des *Clyde* im Westen (dort liegt Glasgow) und dem *Firth of Forth* und dem Tal des *Forth* im Osten (dort liegt Edinburgh).

Trotzdem ist der Unterschied zwischen Highlands und Lowlands augenscheinlich: die **Highlands** mit schroffen Felslandschaften aus Granit und Sandstein, und mit Flüssen, die reißend durch wilde Felsenschluchten zum Meer hin stürzen, dazwischen weite Moor- und Heideflächen, und die **Lowlands,** mit zumeist sanft ansteigenden, bis zu 800 m hohen Hügeln, zwischen denen die Flüsse gemächlich durch freundliche Täler, saftige Wiesen und Weiden mit Schaf- und Rinderherden, und durch fruchtbares Ackerland zum Meer hin verlaufen. Der Nordküste sind die *Orkney-Inseln* und die *Shetland-Inseln* vorgelagert, der Westküste – die auch gerne als schönste Segelgegend der westlichen Hemisphäre bezeichnet wird – die *Inneren* und *Äußeren Hebrideninseln.* Insgesamt bedeckt Schottland eine Fläche von rund 78.770 qkm, ist also kleiner als Österreich.

Charakteristisch für Schottland sind seine zahlreichen *Lochs*, die das Land zu einem wahren Anglerparadies machen. Diese Seen-Landschaften zählen zu den schönsten Gebieten Großbritanniens; viele Seengebiete stehen unter Naturschutz, keine Autostraße führt um sie herum, die Seeufer sind unberührt, kein „Touristenzentrum", keine Hotelsiedlung stört den Frieden der Natur. Unter einem **Loch** darf man sich aber nicht nur einen See im landläufigen Sinn vorstellen. **Lochs** nennt man auch die tief in das Land einschneidenden Meeresarme, die langgestreckten Fjorde. Zwischen Inverness und Fort William verläuft der **Great Glen** („Große Schlucht"), der – geologisch betrachtet – ein Erdriß ist, der den Nordwesten Schottlands (die *Northwest Highlands*) vom Nordosten (die *Northeast Highlands*) und den übrigen Land trennt. Dieser „Erdriß" wird von zahlreichen wunderschönen *Lochs* (berühmt ist Loch Ness) ausgefüllt. Im Süden des *Great Glen* ragt der **Ben Nevis** auf, der mit 1344 m Höhe der höchste Berg Großbritanniens ist. Zwischen dem *Great Glen* und der zwischen dem *Firth of Clyde* und *Firth of Forth* gebildeten Grenze zu den *Lowlands*, ragen die **Grampian Mountains** auf, mit vielen Erhebungen über 1000 m. Die wichtigsten Bergketten dieses Gebirgszuges sind die *Monadliath Mountains* und die *Cairngorm Mountains*. In ersteren entspringt der *River Spey,* der ein wildes, bewaldetes Tal zum *Moray Firth* (Nordsee) hin durchfließt, in letzteren der *River Dee,* der noch in seinem Unterlauf einGefälle von fast anderthalb Metern pro Kilometer hat; er mündet bei Aberdeen in die Nordsee. Der *River Tay,* der in den südlichen *Grampian Mountains* entspringt, ist der bedeutendste Fluß Schottlands; er übertrifft sogar die Themse an Wasserreichtum und mündet bei Dundee in die Nordsee. In die *Irish Sea* mündet der *Clyde,* der in den *Southern Uplands* der sogenannten „Lowlands" entspringt und ein fruchtbares Tal durchfließt. Einer der schönsten Flüsse der „Lowlands" ist der – ebenfalls in den *Southern Uplands* entspringende *Tweed,* der über 30 km weit die Grenze zwischen England und Schottland bildet.

Ein schottischer Highlander

Die hervorstechenden Charaktereigenschaften der Menschen, die in diesem kleinen Land (knapp 5,5 Millionen Einwohner) leben, sind rasch aufgezählt: sie sind sehr praktisch veranlagt, sie sind stolz und selbstbewußt, sie halten viel auf Tradition, sie sind sehr gastfreundlich, und sie legen auf Wissen und Bildung großen Wert. Jahrhundertelang hatte das kleine Schottland vier Universitäten, als England nur zwei (Oxford und Cambridge) besaß. Eine große Rolle spielt im Leben der Schotten die **Religion.** Der calvinistische Prediger *John Knox* führte inSchottland seine eigene Reformation ein; und die Menschen waren bereit, für ihrenGlauben zu sterben. Selbst heute hat sich die Kirche von Schottland ihre Unabhängigkeit bewahrt. Die presbyterianische Staatskirche von Schottland wird heute noch von der Lehre *Calvins* geprägt. Sie kennt kein Bischofsamt, lehnt das Papsttum schroff ab, ihr Kultus ist extrem einfach, der Sonntag wird noch im wahrsten Sinn des Wortes „geheiligt". Eine Minderheit von knapp über 15% gehört der römisch-katholischen Kirche an. Es gibt noch zahlreiche kleinere Kirchen und Freikirchen.

Das Selbstbewußtsein der Schotten wird nicht zuletzt auch damit dokumentiert, daß die schottischen Banken eigene Banknoten herausgeben. Das schottische Pfund ist zwar gleich viel wert wie das englische und es wird auch in England anerkannt, aber auf ihm sind nur schottische Persönlichkeiten und Wahrzeichen abgebildet, u.a. Robert the Bruce, Bannockburn (das Schlachtfeld auf dem die Schotten die Engländer besiegten) und Culzean Castle.

2. Das Klima

Man sagt, daß das schottische Klima besser als sein Ruf sei. Was man immer auch darunter verstehen mag, eine Tatsache ist, daß es in der Regel in Schottland sonniger ist als in den meisten Teilen Englands. Nun, im Winter ist es überall ziemlich rauh (Schnee, Frost), aber es gibt an einigen Stellen, wo die *Western Highlands* an den Atlantik stoßen, überraschend mildes Wetter. Bedingt durch einen Zweig des warmen Golfstroms, der längs der Westküste und der *Inneren Hebriden* verläuft, sind Schnee und Frost hier weitgehend unbekannt. In einigen Lagen hat sich sogar eine Art warmes „Mikro-Klima" entwickelt, das auch subtropische Pflanzen in den Gärten gedeihen läßt. Ein gutes Beispiel dafür ist die üppige grüne Insel *Arran* zwischen dem *Firth of Clyde* und der Halbinsel *Kintyre*.

Was die Wintermonate betrifft, so sind Dezember bis März die schneereichsten Monate. Der Schneefall beginnt in der Regel im Oktober und hört Anfang bis Mitte Mai auf. Es gehört also nicht zu den Ausnahmen, wenn man Anfang Mai die *Highlands* bereist und auf den Bergen noch Schnee findet. Auch Temperaturen unter 10 Grad Celsius sind bis tief in den Juni hinein keine Seltenheit, die Regel liegt aber im Juni doch zwischen 12 und 15 Grad. Im Frühjahr herrschen kalte Winde aus Norden und Osten vor, im Sommer wehen kühle und feuchte Winde aus der entgegengesetzten Richtung, die – vorwiegend im Westen – Regen bringen. Im Spätherbst und im Winter gibt es fast nur trockene Winde.

Juli und August sind in allen Landesteilen die wärmsten Monate. Das Thermometer zeigt zu dieser Zeit fast immer Werte über 16 Grad; begünstigt ist der Westen (vor allem das Küstenland südlich von Glasgow), auch Edinburgh und der Nordosten (Küste um Aberdeen), wo es auch Temperaturen um 18-19 Grad gibt. Wenn man Glück hat, kann auch der September noch warm sein.

Was den viel gelästerten Regen betrifft, der in Schottland durchaus auch seine angenehmen, schönen Seiten haben kann, so sind laut Statistik zwischen 15 und 20 Regentage pro Monat die Regel, jedoch ist der Niederschlag in den Monaten April bis Juni und im September nicht sehr heftig. Im langjährigen Durchschnitt erweist sich der Monat Juni als regenärmster Monat (weniger als 15 Tage). Mai und Juni sind die Tage mit den meisten Sonnenstunden pro Tag (5 bis 6), Juli und August folgen mit fast 5, März, April und September mit 3.

3. Ein flüchtiger Blick auf Schottlands Geschichte

Die Geschichte Schottlands war immer blutig. Von Anfang an mußten die Schotten um ihre Existenz kämpfen. Die ältesten Bewohner des Landes waren **Kelten;** von den Römern wurden sie **Kaledonier** (Caledonier) genannt. Sie unterwarfen sich nie den vom römischen Britannien her einfallenden Römern, sodaß diese, um umgekehrt den Einfall der Kaledonier in römisches Gebiet abzuwehren, befestigte Wälle („**Hadrianswall**" von 122 n.Chr., und Grenzwall des *Antonius Pius,* um 142 n.Chr.) errichteten. Ursprünglich war es der keltische Volksstamm der **Pikten,** um 500 folgten die aus Irland einwandernden keltischen **Scoten,** die hier Königreiche gründeten. Mitte des 6. Jahrhunderts verbreitete der irische Mönch *St. Columba* unter ihnen das Christentum. Nach der Vertreibung der Römer bildeten sich im Süden Schottlands zwei neue Königreiche: das der *Briten* („Alclyde") und das der *Angeln* („Bernicia").

Im 8. Jahrhundert unterwarf sich der Piktenkönig Nektan *(Nectan)* der katholischen Kirche von Rom. Nach dem Erlöschen dieses Königreiches einigte der Scotenkönig *Kenneth Mac Alpin* im Jahr 843 oder 844 beide Länder zu einem Reich, das als Königreich „Alban" in die Geschichte einging. Ihm wird 945 unter *Malcolm I.* das Königreich der Briten einverleibt. Das so vereinigte Reich heißt seit Anfang des 11. Jahrhunderts **Scotia** (Schottland).

Alte Sippen bildeten eigene, patriarchalische Stammesregierungen („Clans") und bekriegten sowohl die Könige wie auch sich selber untereinander. Dänische Wikinger fielen im Land ein und verwüsteten es. Um das Jahr 1040 wurde der schottische König *Duncan* von seinem Feldherrn *Macbeth* ermordet, aber der älteste Sohn Duncans, *Malcolm Canmore,* tötete später Macbeth im Kampf. Unter Malcolm III. (Canmore), der am Hofe des englischen Königs *Edward the Confessor* gelebt hatte, zog englische Bildung in das Land ein.

Nach der Besiedlung Englands durch die Normannen, flohen viele Angelsachsen nach Schottland und fanden hier eine neue Heimat. Seither wurden die englische Sprache und englische Sitten im Süden (in den *Lowlands*) heimisch, während der rauhe Norden (die *Highlands*) die altkeltische Eigenart und auch die kämpferischen Clansitten bewahrte. Unter *David I.* wurde Schottland um 1150 ein Feudalstaat nach normannischem Vorbild. **William the Lion** fiel 1173 in England ein, wurde aber gefangengenommen und erhielt erst nach seinem Verzicht auf die eroberten nordenglischen Provinzen die schottische Krone als Lehen zurück. Die Abhängigkeit Schottlands von England war somit besiegelt. *Alexander II.* versuchte zwar, mit seinen französischen Verbündeten 1216 in England einzudringen, er wurde aber besiegt und mußte Henry III. von England den Lehnseid schwören.

Alexander III. besiegte 1263 den norwegischen König Hakon in der Schlacht bei Largs (→ Seite 88) und gewann für Schottland die bis dahin norwegische Insel *Man* und die *Hebriden.* Er vermählte seine Tochter mit dem Sohn König Hakons, aus welcher Verbindung die schottische Thronerbin, Prinzessin *Margarete von Norwegen,* entstammte. Nach deren frühem Tod bewarben sich zwölf Adelige um die Krone. *Edward I.* von England erwählte 1292 **John Baliol,** einen Nachkommen von *William the Lion* und übertrug ihm die schottische Krone als Lehen. Daraufhin versuchte *Baliol,* wiederum mit Hilfe Frankreichs, seine Unabhängigkeit zu erzwingen. Er wurde aber von *Edward I.* gefangengenommen; alle Urkunden, die Schottlands Selbständigkeit bezeugen, wurden vernichtet, und Schottland fortan von englischen Statthaltern regiert.

In dieser Lage erhob **William Wallace** die Fahne des Freiheitskampfes, besiegte zwar die Engländer in der Schlacht bei Stirling (→ Seite 314), fand aber bei den uneinigen schottischen Clans wenig Unterstützung und wurde schließlich 1305 von den Engländern gefangengenommen und hingerichtet. Nun begann **Robert the Bruce** (ebenfalls ein Nachkomme von *William the Lion*) 1306 die Engländer aus dem Land zu treiben. Er ließ sich als *Robert I.* zum König krönen und fügte den Engländern in der Schlacht von *Bannockburn* eine vernichtende Niederlage zu. 1327 kam es zum Frieden, England verzichtete auf jede Ansprüche und Schottland hatte seine Unabhängigkeit zurückerobert. Doch schon nach Roberts Tod waren viele mächtige Clans mit dem vierjährigen Nachfolger *David II.* und dem Reichsverweser *Earl of Mar* nicht zufrieden, sie boten – mit Unterstützung der Engländer – *Edward Baliol* (einem Sohn des vorherigen Königs) die schottische Krone an, der daraufhin als Gegenkönig auftrat, sich durch Huldigung *Edwards III.* der englischen Hilfe versicherte und das Land in blutige Kriege stürzte. Der junge *David II.* war in der Zwischenzeit nach

Frankreich ins Exil gegangen, wo er bei *Philipp VI.* eine gute Aufnahme fand, 1342 nach Schottland zurückkehrte, aber bei Durham gefangengenommen wurde. Da *Baliol* den Thron nicht mehr behaupten konnte, gab der englische König *Edward III.* dem König *David II.* Freiheit und Krone unter der Bedingung zurück, daß er im Falle eines kinderlosen Todes die Engländer zum Erben des schottischen Throns einsetzte. Als David II. starb, widersetzten sich aber die schottischen Stände dieser Vereinbarung und sie setzten – gemäß dem unter *Robert the Bruce* verfaßten Erbfolgestatut – das Haus **Stuart** *(Stewart)* in der Person **Roberts II.** (einem Enkel von *the Bruce*) auf den Thron.

Unter Robert II. und dessen Nachfolger **Robert III.** folgten ununterbrochene Kriege gegen England. Innere Besitzstreitigkeiten führten auch zu blutigen Clanfehden, manche Hochland-Clans wurden dabei gänzlich ausgerottet. Der schottische Hochadel, vor allem das mächtige Haus **Douglas,** trat gegen die *Stuarts* auf, Schottland wurde der Schauplatz wüster innerer Streitigkeiten. Höhepunkt der blutigen Ereignisse war die *Schlacht bei Flodden* im Jahr1513, die den Schotten eine furchtbare Niederlage und den Tod ihres Königs *James IV.* bescherte. Für den zweijährigen *James V.* übernahm der *Earl of Angus* die Regierung, dem jedoch der Hochadel den *Duke of Albany* als Regenten entgegenstellte. Erst als **James V.** 1528 selber die Regierung übernahm, konnte die Macht des Adelsstandes vorübergehend gebrochen werden.

Nicht nur im Kriege mit England, sondern fortan auch mit kirchlichen Wirren verstrickt, hinterläßt er nach seinem Tod 1542 sein Reich seiner minderjährigen Tochter **Maria Stuart.** Schottland wurde nun von „Regenten" regiert. Nach der neuerlichen Niederlage gegen England, wurde *Maria Stuart* nach Frankreich gebracht, 1558 mit dem französischen Kronprinzen vermählt. Sie unterzeichnete dabei eine Urkunde, nach welcher im Falle ihres kinderlosen Todes die Krone von Schottland dem französischen Königshaus zufallen sollte. Gleichzeitig nahm sie mit ihrem Gemahl auch den englischen Königstitel an. Französische Hilfstruppen setzten sich vorübergehend in Schottland fest.

In der Zwischenzeit hatte der calvinistische Reformator **John Knox** 1555 die reformierte Kirche gegründet und 1560 – unterstützt von *Elizabeth I.* von England – die Reformation eingeführt. Die katholischen Kirchen und Klöster des Landes waren geplündert und niedergebrannt worden, überall herrschte bittere Armut.

1561 kehrte **Maria Stuart** als Witwe des französischen Königs Franz II. nach Schottland zurück, sah sich aber gezwungen, die Leitung des Staates den Protestanten zu überlassen. Marias zweiter Ehemann, **Lord Darnley,** begünstigte aber die Katholiken und das Land sollte mit Gewalt dem Katholizismus unterworfen werden. **Mary, Queen of Scots,** wie *Maria Stuart* in Großbritannien genannt wird, bescherte dem Land neuerlich tiefe innere Zerwürfnisse. Ihre persönlichen Affären, die Ermordung *Rizzios,* ihres Sekretärs, ihr Liebeshandel mit dem *Earl of Bothwell* und die geheimnisvolle Ermordung ihres Mannes *Lord Darnley* 1567, schließlich auch ihre Vermählung mit dem allgemein als Darnleys Mörder bezeichneten (protestantischen) *Bothwell,* verletzte Stände und Adel auf das tiefste. Die Königin wurde verhaftet, interniert, und gezwungen, auf den Thron zugunsten ihres minderjährigen Sohnes zu verzichten. Nach ihrer Flucht stellte sie sich mit einem Heer zur Schlacht, wurde aber besiegt. Daraufhin floh Maria Stuart nach England, wo sie Schutz bei *Elizabeth I.* suchte, die sich zur Schiedsrichterin in den schottischen Wirren machte. Nach zwanzigjähriger Haft wurde sie im Tower hingerichtet.

Inzwischen kam es in Schottland wieder zu erbitterten Kämpfen in Glaubensfragen, auch der Adel spaltete sich in Anhänger der katholischen und in solche der presbyterianischen (protestantischen) Partei. Hinrichtungen, Hofintrigen und Günstlingwirtschaft ließen das Land noch mehr verarmen. Schließlich sah sich auch *Elizabeth I.* von England von den katholischen Mächten bedroht und sie schloß 1586 mit **James VI.** (dem Sohn Maria Stuarts) ein Bündnis zur Verteidigung des protestantischen Glaubens und setzte ihn sogar zum Erben der englischen Krone ein. Im geheimen unterstützte er aber die Katholiken, was zu fortwährendem Aufruhr führte.

Nach dem Tod Elizabeths (1603) bestieg James VI. von Schottland als **James I.** auch den englischen Thron, doch behielten beide Länder ihre eigene Verfassung und Verwaltung. **Charles I.** setzte die Politik seines Vaters fort und versuchte die katholische Kirche im Land einzuführen. Der schottisch-presbyterianische Adel verbündete sich daraufhin mit den englischen Parlamentstruppen, das Heer der Royalisten wurde besiegt, 1647 wurde *Charles I.* an das englische Parlament ausgeliefert und 1649 von *Oliver Cromwell* hingerichtet. Cromwell fiel in Schottland ein, schlug royalistische Aufstände nieder und unterwarf das Land.

Nach dem Tode Cromwells stellte **Charles II.** 1660 das Königtum unter dem Hause Stuart wieder her, die *Covenanters* (schottische Presbyterianer) wurden aus allen Ämtern entlassen, verfolgt und hingerichtet. 1690 gewann jedoch der Presbyterianismus seine Macht zurück und nun wurden die Katholiken verfolgt. Die katholischen *Highlands-Clans* (Anhänger des katholischen James II.; „Jakobiten") wurden auf das härteste unterdrückt. Den Engländern gelang es sogar, mittels großer Bestechungen des schottischen Adels die Mehrheit des schottischen Parlaments für eine Union der beiden Königreiche zu gewinnen und 1707 schlossen sich England und Schottland tatsächlich zur Union „Großbritannien", mit einem gemeinsamen Parlament, zusammen.

Zweimal haben die katholischen Anhänger der Stuarts versucht, die Unabhängigkeit Schottlands wiederherzustellen. Im ersten „Jakobitenaufstand" von 1715 gelang es ihnen nicht, den Sohn des gestürzten James II. *(Jakob II.,* daher „Jakobiten") als James III. auf den Thron zu heben. Im zweiten „Jakobitenaufstand" von 1745/1746 gelang es auch dem Enkel von James II. nicht, Schottland für die Stuarts zurückzugewinnen. In Schottland bleibt jedoch unvergessen, daß *Prince Charles Edward,* liebevoll „Bonnie Prince Charlie" genannt, mit Hilfe der Highland-Clans große Siege über die Engländer erfocht, die Stadt *Edinburgh* einnahm und die Engländer bei *Derby,* in ihrem eigenen Land, in die Flucht schlug. In der Folgezeit mußte sich aber dieses Volksheer doch den vereinigten Armeen der Engländer und der Tiefland-Schotten geschlagen geben. Die Schlacht von *Culloden* war die letzte, die auf britischem Boden geschlagen wurde (→ Seite 156). Prinz *Charles* begann eine abenteuerliche Flucht durch das ganze Land und es gelang ihm, nach Frankreich zu entkommen. Der Traum eines unabhängigen Schottlands war ausgeträumt. Die Geschichte Schottlands geht fortan mit jener Großbritanniens (Englands) einen gemeinsamen Weg.

Schlichte Grabsteine am Schlachtfeld von Culloden erinnern an die Gefallenen der Highland-Clans.

4. Literatur, Wissenschaft, Forschung

Die Liebe zur Dichtkunst spielte im Leben der Schotten immer eine große Rolle. Seit alten Zeiten hatten die Gälisch (Keltisch) sprechenden Clans in den Highlands ihre eigenen Dichter. **Thomas the Rhymer** war der berühmteste schottische Dichter aus dem Mittelalter. Vom Schotten *Learmonth,* der sich als Balladendichter einen Namen machte, stammt der russische Dichter Lermontow ab. In der frühen schottischen Dichtung spielen vor allem liebeslieder, Schlachtengesänge und Balladen sowie sentimentale Heimatdichtungen eine Rolle. Die „Makars" (Dichter) waren zu allen Zeiten hoch geehrt.

Während in den *Highlands* und auf den Inseln hauptsächlich in gälischer Sprache gedichtet wurde, ist die Literatur der *Lowlands* entweder in reinem Englisch oder im schottischen Englisch (das Englisch der Lowlands wird „Lallans" genannt). Zu den Dichtern in *Lallans* zählen John Barbour, Gavin Dunbar und Sir David Lyndsay of the Mount. In diesem Zusammenhang möchte ich erwähnen, daß auch die schottische Aussprache des Englischen sehr von der üblichen abweicht. Die Vokale werden oft so wie im Deutschen oder wie in Skandinavien ausgesprochen. Das „ch" wird immer wie ein solches ausgesprochen und auch das „r" ist rollend, wie im Deutschen. Von Schotten vorgetragene Gedichte schottischer Dichter haben daher einen ganz anderen „sound" als im Englischen. Auch das „ou" wird oft nicht wie im Englischen als „au", sondern als reines „u" ausgesprochen. Ein paar charakteristische Reime dazu möchte ich Ihnen nicht vorenthalten:

> *Said the Earl of Dalhousie,*
> *Don't think that I'm choosy*
> *But I think it lousy*
> *To be called Dalhou-sie.*

Aus dem 17. Jahrhundert ist vor allem **Mary MacLeod** zu nennen, die wegen ihrer Klagelieder und Oden sehr berühmt war. Aus dem 18. Jahrhundert verdient der 1812 verstorbene **Duncan Ban MacIntyre** Erwähnung, der kein Wort Englisch, sondern nur gälische Gedichte schrieb.

Der bekannteste schottische Dichter ist zweifellos **Robert Burns** (1759–1796). Seine Werke sind in alle Weltprachen übersetzt, er gilt als „Nationaldichter" Schottlands. Man sagt zwar, daß die

Werke eines Dichters nur in dessen Muttersprache wirklich aussagekräftig sind, doch gibt es auch in deutscher Sprache viele hervorragende Übersetzungen seiner tiefempfundenen Lieder und Gedichte. Selbst Leute, die sich rühmen, ein sehr gutes Englisch zu sprechen, werden sich bei den Gedichten Burns' – überhaupt wenn sie in halber Dialektform geschrieben sind – schwer tun, sie zu verstehen, wie es nachfolgende Reime beweisen:

> *For a'that, and a'that*
> *It's comin' yet, for a'that*
> *That Man to Man, the world o'er,*
> *Shall brithers be for a'that!*

Wie sehr **Burns** als national schottischer Dichter heute noch berühmt ist, beweist u.a. die Tatsache, daß die Schotten im ganzen Land alljährlich am 25. Januar seinen Geburtstag feiern. Den Höhepunkt des Burns-Festes mit Ansprachen und Gedichtvorträgen bildet der Einzug des „Haggis", einer riesigen Wurst. Von einem Dudelsackpfeifer angekündigt, wird sie zur Spottrede von Robert Burns „An den großen Häuptling der Puddingrasse" aufgetragen. Mit viel Whisky läßt man dann den unsterblichen Dichter hochleben.

Das **Land o'Burns Centre** in Alloway, wo Burns in einer bescheidenen Strohkate geboren wurde, bildet den Anfang einer „Burns-Gedenkstraße", die zu allen Städten führt, in denen er gelebt hat. Sie führt über Ayr in östlicher Richtung durch das sogenannte „Burns Country" bis nach Dumfries.

Als Erzähler und Romanschriftsteller wurde **Sir Walter Scott** (1771–1832) weltberühmt. Außer Erzählungen und Novellen schrieb er auch volkstümliche Rittergedichte und Balladen. Zu seinen Meisterwerken zählt die lyrisch-epische Dichtung „The Lady of the Lake", die sich auch durch eine herrliche Landschaftsschilderung auszeichnet. Die Heimat von Walter Scott ist das Grenzland, also die östlichen *Lowlands* südlich von Edinburgh. In *Selkirk* wirkte er 33 Jahre lang als Sheriff, d.h. als Grafschaftsrichter.

Andere berühmte schottische Erzähler und Romanschriftsteller waren Robert Louis Stevenson („Die Schatzinsel"), Samuel Crokkett, Conan Doyle (der Schöpfer des Sherlock Holmes), John Buchan und Kenneth Graham, und der unvergessene J.M. Barrie, Schöpfer des „Peter Pan".

Weltberühmt sind auch schottische Wissenschaftler und Gelehrte. Im 13. Jahrhundert lebte **Duns Scotus,** der u.a. auch am Hof von Kaiser Friedrich II. lehrte. Sein Ruhm als Gelehrter war so groß, daß er in ganz Europa geehrt wurde. Auf dem Gebiet der Wissenschaft finden wir u.a. den Mathematiker **John Napier,** der im 16. Jahrhundert die ersten Logarithmentafeln zusammenstellte, die Erfinder **Alexander Graham Bell** (Telefon) und **John Logie Baird** (Television), die Mediziner **Sir James Simpson** (er entdeckte die betäubende Wirkung des Chloroforms) und **Lord Lister** (Pionier auf dem Gebiet der Antiseptika). Weltbekannt sind die Afrikaforscher **Mungo Park** (er entdeckte u.a. die Quellen des Niger) und **David Livingstone** (Ost- und Zentralafrika). In der Welt des Kanal- und Brückenbaus rangiert **Thomas Telford** an erster Stelle; er baute den „Caledonian Canal" und verband damit die Nordsee mit dem Atlantik, er baute auch über 120 Brücken u.v.a.

5. Clans, Tartans, Kilts und Tweeds

Die keltische Hochland-Bevölkerung war schon seit frühesten Zeiten in **Clans** gegliedert. Ein Clan war eine Großfamilie, die von ihrem Oberhaupt, dem „Chief" geführt wurde. Sie wohnte auf eigenem Grund und Boden. Die Mitglieder eines Clans erwiesen ihrem „Chief" immer große Loyalität. Grob gesprochen, kann man die Clan-Herrschaft mit einer erblichen Monarchie vergleichen, die aber nicht durch Gesetze, sondern eher durch Gewohnheitsrechte und durch allgemeine Zustimmung der Clanmitglieder begründet war. Das Verhältnis eines „Chiefs" zu seinem Clan war das eines Vaters zu seiner vielköpfigen Familie. „Clann" ist auch das gälische Wort für „Kinder".

Im 13. Jahrhundert erlebten die Clans eine Blütezeit. Ihre Geschichte wurde in Chroniken festgehalten, sodaß die heutige Ahnenforschung recht erleichtert wird. Hieß ein Clan-Chief beispielsweise *Donald,* so hieß sein Sohn *MacDonald,* denn „Mac" bedeutet im Gälischen „Sohn". Als dann Nachnamen eingeführt wurden, bekamen alle Mitglieder der Verwandtschaft Donalds den Nachnamen „MacDonald". So wuchsen einzelne Clans im Laufe der Zeit auf mehrere tausend Mitglieder an. In letzter Zeit wurde vielfach das charakteristische „Mac" – das immer auf einen Familienclan hinweist – durch „son" am Ende des Namens ersetzt oder überhaupt fortgelassen. So wurde aus dem MacDonald ein Donaldson oder nur ein Donald.

Die Clans waren auf ihre Abstammung immer sehr stolz. So wurden oft aus nichtigen Anlässen, aus Verweigerung der Gastfreundschaft oder aus Besitzstreitigkeiten oder aus Beleidigungen erbitterte Clanfehden ausgefochten, die manchmal sogar zur Ausrottung eines ganzen Clans führte. Clans mit alten Traditionen ließen oft eine aristokratische Haltung erkennen, was nicht selten in Anmaßung und Überheblichkeit umschlug. Der heutige schottische Adel geht fast immer auf eine alte Clansippe zurück. Viele Clans besitzen ihr eigenes Schloß, oft auch ihr eigenes Museum.

Das traditionelle Kleidungsstück der Hochland-Clans ist der **Kilt,** der sogenannte „Schottenrock", mit vielen Falten und farbigem Karomuster. Heute gilt der Kilt als Nationaltracht. Wie alte Steinreliefs zeigen, trugen die schottischen Hochländer schon vor mehr als tausend Jahren den Kilt. Dieses vielfarbig karierte Schottentuch war nach der fehlgeschlagenen Rebellion der Jakobiten unter „Bonnie Prince Charlie" 1745 verboten worden. Die Wiederbelebung dieses Kleidungsstückes ist praktisch dem bekannten Schriftsteller *Sir Walter Scott* zu danken. Er konnte nämlich König George IV. dazu überreden, Schottland zu besuchen; bei seinem Besuch in Edinburgh trug er als Zeichen seiner Verbundenheit mit Schottland über rosa Strumpfhosen einen Kilt. Nach diesem Ereignis wurde der gemusterte Kilt („Tartan") wiedereingeführt und nahm an Beliebtheit immer mehr zu.

Jeder Kilt ist anders gemustert, diese Muster nennt man **Tartan.** An dem buntkarierten Wollstoff des Kilts und des Umhängetuchs (Plaid) erkennt man, welchem Clan der jeweilige Träger angehört, denn früher hatte jeder Clan seinen eigenen **Tartan.** Die Web art eines *Tweeds* in einem ganz bestimmten Karomuster in spezifischen Farben kennzeichnete also in alten Zeiten das Stammesgebiet eines Clans. Die Karos, mit denen ein Tartan gemustert ist, nennt man „Setts". Bis zum 19. Jahrhundert webten die Hausfrauen die Tartans für ihre Familien selbst. Erst als die Clan-Setts sich immer größerer Beliebtheit erfreuten, benutzten die Weber Musterstöcke. Im 18. Jahrhundert wurden Tartans auch als Kennzeichen den Hochland-Regimentern vergeben. Sie werden heute noch getragen. Zur Tradition dieser Regimenter gehört natürlich auch der Dudelsack, die *bagpipes*. Jedes schottische Regiment hat seine eigene Dudelsack-Kapelle. In früheren Zeiten war jedoch der Dudelsack ein Soloinstrument. Jeder Clan-Chief hatte seinen eigenen Dudelsackpfeifer, der seine Kunst von Generation zu Generation weitergab. Es ist interessant, daß die Schotten immer zur Dudelsackmusik in die Schlacht zogen. „Pibroch" ist der Name für klassische Dudelsack-Schlachtmusik. Es gibt fast für jede Schlacht einen eigenen „Pibroch".

Kehren wir wieder zur Kleidung zurück, denn Weben und Stricken sind seit langem in Schottland zu Hause. Obwohl die Stricktradition auf die Wikinger bzw. Norweger zurückgeht, hat sie sich gerade in Schottland zu einer blühenden Heimindustrie entwickelt. Die *Tweed-Stoffe* sind nach dem Fluß benannt, der durch das schottische Grenzland fließt. Bereits im 11. Jahrhundert haben die Mönche der Grenzlandabteien ihre „Tweeds" (Tuche) nach dem Kontinent exportiert. Beim Spinnen und Weben wurde immer nur die Wolle einheimischer Schafe verwendet. Heute noch bildet die Tweed-Produktion einen wichtigen Erwerbszweig dieser Region. Bei Führungen durch die Webereien, kann man den Herstellungsgang von der Rohwolle bis zum fertigen Erzeugnis sehen. Eine schottische Insel mit blühender Tweed-Industrie ist *Harris,* auf den *Äußeren Hebriden.* **Harris Tweed** hat Weltruf. Auch dort kann man noch der alten Kunst des Färbens und Webens der Wolle (vielerorts werden die Tuche sogar noch von Hand gewebt), die vom abgehärteten Inselschaf stammt, zuschauen. Man sagt, daß „Tweed"-Stoffe die beste Tragqualität haben. Schließlich möchte ich noch auf die *Fair Isle,* eine kleine Insel zwischen den *Orkneys* und *Shetlands* hinweisen, deren farbenfrohe, kunstvolle Strickwaren einen internationalen Ruf haben.

Dunoon ist jedes Jahr Schauplatz berühmter Highland Games.

6. Feste, Festivals, Common Ridings

Für ausländische Besucher immer ein Erlebnis besonderer Art sind die „Hochlandtreffen" *(Highland Gatherings)* und die „Hochlandspiele" *(Highland Games),* die von Mai an den ganzen Sommer hindurch an verschiedenen Orten stattfinden: Aberdeen, Aboyne, Dunoon, Inverness, Loch Lomond, Luss, Oban, Speyside u.v.a. Bei diesen nach historischen Clans geordneten Zusammenkünften kann man berühmte schottische „Tartans" sehen (→ Seite 25) und sportliche Wettkämpfe, Volkstänze, Dudelsackmusik, alte Bräuche usw. miterleben. Das bedeutendste der vielen Hochlandspiele und -feste ist das **Royal Highland Gathering** in **Braemar** (→ Seite 292). Zu den dort ausgeübten traditionellen Wettkämpfen gehören u.a. das Werfen eines Hammers mit Holzgriff, das Heben eines schweren Gewichts über eine Stange und das Werfen eines Baumstammes; der schwere Kiefernstamm hat eine Länge von etwa fünf Metern und muß in einem Halbkreis so geworfen werden, daß er beim Auftreffen genau auf den Werfer weist. Nur drei Wettkämpfern ist das bis zum Jahr 1985 gelungen.

Weitere berühmte Feste sind das **Falkland Festival** (*Falkland liegt nördlich von Kirkcaldy*), bei dem Zauberkünstler, Gaukler, Musikanten und Wahrsager auftreten, das **National Mod,** das zuweilen in **Fort William** oder **Inverness,** aber auch in anderen Städten stattfindet, das bedeutendste gälische Festival, bei dem Barden die besten Gedichte in gälischer Sprache vortragen und gälische Lieder gesungen werden, das **Beltane Festival** in **Peebles,** das **Guid Nychtburris** von **Dumfries** und viele andere, die auf alte Bräuche und Traditionen zurückgehen. Auch Wikingerfeste gibt es noch. So zum Beispiel wird beim **Up Helly Aa** in **Lerwick** die Nachbildung eines nordischen Langbootes geraubt und in Brand gesteckt, wodurch das Wiedererscheinen der Sonne beschworen werden soll; ein anderes Wikingerfest findet jeden September in **Largs** statt, es erinnert an eine berühmte Schlacht.

Sehr beliebt sind auch die **Common Ridings** im Grenzland, bei denen die männliche Stadtbevölkerung an den Gemeindegrenzen entlangreitet und historische Ereignisse und Schlachten rekonstruiert. Diese Feste finden in mehreren Grenzstädten statt und dauern in der Regel eine Woche; dabei sind die Straßen mit Fahnen geschmückt, Tag und Nacht stehen Spiele, Volkstänze, Essen und Trinken im Mittelpunkt.

Von ganz anderer Art sind die **Kunstfestspiele von Edinburgh,** die von der Oper bis zum Kabarett reichen, vom Jazz-Festival bis zum bunten *Military Tattoo,* dem bunten Zapfenstreich am Fuß der Burg. Kunstfestspiele gibt es auch in Glasgow, Perth, Pittenweem und anderen Städten.

Einen genauen Festkalender erhalten Sie auf Anfrage vom *Scottish Tourist Board,* oder von einem Büro der BTA *(British Tourist Authority);* Adressen finden Sie auf Seite 324.

Bei keinem ,,Highland Game"
fehlen die lebhaften schottischen Tänze.

7. Die schottische Küche, der schottische Whisky

Gleich eingangs ein Wort zur Beruhigung: die Schotten essen gerne und sie essen auch gerne gut. Die schottische Küche ist anders als die englische. Schottland verdankt seine gute Küche der „Auld Alliance", der „französischen Allianz" vor etwa fünfhundert Jahren. Schottland war zwar immer ein armes Land, aber es konnte sich immer selber ernähren. In den *Highlands* produziert man die feinsten Delikatessen Großbritanniens: Wild und Hammelfleisch sind unübertroffen und erzielen auf den Londoner Märkten die höchsten Preise. Lachse und Forellen werden in viele Länder exportiert. Weitere Spezialitäten sind Honig, Konfitüren und Beerenobst. „Aberdeen Angus" ist gleichbedeutend mit Rindfleisch von Spitzenqualität; es kommt aus der Zucht einer schottischen Rinderrasse der *Eastern Highlands*.

Meeresfische wird man auch überall in guter, frischer Qualität bekommen: Goldbarsch, Kabeljau, Makrele und Hering. Der Fang in den Küstengewässern besteht aus Garnelen, Hummern, Krabben und Muscheln. Für Fischliebhaber ist also bestens gesorgt. Auf den westlichen Inseln können Sie zum Frühstück das traditionelle Gericht, Muscheln und gebratenen Speck, bestellen. Das Frühstück ist überhaupt reichlich. *Porridge* (Haferflockenbrei), *Shortbread* (mürbe Kuchen), *Kippers* (Bücklinge) und Orangenmarmelade sind charakteristisch für das „schottische Frühstück". Als Getränk wird hauptsächlich starker englischer Tee gereicht.

Das Mittagessen ist reichlicher als in England. Spezialitäten sind Steaks, Lammfleisch und Fischgerichte. Auf den Speisekarten altschottischer Gasthöfe und auf dem Land findet man fast immer auch Wildgerichte, hauptsächlich Reh, Fasan, Rebhuhn und Moorhuhn. Ein Exportartikel sind Wildbretkonserven in Portweingelee. Wo es frisch auf den Tisch kommt, vergißt man alle Diätvorsätze. Es ist überhaupt erstaunlich, daß man selbst in den kleinsten Dörfern und ältesten Landgasthöfen eine erstklassige Küche vorgesetzt bekommt. Wenn Sie das Zeichen eines Suppentopfes über einer Gaststätte sehen, dann wissen Sie, daß er dieses Haus dem Programm „Taste of Scotland" angeschlossen ist, wo echte, schottische Feinschmeckerkost verabreicht wird. Dazu gehört u.a. *Cock a Leeki* (Hühnersuppe mit Lauch), *Feather Fowlie* (Geflügelsuppe), *Cullen Skink* (ein Schellfischgericht), *Aberdeen*

Angus Steak, Wildpasteten, Austernpasteten, Rehbraten und selbstverständlich auch die vielen verschiedenen Süßspeisen aus frischem Obst, Hafermehl, Sahne und Whisky. Zu jeder Speise gibt es eine reiche Auswahl an Gebäck, und zwar Haferkuchen, Gerstenbrot, „Butterries" (Milchbrötchen) u.v.a. Zu den Mahlzeiten trinkt man Bier (es gibt Dutzende verschiedener Sorten) oder Rotwein. Die Tatsache, daß in Schottland weit mehr Wein getrunken wird als in England, geht ebenfalls auf die „französische Allianz" zurück. In diesem Zusammenhang ist auch bemerkenswert, daß die Schotten als erste Portwein und Sherry in Nordeuropa einführten.

Es gibt viele Schotten, für die eine Mahlzeit ohne Whisky undenkbar wäre. Es sind dies zumeist ältere Jahrgänge, denn die schottische Jugend macht sich nicht viel aus Whisky. Dennoch gehört Whisky zu den beliebtesten alkoholischen Getränken und ein guter „Scotch" kann auch den häßlichsten Regentag verschönern. **Whisky** wurde in der gälischen Sprache „Uisge Beatha" (sprich *Uschka Baha*), genannt, was so viel wie „Lebenswasser" bedeutet. Wir kennen ihn auf der ganzen Welt als „Scotch". Manche Leute meinen, daß das klare schottische Wasser und die schottische Luft für die Qualität verantwortlich seien. Nun, es steht jedenfalls fest, daß niemand den „Scotch" so gut herzustellen vermag wie die Schotten. Die ersten schriftlichen Aufzeichnungen über das Brennen gehen auf das 15. Jahrhundert zurück, nach denen schottische Mönche für die Herstellung von „Lebenswasser" eine Ladung Gerste gekauft haben. Der Feinschmecker zieht den unverschnittenen Malzwhisky, der heller und ausgereifter ist, den weniger teuren „blended" Whiskys, also den Verschnittsorten aus Korn- und Malzwhisky, vor.

Nach der Destillation wird der Whisky zum Ausreifen in großen Eichenfässern mindestens drei Jahre lang gelagert. Während dieses Ausreifens verdunsten alljährlich fast 90 Millionen Liter des destillierten Whiskys in die Luft Schottlands. Es gibt Kenner, die die Herkunft eines jeden Malzwhiskys durch Kostproben feststellen können.

Für jene Touristen, die den besten „Scotch" der Welt kennenlernen möchten, hat sich die schottische Touristenbehörde etwas besonderes ausgedacht: „The only Malt Whisky Trail in the World"! 110 km lang ist die „Whiskystraße", die zu den sechs berühmten Brennereien in der Grampian-Region (Nordost-

Schottland) führt. Man braucht nur den Straßenschildern zu folgen und kann in den Brennereien von Strathisla, Glenfiddich, the Glenlivet, Glenfarclas, Tamdhu und Glen Grant die Brennereien besichtigen und ihre Erzeugnisse kaufen. Bei dieser Fahrt auf der einzigen „Whiskystraße" der Welt lernt man nebenbei auch einige der schönsten Hochlandgebiete Schottlands kennen.

Noch ein Hinweis, der Ihnen vielleicht nützlich ist: *Scotch* bedeutet auf jeden Fall „schottisch". Aber wenn Sie die Menschen meinen, dan sind es „Scots", und das Attribut ist „scottish". Der „Scotch" ist allemal nur der Whisky.

Die Herstellung von Malzwhisky

Wenn man die Gerstenkörner keimen läßt, entsteht „gemalzte" Gerste. Die in den Keimen enthaltene Stärke wird durch die Keimung löslich und später in Zucker umgewandelt. Die Keimung wird abgebrochen, wenn sich der erste grüne Trieb zeigt. Das grüne Malz wird nun getrocknet, dann zu „grist" gemahlen und eingemaischt, d.h. mit heißem Wasser vermischt. Dann füllt man es in ein Maischenfaß, damit sich die lösliche Stärke in eine zuckerige Lösung (die „Würze") umwandelt, die man dann aus dem Faß ablaufen läßt. Nach dem Abkühlen wird die Würze mit Hefe versetzt und kommt in große Bottiche, wo die Hefe durch Gärung eine schwache alkoholische Flüssigkeit erzeugt, die man als „wash" bezeichnet. Der „wash" wird dann in kupfernen Destillierapparaten zweimal gebrannt. Die erste Destillation ergibt eine „low wines" genannte Flüssigkeit, diese wird mit viel Fingerspitzengefühl neuerlich gebrannt, um den klaren „spirit" zu ergeben. Vom Können des Destilliermeisters hängt es ab, ob traditionelle Eigenart und Geschmacksfärbung „stimmen". Der frischgebrannte „spirit" muß nun einige Jahre in Eichenfässern reifen, damit er seine Schärfe verliert und den typischen weichen, reifen Geschmack feinen Malzwhiskys annimmt. Nach der Reifung fügt man ihm weiches Quellwasser hinzu, um die gewünschte Stärke zu erreichen. Daraufhin wird er gefiltert und in Flaschen abgefüllt.

Quer durch das schottische Hochland
führt die einzige „Whiskystraße" der Welt.

◀ **Dufftown Rhynie** A 941

◀ Whisky Trail AA

◀ Drummuir Keith B 975 (B

i
Tourist information
←

◀ Pittyvaich & Dark Grai

B
DIE SCHOTTISCHEN BURGEN UND SCHLÖSSER

Der Schottlandreisende wird nicht umhin können, sich über die große Zahl an Burgen, Schlössern und befestigten Herrensitzen zu wundern, denen er auf Schritt und Tritt begegnet. Man kann kaum eine Strecke zwischen zwei größeren Orten zurücklegen, ohne dabei auf eine Burg oder ein Schloß zu stoßen. Viele von ihnen sind schon verfallen, sind Ruinen. Sie alle erzählen von Schlachten, von blutigen Gemetzeln, von Krieg. Der Schotte hört es nicht gern, wenn man ihm sagt, daß es im Laufe seiner Geschichte kaum eine längere Epoche des Friedens gegeben hat, und er ist verwundert, wenn man ihm zu seinen vielen guten Charaktereigenschaften jene der Friedfertigkeit ganz bestimmt nicht zubilligen möchte. Auch seine stolze Meinung über sein System der „Clan"-Ordnung, der Familiensippe, wird nicht immer unseren Beifall finden. Haben sich die **Clans** nicht oft genug bis zur völligen Ausrottung bekriegt?

Ich glaube, daß es die Normannen waren, die im 11. Jahrhundert den Burgenbau nach England brachten, und daß im 12. Jahrhundert die ersten Burgen auch in Schottland errichtet wurden. Anfangs waren es nur künstlich aufgeschüttete Erdhügel (*motte* oder *mound* genannt), die einen aus Holz gezimmerten Festungsturm trugen. Später wurde die „Festung" durch einen Graben und Palisaden (*bailey* genannt) geschützt.

Erst Ende des 13. und im 14. Jahrhundert begann man in Schottland mit dem Bau von Steinburgen. Die lokalen, privaten Landbesitzer, die das Feudalsystem einführten, schützten sich so vor den Angriffen ihrer Feinde, die – so wie sie selber – noch mehr Land besitzen wollten. Oft waren es auch die schottischen Könige, die ihren treuen Gefolgsleuten Land zur Verfügung stellten, um darauf eine Burg zu bauen.

Zu dieser Zeit unterschied man im Burgbau noch streng zwischen dem „castle" (den Wehrmauern und befestigten Einzäunungen) und dem „tower" (der eigentlichen Burg bzw. dem Wohnturm, ein Mittelding zwischen *Palas* und Bergfried), später dann *Keep* genannt.

Im 15. Jahrhundert entstanden die ersten **palatial castles,** die man aber keinesfalls mit „Palast" übersetzen darf; ihnen entspricht eher das deutsche Wehrschloß oder Burgschloß. Im Unterschied zu früher, gab man sich nicht mehr mit dem *tower* zufrieden, sondern wollte mehr Komfort. Mittelpunkt der Burg wurde die **„hall",** sowohl Rittersaal wie auch Versammlungssaal. Mit der Entwicklung der Kanonen erfuhr schließlich der Burgbau im 16./17. Jahrhundert eine entscheidende Veränderung. Die bisherigen „Verteidigungsbauten" waren nutzlos geworden. Fortan wurde auf mehr Bequemlichkeit und auf Eleganz im Aussehen geachtet. An die Stelle von Wehrburgen traten nun feudale Schlösser und Paläste, für die Verteidigung dienten separate Bauten. All das wird heute mit dem etwas verwirrenden, weil vielseitigen Sammelbegriff „Castle" bezeichnet. Ein **Castle** kann eine alte Burg sein oder nur eine Burgruine, aber auch ein Feudalschloß, ein Palast oder nur eine befestigte Einzäunung.

Ich möchte nachfolgend einige der wichtigsten schottischen Burgen und Schlösser nennen, um dem Touristen, der ja doch unter mehr oder weniger Zeitdruck steht, die Wahl der Zufahrt und der Besichtigung zu erleichtern. Ich weiß, daß es noch mehr als hundert andere gibt und viele von ihnen sind auch im nachfolgenden Textteil und in den Stadtschreibungen genannt. Da Großbritannien und somit auch Schottland eine Monarchie ist, sind sehr viele Burgen und Schlösser in Privatbesitz. Eine Besichtigung ihrer Innenräume, oft auch ihrer Höfe, wird vom jeweiligen Besitzer manchmal gestattet, manchmal nicht. Wenn ein „castle" in diesem Jahr noch an bestimmtenTagen zu bestimmten Zeiten Besuchern (zumeist gegen eine Eintrittsgebühr) offensteht, so heißt das nicht, daß es auch im kommenden Jahr so sein muß und umgekehrt. Es lohnt sich daher, in Schottland eines der zahlreichen lokalen Informationsbüros aufzusuchen, um die jeweils gültigen Besichtigungszeiten in Erfahrung zu bringen. Ich habe noch nie vergeblich nachgefragt; die Liebenswürdigkeit und Hilfsbereitschaft schottischer Auskunftsstellen ist fast schon sprichwörtlich. Aber auch wenn das eine oder andere „castle" nicht zugänglich ist, so lohnt zweifellos auch sein Äußeres des Ansehens, und Fotografen werden kaum daran gehindert, es nach Herzenslust zu knipsen.

Eine Auswahl an *castles* in alphabetischer Folge. Die Nummer in Klammer weist auf die Lage im Plan hin.

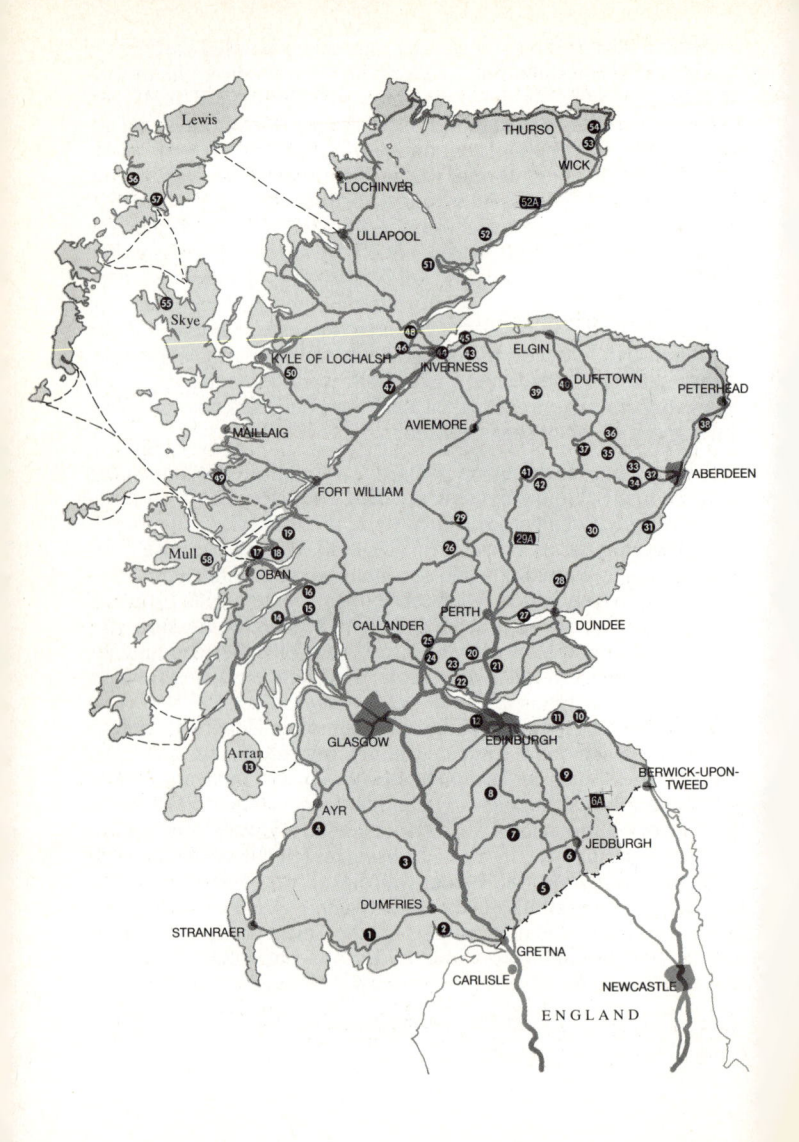

Aldie Castle (20)
8 km westlich von Kinross

Die auf einer Anhöhe stehende Burg entstammt mehreren Bauperioden. Der Turm aus dem Jahre 1464 wurde 1585 um ein Stockwerk erhöht und mit runden Ecktürmchen bereichert. Wenig später wurde der Südwestflügel zugebaut. Anfang des 17. Jahrhunderts entstand der Ostflügel. Dank umfangreicher Restaurierungsarbeiten in jüngster Zeit vermittelt die Burg einen ausgezeichneten Eindruck von einem bewohnten und befestigten Herrensitz aus dem 15. und 17. Jahrhundert.

Amhuinnsuidhe Castle (57)
an der Nordseite des West Loch Tarbert/Isle of Lewis

Der in überaus romantischer Lage zu Füßen einer Anhöhe, nahe an der Mündung eines Bergbaches liegende Bau ist das Musterbeispiel für einen größeren Herrensitz auf den Hebriden. Die an den Ecken abgerundeten Baukörper tragen schöne Giebeldächer, die Zinnenbalustraden und aufgesetzten Rundtürme dienen aber wohl mehr der Dekoration als zur Verteidigung.

Ardvourlie House (56)
16 km nördlich von Tarbert/Isle of Lewis

Das auf der Hebrideninsel Lewis *(North Harris)* an der Westküste von Loch Seaforth liegende burgartige Herrenhaus ist ein typisches Beispiel für einen befestigten kleinen Herrensitz des 19. Jahrhunderts in diesem Teil Schottlands.

Ballindalloch Castle (39)
11 km südwestlich von Aberlour

Das malerisch nahe an der Einmündung des *Avon* in den *Spey* liegende, langgestreckte Schloß stammt zum Teil noch aus der Mitte des 16. Jahrhunderts und besitzt einen architektonisch reizvollen Treppenturm an der Westfront: der 1602 erbaute Rundturm steigt vom Erdgeschoß bis zum Dach an und trägt einen rechteckigen, herausragenden Vorbau, der als Wachturm Verwendung fand. Zugang zu diesem Wachturm hat man aber nur von einem schmäleren, runden Treppenturm aus, der – an der Innenseite – aus dem ersten Stockwerk heraus ansteigt.

Der langgestreckte und niedrigere Anbau an das alte Schloß stammt aus dem Anfang des 18. Jahrhunderts, weitere Anbauten folgten hundert Jahre später.

Balmoral Castle (42)
bei Crathie am *River Dee,* an der A-93

Das an einer Biegung des Flusses *Dee* liegende Schloß dient der Königin als Privatresidenz und wird von der königlichen Familie gerne als Urlaubssitz aufgesucht. Prinz Albert, der Gemahl von Königin Victoria, kaufte es 1848 und ließ das Schloß im zierfreudigen *Scottish Baronial Style* aus weißen Granitsteinen neu erbauen. Nach seiner Fertigstellung im Jahr 1855 wurde es zum Lieblingsaufenthalt von Königin Victoria. Vom ursprünglichen Schloß *Bouchmorale* (15. Jahrhundert) ist nichts mehr zu erkennen.

Für die Öffentlichkeit ist nur der Mitte des 19. Jahrhunderts angelegte Schloßpark (prächtige Koniferen und andere seltene Bäume), in der Regel im Juni, Juli und August an Werktagen, zugänglich. Vom Park aus ist das Schloß sichtbar. Südlich des Schlosses führen schöne Spazierwege und Wanderwege durch den *Balmoral Forest* und auf den 1154 m hohen *Lochnagar.*

Balvenie Castle (40)
bei Dufftown, an der A-941

Von der im 15./16. Jahrhundert auf den Resten einer wesentlich älteren Anlage erbauten Burg, sind heute nur mehr Ruinen mit mächtigen Mauern, einem Rundturm und einem Torhaus erhalten, die aber immer noch von der Bedeutung und Wehrhaftigkeit der Burg künden. Der Eingang ist heute noch durch sein ursprüngliches, massives Eisengitter gesichert. Über dem Eingang zum westlichen Treppenturm kann man noch das alte Wappen von *Stewart, Earl of Atholl and Forbes* (15. Jh.) sehen.

Barcaldine Castle (18)
6 km nördlich von Connel

Das am *Loch Creran* stehende Schloß wurde von Sir Duncan Campbell („Black Duncan") im letzten Viertel des 16. Jahrhunderts erbaut und gehört heute noch der Campbell-Familie, die es 1910 und 1957 grundlegend restaurieren ließ. Diesem Umstand verdankt es sein heute noch wehrhaftes, ursprüngliches Aussehen mit den aus der Höhe des Dachgeschosses herausragenden runden Ecktürmen, die konische Dächer tragen. Der Haupteingang am Fuß des Stiegenturms wird durch ein eisernes Fallgitter gesichert.

Beaufort Castle (46)
4 km südlich von Beauly bzw. 17 km westlich von Inverness

Das sehr malerisch am Südufer des *Rivers Beauly* liegende Schloß aus dem Jahr 1880 ist trotz seiner zinnenbekrönten Mauern und

Türme nicht zur Verteidigungszwecken, sondern als repräsentativer Herrensitz der Lords *Lovat* erbaut worden. 1936 wurde das Schloß durch einen Flügel erweitert.

Die *Lovat* waren immer durch ihren trockenen Humor bekannt. Als Simon Lord *Lovat* wegen seiner Teilnahme am Jakobitenaufstand 1747 zur Hinrichtung schritt, rief ihm eine englische Frau zu: „You'll get that nasty head of yours chopped off, you ugly old Scotch dog!" Der Lord rief zurück: „I believe I shall, you ugly old English bitch!"

Blair Castle (29)
1,5 km nordwestlich von Blair Atholl, an der A-9

Der Zugang zum Schloß erfolgt durch einen prächtigen Waldpark. Das im geographischen Mittelpunkt Schottlands stehende „weiße Granitschloß", mit seinen ineinandergeschachtelten Bauteilen und spitzen Kegeldächern auf den Rundtürmen, läßt nicht vermuten, daß es sich um eines der ältesten Schlösser des Landes handelt. Blair Castle ist seit vielen Jahrhunderten der Stammsitz der *Earls* und *Dukes of Atholl.*

Einmalig in ganz Europa ist gewiß die Tatsache, daß die Herzöge von Atholl heute noch als einziges Adelshaus das 1845 durch Königin Victoria ausdrücklich bestätigte Recht besitzen, eine Privatarmee zu führen. Die **Atholl Highlanders** bilden die einzige Privatarmee Europas. Sie besteht aus etwa 50 Soldaten, 12 Offizieren und 20 Dudelsackpfeifern und Trommlern.

Aus dem Jahr 1269 stammen noch die Grundmauern von *Comyn's Tower,* während der Turm selber im 15. Jahrhundert neu errichtet wurde. Die anderen Gebäude stammen hauptsächlich aus dem 16. und 17. Jahrhundert. Im Jakobitenaufstand von 1745 war Blair Castle das letzte Schloß in Schottland (und auch in ganz Großbritannien), das belagert wurde. Als das Schloß Ende des 18. Jahrhunderts restauriert wurde, entfernte man alle Brüstungen, Zinnen und Wehrmauern, sodaß der mittelalterliche Charakter großteils verlorenging. Bei einer weiteren Restauration im Jahr 1868 wurde die ursprüngliche Form teilweise wiederhergestellt.

Das Schloß kann in der Regel zwischen April und Mitte Oktober besichtigt werden. Von den 32 Räumen, die den Besuchern zugänglich sind, verdienen vor allem der **Tapestry Room** (mit prächtigen Tapisserien, kostbaren Barockmöbeln und dem mit roter Seide bezogenen „Himmelbett" des ersten Herzogs von Atholl), der **Dining Room** (sehenswerte Stuckarbeiten) und die **Entrance Hall** (mit einer Waffensammlung, darunter auch alte Schwerter, Armbrüste und dergleichen und Wildtrophäen) Aufmerksamkeit. Auch die **Larch Passage,** der Teil eines 30 m langen Korridors, verdient wegen ihrer Lärchenholztäfelung Erwähnung (die Lärche wurde 1737 aus Tirol hergebracht). Hier befindet sich übrigens auch ein Selbstbedienungsrestaurant.

Neben bedeutenden historischen Sammlungen, die Aufschluß über das Leben in Schottland zwischen dem 16. und 20. Jahrhundert geben, und Erinnerungen an Edward III., Maria Stuart, Prinz Charles Edward, Queen Victoria, Robert Burns und andere Persönlichkeiten, die das Schloß besuchten, beherbergt es auch wertvolle Kunstsammlungen wie Porzellan, alte Stilmöbel, alte Musikinstrumente, Gemälde von Lely, Hoppner, Zoffany, Ramsay, Lawrence, Raeburn u.v.a. Zu den historischen Dokumenten, die hier aufbewahrt werden, zählt eine der vier Originalaufzeichnungen des 1638 verfaßten **National Covenant,** des feierlichen Bündnisses, das die schottischen Presbyterianer („Covenanters") gegen Papsttum, Prälatenwürde und Aberglauben schlossen.

Braemar Castle (41)

1 km nordöstlich von Braemar, an der A-93

Braemar ist vor allem wegen seiner „Hochland-Spiele", dem *Braemar Royal Highland Gathering,* dem Schotten ein Begriff. Darüber berichte ich aber an anderer Stelle.

Braemar Castle, die wohl ungewöhnlichste Burg Schottlands, sieht auf den ersten Blick wie das Phantasiegebilde eines originell sein wollenden Architekten aus. Ein bunkerartiger, sternförmiger Wall umschließt einen Baukomplex von ineinander geschachtelten hohen Hausfronten und Rundtürmen, die alle mit eigenwilligen Zinnen-Balustraden abgeschlossen sind. Runde, dreigeschossige Ecktürme steigen aus der Höhe des zweiten Stockwerks an und überragen die schmalen Dächer.

Als das Schloß 1628 vom *Earl of Mar* erbaut wurde, hatten die Türme noch konische Helme; sie wurden erst 1748 in ihre heutige Form gebracht. Während der Jakobitenrevolte von 1689 wurde das Schloß völlig niedergebrannt und erst in der Mitte des 18. Jahrhunderts – unter Einbeziehung noch vorhandener alter Bauteile – neu errichtet. Es diente als englischer Truppenstützpunkt, von wo aus die aufständischen Highland-Clans unterworfen wurden.

Das Schloß kann in der Regel täglich zwischen Mai und Oktober besichtigt werden. Es beherbergt auch eine interessante Ausstellung von Trachten und Kostümen.

Das weiß leuchtende Blair Castle ist seit vielen Jahrhunderten Stammsitz der Earls und Dukes of Atholl.

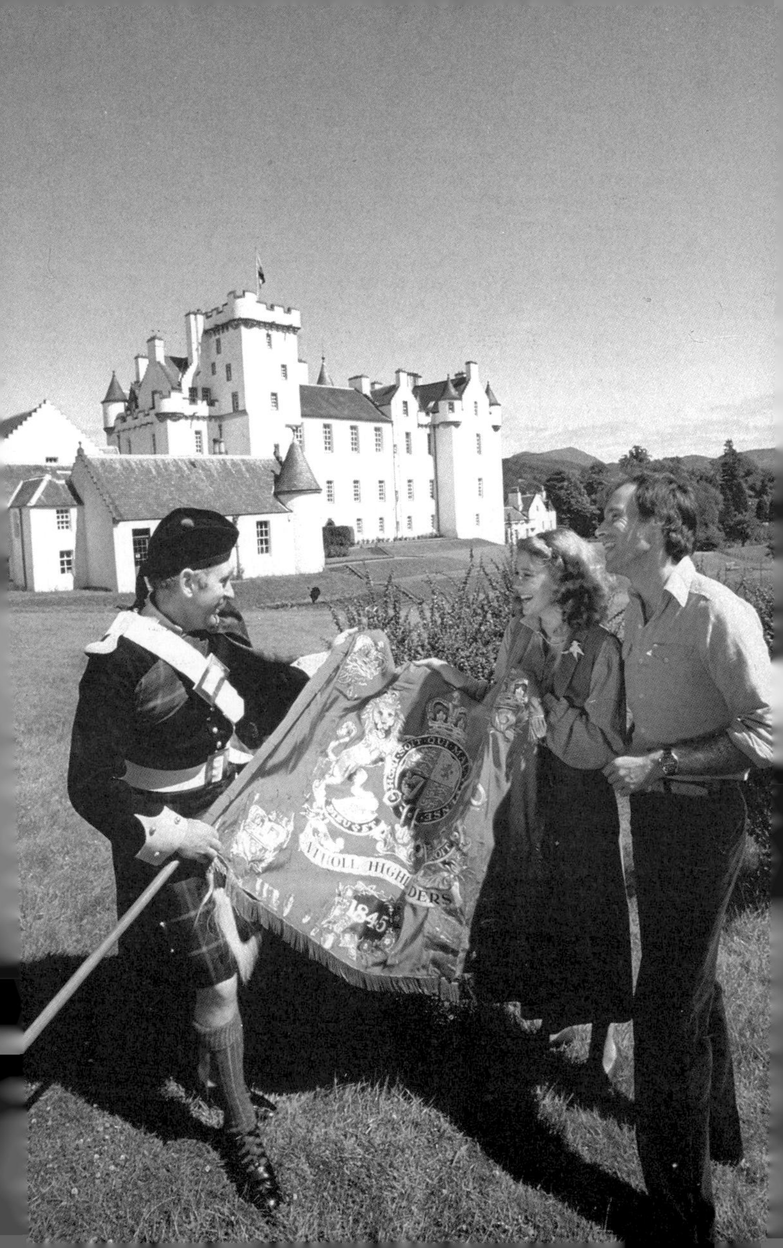
1845

Brodick Castle (13)
an der Ostküste der Insel Arran

Das inmitten einer prächtigen Park- und Gartenanlage liegende, aus rotem Sandstein erbaute Schloß war der Sitz der Herzöge von Hamilton und stammt in seinem östlichen Teil noch aus dem 15./ 16. Jahrhundert, während sein westlicher Teil erst 1844 anläßlich der Hochzeit von Prinzessin Marie von Baden und dem elften Herzog von Hamilton dazugebaut wurde.

Ursprünglich stand an der Stelle des heutigen Schlosses schon eine Festung der Wikinger, die aber nach der Niederlage Haakons in der Schlacht von Largs (1263) zerstört wurde. Auch von einer späteren königlichen Wehrburg (1306 sammelte hier König *Robert the Bruce* sein Heer zur Wiedereroberung Schottlands), die oft ihren Besitzer wechselte, sind nur mehr Grundmauern und einige Bauteile am Rundturm erhalten. Hingegen enthält das Schloß sehenswerte Sammlungen von Kunstwerken vielerlei Art, darunter Skulpturen und Gemälde (u.a. von Watteau, Clouet, Gainsborough und Teniers), Silber und Porzellan (darunter aus Sèvres, Worcester, Dresden und Kopenhagen). Aus den zahlreichen Räumen, die besichtigt werden, ragt der **Drawing Room** mit seiner luxuriösen Einrichtung, den kostbaren venezianischen Spiegeln und Kristall-Lüstern heraus.

Zwischen Ende April und Ende September ist das Schloß in der Regel jeden Nachmittag offen. Die Gärten **(Country Park and Garden),** die vor allem wegen ihrer Rhododendren und ihrer exotischen Gewächse aus allen Erdteilen berühmt sind, halten das ganze Jahr über geöffnet.

Caerlaverock Castle (2)
9,5 km südlich von Dumfries, an der B-725

Die nahe an der Mündung des *River Nith* in den Solway Firth liegende Burg wurde noch vor 1300, also zur Regierungszeit der Könige Alexander II. und III., als Stammsitz der Maxwells erbaut. Von der Burg sind heute noch sehr eindrucksvolle Ruinen erhalten. In den Grenzkriegen 1312 und 1356 zerstört und wiederaufgebaut, fiel sie schließlich 1640 nach einer dreimonatigen Belagerung den *Covenanters* (den preybyterianischen Gegnern von Charles I.) in die Hände und wurde seither nicht wieder instandgesetzt. Trotzdem macht sie noch immer einen sehr wehrhaften Eindruck.

Über eine Brücke erreicht man den Eingang, der von massiven Rundtürmen flankiert und mit Fallgittern gesichert ist. Bemerkenswert ist auch der Burghof, mit seinen noch aus dem 15. Jahrhundert stammenden Bauteilen im Frührenaissancestil. Sir Walter Scott machte die Burg (als „Ellangowan" in *Guy Mannering*) zum Schauplatz einer seiner Erzählungen. Die Burg kann ganzjährig (an Sonntagen nur nachmittags) besichtigt werden.

Castle Campbell (23)
1,5 km nördlich von Dollar

Die sehr romantisch und malerisch am Eingang der *Dollar Glen* auf einer Anhöhe der *Ochil Hills* liegende Burg trug im 14. Jahrhundert noch den Namen *Castle of Gloume*. Aus dieser Zeit stammt auch ihr Hauptturm. Im 15. Jahrhundert wurde die Burg von Colin Campbell, dem ersten Earl of Argyll, neu erbaut. Sie blieb bis 1805 im Besitz dieser Familie. 1556 predigte hier der berühmte protestantische Reformer John Knox. Obwohl die Burg 1654 von den Truppen Cromwells niedergebrannt wurde, sind ihre Ruinen immer noch sehr eindrucksvoll. Sie ist ganzjährig (sonntags nur nachmittags) zugänglich, man erreicht sie auf einem schönen Spazierweg direkt von *Dollar* aus.

Carbisdale Castle (51)
bei Invershin, etwa 10 km südlich von Lairg

Der hoch über dem *River Oykell* thronende, große Schloßbau erweckt den Eindruck eines befestigten Feudalschlosses aus dem 17. oder 18. Jahrhundert, ist aber in Wahrheit erst hundert Jahre alt. Carbisdale Castle ist das Musterbeispiel eines Ende des 19. Jahrhunderts in historisierendem Stil erbauten Herrenhauses, an dem auch die ausschließlich zu Dekorationszwecken angebrachten zinnenbekrönten Wehren und Türme nicht fehlen. Heute dient das Schloß als Jugendherberge.

Cawdor Castle (43)
8 km südlich von Nairn, Zufahrt über A-96 und B-9090

Eine richtige „Bilderbuchburg" mit Wehrmauern, Graben und Zugbrücke, Rundbogenportal und Fallgitter, mächtigem Wohnturm (14. Jh.) mit seitlichen Ecktürmchen, die unten rund und oben achteckig sind. Im 15. und 16. Jahrhundert wurden innerhalb der Burgmauern niedere Wohnbauten errichtet; gegen 1670 erfolgte eine grundlegende Restaurierung und Erneuerung, wobei aber der alte Stil beibehalten wurde, sodaß die Burg ihren mittelalterlichen Charakter behielt. Über dem Haupteingang ist das Wappen der *Campbell* (Burgherren seit dem 16. Jh.) mit der Jahreszahl 1672 angebracht.

Shakespeare erwählte die Burg als Schauplatz für die Ermordung König Duncans durch Macbeth, was aber jeder historischen Grundlage entbehrt. Die Burg ist von Anfang Mai bis Ende September zu besichtigen, sehenswert sind auch die umliegenden Gärten mit Picknickplätzen, Wanderwegen, Selbstbedienungs-Restaurant und Snackbar.

Craigievar Castle (35)

10 km südlich von Alford, an der A-980

Zweifellos eines der schönsten und eigenwilligsten „Märchenschlösser" Schottlands, das im 17. Jahrhundert im zierfreudigen *Scottish Baronial Style* errichtet wurde. Das schmale, sechs Stockwerke hoch aufragende Schloß mit seinen zahlreichen aus der Höhe des dritten Stockwerks an den Ecken hervorspringenden, zweigeschossigen Rundtürmen, die mit spitzen Kegeldächern bekrönt sind, den schmückenden Kragsteinen, hohen Giebeln und Schornsteinen, der schön geformtend Balustrade über dem Dachgeschoß des Hauptturms, entstand um 1626 auf dem *Craigievar Hill* und ist bis zum heutigen Tage unverändert erhalten geblieben.

Die Innenräume sind vor allem wegen ihrer kunstvollen Stuckdecken und Dekorationen und wegen ihrer kostbaren alten Möbel erwähnenswert. Sehenswert ist die *Great Hall.*

Das Schloß hat in der Regel von Anfang Mai bis Ende September täglich außer freitags an Nachmittagen geöffnet.

Crathes Castle (34)

5 km östlich von Banchory, an der A-93

Das sehr malerisch nahe am Norduber des *Dee* liegende Schloß wurde 1553–1602 erbaut und vermittelt mit seinen Rundtürmen und Türmchen mit Kegeldächern, mit seinen hoch aufragenden Mauern und der unregelmäßigen Fassadengliederung, den Giebeldächern und den hohen Schornsteinen das Musterbeispiel eines eleganten Wehrschlosses aus dem 16. Jahrhundert im *Scottish Baronial Style.*

Eine Sehenswürdigkeit besonderer Art ist die *Long gallery* im Obergeschoß, mit eichengetäfelten Wänden und ebensolcher Decke. Auch in anderen Räumen sind noch die ursprünglichen Deckenmalereien (1599) erhalten; besonders bemerkenswert jene im *Chamber of the Nine Nobles* (1602) und im *Green Lady's Room.* Letzterer ist auch als „Spukzimmer" berühmt: eine Dame in grünem Kleid erscheint hier nächtens als Geist! Aus dem Jahr 1597 stammt das kostbare, auf vier Säulen ruhende „Himmelbett" des Schloßherrn.

Vor mehr als zweihundert Jahren wurde der wunderschöne **Schloßgarten** mit vielen seltenen Gewächsen und außergewöhnlichem Blumenreichtum angelegt. Er ist das ganze Jahr über offen, das Schloß hingegen in der Regel nur von Anfang Mai bis Ende September nachmittags. Es gibt auch ein hübsches Restaurant hier.

Culzean Castle (4)

5 km westlich von Maybole, am Firth of Clyde; Zufahrt über die A-719

Das imposante, in einer Art neugotischem Stil erbaute Schloß mit seinen aus der Fassade heraustretenden, schlanken Rundtürmen, ist das Werk des berühmten Architekten *Robert Adam,* das dieser zwischen 1777 und 1792 an der Stelle des früheren *Castle of Coif* (dem ursprünglichen Sitz der Familie Kennedy) für den *Earl of Cassillis* erbaute. Noch erhaltene alte Bauteile, wie etwa der Hauptturm, wurden dem Neugebäude eingegliedert. Im 19. Jahrhundert wurden Teile des Schlosses in viktorianischem Stil verändert, dabei entstanden auch der neue Westflügel und die berühmten Schloßgärten, die zu den schönsten ihrer Art in Schottland zählen.

Zu den Sehenswürdigkeiten des Schlosses gehören vor allem das großartige, ovale Stiegenhaus, der *Round Drawing Room* mit seinen sechs hohen, zur See hin blickenden Fenstern, der lange Festsaal im ersten Stockwerk, mit reicher Stuckdecke, der *Adam-Room,* der grüne *Drawing-Room* und die Bibliothek. Sie alle werden bei einer Schloßbesichtigung gezeigt. Die Räumlichkeiten sind zum großen Teil noch mir ihren ursprünglichen, kostbaren Möbeln und Teppichen aus dem 18. und 19. Jahrhundert eingerichtet.

Im Jahr 1945 stellte der Schloßherr, *Marquess of Ailsa,* sein Schloß der Nation zur Verfügung. Er wünschte, daß die Zimmerflucht im Obergeschoß verdienten Persönlichkeiten zur Verfügung gestellt werde. Die Wahl fiel auf den amerikanischen Präsidenten, General Eisenhower, der als Dank für seine Verdienste als Oberbefehlshaber der alliierten Truppen im Zweiten Weltkrieg hier einen eleganten Feriensitz eingerichtet bekam.

Das Schloß ist von April bis Oktober geöffnet (im Oktober nur nachmittags), der **Culzean Country Park** mit seinen herrlichen Gartenanlagen das ganze Jahr über. Im Park gibt es auch ein Restaurant. Die „Eisenhower Suite" und andere Räumlichkeiten im Schloß werden heute auch an Feriengäste vermietet. Der Preis ist etwas hoch: zwischen 500 und 700 DM pro Tag ... inklusive Frühstück.

Dalmaglar Castle (29A)

10 km südöstlich von Spittal of Glenshee, nahe an der A-93

Das aus dichtem Wald herausragende „Märchenschloß" macht mit seinem hohen Torturm und dem schlanken runden Stiegenturm mit seinen kleinen Ecktürmchen, und mit den Wehrmauern durchaus den Eindruck eines wehrhaften Schlosses aus dem 16. und 17. Jahrhundert. Erst beim Näherkommen wird die Nachbildung augenscheinlich. Es handelt sich tatsächlich um ein relativ modernes Herrenhaus, das in historisierendem Stil erbaut wurde und sich in Privatbesitz befindet. Ein Teil des Hauses ist mit Fremdenzimmern für Selbstverpfleger ausgestattet.

Dirleton Castle (11)

3 km westlich von North Berwick, an der A-198

Zur Zeit der englischen Invasion unter Edward I. im Jahr 1297 widerstand zwar die Burg einer langen Belagerung, wurde aber später doch von den Engländern erobert und 1311 von den Schotten zurückerobert. Bei diesen Kämpfen wurde sie schwer beschädigt, wieder instandgesetzt, aber 1650 endgültig von den Truppen Cromwells zerstört.

Die auf steilem Felsen stehenden Ruinen bestehen aus sehr eindrucksvollen Resten von Türmen und Wehrmauern des 13. Jahrhunderts, und Zubauten, die aus der Zeit zwischen dem 14. und 16. Jahrhundert stammen. Malerisch ist ein kleiner, hier angelegter Blumengarten.

Die Burg ist in der Regel jeden Tag zwischen März und Oktober zu besichtigen, an Sonntagen nur nachmittags. Der Ort **Dirleton** wird gerne als „the prettiest village in Scotland" bezeichnet.

Doune Castle (25)

in Doune; an der A-84, westlich der M-9

Doune ist die besterhaltene Burg Schottlands aus dem 14./15. Jahrhundert. Sie steht an der Landzunge vor dem Zusammenfluß von *Teith* und *Ardoch* und war der Stammsitz des zweiten Earl of Moray, dem Held der Ballade „The Bonnie Earl of Moray". Die Anlage gruppiert sich rund um den Burghof und war früher durch Wälle und Gräben gesichert.

Doune Castle war auch die Residenz von Murdoch, Duke of Albany, der von 1419 bis 1424 für James I. schottischer Regent war. Im Jakobitenaufstand von 1745/46 wurde die Burg von MacGregor of Glengyle für **Prinz Charles Edward** verteidigt, der nach der Schlacht von Falkirk (1745) hier wichtige Gefangene festhielt. 1883 wurde die Burg restauriert. In Doune liegen auch die sehenswerten **Doune Park Gardens**, die Anfang des 19. Jahrhunderts angelegt wurden und auch seltene exotische Pflanzen enthalten. Über die Besichtigungszeiten des **Motor Museum** (Oldtimer) des Lords Doune erkundige man sich im nächstgelegenen Informationsbüro.

Crathes Castle ist das Musterbeispiel
eines eleganten Schlosses
im Scottish Baronial Style.

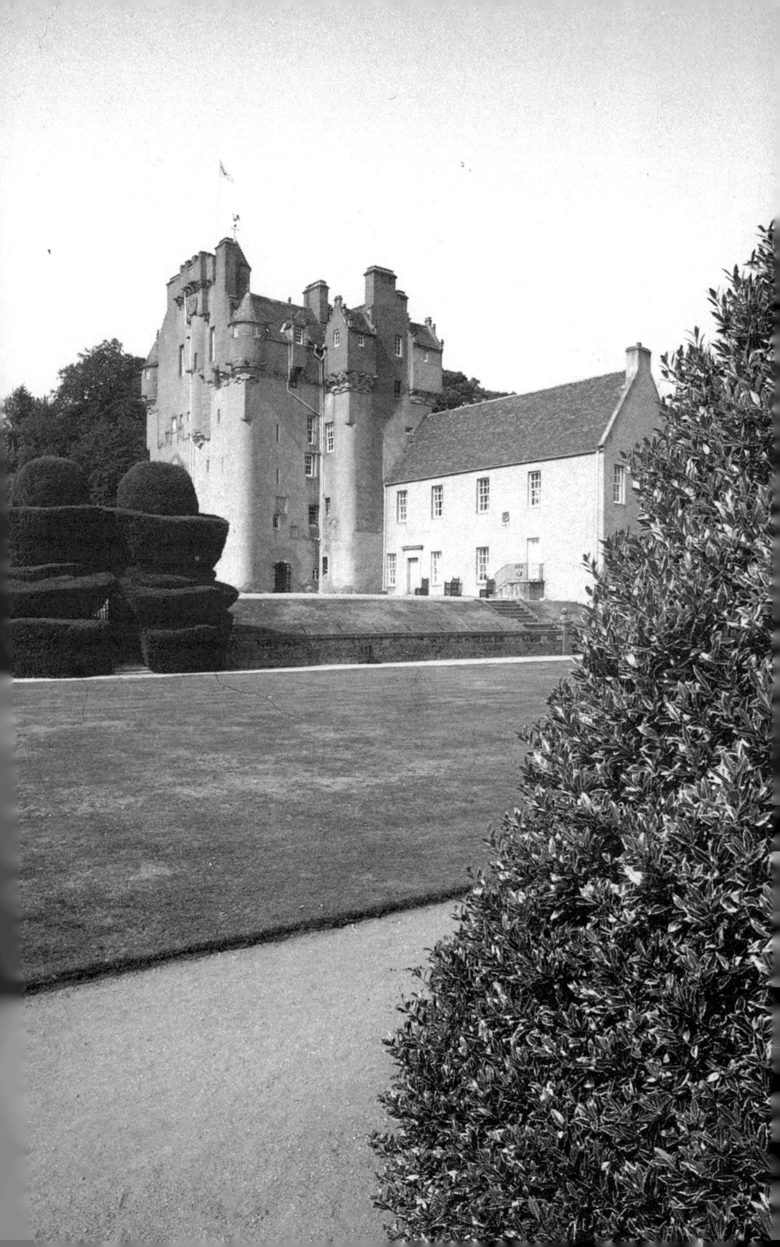

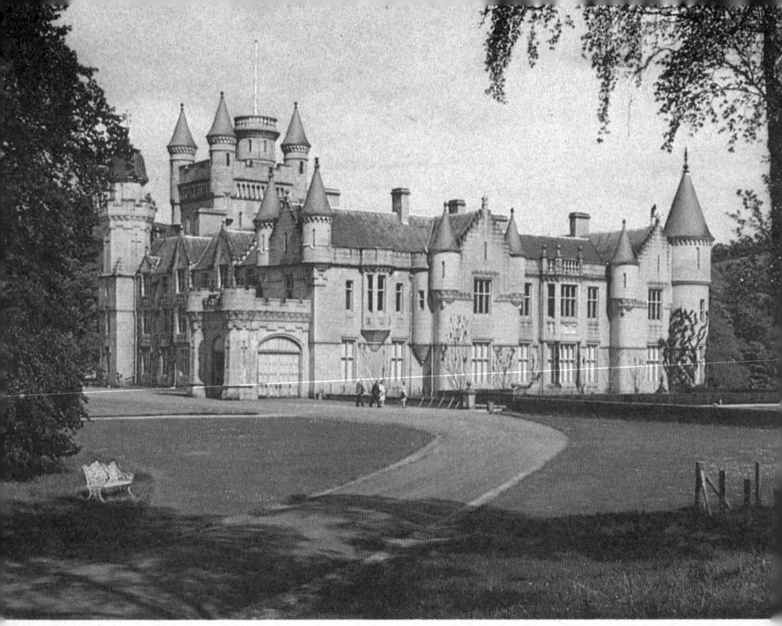

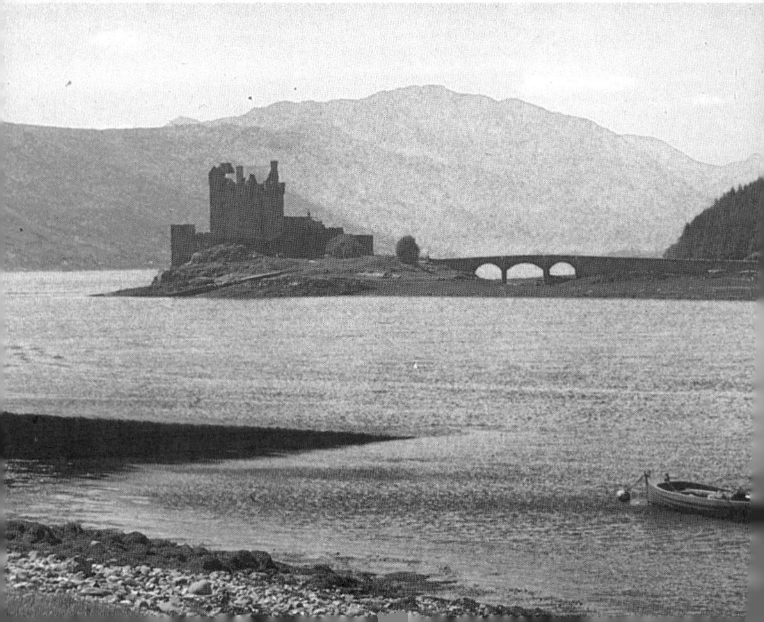

Drum Castle (32)

16 km westlich von Aberdeen; Zufahrt von der A-93

Das nördlich des *River Dee* inmitten einer ausgedehnten Parkanlage stehende Schloß ist seit 1323 im Besitz der Familie *Irvine (Irwyne), Lairds of Drum*, die in der schottischen Hochlandsgeschichte immer eine bedeutende Rolle gespielt hat. Vom 13. bis zum 15. Jahrhundert stritten die Irvines erbittert mit den wilden Hochlandclans um die Vorherrschaft in Aberdeenshire. In der Entscheidungsschlacht von 1411 standen sich *Sir Alexander de Irwyne* und „Red Hector", der Chief des Hochlandclans *MacLean* im Zweikampf gegenüber und töteten sich gegenseitig. Es sind blutrünstige Geschichten, die man sich über die damalige Zeit erzählt. Die Burg wurde später zerstört, weil sie ein Stützpunkt der Royalisten war.

An Drum Castle lassen sich deutlich zwei Bauperioden erkennen: Zu Beginn des 14. Jahrhunderts entstand der über 22 m hohe, wuchtig aus Granitsteinen gefügte Wohnturm mit fast vier Meter dicken Mauern an seiner Basis und hohem Zinnenkranz. Er wurde auf den Resten eines Wehrturms erbaut, den schon *Robert the Bruce* 1286 errichten ließ. Im Turm können die *Upper Hall*, die noch in ursprünglichem Zustand erhalten ist, und die darunterliegende *Common Hall*, die zu einer eleganten Bibliothek ausgestattet wurde (bemerkenswert ist ihre mit Familienwappen geschmückte, gewölbte Decke) besichtigt werden.

Die zweite Bauperiode fällt in das Jahr 1619, als mehrere recht düster wirkende Schloßbauten rund um einen Innenhof als neue Residenz errichtet wurden. An den Turm wurde das *Mansion House* angebaut. Seine Innenräume beherbergen Sammlungen alter Gemälde, wertvolles Silber und kostbare Stilmöbel. Familienporträts, mit denen der Speisesaal geschmückt ist, malten *Raeburn* und *Reynolds*.

Das Schloß kann in der Regel von Anfang Mai bis Ende September an Nachmittagen besichtigt werden, die Gärten sind das ganze Jahr offen.

---

*oben: Balmoral Castle ist Privatresidenz
und Urlaubssitz der königlichen Familie*

*unten: Das Eilean Donan Castle
zählt zu den malerischsten Highland-Burgen Schottlands*

Drumlanrig Castle (3)
5 km nördlich von Thornhill, an der A-76

Das „rosarote Schloß", wie es gerne genannt wird, ist ein imposanter Schloßbau und Sitz der *Dukes of Buccleuch*. Früher stand hier eine alte Burg, die im 15. Jahrhundert erbaut, in den Grenzkriegen mehrmals zerstört und wiederaufgebaut, und schließlich 1645 endgültig zerstört wurde. An ihrer Stelle ließ der Herzog von Queensberry 1675-1689 das heutige Feudalschloß in Renaissanceformen errichten. Man sagt, daß er über die hohen Baukosten so entsetzt war, daß er das Schloß nur einen einzigen Tag bewohnte.

Das Schloß wird von Ecktürmen flankiert, besitzt sehenswerte, geschwungene Freitreppen und eine ungewöhnlich reiche Anordnung von kleinen Kuppeltürmen und Türmchen über den Dachgeschossen.

1745 fand *Bonnie Prince Charlie* nach seinem Rückzug aus Derby mit zweitausend seiner Soldaten im Schloß Zuflucht; zahlreiche Erinnerungsstücke geben noch über dieses Ereignis Aufschluß. Weiters enthält das Schloß in seinen reich ausgestatteten Räumen zahlreiche herausragende Kunstwerke, wie Gemälde (darunter ein Werk Rembrandts), kostbares Silber, Porzellan und Stilmöbel. Es kann in der Regel von Ostern bis Ende August jeden Nachmittag außer Freitag bei Führungen besichtigt werden. Zum Schloß gehört auch eine große Park- und Gartenanlage mit herrlichen Wanderwegen.

Dunbeath Castle (52 A)
südlich von Dunbeath an der A-9

Das auf einer Felsenklippe über dem Meer stehende Schloß wurde im 15. Jahrhundert erbaut, jedoch zweimal zerstört und im 17. Jahrhundert erneuert. Vor etwa hundert Jahren erhielt es einen Nord- und einen Ostflügel zugebaut, sein wehrhafter Charakter blieb aber teilweise nocht gut erhalten. Der älteste Gebäudeteil besitzt noch aus der Höhe des zweiten Geschosses herausragende runde Ecktürme.

Dundas Castle (12)
13 km westlich von Edinburgh; Zufahrt von der A-90

Rein äußerlich unterscheidet sich der relativ neue Bau nur wenig vom Aussehen eines alten Schloßes. Das in historisierendem Stil erbaute Herrenhaus der *Dundas of Dundas* umschließt die Reste der ursprünglichen Burg, die vom 12. Jahrhundert bis zum Jahre 1875 dieser Familie gehörte. Ein Wohnbau aus dem 15. Jahrhundert wurde hervorragend restauriert und bildet mit dem neuen Schloß einen harmonischen Einklang.

Dunderave Castle (15)
5 km nordöstlich von Inveraray, an der A-83

Das im 16. Jahrhundert an der Nordwestseite des *Loch Fyne* erbaute kleine Schloß war Sitz der MacNaughtons, ehe es in die Hände der Campbells fiel. Es wurde in jüngster Zeit sorgfältig restauriert und bewahrt seinen alten Charakter. Charakteristisch sind seine vom Obergeschoß herausragenden runden Eckgtürmchen und Treppengiebel.

Dunnottar Castle (31)
3 km südlich von Stonehaven, an der A-92

Die in einzigartiger Lage, auf einem über 50 m hohen Felsen thronende und an drei Seiten vom Meer umgebene Burg, ist nur über einen schmalen Pfad vom Festland her zu erreichen. Umgeben ist sie von steilen Felsenklippen, an denen sich die Brandung bricht. Sie wurde Ende des 14. Jahrhunderts von *Sir William Keith,* dem „Great Marischal of Scotland", an der Stelle errichtet, wo sich bereits seit 1276 eine Kirche befand. Von dieser Burg sind noch überaus eindrucksvolle Ruinen erhalten.

Im Jahr 1652 war sie die letzte Burg Schottlands, die von den Royalisten gegen die Truppen Cromwells gehalten wurde; in ihr waren die schottischen Kronjuwelen, Krone, Zepter und Schwert sowie das Privatarchiv von König Charles I. aufbewahrt. Als sich die Burg nach achtmonatiger Belagerung ergeben mußte, waren die kostbaren Schriftstücke, die Königskrone und die anderen Staatsinsignien bereits hinausgeschmuggelt worden, sodaß sie nicht in die Hände Cromwells fielen. Auch in den Religionskriegen spielte die Burg eine wichtige Rolle. 1685 waren hier 167 *Covenanters* (schottische Presbyterianer), Männer und Frauen, in einem nur 17 m langen und 4 m breiten Gewölbe („Whig's Vault") eingekerkert.

Nach der Jakobitenrebellion von 1715 wurde die Burg abgebrochen. Der aus dem 14. Jahrhundert stammende Turm und die Burgkapelle, der Torbau von 1590 und die zahlreichen anderen Bauteile und Wehrmauern vermitteln aber immer noch einen guten Eindruck von dieser bedeutenden Wehrburg. Sie kann das ganze Jahr hindurch (an Sonntagen nur nachmittags) besichtigt werden; in den Wintermonaten ist sie gewöhnlich samstags nicht zugänglich.

Dunrobin Castle (52)
1 km nordöstlich von Golspie, an der A-9

Das auf einer natürlichen Anhöhe über dem Meer stehende Schloß geht auf einen Bau aus der Zeit um 1400 zurück und ist der Stammsitz der Earls of Sutherland. Sein heutiges Aussehen erhielt das Schloß zwischen dem 17. und 19. Jahrhundert, sein wuchtiger Nordostturm mit den vier runden Ecktürmen ist allerdings schon fünfhundert Jahre alt. Seine Grundmauern sollen sogar von einem noch älteren Turm aus dem 13. Jahrhundert stammen.

Dunrobin Castle zählt zu den eindrucksvollsten Schlössern des Landes, obwohl es im Laufe der Jahrhunderte mehrmals – auf sehr repräsentative Art – erweitert und verändert wurde und daher kein einheitlicher architektonischer Stil gewahrt ist. Die in der ersten Hälfte des 19. Jahrhunderts vorgenommenen Erweiterungen nahm Sir James Barrie vor, der Baumeister der *Houses of Parliament* in London. Aus dem 19. Jahrhundert stammt auch die prächtige, im Stil von Versailles angelegte Gartenanlage.

Das Schloß enthält bedeutende Kunstsammlungen (Gemälde, Tapisserien, Stilmöbel usw.), eine Sammlung von Uniformen und Hofkleidern sowie Sammlungen von lokalhistorischem Interesse. Im Ersten Weltkrieg diente das Schloß als Marinespital, dann als Schule und Internat. Im allgemeinen steht es zwischen Mitte Juni und Mitte September zur Besichtigung offen.

Dunstaffnage Castle (17)
6 km nördlich von Oban, Zufahrt von der A-85

Dunstaffnage Castle ist eine der wenigen teilweise noch erhaltenen Königsburgen des 13. Jahrhunderts. Sie steht auf einer schmalen Halbinsel nahe am Eingang zum *Loch Etive* auf einer 10 m hohen Felsplattform, aus der sich förmlich „herauswächst". König Alexander II. ließ sie als Stützpunkt für seine Angriffe gegen die nordischen Wikinger erbauen, die sich auf den Hebrideninseln festgesetzt hatten.

Ihr heutiges Aussehen hat die Burg größtenteils aus dem 15. Jahrhundert. Ihre hohen Mauern sind über drei Meter dick, an den Ecken stehen drei Rundtürme und ein Turmhaus. Im 16. Jahrhundert entstand im Innenhof der zweistöckige Burgbau, im 18. Jahrhundert folgten weitere Bauten längs des Nordwalls. 1810 brannte die Burg ab.

Dunvegan Castle (55)
bei Dunvegan, auf der Isle of Skye

Die im Nordwesten der Hebrideninsel Skye auf einem Felsen im *Sea Loch Dunvegan* liegende Burg ist das einzige der zahlreichen Inselschlösser, das immer noch vom gleichen Clan bewohnt wird. Es ist seit dem Jahr 1200 der Herrensitz des Clans MacLeod. Als einfache Burg mit Schutzwall erbaut, im 15. Jh. vergrößert, erhielt sie zusätzlich Wehrtürme (14./16. Jh.). Damals nur mit dem Boot erreichbar, heute über eine Brücke mit dem Festland verbunden.

Bei einer grundlegenden Restaurierung im 19. Jahrhundert wurde der ursprünglich wehrhafte Charakter etwas verwischt. Charakteristisch sind die kleinen runden Ecktürmchen, die auf den verschiedenen Baukörpern aus den mit Zinnenbalustraden versehenen Obergeschossen herausragen. In den teilweise noch mit kostbaren alten Möbeln eingerichteten Räumen des Schlosses ist vor allem die Ahnengalerie erwähnenswert; einige der Familienporträts malten *Ramsay* und *Raeburn*. Es werden auch Andenken an Bonnie Prince Charlie aufbewahrt, darunter eine Haarlocke von ihm; Manuskripte und Briefe von Sir Walter Scott, der hier auf Besuch weilte. Zu den Ausstellungsstücken der Familie zählt auch ein großes, zwei Liter umfassendes Trinkhorn, das der MacLeod-Chief *Rory More* in einem Zug leeren konnte...

Die größte Kostbarkeit unter den Ausstellungsstücken ist die hochverehrte „Fairy Flag" *(Bratach Sith)*, ein geheimnisvolles Banner, das eine Fee dem Clanchief William MacLeod im 14. Jahrhundert gegeben haben soll.

Der Sage nach hat das Banner drei wunderbare Eigenschaften: am Schlachtfeld ausgerollt, führt es die *MacLeods* zum Sieg; über das Ehebett gebreitet, versorgt es das Familienoberhaupt mit Nachkommen; über der Bucht geschwenkt, läßt es Fische ins Netz strömen und bewahrt vor Hungersnot. Das Banner wurde bereits zweimal entrollt: in der Schlacht von Glendale (1490) und in der Schlacht von Trumpan (1597), bei der nur zwei Mitglieder des gegnerischen MacDonald-Clans überlebten. Das Banner wird daher mit besonderer Sorgfalt aufbewahrt, um bei einer ernsten Familienkrise wiederum seine Zauberkraft beweisen zu können.

Dunvegan Castle ist in der Regel von Anfang April bis Ende Oktober zu besichtigen, von Mitte Mai bis September ab 10.30 Uhr, sonst ab 14 Uhr.

Edzell Castle (30)
bei Edzell, 9 km nördlich von Brechin, an der B-996

Aus dem Ende des 15. Jahrhunderts ist noch ein Wehrturm in relativ gutem Zustand erhalten, während von späteren Zubauten nur mehr Ruinen zu sehen sind. 1562 wohnte hier Maria Stuart. 1762 wurde das Schloß im zweiten Jakobitenaufstand zerstört.

Der im Stil des 17. Jahrhunderts angelegte, prächtige **Renaissancegarten** des Schloßes ist noch von seiner ursprünglichen Mauer aus dem Jahr 1604 umgeben, die recht ungewöhnliche heraldische und symbolische Ziermuster aufweist; sie sollen u.a. die Kardinaltugenden, die freien Künste und die Planeten-Gottheiten darstellen. Schloß und Garten sind ganzjährig offen, ausgenommen an Dienstagen; donnerstags und sonntags nur nachmittags geöffnet.

Eilean Donan Castle (50)
in Dornie, 13 km östlich von Kyle of Lochalsh, an der A-87

Diese vielleicht malerischste und am meisten fotografierte Highland-Burg steht auf einer kleinen Felseninsel am Zusammenfluß der Lochs Duich, Alsh und Long. Sie wurde von König Alexander II. von Schottland zum Schutz gegen die Dänen gebaut und spielte auch später als Stammburg des MacKenzie-Clans in den kriegerischen Auseinandersetzungen der Highland-Clans immer eine wichtige Rolle. Die nach zahlreichen Angriffen und Belagerungen immer wieder instandgesetzte Burg wurde schließlich 1719, als die Jakobiten unter William MacKenzie und mit Hilfe spanischer Truppen sie gegen die Engländer verteidigten, von englischen Kriegsschiffen bombardiert und zerstört. In den folgenden zweihundert Jahren blieb Eilean Donan Castle eine Ruine und wurde erst 1932 wieder in ursprünglichem Stil erneuert.

Der Zugang zur Burg erfolgt auf einer alten Steinbrücke. Aufmerksamkeit erweckt hier ein niedriger, siebeneckiger Turmwall, der einst als Wasserbehälter diente. Der wuchtige Wehr- und Wohnturm wurde stilgerecht restauriert. Auch die anderen Gebäudeteile haben ihren grimmigen, mittelalterlichen Charakter bewahrt. Heute beherbergt die Burg eine Gedenkstätte für die Hochland-Clans und ein Museum mit Erinnerungsstücken an die Jakobitenaufstände. Sie ist von April bis September täglich zugänglich.

Ferniehurst Castle(6)
3 km südöstlich von Jedburgh, an der A-68

Das im Tal des *River Jed* liegende, festungsartige Herrenhaus wurde 1598 an der Stelle einer wesentlich älteren, 1571 von den Engländern zerstörten Burg erbaut. In den Grenzkriegen hat sie immer eine wichtige Rolle gespielt.

Der wuchtige, viergeschossige Wohnturm wird oben von kleinen, runden Ecktürmen flankiert. Bemerkenswert ist die kleine Bibliothek im ersten Turmgeschoß, mit reich geschnitzter Holzdecke. Ferniehurst Castle dient heute als Jugendherberge.

Fingask Castle (27)
10 km östlich von Perth

Das relativ kleine, aber von sehr schönen Ziergärten umgebene Herrenhaus steht an der Stelle eines Baus aus dem 16. Jahrhundert, von dem aber nur mehr spärliche Bauteile im Neubau des 17. Jahrhunderts erhalten sind. Früher hatte das Schloß einen sehr wehrhaften Charakter und spielte auch in den Jakobitenaufständen immer eine große Rolle. Das Herrenhaus ist heute im Besitz der Familie Threipland, die es 1826 restaurieren ließ.

Castle Girnigoe und Castle Sinclair (53)
4,5 km nördlich von Wick

Aus der Ferne betrachtet meint man, daß es sich um eine einzige Burgruine handelt, die sich auf vorgeschobenem Felsen über dem Meer erhebt. Es waren aber ursprünglich zwei verschiedene Burgen; Castle Girnigoe, die ältere der beiden, steht direkt am Meer. Sie wurde im 15. Jahrhundert erbaut und besaß nur einen einzigen Zugang von der Landseite her, der durch eine Zugbrücke geschützt war. Als Stammsitz der Sinclairs, Earls of Caithness, gehörte sie zu den wehrhaftesten Burgen dieses Landesteils. Castle Sinclair, etwas landeinwärts, entstand erst um das Jahr 1606 und ist heute ebenso verfallen wie Girnigoe.

Glamis Castle (28)
19 km nördlich von Dundee, an der A-928

Glamis zählt zu den schönsten, malerischsten und meistbesuchten Schlössern Schottlands. Vor tausend Jahren stand hier schon eine Burg, die von den schottischen Königen als Jagdsitz aufgesucht wurde. Malcolm II. soll darin 1034 gestorben (oder ermordet worden) sein. Shakespeare gab Macbeth den Titel „Thane of Glamis".

Seit 1372 ist Glamis der Stammsitz der Adelsfamilie *Lyon,* der späteren *Earls of Strathmore and Kinghorne,* den Vorfahren der Mutter von Königin Elizabeth II., die hier ihre Kindheit verbrachte. König James V. hielt hier Hof. Prinzessin Margaret wurde 1930 hier geboren.

Die zum Teil noch aus dem 14./15. Jahrhundert stammende Burg wurde 1630–1696 im französischen Schlösserstil, mit spitzen Kegeldächern auf Ecktürmchen und hohen Zinnenwehren auf den Dächern, umgebaut. Man würde das Schloß eher an der Loire als in Schottland vermuten, zumal auch der prachtvolle Schloßpark einen durchaus „französischen Eindruck" macht.

Der Baustil des Schlosses wurde später von zahlreichen Baumeistern kopiert, er ist als *Scottish Baronial Style* bekannt.

Die Innenausstattung stammt hauptsächlich aus dem 17. Jahrhundert, teilweise ist sie von der Renaissance beeinflußt; bemerkenswert sind die kunstvollen Stuckdecken. Die Kunstsammlungen des Schlosses enthalten wertvolle Gemälde, altes Silber und Porzellan, Waffen und Rüstungen, Tapisserien, Stilmöbel u.v.a. Beachtenswert ist die Schloßkapelle mit ihren ungewöhnlich angeordneten Wand- und Deckengemälden von Jacob de Wet (1688).

Im alten Schloßturm, der noch auf den Turm der ursprünglichen Burg zurückgeht, befindet sich eine von zahlreichen Legenden umwobene Geheimkammer (secret chamber), deren genaue Lage und verborgener Zutritt nur dem jeweiligen Erben bekanntgegeben wird. Vom Turm und von den Wehrgängen aus hat man einen schönen Blick über das Strathmore-Tal. In der Regel ist das Schloß von Ostern bis Ende September täglich außer samstags an Nachmittagen geöffnet.

Wenn man schon einmal hier ist, so sollte man auch im Ort Glamis die zweihundert bis dreihundert Jahre alten, als *Kirk Wynd* bekannten Cottages mit dem **Angus Folk Museum** ansehen, eine Ausstellung mit altem Handwerkszeug, Hausrat und bäuerlichen Geräten, in ihrer ursprünglichen Umgebung.

Grandtully Castle (26)

5 km nordöstlich von Aberfeldy, an der A-827

Die malerisch im Tal des *River Tay* liegende Burg aus der zweiten Hälfte des 16. Jahrhunderts (Veränderungen wurden im 17. Jh. vorgenommen) macht mit ihren hohen Mauern und Türmen heute noch einen sehr wehrhaften Eindruck. Sie war der Sitz der *Stewarts of Innermeath* und wurde wegen ihrer strategischen Lage oft von schottischen Heerführern (darunter auch Montrose, General MacKay und Argyll) und auch von Prinz Charles Edward selber als militärischer Stützpunkt bewohnt.

In Glamis Castle verbrachte die Königinmutter ihre Kindheit.
Ein Blick in Queen Mothers Bedroom.

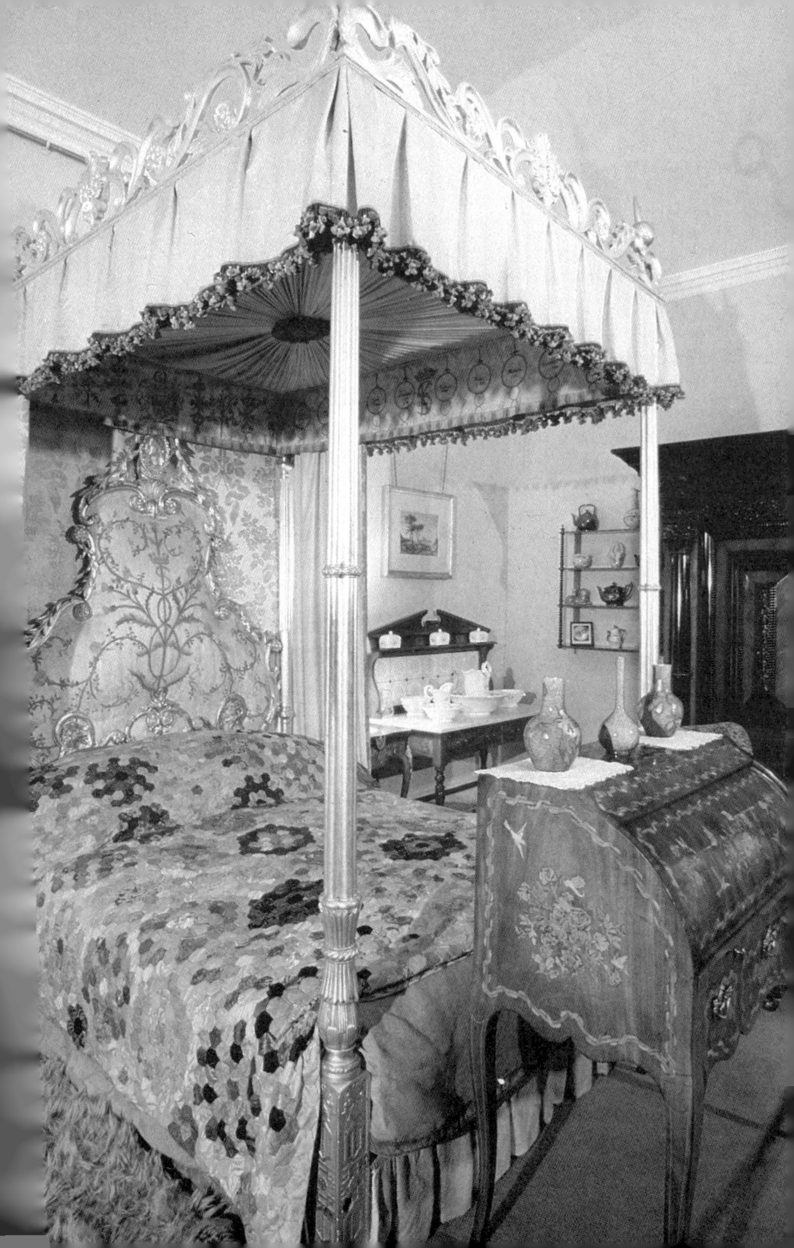

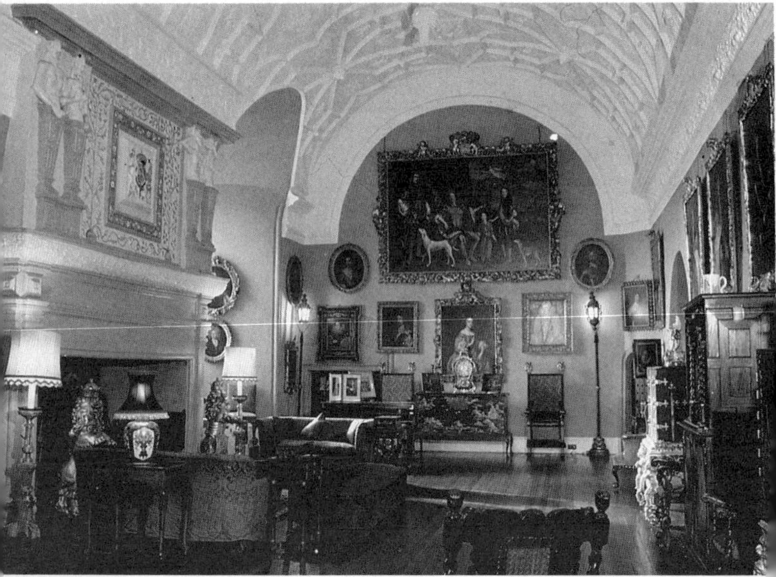

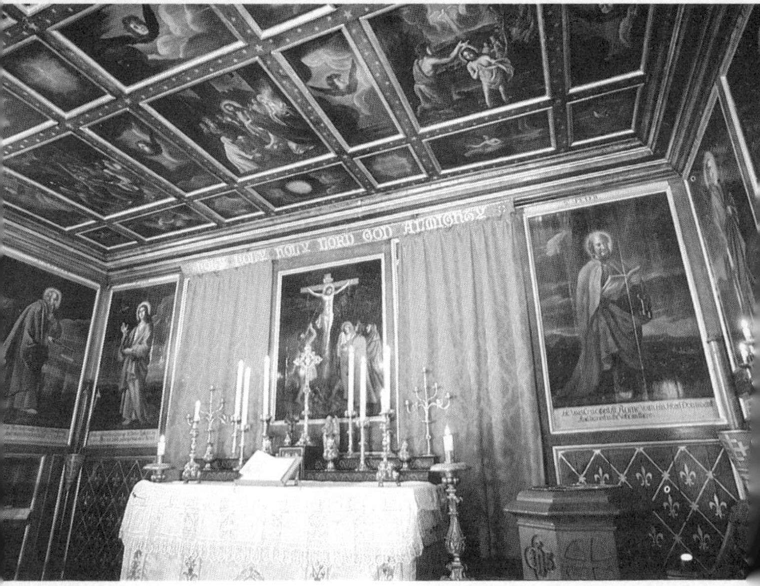

Hermitage Castle (5)
19 km südlich von Hawick, Zufahrt von der B-6399

Die unglaublich malerische, im ausgedehnten Moorland stehende kleine Burg wurde schon im 13. Jahrhundert erbaut. Um das Jahr 1400 erhielt sie ihre beiden Ecktürme. Sie wird gerne als „mittelalterliche Märchenburg" im romantischen *Liddesdale* bezeichnet.

Die Burg gehörte dem *Earl of Bothwell*, dem Liebhaber von Maria Stuart (er heiratete sie 1567, nachdem er *Lord Darnley,* ihren Gemahl, ermordet hatte). Die Geschichte berichtet, daß Maria Stuart einmal die rund 80 km von *Jedburgh* hin und zurück in einem einzigen Tag geritten ist, nur um ihren Liebhaber zu sehen.

Hermitage Castle ist ganzjährig (sonntags nur nachmittags) geöffnet; im Winter ist das Schloß ein- oder zweimal wöchentlich (in der Regel mittwochs oder donnerstags) geschlossen.

Inveraray Castle (14)
im Norden von Inveraray am Loch Fyne, nahe an der Einmündung der A-819 in die A-83

Hier haben wir es wieder mit einem großen, repräsentativen Schloßbau des 18. Jahrhunderts zu tun, an dem wir allen architektonischen Zierrat finden, der den teils neugotischen, teils Renaissanceformen nacheifernden „Scottish Baronial Style" dieser Zeit auszeichnet. Das Schloß ist der Sitz der Herzöge von Argyll und wird von einer weiträumigen Parkanlage umgeben.

Ursprünglich stand hier eine Burg aus dem 15. Jahrhundert, die dem Campbell-Clan gehörte. Mitte des 18. Jahrhunderts gab aber der dritte *Duke of Argyll* den alten Wohnturm auf und ließ von den bekannten Architekten Roger Morris, Robert Mylne und John Adam 1743–1780 ein neues Schloß nach französischen Vorbildern bauen; im 19. Jahrhundert wurde es um ein Stockwerk erhöht. Zu dieser Zeit erhielten die Türme auch ihre spitzen Kegeldächer.

Einer der elegant ausgestatteten Räume von Glamis Castle, in dem u.a. Prinzessin Margaret geboren wurde

Die reich mit Wand- und Deckengemälden ausgestattete Schloßkapelle von Glamis Castle

Das der Öffentlichkeit in der Regel von April bis Oktober täglich außer freitags und an Sonntagen nur nachmittags zugängliche Schloß ist vor allem wegen seiner prächtigen *Great Hall,* den *State Rooms,* der Waffenkammer (mit alten schottischen Waffen und Kriegsgerät) und der noch im Stil des 18. Jahrhunderts eingerichteten Küche besuchenswert. In der Waffensammlung werden auch Dolchgriff und *sporran* (die zur Kleidung der Highlanders gehörende verzierte Ledertasche) des berühmten Banditen „Rob Roy" MacGregor gezeigt. Die Kunstsammlungen enthalten kostbare Tapisserien, Silbergerät, Porzellan, Gemälde alter Meister und hervorragend erhaltene alte Stilmöbel.

Inverness Castle (44)
in Inverness

Man nimmt an, daß schon im 6. Jahrhundert eine Burg auf dem *Craig Phadrig,* einem westlich der Stadt ansteigenden Hügel, existiert hat, von der aus König Brude sein Königreich der Pikten regiert hat. Nach dieser Zeit trägt Inverness heute noch die Bezeichnung *„Capital"* (Hauptstadt) *of the Highlands.* Im Jahre 565 besuchte der irische Mönch St. Columba den König auf seiner Burg und leitete die Christianisierung des Landes ein.

Die alte, auf dem „Auld Castle Hill" noch aus Holz erbaute Burg wurde von *Malcolm Canmore* (König Malcolm III.) dem Erdboden gleichgemacht, um den Tod seines Vaters, des Königs Duncan, zu rächen. (Das Schloß ist Schauplatz von Shakespeares „Macbeth"). Um 1141 wurde von König David I. auf dem heutigen Burghügel eine erste Burg aus Stein erbaut. In den folgenden, unruhigen Zeiten, aber auch während der Unabhängigkeitskriege wechselte sie oft ihren Besitzer.

Aus dem Jahr 1562 verdient ein interessantes Ereignis erwähnt zu werden: Königin **Maria Stuart** wurde anläßlich ihres Besuches vom damaligen Verwalter der Eintritt in die Burg verwehrt und sie war gezwungen, in einem Haus in der Bridge Street zu logieren. Um diese Schmach zu rächen, erstürmten die Clans der Fraser, MacIntosh und Munro die Burg, nahmen den Verwalter gefangen und richteten ihn hin.

Dank seiner strategischen Lage war Inverness lange Zeit das Hauptquartier der „Covenanters", der presbyterianischen Armeen. In den Jahren 1652-1657 ließ Cromwell hier eine Zitadelle erbauen, die aber nach der Wiederherstellung des Kaiserhauses 1660 wieder abgerissen wurde. Nur ihr Glockenturm ist noch erhalten. Die Burg selber wurde 1715 von den Engländern erneuert und befestigt, aber 1745, im zweiten Jakobitenaufstand, durch Prinz Charles Edward erobert und in die Luft gesprengt. Erst

1834 ging man daran, über den Ruinen der alten Burg eine neue zu errichten, die 1846 fertiggestellt war. Mit ihren runden, vier- und mehreckigen Türmen, vermittelt sie den Eindruck, wesentlich älter zu sein. Sie beherbergt heute verschiedene Ämter und die Polizeistation.

Castle Keiss (54)
etwa 13 km nördlich von Wick, Zufahrt von der A-9

Die an der Nordseite der *Sinclair Bay* und dem *Castle Girnigoe* gegenüberliegende Burgruine erhebt sich so wie jene auf einer steilen Felsenklippe über dem Meer. Die im 15./16. Jahrhundert erbaute Burg bestand aus einem hohen Wohnturm mit seitlichen Rundtürmen. Ihre Obergeschosse sind heute zerstört. Trotz des verfallenen Zustands vermittelt aber Castle Keiss – das sich wie Girnigoe im Besitz der *Sinclairs* befand – heute noch einen guten Eindruck von einer Wehrburg im nördlichsten Teil Schottlands aus der Zeit vor mehr als vierhundert Jahren.

Kilchurn Castle (16)
3 km westlich von Dalmally, an der A-85

Auf einer schmalen, waldbedeckten Halbinsel am nördlichen Ende des *Loch Awe* gelegen und im Norden vom 990 m hohen *Ben Eunaich* überragt, zählt Kilchurn Castle zu den malerischsten und meistfotografierten großen Burgruinen Schottlands. Ursprünglich Mitte des 15. Jahrhunderts als einfache Wehrburg erbaut und im 16. Jahrhundert vergrößert, erfolgte 1693 der schloßartige Umbau zur heutigen Größe, wobei aber als einziger Zugang jener durch den Wehrturm beibehalten wurde. Im Jakobitenaufstand von 1745/46 war die Burg von hannoveranischen Truppen besetzt.

Kildrummy Castle (37)
etwa 7,5 km südlich von Mossat, an der A-97

Es gehört zu den schönsten, mittelalterlichen Burgruinen Schottlands. Im 13. Jahrhundert von *Gilbert de Moravia,* Bischof von Caithness, im Tal des Don erbaut, war es lange Zeit ein Stammsitz der *Earls of Mar.* Im Jahre 1306 wurde die Burg mehrere Wochen lang von Prinz *Edward of Caernarvon* (dem späteren König Edward II. von England) belagert und – nachdem sie zuvor durch Verrat in Brand gesteckt worden war – auch erobert. Burgherr war damals *Nigel Bruce,* ein Bruder von König Robert the Bruce.

Die Burg wurde nur teilweise wieder aufgebaut, fiel aber den Stürmen des Jakobitenaufstandes von 1715 endgültig zum Opfer. Seit 1898 werden die noch vorhandenen Baureste geschützt und teilweise instandgesetzt. Zwei Rundtürme, die Kapelle, der Rittersaal, das Torhaus (alle 14. Jahrhundert) sind noch gut erkennbar. Das 1900 erbaute *Mansion House* dient heute als Hotel.

Eine Sehenswürdigkeit besonderer Art sind die **Kildrummy Castle Gardens,** mit Heideblumen, Rhododendren, Lilien u.v.a. Von japanischen Gartenbaukünstlern wurde um 1904 im mittelalterlichen Steinbruch der „Felsengarten", und in der Schlucht unterhalb der Burgruinen der einzigartige „Wassergarten" (mit kleinen Teichen und Wasserfällen) angelegt. Im Mai und Juni, aber auch im Oktober, hinterlassen die Gärten in ihrer Farbenpracht einen unvergeßlichen Eindruck. Sie sind von April bis Oktober (Zugang durch das Kildrummy Castle Hotel) offen.

Castle Leod (48)
1,5 km nördlich von Strathpeffer

Der heutige Herrensitz der *Earls of Cromarty* geht auf den befestigten Wohnsitz der MacKenzie zurück und ist ein ausgezeichnet erhaltenes Beispiel eines befestigten Herrenhauses eines Highland-Clan Chiefs aus dem 16. Jahrhundert. Der massive, viergeschossige Turmbau mit Treppengiebeln ist noch unverändert erhalten, ebenso der 1616 angefügte, ebenso hohe Wohnbau mit herausragenden runden Erkertürmen aus dem Obergeschoß.

Lickley Head Castle (36)
4,5 km südlich von Insch, an der A-992

Das 1629 erbaute Schloß ist ein in sich geschlossener, wuchtiger Baukomplex mit zwei zweigeschossigen runden Ecktürmen, die von Kegeldächern bekrönt werden, und vom Obergeschoß des Schlosses erkerartig herausragen. Ungewöhnlich ist der erst im ersten Geschoß aus einer Nische herausragende halbrunde Treppenturm. Das Schloß wechselte im Laufe seiner Geschichte oft seinen Besitzer und wurde in jüngster Zeit hervorragend restauriert.

Loch Leven Castle (21)
auf einer Insel am westlichen Ende von Loch Leven;
Abfahrt von der M-90 bei Kinross

Die in der ersten Hälfte des 14. Jahrhunderts erbaute Burg ist heute nur mehr in Ruinen erhalten, vermittelt aber noch einen guten Eindruck von einer düsteren Wehrburg aus dieser Zeit. Der mächtige Turm stammt aus dem 16. Jahrhundert.

Das bemerkenswerteste Ereignis in der Geschichte der Burg war die Flucht von **Maria Stuart** am 2. Mai 1568, die elf Monate lang hier gefangen gehalten worden war. Die Burg war damals im Besitz der Adelsfamilie Douglas und wurde als Gefängnis für wichtige politische Gefangene benutzt. Die Königin unterzeichnete hier ihre Abdankung zugunsten ihres Sohnes James VI. (dem späteren König James I. von England). Mit Hilfe des achtzehnjährigen William Douglas, der ein Boot für die Königin bereitstellte, gelang ihr schließlich – als Bäuerin verkleidet – die Flucht. Nur dreizehn Tage später wurde sie mit ihren Anhängern in der *Battle of Langside* besiegt und sie mußte wiederum fliehen.

Zwischen Kinross und dem Loch Leven liegt **Kinross House,** ein bemerkenswertes Herrenhaus aus dem 17. Jahrhundert, inmitten einer sehr schönen Parkanlage. – Unweit nördlich von Loch Leven liegen die Ruinen des **Burleigh Castle** (15./16. Jahrhundert).

Mellerstain House (6 A)

11 km nordwestlich von Kelso, Zufahrt von der B-6089 oder B-6397

Das aus dem 18. Jahrhundert stammende Schloß wird wegen seiner klaren, in Renaissanceformen gehaltenen Architektur als Meisterwerk der Adam-Familie gerühmt. Die beiden dreigeschossigen Flügel errichtete *William Adam* 1725, den dazwischenliegenden, viergeschossigen Hauptbau sein berühmter Sohn *Robert Adam,* vierzig Jahre später. Auch die Innendekorationen stammen von Robert Adam; bemerkenswert sind vor allem die hervorragend gearbeiteten und dekorierten Stuckdecken. Die Innenräume sind mit kostbaren alten Möbeln und wertvollen Gemälden ausgestattet. Sehenswert ist die Bibliothek, mit prachtvollem Dekkenstuck und mit klassischem, von der Antike inspiriertem Fries über den Bücherborden.

Das Schloß ist im Besitz von Lord Binning, einem direkten Nachkommen der früheren Schloßherrin, der als Nationalheldin verehrten schottischen Dichterin *Lady Grizel Baillie* (1665–1746), und kann in der Regel zwischen Ostern und Ende September täglich außer samstags an Nachmittagen besichtigt werden. Bemerkenswert ist auch der in italienischem Stil gehaltene **Schloßpark,** mit Terrassengarten und kleinem See.

Midmar Castle (33)

3 km westlich von Echt bzw. 21 km westlich von Aberdeen, an der B-9119

Das am Nordhang des *Hill of Fare* liegende Schloß aus dem frühen 17. Jahrhundert ist architektonisch recht interessant: der mächtige, fünfgeschossige und zinnenbekrönte Rundturm grenzt an einen rechteckigen, hohen Palastbau und wird von zwei Wehrtürmen flankiert. Ein runder Treppenturm mit geschwungener Dachhaube *(ogee-roof)* überragt den Hauptturm noch um ein beträchtliches Stück. Kleinere Bauten wurden dem Schloß im 18. und 19. Jahrhundert angefügt.

Neidpath Castle (8)
1,5 km westlich von Peebles, an der A-72

Die schroffe, mittelalterliche Burg aus dem 14./15. Jahrhundert steht malerisch am Norduferdes *River Tweed*. Ihr hoher, fünfgeschossiger Turm hat über drei Meter dicke Mauern und wurde lange Zeit von den Royalisten unter dem *Earl of Tweeddale* gegen die Truppen Cromwells verteidigt, ehe er mit Kanonen sturmreif geschossen werden konnte.

1654 wurde die Burg wiederaufgebaut und vergrößert. Sir Walter Scott weilte oft hier als Gast. Im 18. Jahrhundert ließ der Burgherr *William Douglas Queensberry* („Old Q") alle Bäume auf dem weiträumigen Schloßgrund fällen, was den bekannten Dichter *Wordsworth* zu seinem nicht minder bekannten Sonett „Degenerate Douglas!" veranlaßte. Das Schloß ist gewöhnlich von Mitte April bis Mitte Oktober täglich (sonntags nur nachmittags) geöffnet.

Newark Castle (7)
8 km westlich von Selkirk, an der A-708

An der Stelle einer früheren Burg befindet sich heute ein freistehender, massiver Turm aus dem 15. Jahrhundert, der teilweise schon recht verfallen ist. Er ist vor allem wegen seiner malerischen Lage über dem *River Yarrow* bemerkenswert.

Slains Castle (38)
nördlich des Ortes Cruden Bay, an der A-975

Von dem auf einer grasbestandenen Anhöhe direkt über dem Meer stehenden Schloß aus dem Jahre 1597 sind heute noch weit ausgedehnte Ruinen erhalten. Im Jahr 1836 wurden ein Flügel und zwei Treppentürme wieder instandgesetzt. Schön ist der Blick, den man von hier über die Nordsee genießt.

Castle Stalker (19)
bei Portnacroish, Zufahrt von der A-828

Die kleine Burg der *Stewarts of Appin* stammt aus dem 15. Jahrhundert und ist wegen ihrer malerischen Lage auf einer kleine Insel an der Ostseite des *Loch Linnhe* erwähnenswert. Der einfache, aber wuchtige vierstöckige Turmbau hat fast drei Meter dicke Mauern und wird von einer Brustwehr bekrönt. Der Turmaufbau wurde erst im 17. Jahrhundert zugefügt. nach 1765 begann die Burg zu verfallen und wurde erst in jüngster Zeit wieder einigermaßen instandgesetzt.

Castle Stewart (45)

8 km nordöstlich von Inverness, an der B-9039, Zufahrt von der A-96

Die nahe am *Moray Firth* in der Küstenebene liegende Burg wurde von James Stewart, Earl of Moray, um 1625 an der Stelle einer früheren Burg erbaut. Sie besteht aus einem viergeschossigen Hauptgebäude, das von wuchtigen, höheren Türmen flankiert wird. Aus der Front ragen runde Treppentürme heraus. Obwohl Castle Stewart wie eine richtige Burg aussieht, kann man sich kaum vorstellen, daß sie in einer strategisch so ungünstigen Lage wie in der weiten Ebene, ihren Eigentümern viel Schutz vor Angriffen geboten haben soll.

Stirling Castle (24)

in Stirling

Seit frühester Zeit hat schon eine Königsburg den 75 m hohen, steilen Basaltfelsen über dem sich hier verengenden Forth-Tal gekrönt. Alexander I. starb hier im Jahr 1124 und es wird berichtet, daß die Burg damals schon „sehr alt" war. Im 12. Jahrhundert war sie wegen ihrer strategischen Bedeutung als Wehrburg und „Tor zu den Highlands" eine der wichtigsten Burgen des Landes. Auch König *William the Lion* residierte in der Burg und starb hier 1214.

Im Laufe der Jahrhunderte wechselte die Burg mehrmals ihren Besitz zwischen Schotten und Engländern. Die schottische Geschichte berichtet wahre Heldentaten von ihren Verteidigern; einer von ihnen war der berühmte *William Wallace*, der sie 1297 von den Engländern zurückeroberte. Sir William Oliphant verteidigte sie 1304 „bis zum letzten Blutstropfen". Nach der Schlacht von Bannockburn (1314) wurde sie vom schottischen König *Robert the Bruce* neuerlich zurückerobert. Nicht umsonst nennt man das Gebiet um Stirling „the Battlefield of Scotland".

Das heutige Stirling Castle ist zum großen Teil im 15. und 16. Jahrhundert als **Königsresidenz** erbaut worden. Unter *James III.* entstand die Parliament Hall (zweite Hälfte 15. Jh.), unter seinem Sohn *James IV.* wurde das eindrucksvolle Torhaus zugebaut. *James V.* ließ die weiteren Palastgebäude errichten. Er machte Stirling Castle zur großartigsten Königsburg Schottlands. Um Prinz *Henry* (1594) in „würdigem Rahmen" taufen zu lassen, ließ James VI. eine Königskapelle *(Chapel Royal)* bauen. Bis zu diesem König (er wurde als James I. König von England) war Stirling Castle die Residenz der schottischen Könige. Interessant ist auch die Tatsache, daß 1543 die neun Monate alte Maria Stuart zur Königin *(Mary, Queen of Scots)* gekrönt wurde und die ersten sechs Jahre ihres Lebens in der Burg verbrachte.

Das Schloß kann ganzjährig (an Sonntagen erst ab mittags) bei einer Führung besichtigt werden. Gezeigt werden u.a. die Befestigungsanlagen, das Torhaus, Prince's Tower, King's Knot, King's Garden, die fast 40 m lange Parliament Hall, die Chapel Royal, der Douglas Room und weitere Palasträume.

Tantallon Castle (10)

4,5 km östlich von North Berwick, an der A-198

Die auf einem 30 m hohen, steilen Felsen über dem Eingang des *Firth of Forth* thronende mittelalterliche Burg wird an drei Seiten vom Meer umgeben und ist auch von Land her nur auf einem schmalen, befestigten Zugang erreichbar. Erbaut um das Jahr 1375, war sie der Stammsitz der *Douglas Earls of Angus* (der berüchtigten „Red Douglases"), die zumeist in offener Rebellion gegen die schottischen Könige standen. Sie ist allein schon wegen ihrer außergewöhnlichen Lage besuchenswert. Im Laufe ihrer Geschichte widerstand die Burg zahlreichen Belagerungen, so auch jenen der königlichen schottischen Armeen in den Jahren 1491 und 1528. Erst 1651 wurde sie zum ersten Mal von den Truppen Cromwells unter General Monk nach zwölf Tage langem Kanonenbeschuß sturmreif gemacht. Seither ist sie Ruine. Außer den noch erhaltenen Bauteilen und Befestigungen erinnern noch mächtige aufgeschüttete Erdwälle an ihre seinerzeitige Wehrhaftigkeit.

Tantallon Castle ist ganzjährig (an Sonntagen nur nachmittags) zugänglich; im Winter bleibt es abwechselnd dienstags und mittwochs geschlossen.

Thirlestane Castle (9)

1 km nordöstlich von Lauder, Zufahrt von der A-697

Das große, eindrucksvolle Schloß aus dem Ende des 16. Jahrhunderts zählt mit seinen Palast- und Turmbauten und seinen zahlreichen runden Treppentürmen zu den schönsten und besterhaltenen Schlössern Schottlands. Es liegt in beherrschender Lage über dem *Leader Water* und wird von einer weiträumigen Parkanlage umgeben; Spazierwege führen längs des Flusses und durch Waldland.

Der Besitz gehört seit 1218 der Familie Maitland, Earls of Lauderdale. Das Schloß selber umschließt den Teil einer früheren Burg aus dem 14. Jahrhundert und wurde im 17. Jahrhundert palastartig verändert und erweitert. Auch Mitte des 19. Jahrhunderts erhielt es noch repräsentative Zubauten. Es ist wegen seiner prächtig ausgestatteten, teilweise kunstvoll getäfelten und mit dekorativen Stuckdecken versehenen Innenräume besuchenswert. Die *State rooms* wurden erst in jüngster Zeit restauriert und enthalten kostbare alte Möbel und reiche Kunstsammlungen (Gemälde, Silber, Porzellan usw.).

Das Schloß ist im Juli und August täglich außer freitags an Nachmittagen geöffnet, in der zweiten Maihälfte, im Juni und im September in der Regel nur mittwochs und sonntags. Besuchenswert ist auch das hier befindliche **Border Country Life Museum,** mit einer großen Ausstellung landwirtschaftlichen Geräts und mit Schaustücken zum Landleben.

Tioram Castle (49)

4 km nördlich von Acharacle, Zufahrt von der A-861

Die in der wunderschönen Lage auf einer felsigen Anhöhe im schmalen *Loch Moidart* liegende Burg war schon im 13. Jahrhundert der Sitz der MacDonalds of Clanranald. Ende des 16. Jahrhunderts erhielt die Burg ihren wuchtigen Turm und die Wohngebäude, die an den südlichen Mauerwall angrenzen. Heute sind nur mehr Ruinen von ihr erhalten, da sie im Jakobitenaufstand von 1715 von ihren Bewohnern gänzlich zerstört wurde, um nicht in die Hände der Regierungstruppen zu fallen.

Threave Castle (1)

3 km westlich von Castle Douglas, Zufahrt von der A-75

Die mittelalterliche Burg aus dem 14. Jahrhundert liegt malerisch auf einer kleinen Insel im *River Dee* und war der Stammsitz der berüchtigten „Black Douglases", Lords of Galloway, ein Schauplatz ständiger Kämpfe und Greueltaten. (Nach ihrer Haarfarbe unterschieden sich die Mitglieder des Douglas-Clans in „schwarze" und „rote" Douglase.) Erhalten ist noch die Ruine eines mächtigen, fünfgeschossigen Wohnturms, der in früheren Zeiten von einem fast zwanzig Meter hohen Schutzwall umgeben war. 1455 gelangte die Burg unter James II. in königlichen Besitz. 1640 wurde sie von den Covenanters (schottische Presbyterianer) erobert und zerstört.

Sehr berühmt sind die naheliegenden **Threave Gardens,** die zu den schönsten Gärten Schottlands zählen. In **Threave House,** einem Herrenhaus aus dem Jahr 1875, ist eine bekannte Gartenbauschule untergebracht. Gärten und Glashäuser sind das ganze Jahr über geöffnet.

Torosay Castle (58)

2,5 km südöstlich von Craignure auf der Insel Mull, Zufahrt von der A-849 oder mit *Miniature-Steam-Railway* ab Craignure Old Pier.

Das im 19. Jahrhundert im zierfreudigen französischen Schlösserstil erbaute viktorianische Herrenhaus ist vor allem wegen seiner schönen Terrassengärten, die von Sir Robert Lorimer als

„italienischer Garten" angelegt wurden, besuchenswert. Die Blumen und Gewächse gedeihen hier dank des warmen Golfstromklimas in ungewöhnlicher Pracht. Ein „Water-Garden", ein japanischer Garten und ein Statuenweg mit 19 lebensgroßen (Grotesk-) Figuren von Antonio Bonazza sind die Höhepunkte.

Im Schloß ist vor allem die Gemäldesammlung mit Familienporträts und *Wildlife*-Bildern von Landseer, Thornburn und anderen bekannten Malern erwähnenswert. Eine Photoausstellung zeigt u.a. den „Beweis" für die Existenz des Monsters of Loch Ness. Das Schloß ist von Anfang Mai bis Ende September, die Gärten das ganze Jahr über täglich geöffnet.

Tulliallan Castle (22)
am Nordrand von Kincardine, an der A-9

Das Herrenhaus, das sich Admiral Lord Keith um 1820 herum bauen ließ, ist wegen seiner Vielgestaltigkeit an verschiedenen Baustilen bemerkenswert. Es hat mehr oder weniger das Aussehen eines schottischen Schlosses aus dem 17. Jahrhundert und besitzt einen dreistöckigen runden Wohnturm, der einen schlanken, diesen noch überragenden runden Treppenturm zur Seite stehen hat. Der Bau beherbergt heute das *Scottish Police College*.

Urquhart Castle (47)
1,5 km östlich von Drumnadrochit, an der A-82

Die Ruinen der mittelalterlichen Königsburg liegen auf einer in den *Loch Ness* hineinragenden Sandsteinklippe. Die Burg war Residenz von König William the Lion, wurde zweimal (1297 und 1304) von Edward I. belagert und erobert, und wurde Anfang des 14. Jahrhunderts unter Robert the Bruce wieder Königssitz. Um 1509 gelangte sie in den Besitz der *Highland-Chiefs of Grant,* die die Burg erneuern ließen. Die meisten Ruinen stammen aus dieser Zeit. 1692 wurde die Burg von den *Grants* in die Luft gesprengt, um sie nicht in die Hände der Jakobiten fallen zu lassen.

C
STRECKENBESCHREIBUNGEN

Die mit Stern (*) versehenen Burgen oder Schlösser in den folgenden Streckenbeschreibungen oder im Teil D (Städte mit Ausflügen) verweisen auf die im Teil B in alphabetischer Reihenfolge beschriebenen Schlösser und Burgen.

Mit Stern (*) sind auch jene Städte versehen, denen im Teil D ein eigenes Kapitel gewidmet ist.

1. Drei Strecken von (England-) Gretna Green nach Glasgow:
A) auf der landeinwärts ziehenden Schnellstraße A-74,
B) über Dumfries, Cumnock und Kilmarnock,
C) längs der Küste über Stranraer und Ayr

Die Anreise auf der M-6 über Liverpool oder Manchester finden Sie im Goldstadt-Reiseführer „Nordengland". Kurz nach der Ausfahrt aus **Carlisle** teilt sich die Straße: auf der A-74 (links) überquert man vor *Gretna Green* die schottische Grenze in Richtung Glasgow, auf der A-7 (rechts) überquert man die Grenze kurz vor *Canobie* in Richtung Edinburgh.

Gretna Green ist der erste Ort Schottlands, den man kennenlernt, und natürlich wegen seiner „Heiratsschmiede" eine Touristenattraktion. Bis zum Jahr 1940 konnten hier dank der großzügigen schottischen Ehegesetze junge, noch nicht volljährige Liebespaare auch ohne Zustimmung ihrer Eltern heiraten, was besonders von jungen Engländern ausgenutzt wurde, die – gleich nach der Grenze – in den beiden Dorfschmieden des „Heiratsparadieses" diese raschen, unkonventionellen Trauungen durchführen ließen. Die beiden Schmiedewerkstätten, in denen diese Eheschließungen in Minutenschnelle stattfanden, sind heute als Museen zugänglich. (Das schottische Eherecht ist heute dem englischen angepaßt, erlaubt aber im Unterschied zu diesem immer noch Trauungen junger Leute ab 16 Jahren auch ohne elterliches Einverständnis.)

Anreisestrecken
von England – Gretna Green nach Glasgow

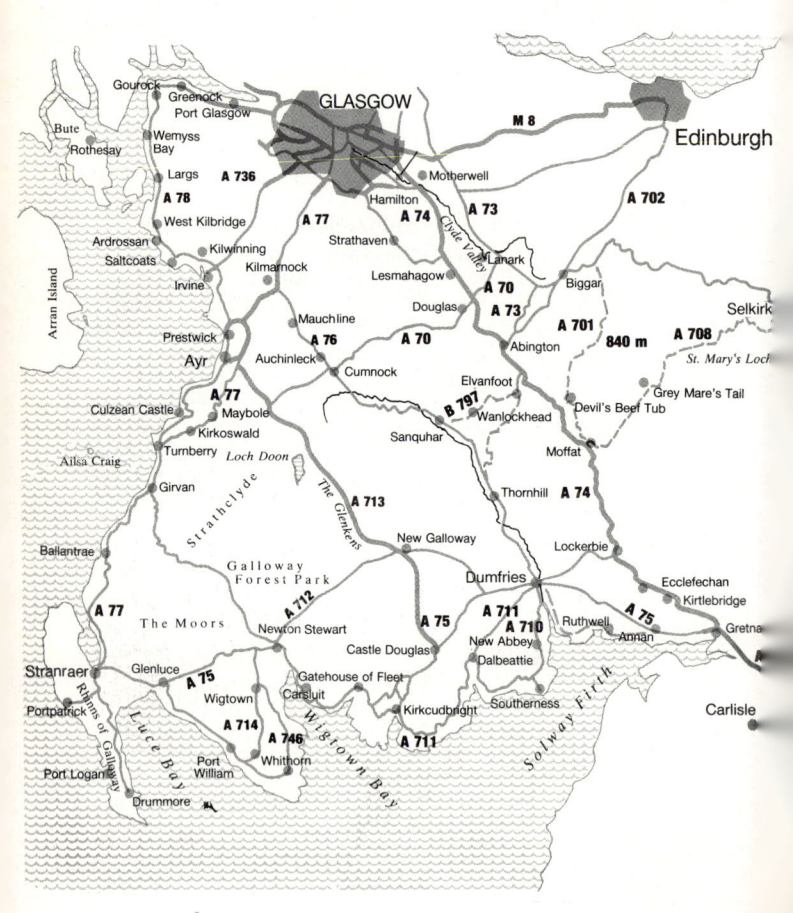

A) Auf der A-74 über Moffat nach Glasgow

Die Schnellstraße (138 km von Gretna Green nach Glasgow) umgeht die meisten an der Strecke liegenden Orte und erlaubt ein zügiges Fahren. Man durchfährt zuerst *Annandale,* ein freundliches Farmland, und überquert dann die *Southern Uplands,* mit Erhebungen über 800 m, ehe man in das malerische *Clyde Valley* gelangt, in dem es viele schön gelegene Ferienorte gibt.

Bei vielen Orten lohnt sich das Verlassen der Schnellstraße; ich habe einige von ihnen angeführt und ihre Sehenswürdigkeiten nachfolgend beschrieben, um Ihnen die Wahl zu erleichtern. Schon in **Kirtlebridge** (11 km nach Gretna Green) lohnt sich ein kurzer Aufenthalt, um das sehenswerte *Merkland Cross* aus dem 15. Jahrhundert anzusehen.

Wenig später erreicht man **Ecclefechan,** den Geburtsort des Philosophen *Thomas Carlyle* (1795–1881), dessen altes Geburtshaus („The Arched House") heute als Museum zugänglich ist. Unter den persönlichen Erinnerungsstücken an *Carlyle* befindet sich auch der interessante Briefwechsel, den der Philosoph mit *Goethe* führte. Unweit nördlich von *Ecclefechan* (Zufahrt von der B-725) liegt **Burnswark,** dessen Erdaufschüttungen und Wälle eines Forts aus der Römerzeit man am besten von der Spitze eines hier ansteigenden Hügels betrachten kann.

Von **Lockerbie** (24 km von Gretna Green) zweigt links die A-709 nach *Dumfries* ab. An dieser Straße liegt – etwa 4,5 km nach *Lockerbie* – am gleichnamigen kleinen Loch der Ort **Lochmaben,** mit den Ruinen des aus dem 14. Jahrhundert stammenden **Lochmaben Castle,** das oft Schauplatz erbitterter Kämpfe war und mehrmals seinen Besitzer wechselte. König James IV. weilte oft hier als Gast. Die Burg war früher Sitz der Familie *De Brus,* Vorfahren von König **Robert the Bruce,** von dem man glaubt, daß er hier geboren wurde.

Nur wenige Fahrminuten weiter (Zufahrt von der B-7020) liegt **Rammerscales,** ein schönes, georgianisches Herrenhaus aus dem Jahr 1760, das *Dr. James Mounsey* gehörte, dem Leibarzt der Zarin Elisabeth von Rußland.

Auf der A-74 erreicht man die Straßenkreuzung von **Beattock** (links Zufahrt von der B-7020 zu den Ruinen des *Lochwood Tower* aus dem 15. Jh., der in den Grenzkriegen oft zerstört und wiederaufgebaut wurde), von wo aus man rechts auf der A-701 nach **Moffat** zufährt. Der malerisch gelegene Ferien- und Badeort besitzt einen bekannten Golfplatz und gute touristische Einrichtungen. Ein Wahrzeichen des Ortes ist der *Colvin Fountain,* der von der Figur eines Widders gekrönt wird. Er erinnert daran, daß das ganze Gebiet für die Schafzucht von Bedeutung ist. Das von zahlreichen Flüssen durchzogene, umliegende Hügelland, ist von großer landschaftlicher Schönheit.

Zu den beliebtesten Ausflügen von **Moffat** zählt die Fahrt zu dem 9 km nördlich liegenden **Devil's Beef Tub,** einer riesigen Erdsenke zwischen den Hügeln, und zu dem etwa 15 km nordöstlich liegenden **Grey Mare's Tail** (Zufahrt auf der A-708), einem über 60 m hohen Wasserfall. Etwas weiter nördlich liegen die beiden Seen **Loch of the Lowes** und **St. Mary's Loch.** Zwischen ihnen lockt der charakteristische Gasthof „Tribbie Shiel's Inn" aus dem Jahr 1823 zur Einkehr; im 19. Jahrhundert war er als Literatentreffpunkt allen Dichtern und Schriftstellern des Landes bekannt. Die A-708 führt von dort weiter nach *Selkirk* (→ Route 3).

Auf der beständig ansteigenden A-74 überquert man nun die *Southern Uplands,* bei **Beattock Summit** erreicht die Straße eine Seehöhe von 314 m, was für schottische Begriffe schon recht bedeutend ist. Schon vor 2000 Jahren befand sich hier ein römischer Wachtposten und die Straße folgt auch nahe der ehemaligen Römerstraße nach Norden. Bei **Elvanfoot** (69 km ab Gretna Green) lohnt sich der etwa 11 km lange Abstecher auf der B-7040 (links von der A-74) durch das wunderschöne **Elvan Valley** hinauf auf die *Lowther Hills,* wo *Leadhills* und *Wanlockhead* (430 m), der höchstgelegene Ort Schottlands, liegen. Hier wurden schon vor mehr als 300 Jahren Gold, Silber und Blei abgebaut. In **Wanlockhead** kann man das *Museum of the Scottish Lead Mining Industry,* mit einer bemerkenswerten Mineraliensammlung, darunter auch Gold- und Silberfunde, mit altem Bergwerkszubehör, Dampfmaschinen, Schmelzofen u.v.a. besuchen. In **Leadhills** befindet sich in einem charakteristischen alten Haus die älteste öffentliche Bibliothek Großbritanniens, die 1741 für die Bergwerksarbeiter gegründete *Allan Ramsay Library;* sie enthält viele seltene Bücher aus dem 17./18. Jahrhundert. Der Kuriosität halber sei vermerkt, daß sich hier auch das Grab des ältesten Briten befindet: *John Taylor* starb (angeblich) im 137. Lebensjahr.

Über *Crawford* gelangt man nach **Abington,** wo rechts die A-73 und von dieser die A-702 abzweigt und über **Coulter** (beim Bahnhof liegt der mittelalterliche Burghügel *Coulter Motte*) und *Biggar* nach *Edinburgh* (66 km) führt.

Biggar ist eine hübsche alte Marktstadt und ein Ferienort im malerischen Tal des *River Clyde,* besitzt einen 18-Loch Golfplatz und andere touristische Einrichtungen. Sehr sehenswert ist das **Gladstone Court Street Museum** mit vielen alten Einkaufsläden des 19. Jahrhunderts, die liebevoll zusammengestellt sind und einen höchst ver-

Abseits der touristischen Hauptverkehrswege erstreckt sich der romantische St.Mary's Loch.

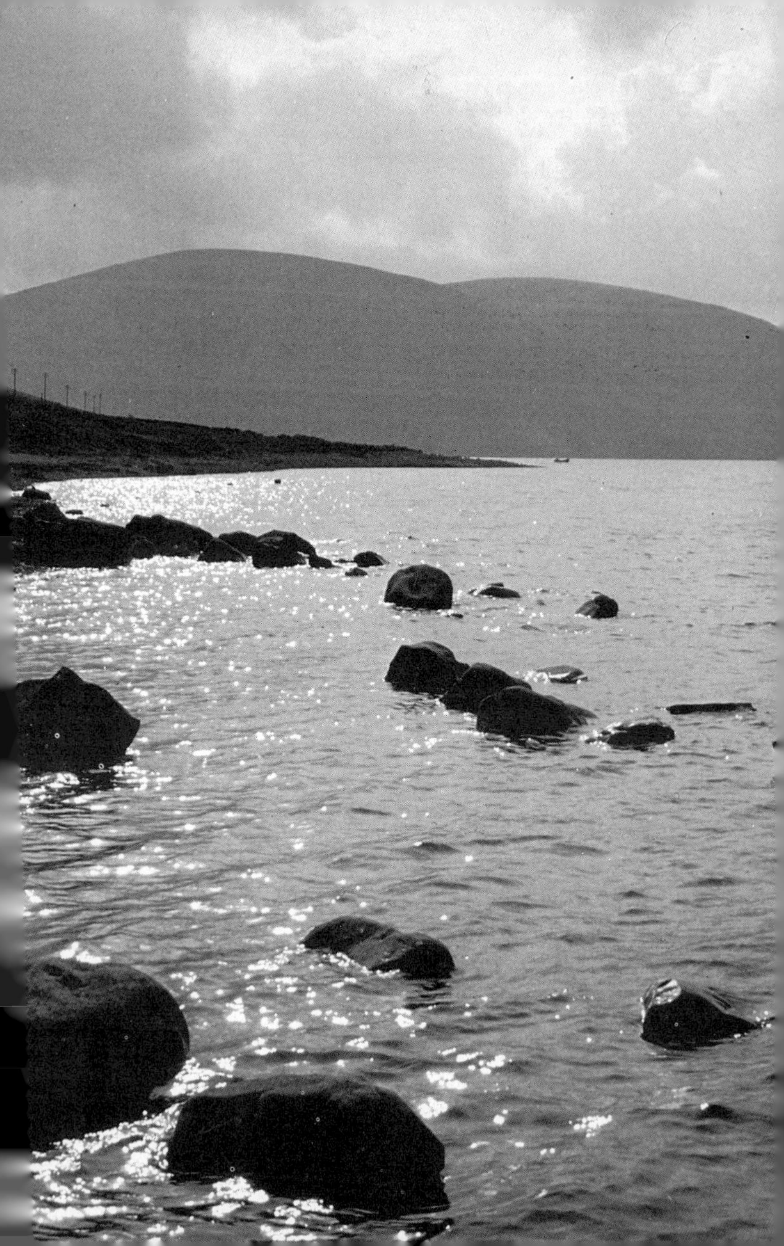

gnüglichen, vielleicht auch nostalgischen Blick in eine Zeit tun lassen, da es noch keine Kaufhäuser und Supermarkets gab. Besuchenswert ist ferner das **Greenhill Covenanters' House** aus dem 17. Jahrhundert, ein Bauernhaus mit vielen Erinnerungen an die Religionskriege und die *Covenanters* (die presbyterianischen Gegner von Charles I.), und mit originaler Einrichtung.

Wenig später kreuzt bei der **Douglas Mill** am *River Douglas* die A-74 die A-70, die *Edinburgh* mit *Ayr* verbindet. Wenn man der A-70 nur 3,5 km nach Südwesten folgt, gelangt man nach **Douglas,** das wegen seiner alten *Old St. Bride's Church* aus dem 14. Jahrhundert (im 16./17. Jh. restauriert) diesen kurzen Abstecher lohnt. In der Kirche liegen zahlreiche alte Grabmäler der „Douglases", darunter auch das von „Bell the Cat" *Earl of Douglas* aus dem Jahr 1514.

Wenn man der A-70 nach Nordosten folgt, so gelangt man (links abbiegen auf die A-73) nach **New Lanark** (16 km), einer 1784 gegründeten „Modellstadt" mit Baumwollindustrie und einer ausschließlich für Arbeiter angelegten Wohnsiedlung. Die geschlossen dastehenden, schmucklosen drei- und viergeschossigen Mietskasernen stehen unter Denkmalschutz und vermitteln einen interessanten Eindruck vom Leben der Arbeiter im 18. und 19. Jahrhundert. Zur Zeit, als die Arbeiterhäuser gebaut wurden, waren sie aber zweifellos ein Meilenstein im sozialen Fortschritt.

Im Süden der alten „Modellstadt" liegt das Naturschutzgebiet **The Falls of Clyde Nature Reserve** mit Wäldern, Wasserfällen, Aussichtspunkten und herrlichen Spazier- und Wanderwegen.

In der alten Marktstadt **Lanark** steht am Beginn der *High Street* das Denkmal des berühmten schottischen Nationalhelden *William Wallace* (13. Jh.), der hier geboren wurde. Bemerkenswert ist auch die *St. Nicholas Kirk*, mit hoch aufragendem Turm.

Von Lanark kann man auf der A-72 über **Crossford** direkt nach Glasgow weiterfahren. Von *Crossford* führt eine Zufahrt zum **Craignethan Castle** (15. Jh.), der hier malerisch über der bewaldeten *Nethan Gorge* erhebt, und teilweise wieder hergestellt wurde. Die Burg war ein Sitz der *Hamiltons* (Freunde von Maria Stuart) und hatte zahlreiche Belagerungen und Zerstörungen durch protestantische Heere zu erdulden.

Die A-74 führt weiter nach **Lesmahagow,** wo schon 1144 eine Abtei gegründet wurde. Ihre Grundmauern sind heute noch neben der *Church of Abbeygreen* zu sehen. Kurz nach dem Ort erreicht man eine Straßenkreuzung: die A-726 führt links nach *Strathaven*, die A-744 rechts nach *Lanark* (→ oben). Während die A-74 gleich darauf in die Autobahn M-74 und in die Stadtautobahn nach *Glasgow* mündet, kann man auch auf der A-726 über *Strathaven* nach *Glasgow* fahren, das man in diesem Fall durch die südlichen Vorstädte erreicht.

In **Strathaven** sind die Ruinen von *Strathaven Castle* (auch als *Avondale Castle* bekannt) aus dem 15. Jahrhundert, die dreihundert Jahre alte Getreidemühle mit Speicher *(Town Mill and Granary,* heute ein Kulturzentrum mit kleinem Theater) und der

Strathaven Park mit dem *John Hastie Museum* zur Stadtgeschichte bemerkenswert. Kurz darauf führt die A-726 zum prachtvollen Landschaftspark von *Calderglen* **(Calderglen Country Park),** mit vielen Spazierwegen durch Wiesen und Wälder, mit Wasserfällen, Gärten, Picknickplätzen, einem Kinderzoo u.v.a. Von hier aus führen mehrere gute Straßen zu den zahlreichen, im Süden von Glasgow liegenden Golfplätzen und weiter durch die südlichen Vororte von Glasgow.

Wenn man die M-74 zur Weiterfahrt wählt, so fährt man an *Hamilton* (links) und *Motherwell* (rechts) vorbei. **Hamilton** finden Sie im Stadtkapitel Glasgow unter „Ausflüge" beschrieben. **Motherwell** (Autobahnausfahrt 4) ist eine sehr moderne Industriestadt mit eindrucksvollem „Shopping Centre" (Fußgängerzone). Besuchenswert ist der **Dalzell Country Park,** der sich rund um das imposante *Dalzell House,* einem Herrensitz aus dem 16. Jahrhundert, erstreckt. Etwas weiter westlich liegt der nicht minder schöne **Strathclyde Country Park** mit einem See und Wassersportzentrum.

Schließlich kann man auch auf der Ausfahrt 5 der M-74 nach *Bothwell* fahren, wo sich in malerischer Lage über dem Clyde das **Bothwell Castle** erhebt. Die aus dem 13. Jahrhundert stammende Burg (Sitz der „Black Douglases") wurde im 15. Jahrhundert erneuert und besitzt noch höchst eindrucksvolle Ruinen, darunter einen mächtigen Rundturm.

Die M-74 mündet in die Stadtautobahn, auf der man nach wenigen Fahrminuten das Stadtzentrum von **Glasgow** erreicht.

B) *Über Dumfries und Cumnock nach Glasgow*

Man erreicht **Gretna Green** (→ oben) so wie unter A beschrieben, fährt aber dann nicht auf der A-74 weiter, sondern biegt links auf die A-75 ab, die direkt nach *Dumfries* (42 km; → unten) führt. Ehe man die Stadt erreicht, kann man links Abstecher zur nahegelegenen Küste des *Solway Firth* und auch zu einer ganzen Reihe von schön gelegenen Landschaftsgärten unternehmen. So etwa kurz nach *Annan* zu den **Kinmount Gardens** (Azaleen, Rhododendren, kleine Seen, Picknickplätze), oder wenig später nach **Ruthwell** (an der B-724), in dessen Kirche sich ein sehr sehenswertes, über fünf Meter hohes Runenkreuz aus dem 8. Jahrhundert befindet. Lohnend ist auch die Zufahrt zum **Caerlaverock**

National Nature Reserve, einem Naturschutzgebiet mit weiten Sandflächen und Marschland am *Solway Firth*. Dort liegt auch das sehenswerte *Caerlaverock Castle**.

Dumfries liegt etwa 10 km nördlich der Mündung des *River Nith* in den *Solway Firth*, ist ein beliebter Ferienort und ein idealer Ausgangspunkt für Ausflüge in die reizvolle Landschaft *Galloways*. Sechs Brücken führen hier über den *Nith;* die älteste unter ihnen, eine sechsbogige Steinbrücke aus dem 13. Jahrhundert, wurde 1426 erneuert. Vor der Brücke liegt das als Museum zugängliche *Old Bridge House* (1662), das noch im Stil seiner Zeit eingerichtet ist.

In Dumfries verbrachte der berühmte schottische Dichter **Robert Burns** seine letzten Lebensjahre von 1791–1796. Sein Wohnhaus in der *Burns Street* ist als Museum erhalten und enthält viele Erinnerungen an ihn. Auf dem Friedhof der **St. Michael's Church** liegt sein Grab, ein Mausoleum in der Form eines griechischen Tempels. Mehrere alte Gasthäuser der Stadt (vor allem der *Globe Inn* und der *Hole in the Wa'*) bewahren heute noch Erinnerungsstücke an den Dichter.

Sehenswert ist das in der Mitte der *High Street* liegende alte Rathaus **Mid Steeple** (1707), das auch als Gerichtshof und als Gefängnis diente. Die **Greyfreyars Church** steht an der Stelle einer alten Burg, in der *Robert the Bruce* 1306 den vom englischen König als Regenten eingesetzten *John Comyn* getötet haben soll. Das Burns-Denkmal stammt aus dem Jahr 1882. Im **Burgh Museum,** das aus einer alten, umgebauten Windmühle des 18. Jahrhunderts hervorging, kann man archäologische Grabungsfunde, historische und naturgeschichtliche Sammlungen sehen; angeschlossen ist ein Observatorium mit einer „camera obscura".

Etwa 1,5 km nördlich der Stadt liegt **Lincluden College** mit einer *Collegiate Church* aus dem 15. Jahrhundert und den roten Sandsteinruinen der im 12. Jahrhundert als Benediktinerkloster gegründeten *Lincluden Abbey*.

Freunden moderner Kunst sei auch der Ausflug zu dem etwa 15 km westlich liegenden Stausee von **Glenkiln** empfohlen, wo sich auf dem freien Land die überaus eindrucksvollen modernen Skulpturen von *Rodin, Epstein, Henry Moore* u.a. erheben. Berühmt sind vor allem *Henry Moores* „King and Queen".

Zu den lohnendsten Ausflügen von Dumfries zählt auch die Fahrt auf der A-710 zu der etwa 12 km weiter südlich liegenden **Sweetheart Abbey,** von der noch sehr imposante Ruinen erhalten sind. Die Zisterzienserabtei wurde 1273 von *Devorgilla*, Mutter des Vasallenkönigs *John Baliol*, gegründet (sie gründete auch das bekannte *Balliol College* in Oxford). Als ihr Gatte, *John Baliol* *the elder,* starb, trug sie sein einbalsamiertes Herz zeitlebens bei sich. Es wurde dann mit ihr neben dem Hauptaltar beigesetzt und so erhielt die Abtei den Namen **Dulce Cor** („Sweetheart"). Im benachbarten **New Abbey** kann man noch eine alte Wassermühle *(Corn Mill)* aus dem 18. Jahrhundert sehen; besuchenswert ist auch das *Shambellie House Museum of Costume.*

Nur wenige Fahrminuten weiter südlich liegt an der Küste der schöne Landschaftspark **Arbingland Gardens.** Aus *Arbingland* stammt auch *John Paul Jones,* der in den USA als Gründer der amerikanischen Marine bezeichnet wird. Vor seiner Auswanderung nach Amerika Ende des 18. Jahrhunderts machte er allerdings als Schmuggler und Pirat von sich reden.

Der benachbarte Ferienort **Southerness** ist wegen seines prächtig gelegenen Golfplatzes und seiner weiten Sandstrände beliebt. Die Rückfahrt nach Dumfries kann man von hier aus in der Form einer kleinen Rundfahrt antreten:längs der Küste *(Sandyhills Bay)* und der Mündung des *River Urr.* Bei **Rockcliffe** liegt das *Mote of Mark* genannte vorrömische Hügelfort. Auch nördlich von **Dalbeattie,** einer im Tal des *Urr* aus lokalem Granitstein erbauten Kleinstadt, liegt eine fast 25 m hohe künstliche Erdaufschüttung, das – wahrscheinlich sächsische – einstige Hügelfort *Mote of Urr.* Von der nach Dumfries zurückführenden A-711 führt links eine Zufahrt zu dem mitten unter Farmgebäuden stehenden **Drumcoltran Tower,** einem noch gut erhaltenen einfachen Wohnturm aus der Mitte des 16. Jahrhunderts.

Die Weiterfahrt nach Norden erfolgt auf der nun beständig ansteigenden A-76. Nach etwa 10 km kann man zur **Ellisland Farm** zufahren, auf der *Robert Burns* von 1788-1791 wohnte und sie auch bewirtschaftete. Als Farmer wenig erfolgreich (er schrieb hier viele seiner bekannten Erzählungen, u.a. auch „Tam o'Shanter"), zog er schließlich nach Dumfries (→ oben). Eine kleine Ausstellung informiert über das bäuerliche Leben des berühmten Dichters.

In **Thornhill** (21 km ab Dumfries), einer malerisch im Tal des *River Nith* liegenden Kleinstadt, erweckt eine hohe Säule aus dem Jahr 1714, die ein geflügeltes Pferd trägt, Aufmerksamkeit: das Emblem der *Dukes of Queensberry.* Das 1675–1685 für den ersten Herzog dieser Familie erbaute und sehr sehenswerte **Drumlanrig Castle*** liegt etwa 5 km nordwestlich der Stadt.

Etwa 8 km südwestlich von Thornhill liegt an der A-702 das alte Herrenhaus **Maxwelton House,** das aus einem befestigten Herrensitz der *Earls of Glencairn* (14./15. Jh.) hervorging. Hier wurde 1682 *Annie Laurie* geboren, die in der wohl bekanntesten schottischen Ballade von *William Douglas* besungen wird. Teile des Herrenhauses und seiner Gärten können von Mai bis September mittwochs und donnerstags an Nachmittagen besichtigt werden.

Kurz nach Thornhill zweigt von der A-76 rechts die A-702 ab, die bei *Elvanfoot* in die A-74 mündet (→ unter A). Gleich am Beginn dieser Straße führt rechts eine Zufahrt nach **Durisdeer,** in dessen Kirche die berühmte *Queensberry Aisle* Beachtung verdient: das marmorne Skulpturengrabmal des zweiten *Duke of Queensberry* (1711) und seiner Gemahlin; in einer Gruft liegen noch zahlreiche andere Mitglieder dieses Adelshauses begraben.

Wenig später zweigt von der A-76 rechts die steil berganführende B-797 nach *Wanlockhead* und *Leadhills* ab (→ unter A). Gleich darauf führt die A-76 durch **Sanquhar,** wo ein Denkmal an die berühmten „Declarations of Sanquhar" (1680 und 1685) erinnert, mit der die schottischen *Covenanters* (Protestanten) dem König die Treue aufkündigten und sich verpflichteten, den Presbyterianismus gegen die katholischen Stuarts mit allen Mitteln zu verteidigen. Die blutigen Religionskriege, die daraufhin folgten, sind eines der traurigsten Kapitel in der schottischen Geschichte.

In der *Main Street* liegt das 1783 in Betrieb gesetzte, und damit älteste Postamt Großbritanniens. Am nördlichen Ende der *High Street* liegt der **Old Tolbooth,** das ehemalige, von William Adam 1735 mit einem Glockenturm erbaute Stadthaus. Es enthält heute ein Museum mit lokalen Sammlungen.

In **Cumnock** (67 km von Dumfries) kreuzt man auf der A-76 die A-70, die zwischen Edinburgh und Ayr verläuft. **Cumnock** ist eine bekannte Industrie- und Marktstadt inmitten eines wichtigen Kohlenbergbauzentrums, gleichzeitig aber auch als Ausflugszentrum in diesem nach dem berühmten Dichter benannten „Burns Country" beliebt.

Das Denkmal vor dem Rathaus stellt den 1856 hier geborenen Sozialistenführer *Keir Hardie* dar, der 1893 die Labour Party gegründet hat. Nördlich der Stadt breitet sich das weite Moorland **Airds Moss** aus, wo 1680 den Regierungstruppen ein großer Sieg über die *Covenanters* gelang (→ oben).

Der nächste Ort an der A-76 ist **Auchinleck.** Er besitzt eine sehenswerte *Parish Church*, die Mitte des 12. Jahrhunderts bereits erweitert und 1641 zum zweitenmal vergrößert wurde. Die alte Pfarrkirche dient heute als Boswell-Familienmuseum. Das 1754 von *Alexander Boswell, Lord Auchinleck,* angebaute Mausoleum enthält Familiengräber aus zwölf Generationen, darunter auch jenes von *James Boswell*, des berühmten Biographen von Dr. Johnson.

In **Mauchline** (85 km von Dumfries) steht in der *Castle Street* wiederum ein „Burns-Haus", das der Dichter 1788 mit seiner Ehefrau *Jean Armour* bewohnte. Es ist museal zugänglich. Auch die Stammkneipe des berühmten schottischen Dichters, der Gasthof „Poosie Nansie's", hat sich bis zum heutigen Tag ihr altes, charakteristisches Aussehen bewahrt. Auf dem Ortsfriedhof *(Mauchline Kirkyard)* sind vier Töchter von Burns begraben.

Sehenswert ist auch das aus dem 15. Jahrhundert stammende *Mauchline Castle.*

Ein anderer Wohnort von *Robert Burns* war die *Lochlea Farm bei* **Tarbolton,** etwa 6,5 km westlich von *Mauchline.* Hier gründete er 1780 mit Freunden den literarischen *Bachelors' Club,* hier wurde er 1781 als Freimaurer angelobt. Auch dieses alte, strohgedeckte Haus ist als Burns-Museum zugänglich.

Vor einem weiteren Wohnort des Dichters, der 1,5 km nordwestlich von *Mauchline* liegenden **Mossgiel Farm,** erinnert ein „Memorial Tower" an ihn.

In Verbindung mit dem Dichter soll schließlich auch auf das 4,5 km südwestlich von *Mauchline* in **Failford** stehende „Highland Mary's Monument" hingewiesen werden, das an Burns Geliebte Mary Campbell („Highland Mary") erinnert, die aber noch im Jahr ihrer Verlobung mit dem Dichter starb. Später heiratete Burns die schon erwähnte *Jean Armour.*

Kilmarnock (98 km von Dumfries) ist heute eine wichtige Industriestadt und ein Zentrum der Whisky-Produktion. Im Jahr 1820 begann hier *Johnny Walker,* ein Gewürzkrämer in der *King Street,* zum ersten Mal „blended Whisky" zu erzeugen. Heute bezeichnet sein Name die größten Whiskykonzern der Welt. Kilmarnock hat aber auch viele Verbindungen zu *Robert Burns.* Hier wurden 1786 seine ersten Gedichte gedruckt. Im *Kay Park* befindet sich das sogenannte „Burns Monument", ein roter Sandsteinbau mit einem Burns-Museum und einer Bibliothek. Bemerkenswert ist auch das *Dick Institute Museum* in der *Elmbank Avenue,* mit geologischen, archäologischen, historischen und naturgeschichtlichen Sammlungen und einer Kunstgalerie.

Eine andere Sehenswürdigkeit ist das **Dean Castle** aus dem 14./15. Jahrhundert, Stammsitz des Boyd-Clans. Es enthält heute Sammlungen mittelalterlicher Waffen und Rüstungen, Tapisserien und Musikinstrumente. Das Schloß ist gewöhnlich von Mitte Mai bis September an allen Nachmittagen geöffnet. Angeschlossen ist ein riesiger Landschaftspark **(Dean Castle Country Park),** der sich über Wald- und Farmland erstreckt.

Etwa 7 km südwestlich von Kilmarnock erhebt sich auf einem Hügel das sehenswerte **Dundonald Castle,** ein Wahrzeichen dieser Gegend (Zufahrt auf der A-759). Es wurde von Robert II., dem ersten König aus dem Hause Stuart, im Jahr 1390 erbaut und besitzt noch eine mächtige Turmruine und große Teile seiner mittelalterlichen Wehrmauern.

4,5 km nördlich von Kilmarnock liegt **Rowallan Castle,** ein prächtiges Herrenhaus aus dem 16./17. Jahrhundert. (Zufahrt von der B-751.)

Die Weiterfahrt nach **Glasgow** erfolgt nun auf der A-77 (36 km). Die gesamte hier beschriebene Strecke von Gretna Green bis Glasgow ist – ohne Abstecher und Zufahrten – rund 176 km lang.

C) *Längs der Küste über Stranraer und Ayr nach Glasgow*

Der erste Streckenabschnitt ist mit jenem unter B beschriebenen identisch. In **Dumfries** (42 km von Gretna Green) besteht die Möglichkeit, die nahe an der Küste entlangführende A-710 (→ unter B) über **Dalbeattie** weiterzufahren und dort auf die A-711 nach **Kirkcudbright** (→ unten) zu wechseln. Wenn man aber rascher vorwärtskommen will, verläßt man **Dumfries** (→ Seite 76) im

Westen auf der A-75 und bleibt bis **Stranraer** (112 km von Dumfries) auf dieser Straße, die durch die landschaftlich sehr reizvolle und abwechslungsreiche Region *Dumfries and Galloway führt.*

Eine Alternative bietet sich in **Crocketford** (22 km von Dumfries) an: hier zweigt die A-712 ab und führt landeinwärts durch reiches Farmland über **New Galloway** durch den Süden des prächtigen **Galloway Forest Park,** der durch Waldwanderwege und Rundfahrtsstraßen für PKW („Raider's Road") erschlossen ist, am **Loch Clatteringshaws** vorbei (hier liegt das **Galloway Deer Museum,** nahebei auch *Bruce's Stone* an der Stelle des Sieges von *Robert the Bruce* über die Engländer, 1307) nach **Newton Stewart** (→ unten), wo die A-712 wieder in die Hauptstraße A-75 mündet. Kurz vor *New Galloway* kreuzt die A-712 die A-713, die quer durch das malerische Bergland von *The Glenkens* direkt nach *Ayr* führt.

Auf der A-75 erreicht man 29 km nach Dumfries den am *Loch Caringwark* liegenden Marktflecken **Castle Douglas.** Westlich des Ortes liegt auf einer Insel im River Dee das sehenswerte **Threave Castle ***; nicht minder besuchenswert sind auch die südwestlich des Ortes liegenden *Threave Gardens**, die sich vor dem gleichnamigen Herrenhaus erstrecken. Nun lohnt sich ein kurzer, unbedeutender Umweg auf der A-711, die an Schottlands ältestem Wasserkraftwerk von *Tongland* vorbei (nahebei liegen die Abteiruinen von *Tongland)* nach *Kirkcudbright* führt. Von dort erreicht man auf der A-755 rasch wieder die A-75.

Kirkcudbright ist ein am inneren Ende der gleichnamigen, langgestreckten Bucht liegendes Hafenstädtchen, mit vielen alten, buntgestrichenen Häusern aus dem 18. Jahrhundert, und wird gerne von Künstlern aufgesucht. Es beherbergt auch eine eigene kleine Künstlerkolonie; nahe am Hafen kann man die Bilder und kunstgewerblichen Arbeiten der einheimischen Maler und Kunsthandwerker in einem malerischen alten Haus *(Harbour Cottage Gallery)* ansehen. Auch das *Broughton House* in der *High Street* beherbergt eine Bildergalerie und ein kleines Museum. In der *St. Mary Street* liegt das *Stewartry Museum* mit prähistorischen Funden aus der Gegend, mit volkskundlichen Sammlungen und mit einer Ausstellung einheimischer Maler. Sehenswert sind die Ruinen des 1582 erbauten *MacLellan's Castle* (es wurde 1752 zerstört), der aus dem 17. Jahrhundert stammende *Old Tolbooth* und das *Mercat Cross* von 1610.

Nur wenige Fahrminuten weiter östlich (Zufahrt auf der A-711) liegen die Ruinen der **Dundrennan Abbey,** die 1142 von Zisterziensern gegründet worden war. Am 15. Mai 1568 verbrachte hier Maria Stuart, nach der verlorenen *Battle of Langside,* ihre letzte Nacht in Schottland, um dann nach England zu fliehen, wo sie *Elizabeth I.* um Schutz bat. Statt dessen wurde sie von ihr gefangengenommen und nach 20 Jahren Gefangenschaft hingerichtet.

Vor **Gatehouse of Fleet** erreicht man wieder die A-75, die an den Ruinen des *Cardoness Castle* (15. Jh.) vorbei und längs der *Fleet Bay* mit ihren sandigen Buchten, dann an der Küste der **Wigtown Bay** (Ruinen von *Barholm Castle* und von *Carsluith Castle*, beide aus dem 16. Jh.) entlangführt. Etwas landeinwärts liegt die Gräberstätte *Cairn Holy* aus dem 4. Jahrtausend v.Chr.

Die Fahrt an der *Wigtown Bay* gehört zu den schönsten Streckenabschnitten. Die malerische Küste wird auch von mehreren Höhlen durchzogen, die früher den Schmugglern als Schlupfwinkel dienten. Über *Creetown* erreicht man schließlich **Newton Stewart** (81 km auf der A-75 von Dumfries), das nahe an der Mündung des *River Cree* in die *Wigtown Bay* liegt. Die malerische alte Marktstadt ist sowohl für ihre Wollindustrie, wie auch als Ferienort (Wandern, Reiten, Fischen, Jagen) und als Ausgangspunkt vieler lohnender Ausflüge und Touren bekannt.

Im Norden erstreckt sich der schon einmal erwähnte **Galloway Forest Park,** mit über 800 m hoch ansteigenden Hügeln, zahlreichen *Lochs* und vielen Wanderwegen. Besonders malerisch ist das Gebiet um *Loch Trool* (Zufahrt von der A-714) und um *Loch Doon* (Zufahrt von der A-713; mit Burgruinen aus dem 14. Jh.). Gedenkstätten erinnern hier an die Siege von *Robert the Bruce* über die Engländer, aber auch an die Greueltaten der Regierungstruppen an den *Covenanters* während der Glaubenskämpfe im 17. Jahrhundert. Die A-714 führt von *Newton Stewart* am Westrand des *Galloway Forest Park* direkt weiter nach **Girvan** (→ unten).

Südlich von *Newton Stewart* liegt die **The Machars** genannte Halbinsel, ein reiches Farmland mit einer Fülle von vor- und frühgeschichtlichen Denkmälern, Hügelforts, Steinkreisen usw.

In **Wigtown** (11 km) erinnert das eindrucksvolle *Martyrs' Monument* an die Leiden der presbyterianischen *Covenanters*, die 1685 wegen ihres Glaubens sterben mußten. Etwas weiter westlich liegt bei der *Torhousekie* Farm der bronzezeitliche Steinkreis **Stones of Torhouse.** Etwa 1,5 km südwestlich von Wigtown sind noch Ruinen des alten *Baldoon Castle* erhalten.

Im südlichen Teil der Halbinsel liegt **Whithorn** (27 km von Newton Stewart), mit der brühmten **Whithorn Priory:** hier baute im Jahr 397 St. Ninian die erste christliche Kirche in Schottland. Die heutigen Klosterruinen stammen aus dem 12. Jahrhundert. Viele Jahrhunderte lang war das Kloster die größte Pilgerstätte des Landes. Ein Museum enthält noch mehrere christliche Steinkreuze und Grabsteine, teilweise bis in das 5. Jahrhundert zurückreichend. In der nahen *Port Castle Bay* liegt **St. Ninian's Cave,** mit frühchristlichen Felsgravierungen (Kreuze). In **Isle of Whithorn** ist eine Kirchenruine aus dem 13. Jahrhundert zu sehen. Sie soll an der Stelle stehen, wo St. Ninian nach seiner Rückkehr aus Rom im Jahr 395 wieder schottischen Boden betrat. Auch Reste eines vorgeschichtlichen Hügelforts sind noch erhalten.

Nordöstlich von Whithorn ist die kleine normannische Kirche von **Cruggleton** (12. Jahrhundert) bemerkenswert. Von einer mittelalterlichen Burg ist nur mehr ein Bogen erhalten.

Besuchenswert sind die bei **Garlieston** liegenden **Galloway House Gardens,** mit einer Fülle von Narzissen, Azaleen, Rhododendren, alten Föhren und Eichen, Glashäusern u.a. Das 1740 erbaute *Galloway House* kann nicht besichtigt werden.

Landstraßen führen von Whithorn zur Westküste. Dort sind die bronzezeitlichen Steingravierungen von **Drumtrodden** und die noch aus der Eisenzeit stammenden Reste von **Barsalloch Fort,** das von einem tiefen Graben geschützt war, bemerkenswert. Etwas weiter nördlich liegen die noch erhaltenen Grundmauern der kleinen **Chapel Finian** (10. Jh.). Etwas landeinwärts erhebt sich das „Old Place of Mochrum" genannte **Drumwall Castle** (15./16. Jh.), das aber nicht öffentlich zugänglich ist.

Das an der Westküste liegende **Port William** ist eine beliebte kleine Sommerfrische mit Sandstrand. Man kann von hier auf der A-747 direkt nach **Glenluce** weiterfahren (→ unten).

Wenn man auf der A-75 bleibt (links führen Landstraßen durch die oben beschriebene Halbinsel *The Machars),* erreicht man 24 km nach *Newton Stewart* das nahe an der Mündung des *Water of Luce* in die *Luce Bay* liegende **Glenluce,** das von dem imposanten, schloßartigen Herrenhaus *Castle of Park* (1590) überragt wird. Die mächtigen Ruinen von **Glenluce Abbey** liegen knapp 3 km weiter nördlich. Das Zisterzienserkloster wurde 1192 von *Roland, Earl of Galloway,* gegründet. Aus dem 15. Jahrhundert ist noch das Kapitelhaus gut erhalten. Westlich von Glenluce erstreckt sich ein weiter Sandstrand *(Sands of Luce).*

Kurz nach der Ausfahrt aus **Glenluce** zweigt von der A-75 links die A-715 ab, die die Halbinsel *Rhinns (Rinns) of Galloway* durchquert (→ unten). Auf der A-75 erreicht man **Castle Kennedy,** mit dem am gleichnamigen Loch liegenden *Lochinch Castle* (19. Jh.), Sitz der *Earls of Stair,* und den Ruinen des aus dem 15. Jahrhundert stammenden *Castle Kennedy,* das von einem schönen, von April bis September geöffneten Landschaftsgarten umgeben wird.

Wenig später erreicht man das im *Loch Ryan* liegende **Stranraer,** die größte Stadt von Wigtownshire und Einschiffungshafen für *Larne* in Nordirland. Wegen ihrer schönen Lage und guten touristischen Einrichtungen wird die Stadt aber auch gern als Urlaubsort besucht. Zu ihren Sehenswürdigkeiten gehört das aus dem 16. Jahrhundert stammende *Castle of St. John,* das heute zu einem Gefängnis umgestaltet ist. In der *London Road* liegt das *Wigtown District Museum,* mit lokalen historischen Sammlungen und Erinnerungen an den berühmten Arktisforscher *Sir John Ross.*

Die Nordirland gegenüberliegende Halbinsel an der südwestlichen Ecke Schottlands wird **Rhinns of Galloway** genannt; ein reiches Farmland mit zerklüfteter Küste, die von sandigen Buchten unterbrochen wird, und einem vom Golfstrom begünstigten sehr milden Klima. Eine gute Landstraße zieht von *Stranraer* südwärts über *Stoneykirk* zu den weiten Sandstränden an der **Luce Bay** und nach **Kirkmadrine,** vor dessen alter Kirche drei mit frühchristlichen Symbolen und Inschriften gezierte Steine aus dem 5. oder 6. Jahrhundert („Kirkmadrine Stones") Beachtung verdienen. Noch etwas weiter südlich liegen die besuchenswerten **Ardwell House Gardens,** mit reichem, südländischem Pflanzenwuchs. Die kleine Hafenstadt **Port Logan** ist wegen ihres *Botanischen Gartens* sehenswert: hier gedeihen dank des vom Golfstrom begünstigten milden Klimas Palmen und Farne, und viele subtropische Pflanzen. Sehenswert ist auch das **Logan Fish Pond** genannte, Ende des 18. Jahrhunderts angelegte Natur-Aquarium zwischen den Küstenklippen: die zahmen Seefische, die hier gezüchtet werden, lassen sich von Hand aus füttern. Noch etwas weiter südlich liegt **Drummore** (26 km von Stranraer), einst ein berüchtigtes Schmugglernest an der zerklüfteten Klippenküste. Aus dem Jahr 1828 stammt der Leuchtturm vor dem **Mull of Galloway,** der südlichsten Spitze Schottlands.

An der Westküste der Halbinsel liegt **Portpatrick** (13 km von Stranraer), ein malerisches kleines Hafenstädtchen mit sandigen Buchten, das gerne als Sommerfrische aufgesucht wird. Der Ort war früher eine Art „Gretna Green" für die Iren; junge Liebespaare kamen über das Wochenende hierhergereist, um sich rasch trauen zu lassen. Südlich des Ortes liegen die Ruinen von *Dunskey Castle* (1510).

Von **Stranraer** wählt man nun die A-77 nach Norden. Die Straße führt zuerst am Ostufer des *Loch Ryan* entlang und dann ein Stück landeinwärts bergan durch das malerische Tal *Glen App,* vorbei am (nicht zugänglichen) *Glenapp Castle,* und erreicht bei **Ballantrae,** einem hübschen kleinen Ferienort mit Sand- und Kieselstrand, wieder die Küste. Aus dem 13. Jahrhundert stammen die Ruinen des *Ardstinchar Castle,* einst eine wehrhafte Burg des Kennedy-Clans.

Die A-77 verläuft nun in unmittelbarer Küstennähe. Die teils felsige, zerklüftete Küste, die von malerischen mit Sand bedeckten Buchten unterbrochen wird, ist Touristen und Urlaubsreisenden durch eine ganze Reihe von berühmten Ferienorten bekannt. An der Küste von *Ayrshire* liegen aber auch einige der schönsten

Golfplätze Europas, Austragungsorte vieler internationaler Wettbewerbe. Das hügelige Hinterland von *Ayrshire* zählt zu den reichsten Agrargebieten Schottlands.

Kurz nach **Ballantrae** beginnt einer der landschaftlich schönsten Streckenabschnitte. Die Straße folgt der felsigen Küste, führt an der Ruine von *Carleton Castle* vorbei und über den *Kennedy's Pass* nach **Girvan** (49 km von Stranraer), wo auch die von *Newton Stewart* kommende A-174 (→ oben) das Meer erreicht. **Girvan** ist ein beliebtes Seebad und Touristenzentrum mit Fischerei- und Jachthafen, aber auch eine wichtige Marktstadt für die landwirtschaftlichen Produkte Ayrshires. Malerisch ist der Fischereihafen, vielbesucht der Sandstrand, aber auch das Freiluftschwimmbad und die „Amusement Arcades". Etwa 16 km vor der Küste liegt das seiner konischen Form nach unverkennbare Inselchen von **Ailsa Craig,** ein 330 m hoher Granitfelsen, Tummelplatz zahlloser Seevögel. Im Sommer kann man mit Ausflugsbooten dorthin fahren.

Etwa 3,5 km östlich von Girvan liegt das aus dem 15. Jahrhundert stammende Penkill Castle, mit späteren Zubauten.

Turnberry ist ein besonders bei Golfern beliebter Ferienort und besitzt zwei berühmte 18-Loch Golfplätze und zwei sandige Strände in der *Turnberry Bay* und der *Maidenhead Bay*. Von **Turnberry Castle,** dem Geburtsort von *Robert the Bruce* (um 1274), sind nur mehr spärliche Ruinen erhalten.

Die A-77 wendet sich nun landeinwärts und führt über *Kirkoswald* und *Maybole* nach *Ayr,* wo sie wieder die Küste erreicht. Man kann aber auch von *Turnberry* auf der 27 km langen Küstenstraße A-719 nach *Ayr* fahren; sie führt am großartigen **Culzean Castle*** und an den Ruinen des mittelalterlichen *Dunure Castle* vorbei. Kurz davor passiert die Küstenstraße eine „Croy Brae" (auch *Electric Brae)* genannte Stelle, die für ihre einzigartige optische Täuschung bekannt ist: ein Wagen scheint bergab zu fahren, während er in Wahrheit bergauf fährt.

In dem an der A-77 liegenden Dorf **Kirkoswald** lebte eine Zeitlang Robert Burns; hier fand er in zwei einheimischen Handwerkern die Vorbilder für seine Figuren in „Tam o'Shanter". In dem strohgedeckten „Souter Johnnie's Cottage" (18. Jh.) erinnern zahlreiche Gegenstände an den Dichter, im Garten des Hauses sind seine Balladenfiguren in Lebensgröße nachgebildet.

Kurz ehe man Maybole erreicht, verdient die immer noch imposante Ruine der im 12. Jahrhundert gegründeten und im 15. Jahrhundert erweiterten **Crossraguel Abbey** einen kurzen Aufenthalt. Bis zum Ende des 16. Jahrhunderts war das Kloster von Benediktinermönchen bewohnt. Bemerkenswert sind vor allem der mächtige Torturm, der Abbot's Tower und ein großer Taubenschlag aus dem 15. Jahrhundert.

Maybole, heute ein landwirtschaftliches Zentrum, war früher ein Sitz der *Kennedies, Earls of Cassillis.* In der *High Street* liegt das (restaurierte) *Maybole Castle* aus dem 17. Jahrhundert. Bemerkenswert ist auch die Ruine der 1373 von den Kennedies gegründeten *Collegiate Church* (15. Jh.), die den *Earls of Cassillis* als letzte Ruhestätte diente.

Die an der Mündung des *River Ayr* liegende Markt- und Hafenstadt (83 km von Stranraer) **Ayr** zählt zu den beliebtesten Touristenorten und Seebädern Schottlands. Hier gibt es meilenweite Sandstrände, viele Sport- und Vergnügungsstätten, Hotels und Gästehäuser aller Preisklassen, drei berühmte Golfplätze, eine Pferderennbahn, wunderschöne Parkanlagen, Museen, Theater u.v.a. Als ein Mittelpunkt des sogenannten „Burns Country" enthält **Ayr** auch viele Erinnerungen an den schottischen Nationaldichter, der in dem kleinen Dorf **Alloway,** heute ein südlicher Vorort von Ayr, geboren wurde.

In **Alloway** lockt das niedrige kleine *Cottage,* in dem Burns am 25. Januar 1759 das Licht der Welt erblickte und seine Kindheit verbrachte, jedes Jahr viele tausend Besucher an. Angebaut ist ein **Burns-Museum,** mit vielen Erinnerungsstücken an den Dichter. Weiter südlich liegt die altertümliche **Alloway Auld Kirk;** auf dem Friedhof ist Burns' Vater begraben. Der Kirche gegenüber liegt das **Land o'Burns Centre,** eine Ausstellung über das Leben des Dichters und seine Zeit, mit einem schönen Landschaftsgarten. Nahebei erhebt sich das monumentale **Burns Monument,** ein 1823 in der Form eines griechischen Tempels errichteter Rundbau. Die malerische **Auld Brig o'Doon** überspannt hier den *River Doon*.

Eine andere Sehenswürdigkeit von Alloway ist die **MacLaurin Gallery and Rozelle House.** Die Kunstgalerie ist in den ehemaligen Ställen und Dienstbotenquartieren des Herrenhauses untergebracht und enthält Gemälde, Skulpturen (darunter eine Bronzeskulptur von Henry Moore), kunsthandwerkliche Arbeiten und Fotos. Das Herrenhaus beherbergt kostbare Kunstsammlungen, Militaria und Gegenstände zur Stadtgeschichte. Ein schöner Wanderweg führt durch den angrenzenden Landschaftspark.

Zu den Sehenswürdigkeiten von **Ayr** zählen das **Tam o'Shanter Museum** in der *High Street,* ein ehemaliger Gasthof mit vielen Andenken an Burns, und der ganz in der Nähe stehende 34 m hohe

Wallace Tower (1828), mit einer Statue dieses schottischen Nationalhelden *(William Wallace* besiegte die Engländer u.a. in der *Battle of Stirling,* 1297; → Seite 307). Wieder nur wenige Schritte weiter führt von der *High Street* ein Zugang zur **Ayr Auld Kirk** (1655), in der Robert Burns getauft wurde. Von der früheren *St. John's Kirk* ist nur mehr der Turm (12. Jh.) erhalten. Am nördlichen Ende der *High Street* überquert die **Auld Brig** aus dem 13. Jahrhundert den *River Ayr.* 500 Jahre lang war sie der einzige Flußübergang in der Stadt; 1910 wurde die schmale Fußgängerbrücke gründlich restauriert. Etwas weiter nördlich liegt bei der *New Bridge* die **Loudoun Hall,** ein Stadtpalast der *Campbells, Earls of Loudoun,* aus dem 15./16. Jahrhundert, das älteste erhaltene Haus der Stadt und eines der ältesten Schottlands.

Prestwick, der nördliche Nachbarort von Ayr, ist nicht nur wegen seines *Internationalen Flughafens* bekannt, sondern auch ein beliebter Ferienort mit schönen Stränden, Golfplätzen und guten touristischen Einrichtungen. Bemerkenswert sind die Ruinen der alten *St. Nicholas Church* (12. Jh.), der Kirchhof mit alten Gräbern von Tempelrittern, und das alte Mercat Cross.

Die A-77 führt von hier in großem Bogen um den **International Airport Prestwick** herum, und über **Symington** (sehenswerte Kirche mit rundbogigen normannischen Fenstern aus dem 12. Jh.) und **Kilmarnock** (→ unter B) weiter nach Glasgow.

Wenn man der Küste des *Solway Firth* folgen will, so fährt man von Ayr auf der A-78 weiter. Es folgen eine Reihe von sehr beliebten Ferienorten mit schönen Stränden und zahlreichen Golfplätzen. **Troon** grenzt im Norden an *Prestwick* an, ist aber als Ferienort ruhiger als dieses. Der Küste vorgelagert liegt die kleine *Lady Isle,* ein Schutzgebiet für unzählige Seevögel. Landeinwärts liegt das *Dundonald Castle* (→ unter B).

Irvine war in früheren Zeiten eine bekannte Hafenstadt, ist aber heute eher für den Fremdenverkehr von Bedeutung und zählt auch zu den meistbesuchten Badeorten Schottlands. Sein *Magnum Leisure Centre,* mit Schwimmbädern, Eislaufplatz, Bars, Restaurants, Kino, Theater, Konzertsaal, Ausstellungen und vielen anderen touristischen Einrichtungen, wird als „Western Europe's Largest Leisure Centre" gepriesen; es zählt jedenfalls zu den meistbesuchten Sport- und Vergnügungsstätten Schottlands. Darüber hinaus bietet der **Irvine Beach Park** einen fast 5 km langen Sandstrand, Dünen und viele Unterhaltungsmöglichkeiten.

Sehenswert ist das 1985 eröffnete *Scottish Maritime Museum,* das u.a. auch den historischen alten Hafen mit vielen hier vor Anker liegenden Schiffen umschließt. Vom alten **Seagate Castle** (14. bis 16. Jh.) sind hingegen nur mehr Ruinen erhalten.

Natürlich gibt es in Irvine auch ein Burns-Museum und eine Burns-Gedenkstätte („The Heckling Shop") in *Glasgow Vennel,* einem kürzlich im Stil des 18. Jahrhunderts wiederhergestellten Straßenzug, zwischen *High Street* und *Townhead,* wo Burns von 1881-1884 wohnte.

3 km nördlich von Irvine liegt das 1796 erbaute *Eglinton Castle,* mit schönem Schloßpark. Im nördlich angrenzenden **Kilwinning** liegen imposante Abteiruinen aus dem 12. Jahrhundert. Der Ort ist auch als Gründungstätte und Mutterloge der Freimaurer bekannt; König James I. von Schottland war eine Zeitlang ihr Großmeister. Noch etwas weiter nördlich liegt *Blair House,* ein seit siebenhundert Jahren ununterbrochen bewohnter Herrensitz.

Von **Irvine** kann man auf der A-736 direkt nach Glasgow weiterfahren. Etwas weiter westlich verläuft die A-737 von *Kilwinning* (→ oben) über *Dalry,* **Beith** (bemerkenswerte kleine *Auld Kirk* von 1556; *Cuff Hill* im Osten des Ortes ist wegen seines uralten *St. Inan's Well,* seiner Druidengräber und seines Druidensteins „Rocking Stone" bekannt) und *Paisley* (→ Stadtbeschreibung Glasgow unter „Ausflüge") nach Glasgow.

Die A-78 verläuft von Irvine in großem Bogen über *Stevenston* nach *Saltcoats.* In **Stevenston** liegen die Ruinen des *Kerelaw Castle* (auch *Caerlaw* bezeichnet) aus der Zeit um 1470. In **Saltcoats** (schöner Sandstrand) verdient vor allem das *North Ayrshire Museum,* das in einer profanierten Kirche des 18. Jahrhunderts eingerichtet ist, Beachtung; es enthält viel Wissenswertes über diesen Landesteil, und auch Sammlungen aus dem früheren *Maritime-Museum.*

Saltcoats benachbart liegt die Hafenstadt **Ardrossan,** die sowohl als Ferienort (schöner Sandstrand) wie auch als Fährschiffhafen (u.a. Autofähre nach *Arran,* → Route 8) von Bedeutung ist. Auf einem Hügel stand früher das mächtige **Ardrossan Castle** aus dem 12. Jahrhundert. Es wurde von Cromwell zerstört, und heute sind nur mehr Turmruinen und einige Gewölbe erhalten. Sehr schön ist der Ausblick, den man von hier auf die Inseln *Arran* und *Ailsa Craig* hat.

Die A-78 führt weiter nach **West Kilbride.** Rechts führt eine Zufahrt zur Turmruine des *Law Castle* aus dem 15. Jahrhundert, links liegt nahe am Strand von *Seamill* der Golfplatz. Etwas weiter nördlich stehen an der Küste die Reste mittelalterlicher Burgen:

Portencross Castle und *Hunterston Castle,* beide aus dem 15. Jahrhundert. Auch bei *Fairlie* kann man noch ein Castle aus dieser Zeit sehen.

Largs ist ein von einem Hügelkranz umgebener, vielbesuchter Badeort mit weiten Sandstränden, Golfplätzen und guten Unterhaltungs- und Vergnügungseinrichtungen. Auch als Fischerei- und Jachthafen ist Largs bekannt. Sehenswert ist das *Skelmorlie Aisle* genannte Mausoleum aus dem Jahr 1636 (der noch erhaltene Rest einer Kirche des 17. Jh.), mit vielen interessanten Grabdenkmälern. Das **Largs Museum** in *Manse Court* enthält Gegenstände lokaler Bedeutung. Eine runde, „Pencil" genannte Gedenksäule erinnert an den Seesieg der Schotten über König Hakon von Norwegen im Jahr 1263. Ein schöner Aussichtspunkt ist der 180 m hoch gelegene *Douglas Park.*

Südlich von Largs liegt das **Kelburn Country Centre,** ein weiträumiger Landschaftspark der *Earls of Glasgow,* mit Wäldern, Weideland, der romantischen *Kelburn-Glen* mit Wasserfällen, uralten Bäumen und Farnen, Picknickplätzen, Bauerngehöften aus dem 18. Jahrhundert, Kinderspielplätzen u.v.a. Das Schloß selber (urkundlich bereits im 12. Jh. erwähnt) ist nicht zugänglich. Der Landschaftspark ist durch herrliche Wanderwege erschlossen, sehr beliebt ist hier auch das *Pony-Trekking.*

Von Largs gibt es auch eine Fährbootverbindung zur vorgelagerten Ferieninsel **Great Cumbrae,** mit kleinen Hotels und Gästehäusern, Golfplatz, Wassersportmöglichkeiten, Aquarium, historischem Museum und der kleinsten Kathedrale Großbritanniens *(Cathedral of the Isles).*

Östlich von Largs erstreckt sich weites Marschland; auf dem Weg nach Glasgow (A-760) liegt die Ruine von *Kilbirnie Place,* der ehemalige Palast des *Earls of Craufurd* (1627), der 1756 abbrannte. In **Kilbirnie** ist die alte *Barony Church* (eine Vorgängerkirche stand schon im 13. Jh. hier) bemerkenswert; man beachte vor allem die schönen Schnitzereien an der Galerie. Weiter östlich erstreckt sich das **Lochwinnoch Nature Reserve,** mit einem Aussichtsturm. Von hier aus führt eine Zufahrt zum etwas weiter nördlich liegenden **Muirshiel Country Park,** mit Wanderwegen, Picknickplätzen und Möglichkeiten zum Wassersport am *Castle Semple Loch.*

Von Largs führt die A-78 längs der Küste weiter. Über dem Meer stehen die Ruinen von *Knock Castle* (15. Jh.) und die des teilweise wiederhergestellten *Skelmorlie Castle* (16. Jh.). Ein beliebter Badeort mit Sandstrand ist auch **Wemyss Bay.** Eine Autofähre führt von hier nach **Rothesay** auf der Insel **Bute.**

DIE INSEL BUTE

Sie zählt zu den beliebtesten Ausflugs- und Ferieninseln Schottlands und wird von den Glaswegians (so nennen sich die Einwohner Glasgows) viel zum Wochenende besucht. Da die Insel von mehreren Autostraßen durchzogen wird, kann man sie auch als Tourist in kurzer Zeit kennenlernen. Es gibt hier Golf- und Tennisplätze, sandige Buchten (vor allem im Westen und Süden), viele Möglichkeiten zum Wandern und Pony-Trekking, zum Angeln usw.

In **Rothesay,** dem Touristenzentrum und Hauptort der Insel, ist vor allem **Rothesay Castle,** eine der bedeutendsten mittelalterlichen Burgen Schottlands, sehenswert. Die Burg wurde 1240 von norwegischen Wikingern erstürmt, wiederaufgebaut, war Sitz mehrerer schottischen Könige und wurde im 17. Jahrhundert von den Anhängern des **Duke of Argyll** in Brand gesteckt. Aus dem 13. Jahrhundert stammen noch die hohen, mit vier Rundtürmen verstärkten Wälle, die einen runden Burghof (den einzigen dieser Art in Schottland) umschließen. Nahebei liegt das alte *Mansion House*, das heute als Verwaltungsgebäude dient. Eine Ausstellung über alles Interessante, was mit der Geschichte und Entwicklung der Insel zusammenhängt, enthält das *Bute Museum* in der *Stuart Street*.

Am Ende der High Street liegen die bedeutenden Ruinen der **Church of St. Mary** (14. Jh.). Sie enthält u.a. zwei bemerkenswerte Skulpturengrabmäler, eines mit der Figur des Ritters *Walter the Steward* in voller Rüstung, ein zweites mit der Figur seiner Frau und seines Kindes. Auch *Stephanie Hortense Bonaparte,* eine Nichte Napoleons, ist hier begraben. Besuchenswert sind ferner die von Mai bis September werktags ganztägig, samstags und sonntags nur an Nachmittagen geöffneten **Ardencraig Gardens,** die nicht nur eine Fülle von (teils subtropischen) Pflanzen enthalten, sondern auch Vogelflugkäfige und Fischteiche. Nördlich von Rothesay liegt der lebhafte Jacht- und Fischereihafen **Port Bannatyre,** mit dem (nicht zugänglichen) *Kames Castle* (14. bis 19. Jh.). Im Süden der Insel (13 km von Rothesay) sind die Ruinen der *St. Blane's Chapel* aus der Zeit um 1100 und die noch erhaltenen Grundmauern eines von *St. Blane* Ende des 6. Jahrhunderts gegründeten Klosters sehenswert. Im Westen der Insel findet man in der Bucht von **St. Ninian** (Sandstrand) noch Grundmauern einer von *St. Ninian* im 6. Jahrhundert erbauten Kapelle.

Die A-78 biegt vor der *Lunderston Bay* rechts ab nach **Greenock,** wo sie in die A-8 mündet, die über **Port Glasgow** (sehenwertes *Newark Castle* aus dem 15./16. Jh.) direkt zur Stadtautobahn vonGlasgow führt. Kurz nach *Port Glasgow* fährt man an **Finlaystone** vorbei, einem prächtigen Landschaftspark mit Gärten und Spazierwegen rund um das gleichnamige Herrenhaus (historische Sammlungen und Puppensammlung).

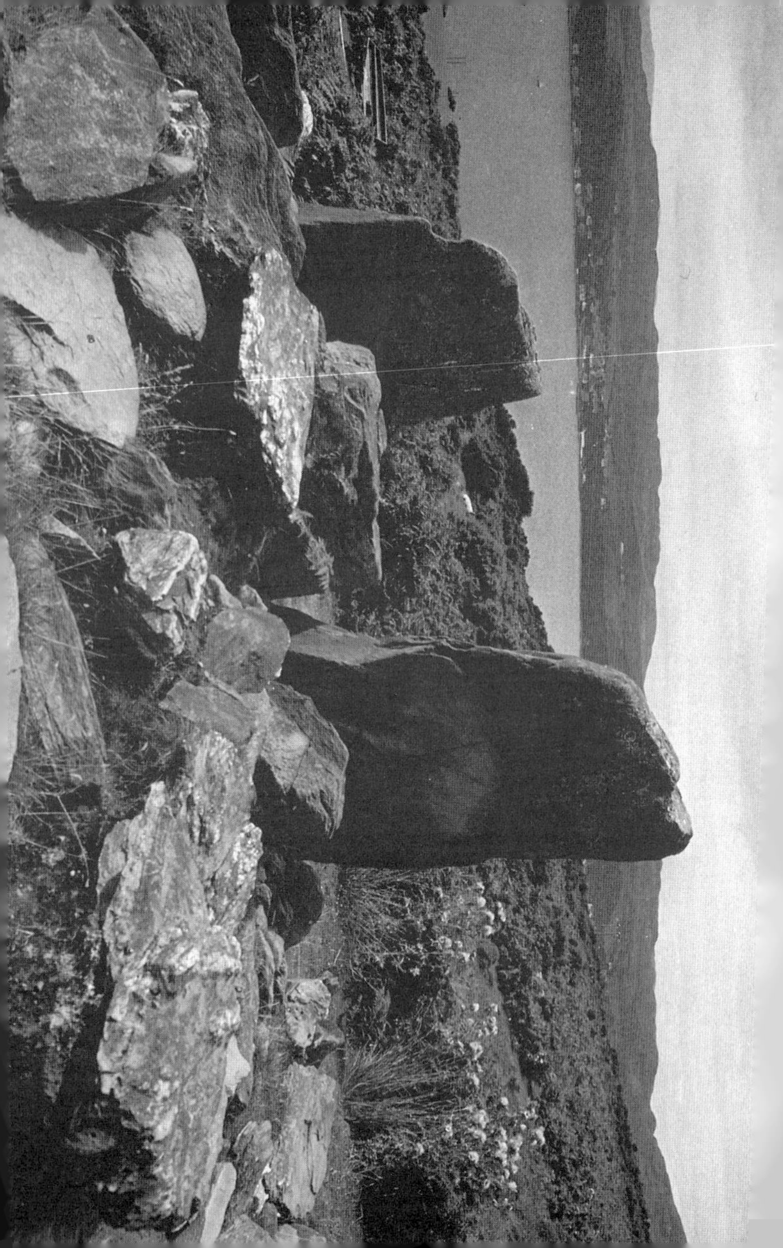

Greenock ist eine wichtige Industriestadt (Schiffsbau) mit bedeutendem Hafen. Bemerkenswert in der Stadt sind die *Old West Kirk,* mit schönen Glasfenstern, das *MacLean Museum* (naturgeschichtliche, historische und volkskundliche Sammlungen und Kunstgalerie), und das Denkmal für *James Watt,* der 1736 hier geboren wurde.

Es lohnt sich allerdings, den kurzen Umweg auf der Küstenstraße A-770 zu machen, die am *Cloch Lighthouse* vorbei (der Leuchtturm aus dem Jahr 1797 ist ein Wahrzeichen der Gegend) über *Gourock* nach *Greenock* (→ oben) führt.

Gourock ist als Ferienort besonders bei Segelsportlern beliebt und wird auch viel von Jachten angelaufen. Daneben ist Gourock auch ein wichtiger Fährschiffhafen für die Überfahrt nach **Dunoon** und nach anderen Orten an der nördlichen und westlichen Küste des *Firth of Clyde.* An der Klippenküste von Gourock verdient der **Kempock Stone** Aufmerksamkeit. Der 1,80 m hohe graue Schieferstein steht seit prähistorischen Zeiten hier, ohne daß jemand seine ursprüngliche Bedeutung kennt. Im Mittelalter trafen sich die Fischer vor dem Stein und baten um gutes Wetter. Jungverheiratete Paare umtanzen den Stein, weil sie davon Eheglück erwarten.

Dunoon, das man mit der Autofähre von Gourock aus erreicht, ist der Ausgangspunkt für Fahrten durch die Halbinsel **Cowall,** u.a. zum langgestreckten *Loch Ech* und durch den prachtvollen **Argyll Forest Park** (→ Route 8). Am **Loch Goi,** einem westlichen Seitenarm des *Loch Long* (beide sind bei Segelsportlern beliebt), steht das aus dem 14. Jahrhundert stammende *Carrick Castle,* das 1651 verstärkt, aber 1685 von den Truppen des *Earl of Atholl* niedergebrannt wurde. Immerhin besitzt es noch sehr eindruckswolle Ruinen. In **Dunoon** selber, einem Touristen- und Wassersportzentrum, erinnert das *Lamont Memorial* an eine der blutigsten Clanfehden: 1646 überfiel hier der Clan Campbell seine Nachbarn und tötete über zweihundert Angehörige des Clan Lamont. Ein anderes Denkmal, die *Highland Mary's Statue,* erinnert an *Mary Campbell,* einer Geliebten von Robert Burns, der der Dichter in einer seiner Erzählungen ein unsterbliches Denkmal setzte (→ auch Seite 79).

Von Gourock nach Glasgow sind es noch rund 40 km.

Reste einer Siedlung aus grauer Vorzeit:
der Glenvoidean Neolithic Cairn auf der Insel Bute.

2. Von (England) Newcastle über Carter Bar, Jedburgh, Dryburgh, Melrose und Lauder nach Edinburgh (mit Verbindung Kelso – Coldstream)

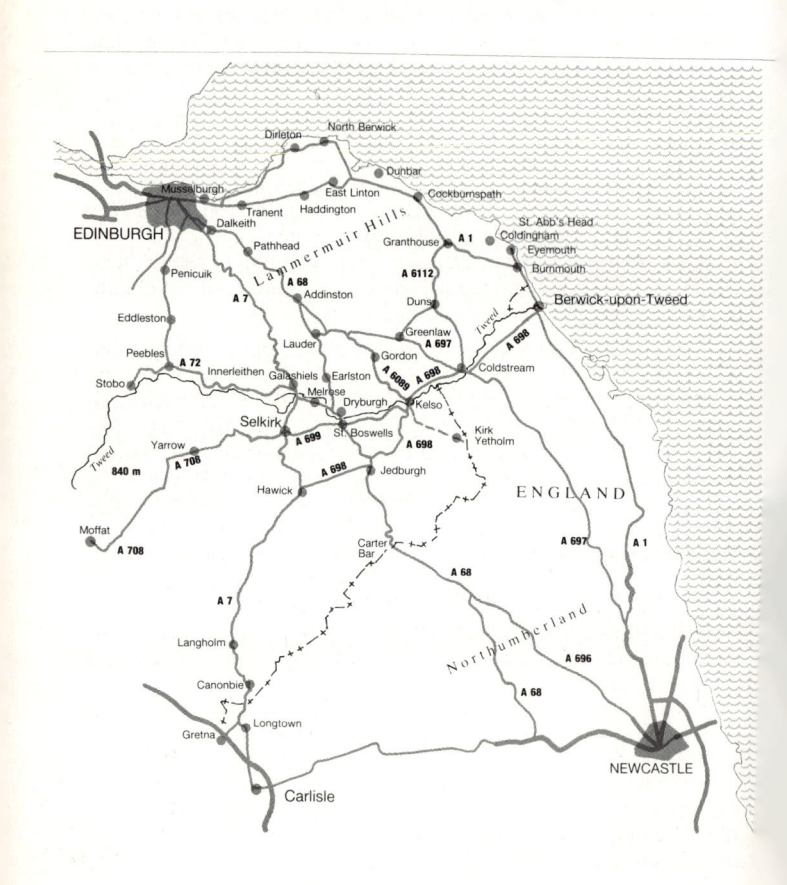

Die Anfahrt über Newcastle oder Hexham quer durch die eindrucksvolle Landschaft von *Northumberland* und den *Border Forest Park* zur schottischen Grenze bei **Carter Bar** (78 km), finden Sie im Goldstadt-Reiseführer „Nordengland". Die A-68, die von *Carter Bar* über *Jedburgh* direkt nach *Edinburgh* führt, ist zwar nur 101 km lang, führt aber durch das historische Grenzland („Borders") mit berühmten alten Städten, Schlössern und Herrensitzen, mit prachtvollen Abteiruinen, zu deren Besichtigung man sich entsprechend Zeit nehmen sollte. Dieses Grenzland ist auch die Heimat des berühmten schottischen Erzählers Sir Walter Scott (1771–1832) und oft Schauplatz seiner Erzählungen. Nach ihm wird es auch das „Scott Country" genannt.

Wenn man morgens die Grenze bei **Carter Bar** überschreitet, und auch nur einen flüchtigen Eindruck von den vielen an der Strecke liegenden Sehenswürdigkeiten bekommen will, wird man – trotz der „nur 101 km" bis Edinburgh – kaum vor dem Abend dort sein. Wer das Land mit Muße erleben möchte, wird wohl unterwegs einmal übernachten.

Von **Carter Bar,** das mitten in den 800 m hoch ansteigenden *Cheviot Hills* liegt, führt die A-68 am berühmten **Ferniehurst Castle*** vorbei, das heute als Jugendherberge dient, nach **Jedburgh** (22 km). Die Stadt lohnt allein wegen ihrer prächtigen Abteiruinen einen Aufenthalt. **Jedburgh Abbey** wurde 1118 von David I., ehe er noch König wurde, als Augustinerkloster gegründet, und so wie die anderen Grenzlandabteien oft zerstört und wiederaufgebaut. Die Abteikirche wurde 1150-1220 in romanischem Stil erbaut und ist die von allen zerstörten Abteien noch die am besten erhaltene. Besondere Beachtung verdienen das reich verzierte Westtor und die Fensterrose („St. Catherine's Wheel") an der Westfront. Der normannische Kirchturm wurde wieder instandgesetzt. Das Kloster ist seit 1523 Ruine, als der *Earl of Surrey* es niederbrennen ließ.

Besuchenswert ist auch *Mary Queen of Scots House* in der *Queen Street* mit vielen Andenken an Maria Stuart, die 1566 hier wohnte. Auf dem malerischen Marktplatz, der von schmalen Häusern mit bunt gefärbten Fassaden gesäumt ist, steht ein schönes altes Marktkreuz. Hoch über der Stadt, wo früher das alte *Jedburgh Castle* stand, wurde 1825 ein Gefangenenhaus erbaut, das heute als „Castle Jail Museum" zugänglich ist.

Kurz nach Jedburgh biegt die A-68 scharf nach links ab, während die A-698 (rechts) nach Kelso führt.

Von dieser Straßenkreuzung sind es auf der A-68 nur knapp 10 km nach *Dryburgh*, das wiederum einen Aufenthalt lohnt. Wenn man aber **Kelso** kennenlernen möchte (Hinfahrt auf der A-698, dann direkt weiter nach *Dryburgh* auf der A-699), so fährt man insgesamt 32 km; der Umweg beträgt also nur 22 km.

Kelso liegt malerisch an der Einmündung des *River Teviot* in den *Tweed* und gehört zu den schönsten alten Städten in den östlichen *Lowlands*. *Scott* beschreibt sie als: „The most beautiful, if not the most romantic, village in Scotland". Überdies ist Kelso ein idealer Ausgangspunkt für Touren in die *Cheviot Hills*. Auf dem großen, kopfsteingepflasterten Marktplatz steht das in klassizistischem Stil erbaute *Court House* (18. Jh.), mit eigenwilligem Glockenturm, der über dem Giebel ansteigt. Wunderbar sind die Ruinen der 1128 von französischen Benediktinermönchen gegründeten **Kelso Abbey,** die einst die reichste Abtei Schottlands war. Sie wurde vom *Earl of Hertford* 1545 niedergebrannt. Bemerkenswert sind der mächtige Turm (12. Jh.) der Abteikirche und ihr nördliches Kreuzschiff. Die Fassade und der reich geschmückte Eingang sind seit achthundert Jahren unverändert erhalten geblieben.

Von der fünfbogigen *Rennie's Bridge* über den *Tweed* (der berühmte Architekt *John Rennie* erbaute sie 1803) hat man einen schönen Blick auf das **Floors Castle** (Zufahrt auf der B-6089), den kostbar eingerichteten Palast des *Duke of Roxburghy* und größten bewohnten Adelssitz Schottlands. Er wurde 1721 von *William Adam* erbaut und erhielt 1840 bedeutende Zubauten und Veränderungen durch *William Playfair*. Charakteristisch sind die drei- und viergeschossigen Turmbauten, die die Palastgebäude flankieren, die alle von kleinen Ecktürmchen bekrönt werden. Einige Palasträume können in der Regel von Mai bis September von Sonntag bis Donnerstag (im Juli/August auch freitags) besichtigt werden. Eine von einem Zaun umgebene Stechpalme im Schloßpark kennzeichnet die Stelle, an der König James II. 1460 bei einer Belagerung von *Roxburghe Castle* getötet wurde. *Roxburghe Castle* wurde damals zerstört, von der Burg ist nichts mehr erhalten.

Etwa 12 km östlich von Kelso (Zufahrt auf der B-6353) liegt **Kirk Yetholm,** einst Zentrum der schottischen Zigeuner. Das Haus, in dem der letzte Zigeunerkönig residierte, ist noch erhalten. Mit seinem Tod im Jahr 1883 ist die „königliche" Linie ausgestorben. In **Kirk Yetholm** beginnt der 400 km lange Wanderweg über die Berge („Pennine Way") nach Derbyshire.

Knapp 10 km nördlich von Kelso (Zufahrt auf der B-6364) erhebt sich auf einem 230 m hohen Hügel das **Hume Castle** (13. Jh.), das 1651 von den Truppen Cromwells zerstört und 1794 teilweise in altem Stil restauriert wurde.

Die A-698 führt von Kelso längs des *River Tweed* weiter zum 14 km entfernten Grenzort **Coldstream,** wo man die schottische Grenze überschreitet, wenn man auf der A-697 von England (Newcastle) her anreist. Aus dem Jahr 1766 stammt die fünfbogige Brücke über den *Tweed,* der hier die Grenze bildet. Gleich nach der Brücke gab es auf der schottischen Seite ein berühmtes „Marriage House", das viel von jungen englischen Liebespaaren benutzt wurde, die sich hier nach schottischem Recht auch ohne Einwilligung ihrer Eltern trauen lassen konnten (→ auch Seite 69). Besuchenswert ist das Naturschutzgebiet „The Hirsel", ein Waldpark mit Wanderwegen, einem Ausstellungszentrum und Museum, Picknickplätzen u.a. Das gleichnamige Herrenhaus kann nicht besichtigt werden.

Wer bei **Coldstream** die Grenze überschritten hat, kann auf der A-697 über *Greenlaw* nach *Lauder* weiterfahren, wo man auf die A-68 stößt. Man kann aber auch von **Kelso** auf der A-6089 über *Gordon* (bemerkenswertes „Greenknowe Tower House" aus dem Jahr 1581) nach *Lauder* und zur A-68 weiterfahren. Von dieser Straße lohnt sich die Zufahrt zum Schloß *Mellerstain House**.

Wieder auf der A-68, fährt man kurz nach **Jedburgh** und nachdem man die A-698 (→ oben) gekreuzt hat, am sogenannten „Woodland Centre" vorbei, einer Ausstellung über den Wald und die Holzverarbeitung, mit Spazier- und Wanderwegen und einem Spielplatz. Auf dem 226 m hohen *Penielheugh Hill* steht das 1815 errichtete *Waterloo Monument,* ein Wahrzeichen dieser Gegend.

Wenig später kreuzt die A-68 bei **St. Boswells** die A-699, die rechts nach *Kelso* (→ oben) und links nach *Selkirk* (→ Route 3) führt. Von hier aus lohnt sich die Zufahrt zur sehenswerten Ruine der **Dryburgh Abbey,** die in einer baumbestandenen Biegung des *River Tweed* liegt. Das Kloster wurde 1150 von König David I. gegründet und erhielt bis zum 15. Jahrhundert Zubauten. Von der Abteikirche, die in den Grenzkriegen des 16. Jahrhunderts zerstört und nicht wieder aufgebaut wurde, sind außer dem Kreuzschiff nur wenige Bauteile erhalten; vom Kloster hingegen gibt es noch sehr eindrucksvolle Ruinen aus dem 12./13. Jahrhundert. *Sir Walter Scott* ist hier begraben.

Etwas weiter nördlich liegt der Aussichtspunkt „Scott's View" auf dem *Bemersyde Hill,* der als einer der schönsten im Grenzland bezeichnet wird. Scott war oft hier, um die Aussicht zu genießen.

Keinesfalls versäumen sollte man den Abstecher auf der B-6091 zu dem etwa 6 km entfernten Städtchen **Melrose,** einem der malerischsten Grenzlandorte. Sehenswert ist vor allem die von König David I. 1136 gegründete **Melrose Abbey.** Wie die anderen Grenzlandarbeiten wurde sie immer wieder bei englischen Überfällen beschädigt oder zerstört (1322, 1385, 1543, 1544). Vom

Langhaus, dem Chor und den Kreuzschiffen der Kirche ist aber immer noch genug erhalten, um ihre einstige Schönheit erkennen zu lassen. Teile des Langhauses und des Chors stammen noch aus der Zeit nach dem Wiederaufbau von 1385. Berühmt sind die kunstvollen Steinmetzarbeiten und das prächtige Fenster im südlichen Kreuzschiff. Unter dem Hochaltar der Kirche ist das Herz des Königs *Robert the Bruce* beigesetzt.

In *Commendator's House,* einem kleinen Museum in einem ehemaligen Klostergebäude, sind noch schöne alte Bauteile der Abtei zu sehen.

In den angrenzenden **Priorwood Gardens,** deren Spezialität Trockenblumen sind, befindet sich das Touristen-Informationszentrum. Einen ruhigen Picknickplatz findet man in dem von einer hohen Mauer umschlossenen Obstgarten, mit einem Lehrpfad: ,,Der Apfel im Laufe der Zeiten".

Etwa 200 m von der Abtei entfernt liegt das 1983 eröffnete **Melrose Motor Museum,** mit einer Privatsammlung von Autos, Fahr- und Motorrädern, alten Schildern und allerlei Kuriositäten aus der Zeit zwischen 1914 und 1939.

Auf den südlich von *Melrose* und westlich von *Dryburgh* ansteigenden **Eildon Hills** liegen die Reste einer großen Siedlung und eines Forts aus der Eisenzeit, das 79 n.Chr. verlassen wurde, als die Römer dieses Gebiet besetzten und hier eine Signalstation errichteten.

Auf der A-68 erreicht man das hübsche kleine Dorf **Earlston,** mit den Ruinen von ,,Rhymer's Tower". *Thomas Learmonth ,,The Rhymer"* war im 13. Jahrhundert ein Prediger, der vor allem durch seine ,,Prophezeiungen" berühmt wurde; er ist auch ein Vorfahre des berühmten russischen Dichters *Michael Lermontov.* Links führt eine Zufahrt zum Herrenhaus *Carolside*, mit sehenswertem Garten, der von Juni bis August mittwochs und samstags an Nachmittagen besichtigt werden kann.

Von der Abtei Dryburgh aus dem 12. Jahrhundert sind noch eindrucksvolle Ruinen erhalten.

Die Ruinen von Melrose Abbey vermitteln heute noch einen guten Eindruck von der einstigen Größe dieses Zisterzienserklosters

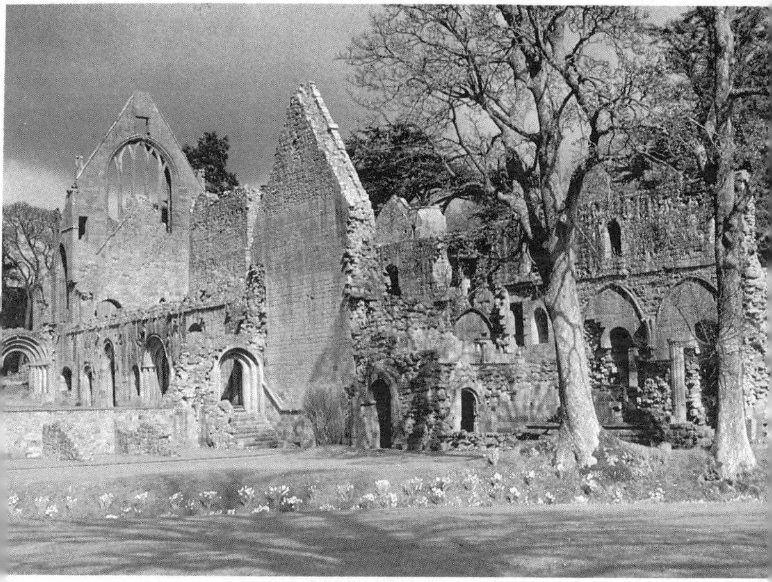

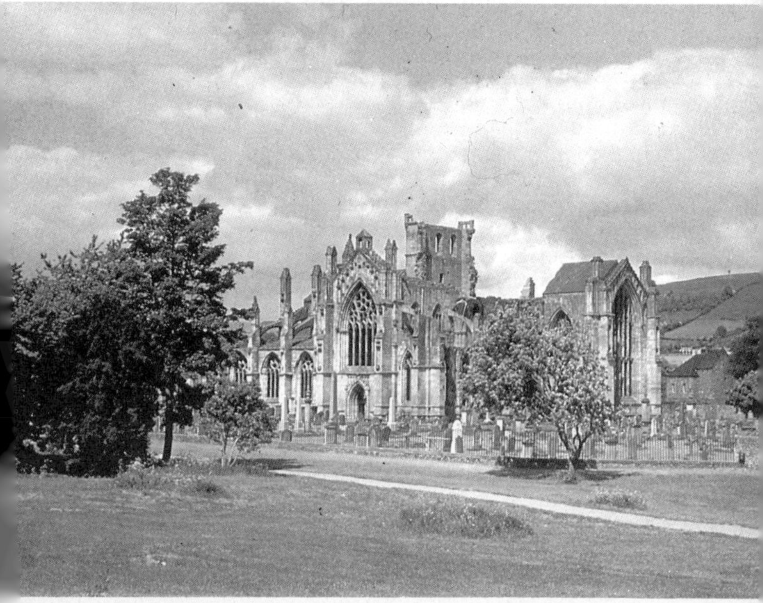

In **Lauder** ist der schöne alte *Tolbooth* (Stadthaus) in der *High Street* erwähnenswert. Die naheliegende Pfarrkirche stammt aus dem 16. Jahrhundert und besitzt einen ungewöhnlichen, achteckigen Kirchturm. In der Nähe des Ortes liegt das sehr sehenswerte **Thirlestane Castle***, und auch das auf dem Schloßgelände errichtete *Border Country Life Museum** lohnt einen Besuch.

Bei **Addinston,** an der Einmündung der von *Coldstream* kommenden A-697 in die A-68, steigen rechts neben der Straße zwei Hügel an, auf denen sich noch Reste der eisenzeitlichen Forts **Addinston** und **Longcroft** (mit Gräben, Wällen und Brustwehren) befinden. Die A-68 überquert jetzt die westlichen *Lammermuir Hills*. Von **Pathhead** führt eine Zufahrt (B-6367) zum südlich des Ortes liegenden **Crichton Castle,** einer bemerkenswerten Burgruine aus dem 15. Jahrhundert, die hundert Jahre später schloßartige Zubauten im Renaissancestil erhielt. Etwa 500 m weiter nördlich steht eine bemerkenswerte kleine *Collegiate Church* aus dem Jahr 1499. Über **Dalkeith** und am *Craigmillar Castle* vorbei (→ Stadtkapitel Edinburgh unter „Ausflüge") erreicht man nun rasch den südöstlichen Stadtrand von **Edinburgh.**

3. Von (England) Carlisle über Hawick, Galashiels und Peebles nach Edinburgh

Die Anfahrt von (England) Carlisle zur schottischen Grenze, die man kurz vor **Canonbie** (22 km von Carlisle) erreicht, finden Sie im Goldstadt Reiseführer „Nordengland". Die A-7, die von **Carlisle** über *Hawick* (69 km) und *Galashiels* (98 km) nach *Edinburgh* führt, ist zwar nur 151 km lang, führt aber – so wie auch die Route 2 – durch das malerische und auch historisch so bedeutende Grenzland *(The Borders),* zu berühmten alten Städten, Schlössern und Abteiruinen, die alle eine Fahrtunterbrechung erfordern, wenn man sie kennenlernen möchte. Als Alternative zur A-7 bietet sich ab *Galashiels* der (unbedeutende) Umweg durch das romantische Tal des *River Tweed* (A-72) nach *Peebles* an, und von dort auf der A-703 nach Edinburgh. Diese Strecke ist nur um etwa 10 km länger, also 161 km von *Carlisle* nach *Edinburgh*.

Bei **Longtown** (13 km nach Carlisle) überquert die A-7 den *River Esk* und wenig später erreicht man bei **Scots Dyke** die schottische Grenze. Hier sind noch Reste eines alten Stein- und Erdwalls zu sehen, der in früheren Zeiten als Grenzmarkierung erbaut wurde. Kurz vor **Canonbie** sieht man rechts neben der Straße den „Hollows Tower" (auch „Holehouse" genannt), einen (restaurierten) ehemaligen Wehrbau aus dem 16. Jahrhundert mit fast zwei Meter dicken Wänden. Er diente damals dem im ganzen Grenzland berüchtigten Räuber *Johnny Armstrong* als Unterschlupf.

Langholm (32 km von Carlisle) ist für seine hier erzeugten Wollwaren bekannt. Das Denkmal auf einem rechts neben der Straße ansteigenden Hügel stellt *General John Malcolm* dar, eine lokale Größe (vor 150 Jahren war er Gouverneur von Bombay).

Lohnend ist die Zufahrt (B-709) zu dem etwa 3,5 km nordwestlich liegenden Herrenhaus **Craigcleuch**, mit dem *Craigcleuch Scottish Explorers' Museum*, einem völkerkundlichen Museum, in dem vor allem alte Skulpturen afrikanischer Völker aus dem Niger- und Sambesigebiet herausragen. Das Museum ist von Mai bis September täglich geöffnet. Spazierwege führen durch das schöne Tal des *River Esk*. Noch etwas weiter nördlich an der B-709 erinnert in **Westerkirk** das *Telford Memorial* an den berühmten hier geborenen Architekten und Brückenbauer *Thomas Telford* (1757–1834).

Weiter auf der A-7, gelangt man zu dem Telefonhaus von **Burnfoot,** wo rechts eine Landstraße durch Moor- und Hügelland (viele schöne Aussichtspunkte!) zum sehenswerten *Hermitage Castle** führt. (Man kann von dort direkt auf der B-6399 nach *Hawick* weiterfahren.)

Hawick ist die größte Grenzstadt, ein berühmter Markt für die Schafzüchter, und seit dem 18. Jahrhundert ein Zentrum der Wollproduktion. Stricksachen aus Hawick werden in alle Welt exportiert. Im *Wilton Lodge Museum* am westlichen Stadtrand, das in einem ehemaligen Herrenhaus untergebracht ist, kann man neben historischen und naturgeschichtlichen Sammlungen auch eine Ausstellung zur Geschichte des Wollhandels sehen. Angeschlossen ist die *Scotts Gallery* mit zeitgenössischen Kunstausstellungen. Der weiträumige, am *River Teviot* liegende *Wilton Park* bietet viele schöne Spazierwege am Flußufer, Gärten und Glashäuser, Picknick-, Sport- und Spielplätze, die Hawick auch als Ferienort beliebt machen. Außerdem gibt es einen 18-Loch Golfplatz und viele Möglichkeiten für Touren und Pony-Trekking.

In der *High Street* erinnert das *Horse Monument* an die jungen Burschen der Stadt, die 1514 mit ihren Pferden ausritten, um eine eingefallene englische Truppe anzugreifen. Das lokale historische Ereignis wird jeden Juni festlich begangen. Zum **Hawick Common Riding** gehören traditionelle Ausritte, das Hissen der Flagge, Dudelsackmusik, Pferderennen und traditionelle Spiele.

Etwa 4 km nördlich von Hawick liegt an der A-698 am *River Teviot* die **Trowmill Woolen Mill** an der Stelle einer früheren, mit Wasserkraft betriebenen Kornmühle. 1880 begann man hier mit der Wollproduktion, wobei man bis 1965 auf die Wasserkraft der Mühle zurückgriff. Heute können hier Besucher bei der Produktion von Tweed-Stoffen zusehen. (Die A-698 verbindet Hawick mit *Jedburgh*, 19 km (→ Route 2).

Ein beliebter Ausflug von Hawick führt auf der B-711 über **Robertson** in das etwa 12 km weiter westlich liegende Tal des *Borthwick Water*. Eine ehemalige Kirche am Fuß eines Steilhangs dient heute als Jugendherberge („The Snoot"). Von wildem Moorland umgeben ist der malerische kleine See **Alemoor Loch.** Wenn man noch weitere 12 km der B-711 folgt, erreicht man das schöne Flußtal des **Ettrick Water** bei *Tushielaw*. In der Nähe liegt *Ettrick Hall*, wo **James Hogg** geboren wurde. Der berühmte schottische Dichter ist auch unter dem Namen „The Ettrick Shepherd" bekannt. Hogg wurde 1770 in einer kleinen Hütte geboren, und als sein erstes Buch 1801 erschien, war er immer noch Schäfer. Der Ertrag aus seinen Büchern ermöglichte ihm ein Leben als Farmer und seine Gedichte und Lieder sind heute noch im ganzen Land bekannt.

Auf der A-7 erreicht man kurz nach Hawick die Stadt **Selkirk** (86 km von Carlisle), die ebenfalls für ihre Wollproduktion und auch als Ausgangspunkt für Touren in das malerische Wald- und Hügelland des *River Tweed* bekannt ist. (Beliebt sind Wanderungen durch das *Yarrow Valley* und das oben schon erwähnte *Ettrick Valley)*. Zur Erinnerung an die Schlacht von Flodden (1513) wird hier jedes Jahr im Juni der größte Gemeindeausritt („Common Riding") im Grenzland abgehalten. Etwa 500 Reiter nehmen teil.

1513 zogen die Männer von Selkirk in die Schlacht gegen die Engländer, aber nur ein Mann kehrte wieder heim. Ein Denkmal erinnert an diese **Battle of Flodden,** bei der die Engländer unter dem *Earl of Surrey* den Schotten eine furchtbare Niederlage mit fast 15.000 Toten (unter ihnen auch James IV.) bescherten. Es war die blutigste Schlacht auf britischem Boden.

Selkirk war einmal eine berühmte Schuhmacherstadt. Die Armee von „Bonnie Prince Charlie" wurde 1745 hier mit zweitausend Paar Schuhen ausgerüstet. Zu den Sehenswürdigkeiten der Stadt gehören im Stadtzentrum eine ganze Reihe von typischen Wohnhäusern des 18. Jahrhunderts, so auch **Halliwell's House,** das heute als *Tourist Information Centre* und als Heimatmuseum dient; es enthält u.a. eine reichhaltige Sammlung von altem Guß- und Schmiedeeisen. Besuchenswert ist auch das *Court House* mit **Sir Walter Scott's Courtroom** auf dem Marktplatz, wo noch Pult, Stuhl und viele Andenken an den berühmten Schriftsteller erhalten sind, der hier 33 Jahre lang als Sheriff, d.h. oberster Grafschaftsrichter, tätig war. Sein Denkmal steht vor dem Gebäude. In der *High Street* steht das Denkmal des hier geborenen Forschers *Mungo Park* (1771–1809); im Stadtmuseum sind u.a. auch völkerkundliche Gegenstände von seinen Expeditionen nach Sumatra und Westafrika (Niger) ausgestellt.

Etwa 4,5 km westlich von Selkirk (Zufahrt A-708) liegt **Bowhill House,** die Residenz der *Scotts of Buccleuch.* Das derzeitige Schloß stammt aus dem Jahr 1825 und beherbergt eine bedeutende Gemäldegalerie mit seltenen englischen Porträtminiaturen aus dem 16./17. Jahrhundert und Werken von Leonardo, van Dyck, Canaletto, Guardi, Ruysdael, Reynolds, Gainsborough, Raeburn, Claude Lorrain u.v.a. Bemerkenswert sind auch die französischen Stilmöbel, die Porzellan- und Silbersammlung, eine original eingerichtete Küche aus der Zeit vor 1900, und viele Erinnerungen an bedeutende Persönlichkeiten, darunter Walter Scott, James Hogg, Queen Victoria u.v.a. Das große Parkgelände bietet schöne Spazierwege, einen Abenteuerspielplatz und ein Reitzentrum. Ein Spazierweg führt auch zu den am Südufer des *Yarrow Water* auf einer Anhöhe liegenden Ruinen des *Newark Castle* (15. Jh.).

Bowhill House ist in der Regel zu Ostern und im Mai, Juni und September täglich außer dienstags und freitags, im Juli und August täglich außer freitags an Nachmittagen geöffnet.
Ein lohnender Ausflug führt auch von Selkirk auf der A-708 längs des *Yarrow Water* zur kleinen Kirche **Yarrow Kirk** aus dem Jahr 1640, und weiter zu den kleinen Seen *St. Mary's Loch* und *Loch of the Lowes* (→ Route 1). Auf den umliegenden Hügeln stehen noch Reste alter Wachtürme aus den Grenzkriegen.

Die A-7 führt von Selkirk in nördlicher Richtung weiter und erreicht nach etwa 8 km das **Abbotsford House,** einen schloßartigen Herrensitz, den Walter Scott 1811 kaufte und bis zu seinem Tod im Jahr 1832 bewohnte. Während dieser Zeit ließ er das Gebäude fast gänzlich erneuern. Es ist in der Regel von Ende März bis Oktober ganztägig (sonntags nur an Nachmittagen) als Museum zugänglich. Viele Wohnräume des Schriftstellers sind noch unverändert erhalten; bemerkenswert sind seine Bibliothek mit rund 9000 Büchern, seine Waffensammlung und viele persönliche Erinnerungen.

Nur wenige Fahrminuten weiter östlich liegt die berühmte **Melrose Abbey** (→ Route 2), deren Besichtigung man nicht versäumen sollte. Man kann auch von Selkirk einen Umweg von ca. 20 km über die A-699 nach **Dryburgh** (sehenswerte Abteiruinen) und von dort über Melrose zurück zur A-7 machen, die man beim *Abbotsford House* wieder erreicht.

Galashiels ist ein Touristenort und ein Zentrum der Wollindustrie. Die Tweed-Stoffe, die hier erzeugt werden, kann man auch in fabrikeigenen Geschäften kaufen. Die *Peter Anderson Woollen Mill* in der Straße *Nether Mill* beherbergt auch ein Museum, in dem naturgemäß die Wollverarbeitung eine dominierende Rolle spielt. Bemerkenswert ist das *Mercat Cross* aus dem Jahr 1695. Im Sommer findet hier das „Braw Lads' Gathering", eines der bekanntesten Sommerfestspiele im Grenzland statt. Etwa 3 km nordwestlich der Stadt liegt das kleine *Torwoodlee House,* ein Herrenhaus aus dem Jahr 1783 mit späteren Veränderungen.

Wenn man rasch nach Edinburgh weiterfahren möchte, bleibt man auf der A-7, die über **Stow** (bemerkenswerte Brücke aus dem 17. Jh. über den Fluß *Gala Water)* nach *Borthwick* führt. In **Borthwick** lohnt die aus dem Ende des 19. Jahrhunderts stammende Pfarrkirche, mit zwei mittelalterlichen Seitenschiffen eines Vorgängerbaues und mit bemerkenswerten Grabdenkmälern einen Besuch. Nahebei steht das große, befestigte *Borthwick Castle* aus der Zeit um 1430. Kurz darauf erreicht man auf der A-7 **Dalkeith** (→ Stadtkapitel Edinburgh unter „Ausflüge"), wo sich die Straße teilt und man entweder vom Süden oder von Osten her in Edinburgh einfahren kann.

Ein kurzer aber lohnender Umweg ist die Fahrt von Galashiels auf der A-72 nach *Peebles* und von dort auf der A-703 nach Edinburgh. Die A-72 folgt dem Lauf des *River Tweed.* Das kleine Dorf **Walkerburn** entstand im 19. Jahrhundert, als sich die Tweed-Industrie entwickelte. Im *Scottish Museum of Wool Textiles* wird die Geschichte der Wollverarbeitung beschrieben und man kann dort auch bei der Herstellung schottischer Wollsachen und Tuche zusehen.

In **Innerleithen** wurden 1790 zum ersten Mal Tweed-Stoffe hergestellt. Heute noch ist der Ort ein Zentrum der Woll- und Strumpfwarenindustrie. Im 19. Jahrhundert war der Ort dank seiner Mineralquelle ein berühmter Badeort und auch ein vielbesuchtes Touristenzentrum, nachdem *Walter Scott* hier seine Erzählung „St. Ronan's Well" (es handelt sich um die Teufelsaustreibung vor der „heiligen Quelle") spielen ließ. Seither finden hier jeden Sommer die „St. Ronan Games" statt, eine Touristenattraktion, bei der es sehr lebhaft zugeht.

Von *Innerleithen* lohnt sich die Zufahrt zum **Traquair House,** bei dem es sich um das älteste Herrenhaus in Schottland handeln soll, das ununterbrochen bewohnt wurde. Mit Sicherheit stammt es aus dem 10. Jahrhundert. 27 schottische und englische Monarchen haben seit *William the Lion* (1143-1214) hier residiert oder gewohnt. Auch Maria Stuart (1566) und „Bonnie Prince Charlie" (1745) hielten sich hier auf. Sein heutiges Aussehen hat das Schloß großteils aus dem 17. Jahrhundert. Seine großen, von Bären flankierten Gittertore („Bear Gates") wurden 1746 geschlossen und sollen erst wieder geöffnet werden, wenn ein König aus dem Hause Stuart den Thron besteigt. Nun, man betritt das Schloß durch andere Tore und kann darin kostbare Kunstsammlungen, u.a. altes Silber, Glas, Tapisserien und Stickereien, teilweise noch aus dem 13./14. Jahrhundert, bewundern. Eine Touristenattraktion ist das hier nach vielhundertjährigem Rezept in einem Kupferkessel des 18. Jahrhunderts gebraute Starkbier, das in Flaschen verkauft wird. Es gibt auch ein Schloßrestaurant.

Das Schloß ist von Mitte April bis Ende Juni an Nachmittagen, von Juli bis September ganztägig geöffnet. In den Sommermonaten finden hier zahlreiche Ausstellungen statt, am ersten Wochenende im August lockt die Messe „Traquair Fair" viele Besucher an. Schöne Spazierwege führen durch die umliegenden Wälder und am *River Tweed* entlang.

Peebles ist ein weiteres Zentrum der Tweed-Erzeugung, aber auch als Ferienort (Wandern, Pony Trekking, Golf, Angeln im *River Tweed* u.v.a.) beliebt. Im Juni findet ein großes Frühsommerfest („Peebles Beltane Week") mit Kostümparaden, traditionellen Spielen, „Riding of the Marches", Highland-Tänzen u.v.a. statt. Zu den Sehenswürdigkeiten der Stadt zählen die alte Brücke aus dem 15. Jahrhundert, das *Old Mercat Cross* in der *High Street*, und die auf einer Anhöhe über dem *Eddleston Water* liegenden Ruinen der ehemaligen Klosterkirche *Cross Kirk,* die 1261 von Alexander III. gegründet wurde. Besuchenswert ist auch das auf einem Hügel über dem *Tweed* liegende *Neidpath Castle**.

Auf dem südlich der Stadt ansteigenden **Cademuir Hill** sind noch Reste zweier eisenzeitlicher Hügelforts zu erkennen, die nach der römischen Invasion aufgegeben wurden.

Etwa 3 km südöstlich von Peebles (Zufahrt B-7062) liegen die **Kailzie Gardens,** die von April bis November geöffnet sind. In einem alten Waldbestand stehen Gewächshäuser und ein Wintergarten, es gibt Alleen von Heckenrosen und Goldregen, Goldfasane, Wasservögel, Ziergärten, eine kleine Kunstgalerie und einen

Tea-room. (Man kann auch von *Traquair Castle* über die *Kailzie Gardens* direkt nach Peebles fahren.)

Wer noch einen anderen schönen Garten bewundern will, kann dem *River Tweed* etwa 12 km flußaufwärts bis **Stobo** folgen (dort steht eine gut restaurierte normannische Kirche), dann den Fluß überqueren und die **Dawyck House Gardens** (Zufahrt B-712) aufsuchen. Diese Gartenanlagen enthalten viele seltene Bäume und Sträucher, Rhododendren und viele andere Pflanzen. Sie sind von Ostern bis Ende September jeden Nachmittag offen, das Herrenhaus selber ist nicht zu besichtigen. Etwas weiter westlich liegen mitten im Feld die Ruinen von **Tinnis Castle** (16. Jh.). Nahebei kann man auf dem Hügel von *Dreva* wiederum Reste zweier eisenzeitlicher Hügelforts erkennen, eines davon ist noch mit Steinwällen umgeben.

Die A-703 verläßt jetzt das Tal des *Tweed* und führt nordwärts über *Eddleston* und **Penicuik** (die hier heimischen Kristallglaswerke *Edinburgh Crystal Works* können besichtigt werden) zu den südlichen Vororten von **Edinburgh**, wo sich zahlreiche Golfplätze und der Sessellift **Hillend** (mit der größten künstlichen Skipiste Großbritanniens) befinden. Wenig später erreicht man die Innenstadt von **Edinburgh**.

4. Von (England) Newcastle über Berwick-upon-Tweed nach Edinburgh

Für die Anreise nach Newcastle und die Weiterfahrt auf der A-1 zur schottischen Grenze, siehe Goldstadt-Reiseführer „Nordengland". Man überschreitet die schottische Grenze bei **Lamberton**, kurz nach *Berwick-upon-Tweed*, und folgt der A-1, die bis *Burnmouth* (8 km) in Küstennähe verläuft und dann landeinwärts über das fruchtbare Agrarland der östlichen *Lammermuir Hills* führt, bis sie bei **Cockburnspath** (32 km von Berwick) wieder ans Meer stößt. Bei **Dunbar** biegt sie dann scharf nach Westen ab und erreicht bei **Musselburgh** die Südküste des *Firth of Forth* und kurz darauf Edinburgh. Die Strecke ist nur 90 km lang, bietet aber mehrere lohnende Abstecher und kurze Umwege an, die auch nachfolgend beschrieben sind.

Schon von **Burnmouth** lohnt sich der Abstecher in das nur etwa 3 km nördlich liegende **Eyemouth**. (Eine Zufahrt nach Eyemouth gibt es auch von dem Burnmouth westlich benachbarten *Ayton*, dessen Herrensitz *Ayton Castle* 1846 aus rotem Sandstein erbaut wurde.) **Eyemouth** ist ein lebhafter Fischerhafen mit altertümlichen Gassen, engen „Pends" (schmale Torbogen, die in kleine Höfe führen) und „Wynds" (schmale Durchgänge), und einem interessanten Museum über die Geschichte der lokalen Fischerei und Landwirtschaft. In den letzten Jahren hat sich das Städtchen auch zu einem beliebten Ferienort entwickelt.

Man kann von Eyemouth gleich auf der A-1107 weiterfahren, die kurz vor *Cockburnspath* wieder in die A-1 mündet, und nur einen Umweg von etwa 2 km bedeutet. Kurz nach Eyemouth erreicht man **Coldingham,** mit Abteiruinen aus dem 11. Jahrhundert. Die heutige Pfarrkirche wurde über den Bauteilen des mittelalterlichen Kirchenchors erbaut und liegt zwischen den Ruinen des ehemaligen Benediktinerklosters. Eine Zufahrt führt zur 90 m hohen Klippenküste von **St. Abb's Head,** die von vielen Höhlen zerrissen wird und früher ein beliebter Schmugglerunterschlupf war. Heute nisten hier zahllose Seevögel. Weiter westlich stehen direkt am Meer die Ruinen von *Fast Castle.*

In den 300–400 m hohen **Lammermuir Hills,** die sich südlich der A-1 erheben, liegen einige sehenswerte Orte, die man – falls es die Zeit erlaubt – am besten auf der bei *Granthouse* von der A-1 abzweigenden A-6112 erreicht. Von dieser Landstraße nach *Duns* (etwa 18 km) zweigen rechts weitere Nebenstraßen ab zur**Abbey St. Bathans Trout Farm,** wo man frische Forellen an Ort und Stelle zubereiten kann, und zum **Edinshall Broch,** einem uralten Hügelfort aus der Eisenzeit, mit angrenzender Wohnsiedlung aus der Römerzeit, von der noch Steinfundamente und Reste von Wällen erhalten sind.

Der Ort **Duns** spielte in den Grenzkriegen des 17. Jahrhunderts eine bedeutende Rolle. Von hier aus zog 1639 ein großes Heer von *Covenanters* (Anhänger der schottisch-presbyterianische Kirche gegen die katholische Kirchenpolitik von Charles I.) nach Newcastle. Duns ist auch der Geburtsort des berühmten Franziskanermönchs und Philosophen *John Duns Scotus* (1265–1308), an den ein Denkmal erinnert (→ auch Seite 24). Schließlich enthält das Ortsmuseum auch die Trophäen des 1968 tödlich verunglückten Weltmeisters *Jim Clark* (Autorennfahrer).

3 km östlich von Duns liegt **Manderston,** ein prächtiges Schloß aus dem 19. Jahrhundert in klassizistischem Stil, mit luxuriös ausgestatteten Sälen und einem „silbernen" Treppenhaus. Sehenswert sind ferner der weiträumige Schloßpark (Rhododendren-Garten) und die malerisch gruppierten Wirtschaftsgebäude, Ställe und dergleichen. Das Schloß kann in der Regel zwischen Ende Mai und Ende September an Donnerstagen und Sonntagen (im August auch an Dienstagen) nachmittags besichtigt werden.

Knapp 5 km östlich vonDuns liegt **Edrom,** wo man hinter der Pfarrkirche noch einen prächtigen normannischen Bogen (1105) sehen kann.

Gleich nachdem man **Cockburnspath** durchfahren hat, führt links eine Zufahrt (Wegweiser *Bilsdean*) zur **Dunglass Collegiate Church** aus dem Jahr 1450, die wegen ihrer reichen Innenausstattung sehenswert ist.

Dunbar ist ein schön gelegener Fischereihafen und ein bekannter Badeort mit weiten Sandstränden, Golf- und Tennisplätzen und anderen touristischen Einrichtungen. Ein schöner Spazierweg führt durch den *John Muir Country Park* und längs der weiträumigen *Belhaven Beach.*

Über dem Hafen steht auf einem Felsen die Ruine des mittelalterlichen *Dunbar Castle,* leider kaum mehr als ein paar Grundmauern, da die Steine der Burg dazu verwendet wurden, den Fischereihafen auszubauen. Sehenswert sind das im 17. Jahrhundert erbaute *Town House* mit sechseckigem Turm, das heute das Touristenamt beherbergt, und der von Robert Adam erbaute Herrensitz *Lauderdale House.*

Östlich von Dunbar schließt der meilenweite Strand von **White Sands** an, an dessen östlichem Ende die Klippenküste von *Barns Ness* liegt; dort kann man in den Kalksteinen oft Fossilien eingeschlossen finden.

Kurz nach **Dunbar** teilt sich die Straße. Die A-1 führt quer durch das Land über *Haddington* weiter, während die um etwa 10 km längere A-198 rechts abbiegt und über *North Berwick* nahe an der Küste verläuft. Bei *Musselburgh* (→ unten) münden beide Straßen wieder zusammen. Von der A-1 führen rechts auch zahlreiche Landstraßen zu den an der A-198 gelegenen Badeorten.

A) Auf der A-1 über Haddington nach Musselburgh

Man gelangt zuerst nach **East Linton,** einer hübschen Ortschaft mit vielen Häusern aus dem 18. Jahrhundert und einer fünfhundert Jahre alten Brücke über den *Linn,* an dessen Ufern früher viele Mühlen standen. Eine dieser Mühlen ist noch im nördlichen Nachbarort **Preston** zu sehen: es ist die einzige in Schottland noch in Betrieb stehende Wassermühle. In der Nähe liegt der sehenswerte „Phantassie Doocot", ein charakteristischer alter Taubenschlag.

Bei *East Linton* zweigt auch links von der A-1 eine Nebenstraße ab, auf der man nach wenigen Fahrminuten **Traprain** erreicht. Der 220 m hohe, markante **Traprain Hill** trug einst ein großes Hügelfort aus der späteren Eisenzeit, das später bis zum 11. Jahrhundert von keltischen Schotten besiedelt war. Möglicherweise lag hier eine Hauptstadt der *Lothians.* Ein hier aufgefundener Silberschatz aus mehr als 160 Einzelstücken ist heute im *National Museum of Antiquities* in Edinburgh ausgestellt. Nahebei liegt das **Hailes Castle,** mit bemerkenswerten Ruinen aus dem 14. bis 16. Jahrhundert.

Wenig später zweigt von der A-1 rechts die B-1347 ab, die zum nahe gelegenen Flugfeld **East Fortune Airfield** führt. Dort befindet sich eine sehr sehenswerte Ausstellung alter Flugzeuge, u.a. auch Kampfflugzeuge aus dem Ersten und Zweiten Weltkrieg sowie das berühmte Luftschiff R-34, das 1919 von East Fortune nach New York flog. Nahebei (1,5 km südlich von *Drem)* liegt das noch gut erhaltene **Chesters Fort** aus der späten Eisenzeit.

In dem etwas weiter südlich liegenden Dorf **Athelstaneford** berichtet eine Tafel an der Pfarrkirche über die Geschichte des „St. Andrew's Cross" (Andreaskreuz) das dem Sachsenkönig *Athelstane* im Jahr 933 hier über dem Schlachtfeld in den Wolken erschienen sein soll und seither die schottische Nationalflagge ziert.

Haddington, eine der malerischsten und besterhaltenen Kleinstädte des 18. Jahrhunderts, gleichzeitig auch Marktstadt für die landwirtschaftlichen Produkte des reichen Agrarlandes von *East Lothian,* besitzt einige bemerkenswerte Bauten, darunter das 1748 von William Adam erbaute, turmgekrönte *Town House,* das aus dem 18. Jahrhundert stammende *Kinloch House,*Herrenhaus der *Kinlochs of Gilmerton,* die *Nungate Bridge* (17. Jh.), die *Poldrate Mill* (18. Jh.) und das kleine stadtgeschichtliche Museum im Bibliotheksgebäude *(Newton Port).* Sehenswert sind auch die *St. Mary's Pleasance* genannten, aus dem 17. Jahrhundert stammenden Gärten des *Haddington House,* der kleine *St. Anne's Place,* und natürlich die aus dem 14./15. Jahrhundert stammende *St. Mary's Church,* von der lange Zeit nur noch Ruinen erhalten waren, ehe ihr Langhaus wiederhergestellt wurde und heute als Pfarrkirche dient.

Am Südrand von Haddington liegt **Lennoxlove House** (Zufahrt auf der B-6369), das alte Schloß der Herzöge von Hamilton (15. bis 17. Jh.). Es beherbergt großartige historische Sammlungen, darunter die Totenmaske von Maria Stuart und Gegenstände aus dem Besitz der Königin sowie die berühmte „Hamilton Palace Collection" mit Kunstwerken verschiedenster Art. Das Schloß ist in der Regel von April bis September mittwochs, samstags und sonntags an Nachmittagen zugänglich.

Nur wenige Fahrminuten weiter südlich (an der B-6369) liegt **Gifford,** ein beliebtes Zentrum für Wanderungen, Ausritte oder Pony Trekking in den *Lammermuir Hills.* Sehenswert ist die Pfarrkirche aus dem Jahr 1708, mit Kanzel aus dem 17. Jahrhundert und Gedenktafel an *Rev. John Witherspoon,* der 1723 hier geboren wurde, nach Amerika auswanderte, und es dort als Vorstand der *Princeton University* und als einer der Unterzeichner der *American Declaration of Independence* zu großer Berühmtheit brachte. Bemerkenswert sind auch **Yester House,** ein Herrenhaus aus dem Jahr 1745, und die weiter südlich liegenden Ruinen von **Yester Castle,** mit unterirdischen Räumen („Goblin Ha"), die aus dem 13. Jahrhundert stammen sollen und legendenumwoben sind.

Tranent, das nächste Städtchen an der A-1 das man durchfährt, darf sich rühmen, Ausgangspunkt der ersten Eisenbahn Schottlands gewesen zu sein. Von hier aus fuhr 1722 der erste mit Kohle beladene Zug zur Einschiffung in den nahe gelegenen Hafen von *Cockenzie.* Die ehemalige Bahnlinie ist heute ein beliebter Spazierweg; in *Morrison's Haven,* wo sie an die Küste stößt, liegt das *Prestongrange Mining Museum,* mit altem Maschinenhaus und Bergwerksausrüstung, alten Dampflokomotiven u.v.a. Die Pfarrkirche von Tranent steht auf mittelalterlichen Grundmauern.

<small>Auf der südlich abzweigenden B-6355 erreicht man nach knapp 6 km das schloßartige **Winton House,** einen sehenswerten Renaissancebau aus dem Jahr 1620, Sitz der *Earls of Winton.* Anläßlich eines Besuches von Charles I. im Jahr 1633 wurden prachtvolle Stuckdecken in den Räumen angebracht. Berühmt sind die schraubenförmigen Steinkamine. Das um 1800 erweiterte Herrenhaus besitzt reiche Kunstsammlungen und wird von sehenswerten Terrassengärten umgeben. Es kann in der Regel nach Voranmeldung besichtigt werden. (Auch von *Haddington* gibt es eine gute Zufahrt.)</small>

Kurz vor Musselburgh mündet die von der Küste kommende Straße wieder in die A-1.

B) *Auf der Küstenstraße über North Berwick nach Musselburgh*

Die Küste von *East Lothian* zeichnet sich durch ihre weiten Sandstrände und ihre hohen Dünen aus. Gleich nach der Abzweigung auf die A-198 fährt man durch **Tyninghame,** mit dem palastartigen Herrensitz der *Earls of Haddington.* Während aber das Schloß nicht besichtigt werden kann, sind die prächtigen **Tyninghame Gardens** in der Regel von Anfang Juni bis Ende September montags bis freitags zugänglich. Bemerkenswert ist auch die normannische Kirchenruine von *St. Baldred's,* mit noch erhaltenen zwei Gewölbebögen und einigen Grundmauern.

Whitekirk, der nächste Ort an der A-198, war im Mittelalter ein berühmter Wallfahrtsort. Seine 1294 entdeckte „Heilige Quelle" (sie existiert nicht mehr) lockte noch im 15. Jahrhundert über 40.000 Pilger an, unter ihnen auch Papst Pius II., der von Dunbar aus barfuß hierher ging. Bemerkenswert ist die mittelalterliche (restaurierte) *St. Mary's Church.* Hinter ihr liegt ein Getreidespeicher aus dem 16. Jahrhundert. Die ganze Gegend ist reich an archäologischen Funden aus der Bronzezeit und Eisenzeit.

Die Straße erreicht beim sehenswerten **Tantallon Castle*** die Küste des *Firth of Forth*. Hier reiht sich ein Badestrand an den andern. **North Berwick** ist ein Fischereihafen und ein beliebter Ferienort mit weiten Stränden, Schwimmbädern, Golfplätzen und ausgezeichneten Wassersportmöglichkeiten. Das **North Berwick Museum** in der *School Road* informiert über Naturgeschichte, Archäologie und die historischen Ereignisse in dieser Gegend. Vom Sandstrand *Yellowcraig* führt ein wunderschöner Wanderweg quer durch die Dünen (mit Picknickplätzen und Abenteuerspielplatz für Kinder).

Mit Ausflugsbooten kann man zu den vorgelagerten kleinen Inseln fahren; malerisch ragt der Felsen von **Bass Rock** aus dem Meer, ein Brutplatz von zahllosen Seevögeln. Vor 1300 Jahren lebte *St. Baldred* hier als Einsiedler. Über seiner Zelle wurde später eine kleine Kapelle gebaut. Im 17. Jahrhundert wurden *Covenanters* hier gefangengehalten. 1691 verteidigten vier *Jakobiten* den Felsen drei Jahre lang.

Der südlich von *North Berwick* aufragende, 187 m hohe **North Berwick Law** ist ein Vulkanfelsen mit einem Wachtturm aus der Zeit um 1800 und einem zweiten aus dem Zweiten Weltkrieg. Bemerkenswert ist ferner ein 1936 hier errichteter Bogen aus Walknochen. Vom Felsen aus bietet sich ein weiter Rundblick.

Es folgt das malerische **Dirleton Castle***. Der Ort **Dirleton**, mit kleiner Künstlerkolonie, wird gerne als ,,hübschestes Dorf Schottlands" bezeichnet. Im Nachbarort **Gullane,** mit weitem Sandstrand und Burgruinen, sollten Golfspieler nicht versäumen, die ,,The Heritage of Golf" genannte Ausstellung in der *West Links Road* zu besuchen. Hier wird die Geschichte und die Entwicklung des Golfspiels seit dem 15. Jahrhundert illustriert. Fünf weltbekannte Golfplätze liegen rund um den von bis zu neun Meter hohen Dünen flankierten Ort. Die Schlösser und Herrensitze, die es in dieser Gegend gibt, sind in Privatbesitz und nicht zugänglich.

Auch **Aberlady,** früher ein bekannter Handelshafen, ist heute ein beliebter Ferienort. Sehenswert ist die Kirche, mit einem befestigten Turm aus dem 15. Jahrhundret; ihr Chor enthält einen kostbaren Teil eines keltischen Kreuzes aus dem 8. Jahrhundert. Beachtenswert sind auch die Glasmalereien.

Am Ostrand des Ortes liegt an der Stelle einer norwegischen Wikingerfestung, von der noch Bauteile und der Wassergraben erhalten sind, das **Luffness Castle** aus dem 16. Jahrhundert, mit einem Wehrturm aus dem 13. Jahrhundert.

Freunde alter Autos werden beim Besuch des **Myreton Motor Museums** mit Oldtimern seit dem Jahr 1897 und Militärflugzeugen aus dem Zweiten Weltkrieg Freude haben. Weiter auf der A-198 führt kurz nach **Longniddry** (mit Resten des *Redhouse Castle* aus dem 16./17. Jh.) eine Zufahrt zur *Seton Collegiate Church* (spätes 15. Jh.) mit schönem Chorgewölbe und Apsis.

Östlich von **Prestonpans** erinnert eine Gedenkstätte („Prestonpans Battle Cairn") an einen Sieg von „Bonnie Prince Charlie" im Jahr 1745. Der Ort selber war jahrhundertelang ein Zentrum der Meersalzgewinnung. Im nahe gelegenen **Meadowmill** finden alljährlich die berühmten *East Lothian Highland Games* statt. In **Preston Village** steht noch ein hervorragend erhaltenes *Mercat Cross* aus dem Jahr 1617 mit einer aus einem Rundbau aufragenden Säule, die ein Einhorn trägt. Nahebei liegt das befestigte „Preston Tower House" (15. Jh.). Ein anderes „Tower House" ist das *Northfield House* (16. Jh.). Aus dem 17. Jahrhundert stammt das *Hamilton House*.

Kurz nach der Einmündung der A-198 in die A-1 erreicht man die Stadt **Musselburgh,** die malerisch an der Mündung des *River Esk* liegt und wegen ihrer Rennbahn, ihres Golfplatzes und ihrer guten Wassersportmöglichkeiten (Schwimmen, Segeln, Wasserskilauf u.a.) ein beliebtes Ausflugsziel der Edinburgher ist. Malerisch ist der Fischereihafen. Zu den Sehenswürdigkeiten zählen die dreibogige Fußgängerbrücke (16. Jh.) über den *River Esk,* die auf römischen Fundamenten ruht, der in der *High Street* liegende altertümliche *Tolbooth* (Stadthaus), und der am Ostrand der Stadt liegende ehemalige Herrensitz *Pinkie House* (heute die *Loretto School)* aus dem frühen 17. Jahrhundert, mit späteren Zubauten; bemerkenswert ist die (leider nicht immer zugängliche) „Painted Gallery" aus dem Jahr 1630.

Der südliche Nachbarort von *Musselburgh* ist das vom *River Esk* durchflossene **Inveresk,** das an der Stelle einer alten Römersiedlung liegt. Die *St. Michael's Church* soll an der Stelle eines römischen Praetoriums erbaut worden sein. Erwähnenswert ist auch der „Eskrove" genannte Herrensitz aus der Zeit um 1800. **Inveresk Lodge,** ein anderer Herrensitz (17. Jh.), ist nicht zugänglich, seine Gärten hingegen kann man ganzjährig besichtigen: montags, mittwochs und freitags (manchmal auch an Wochenenden).

Von *Musselburgh* sind es nur mehr wenige Fahrminuten nach **Edinburgh.**

5. Von Edinburgh über Linlithgow und Falkirk nach Stirling und Glasgow

Die kürzeste Strecke von Edinburgh nach Stirling (60 km) ist die Autobahn M-9, die kürzeste Strecke nach Glasgow (66 km) die Autobahn M-8. Wer es nicht eilig hat, sollte auch für die Fahrt nach Glasgow die M-9 bis Falkirk wählen (Ausfahrt 6), da man von dieser Autobahn mühelos zu den sehenswerten Orten und Schlössern zufahren kann.

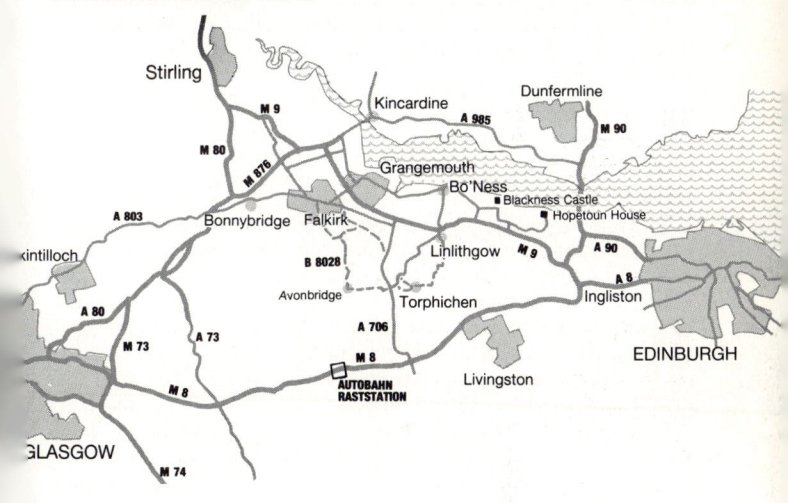

Man verläßt **Edinburgh** * im Westen auf der A-8, quert den 1822 für die Schiffahrt erbauten **Union Canal** (heute verkehren auf ihm Ausflugsboote) und gelangt südlich des Flughafens *Ingliston* auf die Autobahn, der man in nordwestlicher Richtung folgt.

In **Ingliston** findet alljährlich in der zweiten Junihälfte die berühmte **Royal Highland Show** statt, eine nationale land- und forstwirtschaftlicheAusstellung mit vielen Veranstaltungen und Attraktionen.

Von der Ausfahrt 2 der M-9 kann man abfahren, wenn man das am *Firth of Forth* liegende *Hopetoun House* und *Blackness Castle* besichtigen will. **Hopetoun House,** eines der größten und prächtigsten Schlösser Schottlands, ist die Residenz der *Marquesses of*

Linlithgow, die einst führende Rollen in der britischen Kolonialpolitik spielten. So war ein *Marquess of Linlithgow* Vizekönig von Indien, ein anderer Generalgouverneur von Australien. Das Schloß wurde 1699 erbaut und in den Jahren 1721–1754 von *William Adam* und seinen berühmten Söhnen *John* und *Robert Adam* erneuert und vergrößert. Es besteht aus einem großartigen Zentralbau und zwei mit diesem halbkreisförmig verbundenen Seitenflügeln und flankierenden Türmen. Das Schloß enthält prächtig ausgestattete Räume mit einer bemerkenswerten Gemäldegalerie (darunter Werke von Rubens, Rembrandt, Tizian, Canaletto u.v.a.). Die elegante Einrichtung schuf der berühmte *Thomas Chippendale* (18. Jh.).

Das Schloß kann von Mai bis September täglich besichtigt werden. Es ist von einem weiträumigen Schloßpark im Stil von Versailles umgeben, in einem angrenzenden Wildpark gibt es Damwild, Rotwild, Schafe und viele Ziervögel. Es gibt schöne Wanderwege und Spazierwege am Forthufer, ein Restaurant, einen prächtigen Rosengarten, ein kleines Kulturzentrum und auch ein „Stall-Museum" mit einer Ausstellung „Pferd und Mensch in den Lowlands".

Die naheliegende, im 12. Jahrhundert erbaute Kirche von **Abercorn** steht an der Stelle eines Klosters aus dem 7. Jahrhundert. Ein normannischer Torbogen wurde im 16. Jahrhundert erneuert.

Etwas weiter westlich liegt das noch sehr gut erhaltene **Blackness Castle** aus dem 15. Jahrhundert, das einmal zu den mächtigsten Burgen Schottlands gehörte. Nach der Reformation diente es als Staatsgefängnis, später als Pulvermagazin, eine Zeitlang sogar als Jugendherberge. Ein unterirdischer Gang verband die Burg mit dem 1478 erbauten **House of The Binns,** einer im 17. Jahrhundert grundlegend erneuerten Burg, die später zu einem befestigten Schloß umgestaltet wurde. Mit seinen Rundtürmen und Brustwehren macht es heute noch einen sehr wehrhaften Eindruck. Im Innern sind vor allem die kunstvollen Stuckdecken sehenswert. Sehr schön ist das Panorama, das man vom Schloß aus über den *Firth of Forth* genießt.

Knapp 5 km weiter (oder Abfahrt 3 der M-9) liegt **Linlithgow,** mit vielen schönen alten Häusern und prächtiger Pfarrkirche St. Michael (13. Jh.), die nach einem Brand 1424 erneuert wurde. Ihr spitz zulaufender Turmhelm wurde wegen Baufälligkeit 1820 entfernt und trägt seither einen neuen Aufsatz. Vom *Manse Road Basin* verkehrt noch ein altes, viktorianisches Rundfahrtsboot auf dem *Union Canal* (→ oben). Im *Canal Museum* kann man interessante Schaustücke zur Geschichte des Kanalbaus (1822) sehen.

Wichtigste Sehenswürdigkeit des Ortes ist aber der auf einer Erhebung über dem kleinen *Town Loch* thronende **Linlithgow Palace** aus der Zeit nach 1424, der 1618–1633 teilweise erneuert wurde. Teile des Palastes fielen im zweiten Jakobitenaufstand 1746 einem von den Truppen des Herzogs von Cumberland verursachten Brand zum Opfer.

An der Stelle des heutigen Palastes stand schon im 12. Jahrhundert eine königliche Residenz, die im frühen 14. Jahrhundert von Edward I. befestigt und umwallt wurde. 1313 wurde sie von den Schotten erobert und zerstört. Im heutigen Palast sind noch die Schloßkapelle und die *Great Hall* aus dem 15. Jahrhundert erhalten. James V. (der später zahlreiche Zubauten vornehmen ließ) und seine Tochter Maria Stuart wurden hier geboren. George V. hielt 1914 hier Hof.

Etwa 3,5 km nördlich von Linlithgow liegt **Bo'ness** *(Borrowstouness;* Zufahrt auf der A-904), das bis zum Ende des 19. Jahrhunderts als Hafenstadt von Bedeutung war. An der östlichen Stadtausfahrt zeigt ein 1868 ausgegrabener Römerstein das Ende des *Roman Antonine Wall* an, also des 142 n.Chr. unter Antonius Pius erbauten zweiten römischen Grenzwalls gegen die Kaledonier. Das **Bo'ness Museum,** das in ehemaligen Stallungen des 17. Jahrhunderts eingerichtet ist, enthält neben zeitgeschichtlichen Erinnerungen an das ehemalige **Kinneil Roman Fortlet** (das vor wenigen Jahren freigelegt und Besuchern zugänglich gemacht wurde) auch Gegenstände der lokalen Heimindustrie wie Töpferwaren, Schmiedeeisen, Salzpfannen u.v.a. Das heutige **Kinneil House,** die frühere Residenz der *Dukes of Hamilton,* stammt aus dem 16. und 17. Jahrhundert und ist wegen seiner Wand- und Deckenmalereien und -dekorationen besuchenswert.

Es war im Schloßpark von *Kinneil House,* wo **James Watt** (1736–1819), der Erfinder der Dampfmaschine, im Jahre 1764 seine erste Dampfmaschine entwickelte und in Betrieb setzte. Wer an alten Eisenbahnen, Dampflokomotiven u.ä. interessiert ist wird beim Besuch des **Scottish Railway Preservation Musum** auf seine Rechnung kommen. Es ist ganzjährig jeden Samstag und Sonntag geöffnet.

Etwa 4,5 km südlich von Linlithgow liegt **Ochiltree Castle,** das im 16. Jahrhundert über einer Burg aus dem Jahr 1285 erbaut wurde und Residenz der *Stirlings of Keir* war. Das Schloß enthält eine Waffen- und Rüstsammlung, eine bemerkenswerte Gemäldegalerie und wertvolle alte Möbel.

8 km südwestlich von Linlithgow liegt an der B-792 das kleine Dorf **Torphichen** mit einer Kirche, die im 18. Jahrhundert über dem Kirchenschiff einer normannischen Kirche der Johanniter-Tempelritter erbaut worden war. Teile dieser alten Templerkirche

sind heute noch zu erkennen. **Torphichen Preceptory,** der Hauptsitz der Tempelritter *(Knights Hospitallers of St. John),* enthält heute eine Ausstellung über die Geschichte dieses Ritterordens. Nur wenige Fahrminuten weiter südlich liegt das 4000 Jahre alte neolithische Gräberfeld von **Cairnpapple Hill** (300 m; Zufahrt von der B-792), über dem in der frühen Bronzezeit (um 1800 v.Chr.) ein monumentaler, offener Steinkreistempel errichtet wurde. Um 1500 v.Chr. wurde der Tempel durch einen befestigten Wohnsitz ersetzt, aber einige Jahrhunderte später der Steinkreis erneuert. Bei archäologischen Grabungen legte man ein bedeutendes Gräberfeld aus der Bronzezeit und der Eisenzeit frei.

Sowohl von hier wie auch von *Linlithgow* oder von *Bo'ness* (→ oben) führen gute Landstraßen direkt nach *Falkirk* (auch Abfahrten 5 und 6 von der M-9). **Falkirk** war einmal eine wichtige Markt- und Einkaufsstadt, hat sich aber darüber hinaus seit dem 19. Jahrhundert zu einem Zentrum der Eisen- und Metallindustrie entwickelt. Wie in Bo'ness gibt es auch hier ein *Scottish Railway Preservation Museum* (in der *Wallace Street)* mit Werkstätten und alten Dampflokomotiven. Besuchenswert ist auch der *Callendar Park* mit Resten des von Antonius Pius erbauten römischen Grenzwalls *(Antonine Wall),* mit vielen schönen Spazierwegen und Sportmöglichkeiten; das schloßartige *Callendar House* ist hingegen nicht zugänglich.

Falkirk nördlich benachbart liegt **Grangemouth,** eine Hafenstadt am Firth of Forth. Das Stadtmuseum in der *Victoria Library (Bo'ness Road)* enthält Gegenstände zur Stadtgeschichte und zur schottischen Schiffahrt.

Vom Autobahnknoten der M-9 (Ausfahrt 8) führt rechts (nordwärts) eine Zufahrt zur *Kincardine Bridge* (→ Seite 322) und links (südwärts) die M-876 Richtung Glasgow. Die M-9 zieht weiter nach Stirling. Man kann auch von Falkirk direkt nach Glasgow weiterfahren, was nicht nur Kilometer spart, sondern auch die Möglichkeit bietet, noch Reste des gut erhaltenen Römerwalls anzusehen.

Der 142 n.Chr. von den Römern erbaute Wall erstreckt sich von *Bo'ness* (→ oben) am *Forth* bis nach *Old Kilpatrick* am *Clyde.* Der hinter einem Graben aufgeschüttete Wall besaß Brustwehren und Forts in Abständen von rund 3 km. Am besten erhalten ist er knapp vor **Bonnybridge** (10 km westlich von Falkirk am Weg nach Glasgow, Zufahrt von der A-803). Hier liegt auch das **Rough Castle** genannte römische Fort, das Agricola schon 80 n.Chr. erbauen ließ und im Jahr 142 mit dem „Antonius-Wall" verbunden wurde.

Von hier sind es noch 29 km bis **Glasgow** bzw. 18 km nach **Stirling.**

6. Von Glasgow längs des Loch Lomond nach Fort William und weiter über Loch Ness nach Inverness (mit Abzweigungen zu den Fährschiffhäfen Oban und Mallaig)

Von Glasgow nach Inverness sind es auf der A-82 rund 266 km. Die Strecke bietet viele landschaftliche Schönheiten; Aufenthalte lohnen sich vor allem am *Loch Lomond*, in der *Glen Coe*, am *Loch Leven*, in *Fort William* und am *Loch Ness*.

Man verläßt **Glasgow*** im Nordwesten auf der *Great Western Road,* der Schnellstraße, die in die A-82 mündet. Von der A-82 führt links eine Zufahrt nach **Dumbarton,** das an der Mündung des *River Leven* in den Clyde liegt. Die uralte Burgenstadt, die vom 5. Jahrhundert bis 1018 *Dunbreatan* (der gälische Name für „Fort of the Britons") genannt wurde, war damals der Mittelpunkt des unabhängigen Königreiches *Strathclyde.* Die im Mittelalter zerstörte Burg (von ihr gibt es nur mehr einen Torbau aus dem 12. Jahrhundert und einen uralten Kerker) stand auf dem fast 80 m hohen **Dumbarton Rock,** von dem aus das ganze Flußtal eingesehen werden konnte. Im 17. und 18. Jahrhundert wurden neue Befestigungen angelegt von denen noch Reste im heutigen, großteils modernen **Dumbarton Castle** zu sehen sind.

Der sehr schön am *Gare Loch* gelegene Ferienort **Helensburgh** (Fischen, Segeln, Golf, Bergwandern, Schiffsausflüge) liegt etwa 13 km westlich von Dumbarton an der A-814.

Bei **Balloch** (30 km ab Glasgow) erreicht man den **Loch Lomond.** Hier bieten sich viele Besichtigungs- und Ausflugsmöglichkeiten an (→ Kapitel *Glasgow,* unter „Ausflüge"). Man fährt nun am westlichen Ufer des Loch Lomond nordwärts. Bei **Tarbet,** das direkt dem 974 m hohen *Ben Lomond* gegenüberliegt, zweigt links die A-83 ab und führt nach *Arrochar* am *Loch Long,* an dessen Westufer sich der prächtige **Argyll Forest Park** erstreckt, und weiter zum *Loch Fyne* und bis *Campbeltown* auf der Halbinsel Kintyre (→ Route 8).

Die A-82 folgt nun der Bahnlinie nach Norden. Kurz nach **Inverarnan** tritt die Straße in den *Glen Falloch* ein (rechts die „Falls of Falloch") mit über 1000 m hohen Bergen zu beiden Seiten. **Crianlarich** (82 km ab Glasgow) ist ein beliebter Ausgangspunkt für Bergwanderungen.

Hier zweigt rechts die A-85 ab und führt durch ein prächtiges Bergland über **Lochearnhead** (Ferienort; Segeln und Wasserskilauf auf dem *Loch Earn),* **Comrie** (Ausgangspunkt für Klettertouren und Bergwanderungen; sehenswertes *Museum* of Scottish Tartans), **Crieff** (mit Zufahrt zu den besuchenswerten **Drummond Castle Gardens** und den Resten der alten Burg aus dem 15. Jh.) und dem etwas links abseits der Hauptstraße liegenden **Fowlis Wester** *(St. Beau's Church* aus dem 13. Jh. mit Piktenkreuz und piktischem Reliefstein aus dem 8. Jh.) nach **Perth***.

Von Crianlarich kann man auch über **Killin** (Ruinen des *Finlarig Castle)* und **Kenmore,** beides beliebte Ferienorte am malerischen, 24 km langen **Loch Tay** (im Norden erhebt sich der 1215 m hohe *Ben Lawers,* mit seltener Flora und Vogelwelt; schöne Wanderwege), auf der A-827 nach **Ballinluig** fahren, wo die Straße in die A-9 einmündet (→ Route 11)

Der nächste Ort an der A-82 ist **Tyndrum,** wiederum ein Ausgangspunkt für viele Bergwanderungen und Klettertouren in den Western Highlands. Südlich des Ortes liegt das historische Schlachtfeld von **Dalrigh** („King's Field") auf dem sich *Robert the Bruce* und *MacDougall of Lom* gegenüberstanden. Im Kampf verlor Bruce die Brosche seines Umhängetuchs, die seither im Besitz des Mac-Dougall-Clans ist.

In Tyndrum zweigt links die A-85 nach **Oban** (156 km von Glasgow) ab, einem großen Fährschiffhafen für die Hebrideninseln und einem Zentrum gälischer Kultur. Aber auch als Ferienort wird **Oban** gerne besucht, da es sehr gute touristische Einrichtungen, einen Golfplatz, Fischerei- und Wassersportmöglichkeiten besitzt. Vom *Pulpit Hill* genießt man einen schönen Ausblick über den *Firth of Lorn* und den *Sound of Mull.* Auf einem Hügel über der Stadt liegt das sogenannte „MacCraig's Folly", eine unvollendet gebliebene Nachbildung des antiken Kolosseums von Rom, das ein reicher Bankier 1887-1890 bauen ließ. Eine Aussichtsterrasse zum Meer hin wurde 1983 angebaut. Zu den Sehenswürdigkeiten der Stadt zählen auch die kleine, aus Granitsteinen errichtete *Cathedral of the Isles,* und die nahebei liegende Ruine von

---

Wildromantisch ist das Tal von Glen Coe (Glencoe), das von den „Three Sisters" überragt wird.

Der Eingang in das Tal von Glencoe

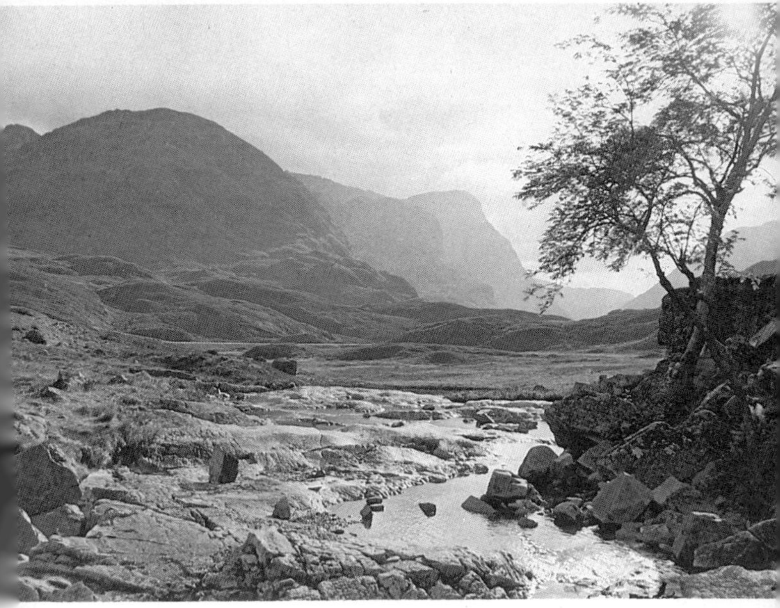

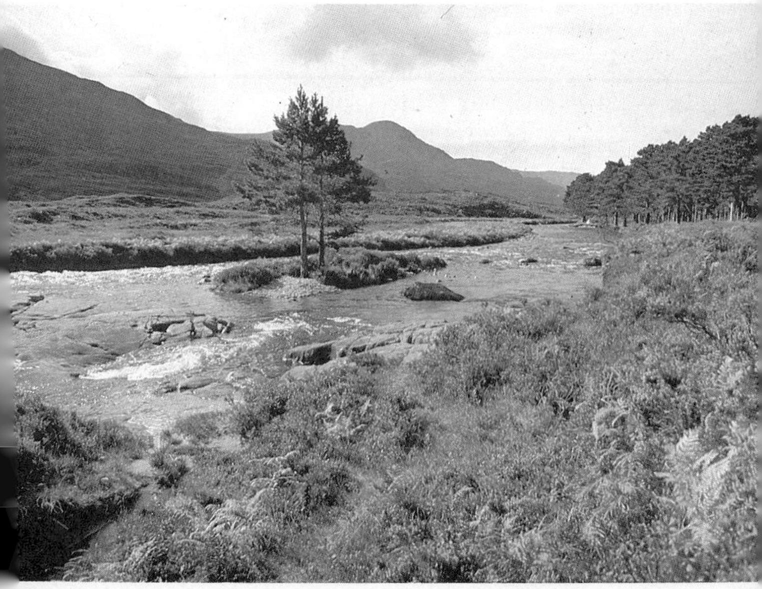

Dunollie Castle (13. Jh.), Sitz der *Lords of Lorn,* die einmal ein Drittel von Schottland beherrschten. Nördlich von Oban liegt das sehenswerte **Dunstaffnage Castle***, im Süden der Stadt die ebenso sehenswerte **McDonald's Mill,** mit Vorführungen von Wollspinnen und Handweben wie es seit altersher praktiziert wird.

Auf der Oban vorgelagerten Insel **Kerrera,** die man mit dem Fährboot erreicht, stehen die Ruinen von *Gylen Castle* (1587), ein Stammsitz des MacDougall-Clans.

Die **Straße von Tyndrum nach Oban** führt durch eine großartige Berglandschaft mit vielen Aussichtspunkten. Sie zieht durch das Tal des *Rivers Lochy* über *Dalmally* zur Nordküste des *Loch Awe,* der vom 1126 m hohen *Ben Cruachan* überragt wird. Hier liegt das sehenswerte **Kilchurn Castle***. Rechts von der A-85 führt eine Zufahrt zur *Cruachan Pumped Storage Power Station,* einem Kraftwerk am *Ben Cruachan,* zu dem das Wasser aus dem 400 m tiefer liegenden *Loch Awe* hinaufgepumpt wird. (Es gibt Führungen und eine Minibus-Tour vom *Visitors Centre* aus).

Weiter geht es auf der A-85 längs des *Awe* (wildromantischer **Pass of Brander,** mit schönen Aussichtspunkten) zum **Loch Etive.** In **Bonawe** kann man einen (restaurierten) Hochofen aus dem Jahr 1753 besichtigen, der bis 1876 in Betrieb stand; mit seinen umliegenden Werksgebäuden ist er möglicherweise das einzige noch so gut erhaltene alte Industriedenkmal seiner Art. Nebenstraßen führen von hier in südlicher Richtung zu den gern besuchten **Ardanaiseig Gardens** (Rhododendren und viele seltene Gewächse) mit herrlichen Ausblicken über den *Loch Awe* und zum **Barguillean Garden** mit Narzissen, Azaleen, Rhododendren u.v.a. (Blütenpracht zwischen Mai und Juli.)

Von **Oban** führt die A-816 in südlicher Richtung quer durch die Halbinsel Kintyre nach *Campbeltown* (→ Route 8).

Von **Tyndrum** führt die A-82 nun am **Loch Tulla** und an anderen kleinen Seen vorbei durch das *Rannoch Moor,* das sich weit nach Osten hin erstreckt, während links neben der Straße die über 1100 m hohen Berge der *Grampian Mountains* (Stob Ghabhar, Buachaille Etive Mor, Clach Leathad) ansteigen. Das Gebiet ist nicht nur bei Bergsteigern beliebt, sondern wird auch zum Wintersport besucht. Bei *Kingshouse* führt der **White Corries Chairlift** auf 641 m Höhe, von wo aus sich ein schöner Blick auf die Bergwelt bietet. (Der Sessellift ist von Juni bis September täglich und von Januar bis April an Wochenenden in Betrieb.)

Zu den eindrucksvollsten Streckenabschnitten zählt nun die Fahrt durch **Glen Coe,** einen eindrucksvollen Engpaß, der vom *Bidean nam Bian* (1150 m) überragt wird. Von der Felsenplattform „The Study" hat man einen umfassenden Ausblick. (Es gibt hier auch ein *Visitors Centre).* Das Gebiet ist reich an Rotwild, in den Bergen kreisen Adler, Bergsteiger finden hier viele Aufstiege aller Schwierigkeitsgrade. Die Schlucht war im Februar 1692

Schauplatz des berüchtigten **Massacre of Glencoe,** bei dem der Clan der *MacDonalds* (es waren Jakobiten) bis auf zwei Männer von den *Campbells* (Anhänger von William III.) niedergemetzelt wurde nachdem sie zwölf Tage lang deren Gastfreundschaft und Vertrauen genossen hatten. Ein Denkmal erinnert an *Maclan*, den ermordeten Chief des MacDonald-Clans.

In **Glencoe** ist in einer Reihe von alten, strohgedeckten Häusern das **North Lorn Folk Museum** untergebracht; es enthält viele Gegenstände zur Volkskunde wie landwirtschaftliche Geräte, Hausrat, Kleidung, alte Waffen, Spielzeug und Puppenhäuser, aber auch Erinnerungen an „Bonnie Prince Charlie".

Eine etwa 10 km lange, schmale Straße zweigt hier rechts ab und führt am Südufer des *Loch Leven* (einem östlichen Seitenarm des *Loch Linnhe*) entlang nach **Kinlochleven** (Ausgangspunkt für Bergtouren, Möglichkeiten zum Paddeln, Segeln usw.) und am Nordufer des Sees wieder zurück zur A-82.

In **South Ballachulish** überquert man den *Loch Leven* und fährt dann längs des *Loch Linnhe* weiter. Vor der Brücke über den Loch Leven mündet die von *Oban* (→ oben) kommende A-828 in die A-82 ein.

Wer von **Oban** aus direkt nach Inverness fahren möchte wird die A-828 wählen. Gleich nachdem sie auf einer Brücke den westlichen Eingang zum **Loch Etive** überquert hat, zweigt rechts ein schmaler Fahrweg zu der am Nordufer des Sees liegenden Ruine der 1230 gegründeten **Ardchattan Priory** ab, die 1654 von den Truppen Cromwells niedergebrannt wurde. Sehr schön sind die von April bis September geöffneten Gärten des angrenzenden *Ardchattan House*.

Die A-828 führt nun zum **Loch Creran** (links Zufahrt zum *Barcaldine Castle*),* wo man in **Barcaldine** das „Sealife Centre" (mit Aquarien, Unterwasserfenstern, Polypen, Seehunden usw.) besichtigen kann. In **Portnacroish** lohnt die Besichtigung des auf einer Felseninsel im südlichen *Loch Linnhe* liegenden **Castle Stalker***, und kurz darauf des *Appin House* mit dem **Appin Wildlife Museum.** Bei der kleinen Kirchenruine von **Keil** (3 km vor *Ballachulish*) befindet sich eine Gedenkstätte für den 1752 zu Unrecht wegen Mordes verurteilten und hingerichteten *James Stewart*, den *Stevenson* in seiner berühmten Erzählung „Kidnapped" unsterblich machte.

Die A-82 führt weiter über **Onich** und läßt links die Autofähre liegen, die an das Westufer des *Loch Linnhe* bzw. zur **A-861** führt: eine enge, kehrenreiche Straße durch die **Glen Tarbert,** längs des *Loch Sunart* nach **Kinlochmoidart** und am *Loch Moidart* entlang, an dem das *Castle Tioram** liegt, und weiter über *Lochailort* nach *Mallaig* (→ unten).

Auch wenn man erst bei *Fort William* (→ unten) auf die Straße nach Mallaig abbiegt, so lohnt es sich doch, über die historische Bedeutung von **Kinlochmoidart** Bescheid zu wissen. Hier erinnern sieben freistehende Buchen an die „Seven Men of Moidart": sieben Gefolgsleute, mit denen Prinz Charles Edward am nahen **Loch nan Uamh** am 25. Juli 1745 – von Frankreich kommend – zum ersten Mal schottisches Festland betrat, um für seinen Vater, James III., den Thron zu gewinnen. Hier war es

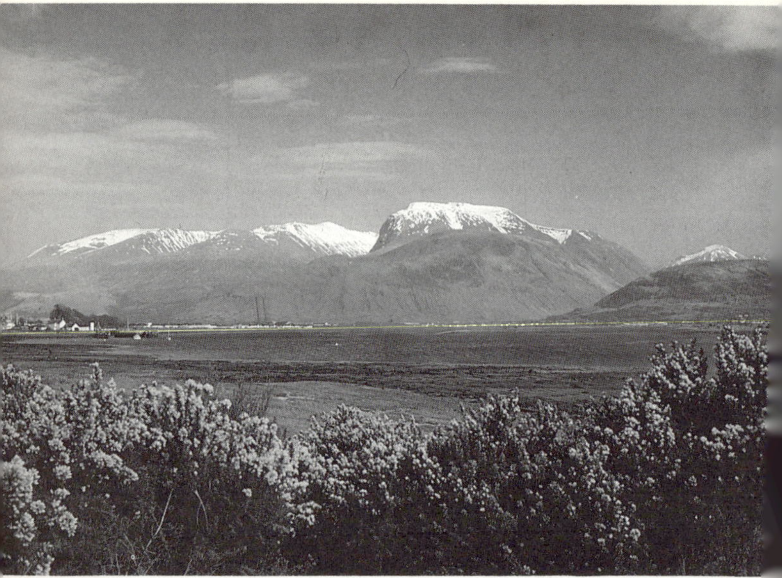

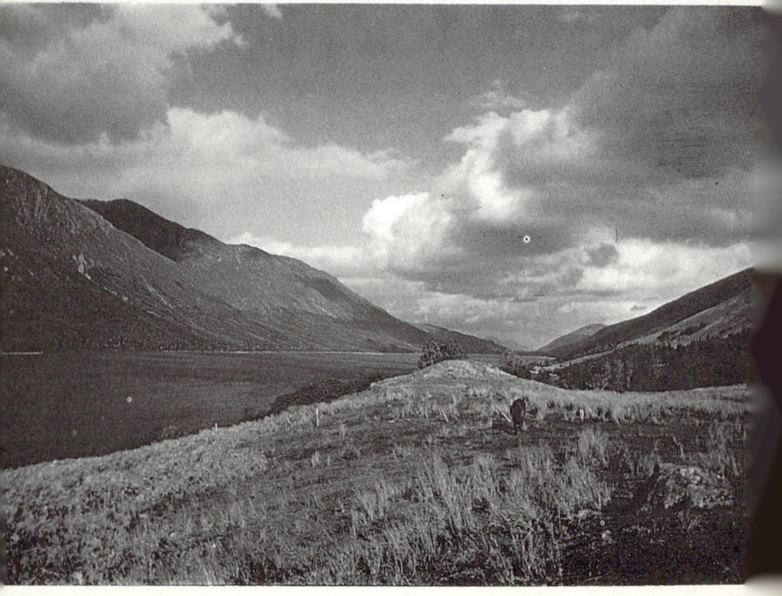

aber auch, wo der nach der Schlacht von Culloden fünf Monate lang auf einer abenteuerlichen Flucht befindliche Prinz, auf den eine Ergreifungsprämie von 30 000 Pfund ausgesetzt war, am 20. September 1746 wieder ein Schiff nach Frankreich bestieg, um nie wieder nach Schottland zurückzukehren. Ein Gedenkstein erinnert daran.

Weiter auf der A-82 immer am Ostufer des *Loch Linnhe* entlang, erreicht man schließlich **Fort William,** einen vielbesuchten Ferienort am Nordufer des Sees, zu Füßen des 1344 m hohen *Ben Nevis* (höchster Berg Großbritanniens). Das zur Regierungszeit Cromwells von General Monk um 1655 angelegte Fort wurde 1690 unter William III. (nach dem es später seinen Namen erhielt) ausgebaut, seine Befestigungen aber Mitte des 19. Jahrhunderts geschleift. Sehenswert ist das *West Highland Museum* (am *Cameron Square),* mit vielen Erinnerungen an die Jakobiten-Aufstände, mit naturhistorischen und kunstgewerblichen Sammlungen, alten Trachten u.v.a. In der High Street liegt das *Ben Nevis Centre* mit einer Ausstellung und einer Video-Show über den höchsten Berg des Landes. Eine lohnende Ausflugsfahrt führt durch das Tal *Glen Nevis* zu den Wasserfällen des Ben Nevis; mehrere Wanderwege führen in das eindrucksvolle Bergland. Der Aufstieg auf den **Ben Nevis** (eine 500 Millionen Jahre alte Granitmasse) dauert in der Regel drei bis vier Stunden. Bei schönem Wetter genießt man von oben einen weiten Rundblick.

Wenn Sie den **Ben Nevis** vorteilhaft fotografieren wollen, so empfehle ich Ihnen Fort William im Norden zu verlassen und dort auf die *Gairlochy-Road* abzubiegen, wo Sie vom Westufer des *Caledonia Canals* (→ unten) den schönsten Blick auf den Berg haben.

Etwa 3 km nördlich von Fort William liegen die Ruinen von **Old Inverlochy Castle** (13. Jh.), einst ein Wohnsitz der *Comyns.* Das nahe gelegene „neue" *Inverlochy Castle* aus dem 19. Jahrhundert ist heute ein Hotel.

Wundervoll ist der Blick von Corpach
über den nördlichen Loch Linnhe auf Fort William
und den Ben Nevis (1344 m), den höchsten Berg Großbritanniens.

Die Straße von Fort William nach Fort Augustus
führt am langgestreckten Loch Lochy vorbei.

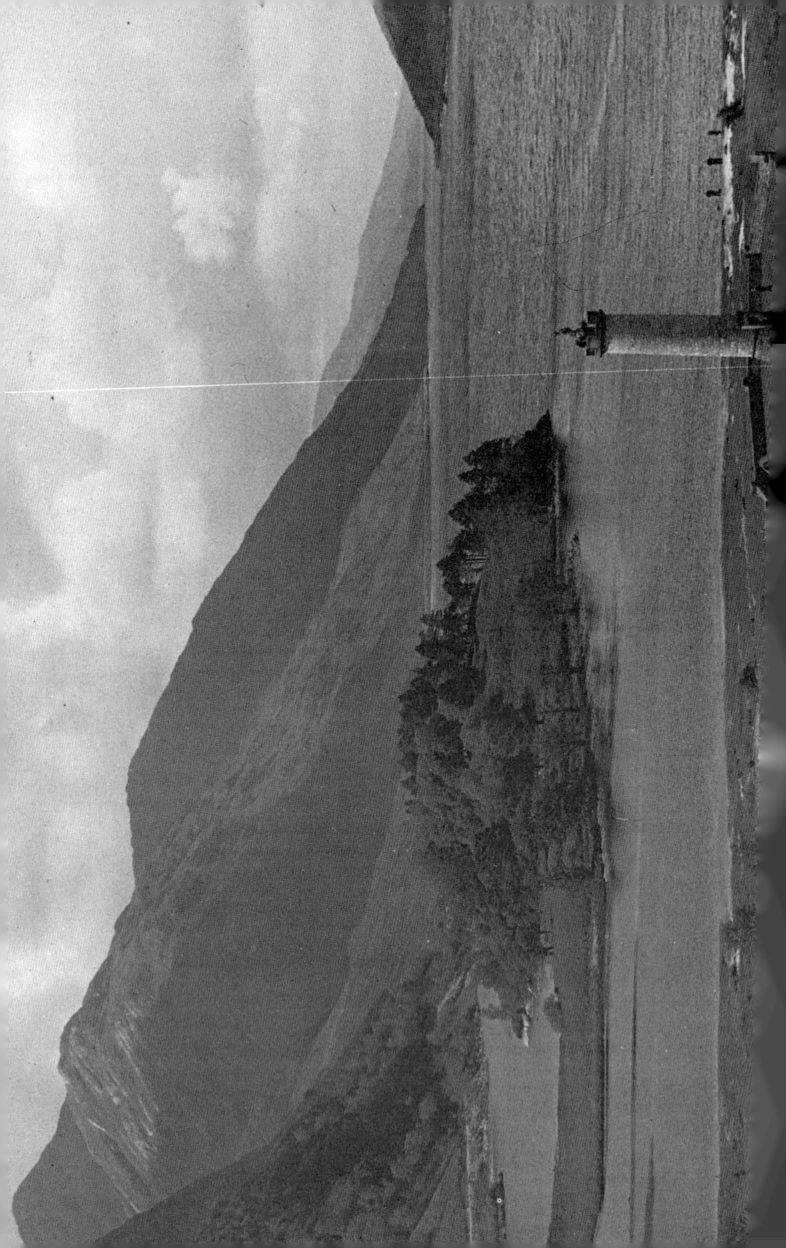

Bei **Corpach,** nördlich von Fort William, liegt die Einmündung des berühmten **Caledonian Canals** in den Loch Linnhe. Der heute noch viel befahrene Kanal besitzt 29 Schleusen und wurde zwischen 1803 und 1822 von *Thomas Telford* erbaut. Er ist 96 km lang (wovon 35 km das Land durchstechen, während 61 km durch natürliche Wasserwege führen) und verbindet in beinahe gerader Linie den *Loch Linnhe* (durch *Loch Lochy, Loch Oich* und *Loch Ness*) mit *Inverness* und der Nordsee. Nur 5 km nördlich von Fort William kann man bei **Banavie** eine Reihe von acht Schleusen sehen, die im Volksmund „Neptune's Staircase" genannt werden.

Wer zum Fährboothafen *Mallaig* möchte, muß kurz nach Fort William links auf die A-830 abbiegen, die über *Corpach* und längs des *Loch Eil, Glenfinnan, Loch Eilt* und *Lochailort,* durch eine der schönsten Landschaften der Western Highlands führt.

Mallaig ist nicht nur ein lebhafter Fischereihafen, sondern auch ein Touristenzentrum mit Fährschiffen zu den Hebrideninseln und nach *Kyle of Lochalsh* (→ unten). Mit Schiffen kann man aber auch
zahlreiche Ausflugsfahrten in die nahe gelegenen Meeresbuchten und *Sea-Lochs* unternehmen. Südlich von Mallaig erstreckt sich der über 300 m tiefe **Loch Morar,** der tiefste Inlandsee Großbritanniens. Der Legende nach haust hier ein Seeungeheuer, ähnlich jenem vom Loch Ness; es soll immer dann auftauchen, wenn ein Mitglied des MacDonald-Clans stirbt.

Auf der A-830, die von Fort William nach Mallaig führt, verdient das 1815 von *MacDonald of Glenaladale* erbaute **Glennfinnan Monument** Beachtung: ein Highländer im Kilt, der auf einem hohen Turm Wache hält. Es erinnert an „Bonnie Prince Charlie", der am 19. August 1745 hier die Standarte seines Vaters entfaltete, um für ihn den Thron Schottlands zu erobern. Damit begann der zweite Jakobitenaufstand. Hier trafen sich die Hochlandclans zur Unterstützung des Prinzen. In einem *Visitor Centre* kann man die genaue Geschichte erfahren.

Bei **Lochailort** mündet die über *Kinlochmoidart* (→ oben) ziehende A- 861 in die A-830, auf der man kurz darauf **Loch nan Uamh** mit der Gedenkstätte an „Bonnie Prince Charlie" erreicht (→ oben).

Man folgt wieder der A-82, die kurz nach Fort William **Spean Bridge** erreicht, wo rechts die A-86 abzweigt und durch das Tal *Glen Spean* und längs des *Loch Laggan* führt, um bei *Newtonmore* auf die A-9 zu stoßen (→ Route 11).

Das Glenfinnan Monument am Nordufer des Loch Shiel erinnert an „Bonnie Prince Charlie", der 1745 hier die Highland Clans um sich versammelte, um Schottland zu erobern.

Geologisch interessierten Touristen ist von **Spean Bridge** der Abstecher auf der A-86 zum östlich benachbarten **Roybridge** zu empfehlen, wo links (in nördlicher Richtung) ein Fahrweg längs des *River Roy* durch die *Glen Roy* führt. Im **Glen Roy National Nature Reserve** kann man die eiszeitlichen Felsenformationen der sogenannten „Parallel Roads" bewundern: dabei handelt es sich um Bergterrassen, die ursprünglich den Boden von Seen bildeten, die während der Eiszeit von Gletschern begrenzt waren.

Wer auf diesen Abstecher verzichten will, der bleibt auf der A-82, die auf der Kreuzung links abbiegt und sieht kurz darauf neben der Straße das *Commando Memorial*, das an die schottischen Soldaten im Zweiten Weltkrieg (hier befand sich ein Ausbildungszentrum) erinnert. Vom Denkmal aus sind der *Ben Nevis* und die *Lochaber Mountains* besonders schön zu sehen. Die hier links abzweigende B-8004 führt zur wildromantischen *Glen Loy* (und an der Westseite des *Caledonia Canals* zurück nach Fort William); die B-8005 zum einsamen *Loch Arkaig*.

Weiter am Ostufer des **Loch Lochy** und über den Caledonia Canal (Schleuse) zum **Loch Oich,** an dessen Ufer das ungewöhnliche Denkmal *Well of Seven Heads* Aufmerksamkeit erregt: das über einer Quelle liegende Denkmal mit sieben Männerköpfen erinnert an die Hinrichtung von sieben Brüdern, die im 17. Jahrhundert den Sohn eines verfeindeten Clan-Chiefs ermordet hatten. Eine Inschrift berichtet darüber in Englisch, Gaelic, Französisch und Latein.

Bei der Kreuzung von **Invergarry** zweigt links die A-87 nach *Kyle of Lochalsh* ab; eine unendlich malerische Strecke, vorbei an den Seen *Loch Garry, Loch Loyne* und *Loch Cluanie,* durch das romantische **Glenshiel** mit den „Five Sisters of Kintail" (fünf Berggipfel über 1000 m; ein Visitor Centre liegt in *Morvich)*, und längs des *Loch Duich* mit dem **Eilean Donan Castle*** und des *Loch Alsh*.

Von **Shiel Bridge** am *Loch Duich* (→ oben) zweigt ein etwa 20 km langer Fahrweg ab und führt über *Glenelg* zu den über 2000 Jahre alten **Glenelg Brochs,** Steintürmen der Pikten, die von fast 10 m hohen und 4 m starken Wällen umgeben sind, deren Innenräume noch zugänglich sind, und zu dem über der Schlucht liegenden *Dun Grugaig*.

Kyle of Lochalsh ist der wichtigste Fährschiffhafen zur Insel *Skye,* deren Küste nur ein paar hundert Meter entfernt liegt (→ Route 10).

Für Leute, die das Abenteuer des ganz und gar „Ungewöhnlichen" suchen (und die einen robusten Wagen besitzen), möchte ich noch auf einen befahrbaren Weg hinweisen, der knapp nach **Invergarry** von der A-87 links abzweigt und durch die vermutlich wildeste Gegend der Western Highlands führt. Der Fahrweg ist schmal, steil, steinig und vor allem am **Loch Quoich** schwierig und nicht ungefährlich. Wer die einsame Bergwildnis sucht, wird hier auf seine Rechnung kommen. Der Fahrweg durch diese „Mondlandschaft" endet in **Kinloch Hourn,** einem Bergdorf am inneren Ende des **Loch Hourn,** dem wohl steilsten und tiefsten Fjord Schottlands mit senkrecht ansteigenden Felsen. Die westlich von Kinloch Hourn liegenden Dörfer von **Knoydart** sind auf keiner Straße mehr zu erreichen. Der Schotte bezeichnet dieses Gebiet als ein Land „between heaven and hell".

In **Fort Augustus** erreicht die A-82 den **Loch Ness.** Der Ferienort ist vor allem bei Anglern beliebt, da der See außergewöhnlich fischreich ist. Vom alten Fort, das nach dem ersten Jakobitenaufstand von 1815 errichtet und nach Williams Augustus, Duke of Cumberland, benannt wurde (er hatte 1746, nach der Schlacht von Culloden, das Fort zu seinem Hauptquartier gemacht) ist nur mehr wenig zu erkennen. Seine noch erhaltenen Teile wurden in den 1876 aufgeführten Bau der Benediktinerabtei miteinbezogen, die heute hier liegt.

Eine andere Sehenswürdigkeit ist die *Great Glen – Highland Heritage Exhibition,* ein Museum zur Geschichte des *Great Glen;* auch seinem legendären Monster von Loch Ness ist ein eigener Raum gewidmet. Diese – teils von Seen aufgefüllte – **Great Glen** („Große Schlucht") zwischen dem *Moray Firth* (Inverness) und dem *Loch Linnhe* ist – geologisch betrachtet – ein gigantischer Erdriß, der den Nordwesten Schottlands (die *Northwest Highlands)* vom übrigen Land trennt. Der schon oben beschriebene *Caledonia Canal* machte sich diesen „Erdriß" zunutze, um eine Schiffahrtsstraße zwischen Nordsee und *Irish Sea* herzustellen.

Eine Nebenstraße (B-862) verläuft von **Fort Augustus** am Ostufer des **Loch Ness** nach Inverness, die Hauptstraße (A-82) führt an seinem Westufer entlang. Sie führt an **Invermoriston** vorbei, wo links die A-887 abbiegt und vor dem *Loch Cluanie* in die nach *Kyle of Lochalsh* führende A-87 mündet (→ oben).

Ein Gedenkstein bei der **Ceannacroc-Bridge** erinnert an den Tod von *Roderick MacKenzie,* einem Gefolgsmann des 1746 auf der Flucht befindlichen „Bonnie Prince Charlie": Von Engländern entdeckt und angeschossen rief er noch vor seinem Tod aus: „You have murdered your prince!" Die englischen Soldaten ließen sich täuschen und in ihrer Freude über die ihnen nun zufallende Kopfprämie von 30.000 Pfund, die auf den Prinzen ausgesetzt war, versäumten sie es, die wahre Identität des Toten festzustellen. So gelang es dem Prinzen wiederum zu entkommen.

Eine andere Gedenkstätte, das **Cobb Memorial,** erinnert an *John Cobb,* der 1952 beim Versuch am Loch Ness den Geschwindigkeits-Weltrekord zu brechen, den Tod fand.

Kurz ehe man **Drumnadrochit** erreicht, lohnt *Urquhart Castle** eine Besichtigung. **Drumnadrochit** ist ein Ferienort mit guten Möglichkeiten zum Angeln und für Pony-Trekking in die umliegende Bergwelt. Der Ort liegt am Ausgang der *Glen Urquhart* und an der Einmündung der A-831 in die A-82. Bemerkenswert ist das **Loch Ness Monster Exhibition Centre,** das nicht nur Informationen über die (für Schotten) sichere Anwesenheit des im Wasser lebenden Monsters gibt, sondern auch ein Restaurant und einen Biergarten besitzt.

Der erstaunte Besucher sieht sich hier auch einigen ausgezeichneten Fotos gegenüber, die vom *Loch Ness-Monster* gemacht wurden. Es soll sich um einen *Plesiosaurus* handeln, ein prähistorisches Lebewesen also, das schon viele Millionen Jahre alt sein müßte. Da aber selbst der Schotte an dieser Feststellung zweifelt, findet die Bezeichnung des Monsters als „Riesenreptil" mehr Anhänger. Da aber die Wassertemperatur von Loch Ness nie über 6° Celsius ansteigt, kann kein Reptil darin leben. So also ist „Nessie" nichts anderes als ein riesiger Wurm der im Wasser lebt und einmalig auf unserem Planeten ist.

Wer noch vor **Inverness** einen kurzen Abstecher von der A-82 unternehmen nöchte, der kann von *Drumnadrochit* etwa 13 km der A-831durch die *Glen Urquhart* nach Westen folgen, wo sich am Eingang zur Schlucht der prähistorische Erdhügel **Corrimony Cairn** mit einem Innenraum (möglicherweise einer Grabkammer) und einem Steinkreis befindet. Von *Drumnadrochit* sind es dann noch 24 km nach **Inverness***.

7. Von Oban nach Lochgilphead (Glasgow)

Diese 59 km lange Strecke ist eine Alternative für jene Touristen, die über *Crianlarich* nach **Oban** gefahren sind (Einschiffungshafen zu den Hebrideninseln; → Route 6) und die Rückfahrt von *Oban* auf einer anderen Straße antreten wollen.

Man verläßt **Oban** (→ Seite 116) im Süden auf der A-816 und fährt dann am *Loch Feochan* entlang bis **Kilninver,** wo rechts die B-844 zur Insel *Seil* abbiegt, die man auf der malerischen **Clachan Bridge** aus dem Jahr 1791 erreicht.

<small>Die Brücke, die über den sehr schmalen *Seil Sound* auf die **Insel Seil** führt, bezeichnen die Schotten gern als „einzige Brücke auf der man den Atlantik überqueren kann". Natürlich ist der schmale Meeresarm ein Teil des Atlantiks, aber es gibt noch eine ganze Reihe anderer Brücken über *Sea-Lochs* und Fjorde an der Westküste Schottlands, die man mit dem gleichen Recht so bezeichnen könnte. Auf der kleinen Insel liegt der besuchenswerte **An Cala Garden** mit einer Fülle von Azaleen, Rosen, japanischen Kirschbäumen, mit Wasser- und Felsgärten und kann in der Regel von April bis September an Montag- und Donnerstagnachmittagen besichtigt werden.

Eine Fähre führt von *Seil Island* auf die vorgelagerte **Easdale Island,** auf der es ein bemerkenswertes Volkskundemuseum gibt. Von *Seil Island* führt auch eine Fähre auf die Insel *Luing,* von wo aus Schiffsausflüge zu den nahegelegenen kleinen **Garvellachs** oder Isles of the Sea (mit Ruinen eines im 9. Jh. gegründeten Klosters) unternommen werden können.</small>

Die A-816 erreicht bei *Kilmelford* den **Loch Melfort** (Zufahrt nach *Melfort,* mit Hotels, Jachthafen und Möglichkeiten zum Segeln und Reiten). Wenig später kann man die **Arduaine Gardens** besichtigen, die auf einer kleinen Halbinsel zwischen dem *Loch Melfort* und der *Asknish Bay* liegen. Sie sind für ihre Rhododendren, Azaleen und Magnolien bekannt. Wieder nur wenige Fahrminuten weiter erblickt man **Carnasserie Castle,** den ehemaligen Sitz des protestantischen Bischofs *John Carswell,* der Knox's „Liturgy" ins *Gaelic* übersetzte. Es war das erste Buch, das 1567 in dieser keltischen Sprache gedruckt wurde. Der burgartige Bischofssitz wurde 1685 von den Truppen *Argylls* erobert und teilweise in die Luft gesprengt.

Es folgt **Kilmartin,** auf dessen Kirchhof noch zahlreiche mit Skulpturen versehene alte Grabsteine und ein keltisches Kreuz (vorwiegend aus dem 15. und 16. Jh.) bemerkenswerte kulturgeschichtliche Zeugnisse ihrer Zeit ablegen. Auf dem Kirchhof sind hauptsächlich Mitglieder und Chiefs des Malcolm-Clans bestattet.

Die ganze Gegend ist reich an mittelalterlichen und an prähistorischen Steindenkmälern; dazu zählen vor allem die bronzezeitlichen Ausgrabungen von **Ballygowan** (auf einem Felsen sind noch Steingravierungen zu sehen), dann die aus der Zeit zwischen 1600 v.Chr. und dem 3. Jahrtausend v.Chr. stammenden *Cairns* (Begräbnisstätten) von *Dunchraigaig, Nether Largie, Ri Cruin* und *Kilmartin Glebe* sowie die zwei prähistorischen Steinkreise von *Temple Wood*.

Kurz nach **Kilmartin** zweigt rechts die B-8025 ab, von der wiederum rechts eine Zufahrt zum *Loch Crinan* führt; dort erhebt sich das **Duntrune Castle,** das zu den ältesten fortlaufend bewohnten Schlössern Schottlands gehört.Es stand bereits im 11. Jahrhundert an dieser Stelle und erhielt sein heutiges Aussehen vorwiegend im 17. Jahrhundert. Etwas weiter nördlich liegt eine freigelegte befestigte Wohnstätte aus der Eisenzeit *(Ardifuir),* mit bis zu drei Meter hohen Wällen.

Wenig später gewahrt man rechts neben der A-816 das auf einem einst befestigten kleinen Hügel liegende **Dunadd Fort** aus der Zeit zwischen 500 und 800 n.Chr. *Dunadd* war im 6. Jahrhundert eine Hauptstadt von **Dalriada,** aus dem das *Celtic Kingdom of Scotland* hervorging. Im Jahre 683 wurde hier – laut einer alten irischen Aufzeichnung – ein Stützpunkt der Briten von einem Heer der Pikten und Schotten belagert und erobert. Felsgravierungen mit verschiedenen piktischen Symbolen sollen an diesen Sieg erinnern. Ein „Stone of Destiny" genannter Stein und ein Fußabdruck sollen die Stelle kennzeichnen, wo die ersten schottischen Könige eingesetzt oder gekrönt wurden.

Es gibt auch eine Theorie, nach der das Hügelfort schon in der Eisenzeit angelegt und später erst von den Pikten übernommen und ausgebaut worden ist.

Bei *Cairnbaan* zweigt rechts von der A-816 die B-841 ab, die längs des **Crinan Canal** zum Meer *(Crinan Loch)* führt. Der Kanal wurde 1793–1801 angelegt, um vom *Loch Fyne* die Schiffe zum Atlantik ziehen zu können, damit sie nicht mehr den weiten Weg von über 200 km rund um die Halbinsel von *Kintyre* (→ Route 8) machen müssen. Der rund 14 km lange Kanal mit 15 Schleusen wird heute noch von Fischerbooten, Jachten, Ausflugs- und Vergnügungsbooten befahren. Die Bucht von **Crinan** *(Crinan Loch),* mit schönem Jachthafen, wird als wahres „Seglerparadies" beschrieben. An ihrer nördlichen Seite wird sie vom *Duntrune Castle* (→ oben) beherrscht.

Wenig später mündet die A-816 bei **Lochgilphead** in die A-83. (Weiterfahrt nach *Campbeltown* bzw. nach *Glasgow* (→ Route 8).

8. Von Glasgow über Inveraray und Tarbert nach Campbeltown und zu den Inseln Islay, Jura, Gigha und Arran

Der erste Streckenabschnitt auf der A-82 von Glasgow längs des *Loch Lomond* über *Tarbet* nach **Arrochar** am Nordende des *Loch Long* (59 km) ist in der Route 6 beschrieben. Von Arrochar führt jetzt die A-83 durch den nördlichen Teil des **Argyll Forest Park,** einem der größten zusammenhängenden Waldgebiete Schottlands mit vielen Wanderwegen, die auf 800 bis 1000 m hohe Berge führen. Über den Paß „Rest and be thankful" und durch die malerische *Glen Kinglas* gelangt man zum Nordufer des **Loch Fyne,** den man bei **Strone** (76 km ab Glasgow) erreicht. Gartenfreunde können hier die von April bis September zugänglichen *Strone Gardens,* mit einer Fülle von Wildblumen, Rhododendren, exotischen Sträuchern und riesigen Nadelbäumen besuchen.

Die A-815 zweigt hier in südlicher Richtung ab, mündet wenig später in die A-886 und führt dann quer durch die Halbinsel *Cowall* zu den wunderschönen **Kyles of Bute,** einem schmalen Seitenarm des *Firth of Clyde,* mit herrlichen Wanderwegen und prachtvoll gelegenen Picknickplätzen. Lohnend ist die Zufahrt zu den malerisch am *Loch Fyne* gelegenen Ruinen des *Castle Lachlan.*

Die A-83 umrundet den nördlichen Teil des *Loch Fyne* und führt nach **Inveraray,** mit dem sehenswerten **Castle Inveraray***. Einen besonders schönen Blick auf das „Märchenschloß" genießt man von der Brücke über den *River Aray* (beliebtes Fotomotiv). Die von den Royalisten unter dem *Marquis of Montrose* niedergebrannte Stadt wurde zwischen 1746 und 1780 (so wie auch das Schloß) wieder aufgebaut. Sehenswert ist die *All Saints Episcopal Church* (1886) mit ihrem 38 m hohen, aus Granit erbauten Glokkenturm, der zehn Glocken enthält. Eine Touristenattraktion besonderer Art ist das der Öffentlichkeit zugänglich gemachte alte Gefängnis *Inveraray Jail* mit einer Ausstellung über das Gefängniswesen früherer Zeiten. Besuchenswert ist auch der nahe bei *Inveraray* liegende *Argyll Wildfowl Park.*

Von Inveraray führt ein etwa 8 km langer Weg nordwärts durch die *Glen Shira* zu den malerischen **Falls of Aray** und zum Haus des berühmten *Rob Roy Macgregor* (1671–1734), den die einen als Volkshelden, die andern als Banditen bezeichnen. Durch die Erzählung von *Sir Walter Scott,* in der er als eine Art schottischer Robin Hood geschildert wird, gelangte er jedenfalls zu dichterischem Ruhm.

Die A-83 führt nun ein Stück landeinwärts und am **Auchindrain Museum** vorbei, einer ursprünglich eingerichteten alten Highland Farm, die ein besuchenswertes landwirtschaftliches und Folklore-Museum enthält. Bei **Furnace** erreicht man wieder den *Loch Fyne*

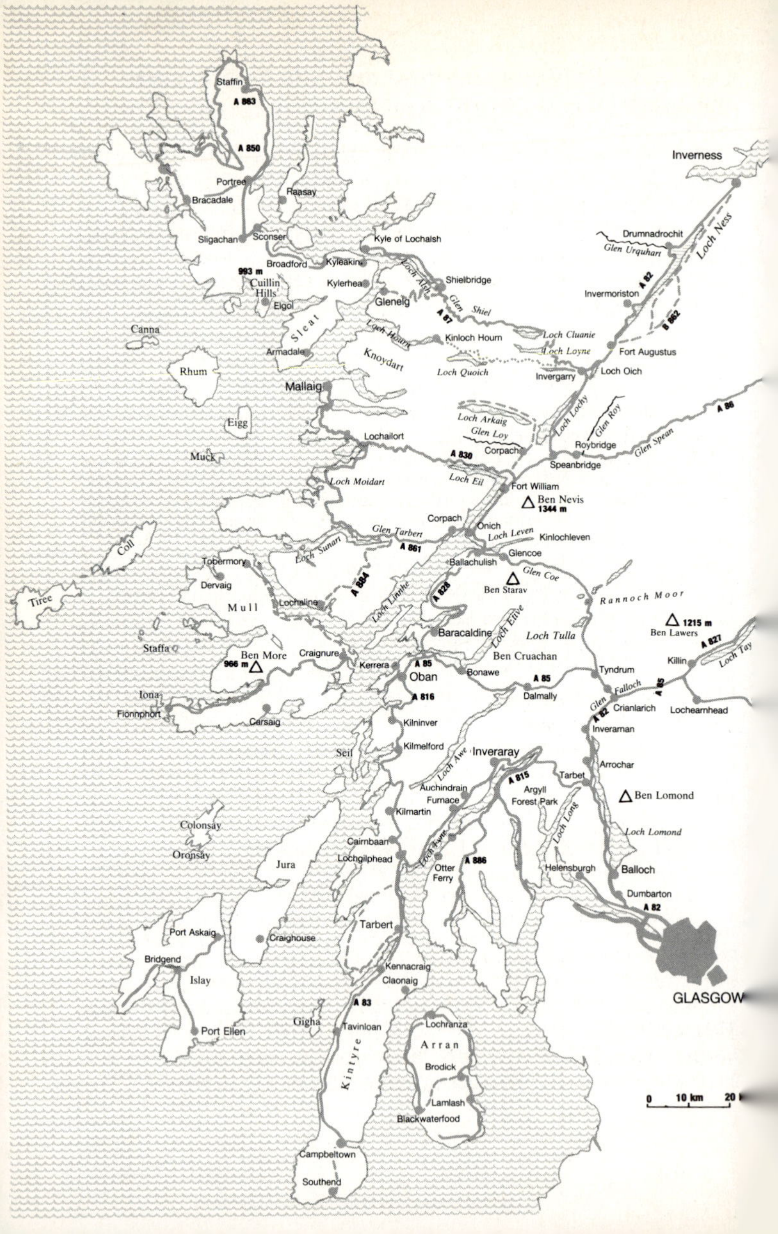

Staffin
A 863
A 850
Portree
Raasay
Bracadale
Sligachan
Sconser
Kyle of Lochalsh
Broadford
Kyleakin
993 m
Cuillin Hills
Kylerhea
Elgol
Shielbridge
Loch Alsh
Glenelg
Glen Shiel
A 87
Sleat
Canna
Loch Hourn
Kinloch Hourn
Armadale
Knoydart
Rhum
Loch Quoich
Mallaig
Eigg
Muck
Lochailort
Loch Arkaig
Glen Loy
A 830
Loch Moidart
Loch Eil
Fort William
Ben Nevis
1344 m
Corpach
Onich
Glen Tarbert
A 861
Loch Sunart
Loch Leven
Kinlochleven
Glencoe
Ballachulish
Coll
Tobermory
Dervaig
Tiree
A 884
A 828
Loch Linnhe
Glen Coe
Ben Starav
Mull
Lochaline
Rannoch Moor
Baracaldine
Loch Etive
Loch Tulla
Staffa
Ben More
966 m
Craignure
Kerrera
A 85
Ben Cruachan
Oban
Bonawe
Iona
Fionnphort
Carsaig
A 816
Dalmally
Kilninver
Kilmelford
Seil
Inveraray
Loch Awe
A 815
Auchindrain
Furnace
Argyll Forest Park
Kilmartin
Colonsay
Oronsay
Jura
Cairnbaan
Lochgilphead
Loch Fyne
Otter Ferry
A 886
Loch Long
Helensburgh
Tarbert
Craighouse
Port Askaig
Bridgend
Islay
Kennacraig
Claonaig
A 83
Gigha
Tavinloan
Port Ellen
Lochranza
Arran
Brodick
Kintyre
Lamlash
Blackwaterfood
Campbeltown
Southend
Inverness
Drumnadrochit
Glen Urquhart
Loch Ness
A 82
Invermoriston
B 862
Loch Cluanie
Loch Loyne
Fort Augustus
Invergarry
Loch Oich
Loch Lochy
Glen Roy
A 86
Roybridge
Glen Spean
Corpach
Speanbridge
1215 m
Ben Lawers
A 827
Killin
Loch Tay
Tyndrum
Glen Falloch
Crianlarich
Lochearnhead
Inverarnan
Arrochar
Tarbet
Ben Lomond
Loch Lomond
Balloch
Dumbarton
GLASGOW
0
10 km
20

Loch Fyne und fährt an seinem Westufer weiter, rechts neben sich die bewaldeten Hügel von Argyll. Aufenthalte lohnen sich beim **Crarae Woodland Garden** (16 km südlich von *Inveraray),* der sich in einem wunderschönen Tal nahe am See erstreckt und wegen seiner Azaleen, Rhododendren und Koniferen berühmt ist und kurz darauf auch beim *Minard Castle* aus dem 16. Jahrhundert.

Bei **Lochgilphead** (133 km von Glasgow), das ein vor allem bei Seglern beliebter Ferienort ist, mündet die von *Oban* kommende A-816 (→ Route 7) in die A-83. Kurz darauf zweigt von der A-83 rechts die schmale B-8024 ab und führt quer durch die bergige Halbinsel **Knapdale** zum *Loch Caolisport* mit **St. Columba's Cave** (der Überlieferung nach soll im 6. Jh. St. Columba die Höhle bewohnt haben) und weiter zum **Sound of Jura**, wo bei *Kilberry* eine Reihe von aus dem Mittelalter stammende Skulpturensteine („Kilberry Sculptured Stones") stehen.

Sehr schön ist hier der Blick auf die Bergketten der Insel *Jura* (→ unten). Die B-8024 führt in großem Bogen längs des **Loch Tarbert** wieder nordwärts und mündet dann bei Tarbert in die A-83. Nördlich der **Kilmory Bay** steht die kleine *Kilmory Knap Chapel,* ebenfalls mit alten Skulpturensteinen. Etwas weiter nördlich liegen am Ostufer des *Loch Sween* die Ruinen von **Castle Sween** aus der Mitte des 12. Jahrhunderts, der ältesten auf dem schottischen Festland erbauten Steinburg. Wer ein Boot mieten will, kann von *Kilmory* zur kleinen Insel **Eilean Mor** fahren, auf der sich die mittelalterlichen *St. Cormac's Chapel* befindet. Die Kapelle ist nur etwa 4,50 m lang und 2.50 m breit und enthält eine alte Priesterskulptur.

Die A-83 führt am Westufer des *Loch Fyne* weiter nach **Tarbert** (155 km von Glasgow), das am Nordufer des gleichnamigen, engen Lochs liegt. Tarbert ist ein Zentrum der Heringsfischerei und liegt malerisch zwischen zwei Lochs. In der letzten Zeit hat sich Tarbert auch zu einem Ferienort mit kleinen Hotels entwickelt und besitzt gute Wassersportmöglichkeiten, einen Golfplatz und viele Ausflugsmöglichkeiten, auch mit Schiffen zu den Inseln *Islay* und *Jura* (→ unten). Besuchenswert sind die *Stonefield Castle Gardens* vor dem gleichnamigen Hotel im Norden der Stadt, bemerkenwert die Ruinen von **Tarbert Castle,** das im 15. Jahrhundert an der Stelle einer von *Robert the Bruce* 1325 erbauten Burg errichtet worden war.

Regelmäßige Schiffsverbindungen und Ausflugsfahrten nach *Islay* gibt es auch von dem südlich von Tarbert liegenden **Kennacraig** aus.

DIE INSEL ISLAY

ist etwa 40 km lang und 32 km breit. Charakteristisch sind die unterschiedlichen Landschaftsformen: an der Atlantikküste im Westen rauh, mit spärlichem Baumwuchs und kurzem Seegras, an der Ostküste hingegen mit Wäldern und bunten Gärten. Die beiden Fährschiffhäfen *Port Askaig* im Osten und *Port Ellen* im Süden sind durch eine 34 km lange, kehrenreiche Straße (A-846) miteinander verbunden. **Port Askaig** ist nicht mehr als eine dörfliche

Ansammlung weniger niederer Häuser und Gehöfte. Ein Fährboot führt auch von hier über den schmalen *Sound of Islay* zur Nachbarinsel *Jura* (→ unten). Südwestlich von Port Askraig liegt **Loch Einlaggan,** mit den Ruinen des gleichnamigen Castle, dem einstigen Sitz und Parlament der „Lords of the Isles". Auf der A-846 erreicht man nach kurzer Fahrt die Bucht von **Indaal** und den Ort **Bridgend,** von wo aus man das alte Erdfort **Nosebridge** (bei *Mulindry*) besuchen kann, das noch auf skandinavische Wikinger zurückgeht. Zwischen *Bridgend* und dem alten Inselhauptort **Bowmore,** mit kleinem Hafen und ungewöhnlicher, 1769 erbauter Rundkirche, erstreckt sich ein weiter Sandstrand. Auch die weiter südlich liegende **Laggan Bay** zeichnet sich durch weiten Sand aus; dort liegen auch der Inselflugplatz und ein 18-Loch Golfplatz.

Port Ellen ist das Geschäfts- und Touristenzentrum der Insel mit Hotels, Gasthöfen und Einkaufsläden. Hier lohnt sich der Abstecher zum nahe gelegenen **Dunyvaig Castle,** einer aus dem 14. Jh. stammenden Burgruine des Clans *MacDonald of Islay.*

Etwa 10 km nordöstlich von Port Ellen liegt die mittelalterliche (restaurierte) **Kildalton Chapel,** die wegen ihrer uralten keltischen Kreuze und Skulpturensteine besuchenswert ist.

Auch an der Westküste von Islay, die man auf der A-846 und dann auf Nebenstraßen von *Bridgend* (→ oben) aus erreicht, liegen sehenswerte keltische Kreuze und Figurensteine (*Kildalton Chapel, Kilchiaran Chapel* u.a.). Möglichkeiten zum Tauchsport hat man in **Port Charlotte,** das auch einen Segelboothafen besitzt und wegen seines **Museum of Islay Life** (Ausstellungsstücke von der prähistorischen Zeit bis zum 20. Jh.) einen Besuch lohnt.

Die zahlreichen weiten, oft mit schönem Sand bedeckten Buchten sind wegen der niederen Wassertemperaturen (zwischen 10 und 14 °C.) kaum zum Baden geeignet, verleiten aber zu ausgedehnten Spaziergängen und sind auch der Treffpunkt von zahlreichen Seevögeln.

DIE INSEL JURA

ist etwa 32 km lang und 4,5 km breit, und durch ein Fährboot *(Feolin Ferry)* mit *Port Askraig* auf Islay verbunden. Im Unterschied zu der touristisch recht gut erschlossenen Insel Islay, ist Jura ein unberührtes, einsames Bergland, mit bis zu 800 m hohen Bergen *(Paps of Jura).* Auch leben auf Jura kaum mehr als 300–400 Menschen. Die an der Ostküste entlangführende Straße ist nicht sehr gut ausgebaut, überdies sehr schmal; in *Craighouse* gibt es einen kleinen Hafen, ein Hotel und ein Gästehaus; für einsame Bergwanderungen ist die Insel nahezu ideal. Man kann fast sicher sein, in dem unberührten Bergland auf Herden von Wild zu stoßen, allein fünf- bis sechstausend Hirsche leben hier.

DIE INSEL GIGHA

ist nur etwa 9 km lang und mit dem Fährboot von **Tayinloan** aus zu erreichen. Die Insel ist ein Zentrum der Milchwirtschaft, überall sieht man weidende Kühe. Eine Touristenattraktion sind die prachtvollen **Achamore House Gardens,** südlich der Fährbootanlegestelle. Abgeschirmt von den atlantischen Winden und begünstigt vom Golfstrom gedeihen hier seltene Rhododendronarten und andere subtropische Pflanzen; die Gärten sind in der Regel von Ende März bis Ende Oktober zugänglich.

Fortsetzung der Route auf dem Festland:

Von **Tarbert** führt die A-83 an dem schon oben genannten Fährschiffhafen **Kennacraig** vorbei nach **Tayinloan,** von wo aus die Fährboote zur **Insel Gigha** (→ oben) übersetzen. Die Westküste von Kintyre besitzt hier viele weite sandige Buchten. Es folgen eine Reihe kleiner Fischerdörfer, dann verläßt die A-83 die Westküste und zieht noch ein Stück landeinwärts, bis sie in **Campbeltown** (61 km südlich von Tarbert, bzw. 216 km von Glasgow) endet.

Campbeltown, der Hauptort von *Kintyre,* liegt in einer malerischen Bucht an der Südostküste der Halbinsel, ist ein beliebter Ferienort und ein stets belebter Hafen für die Hering-, Weißfisch- und Hummerfischerei. In der *Main Street* steht das **Campbeltown Cross,** ein reich mit Symbolen und Ornamenten geschmücktes keltisches Kreuz aus der Zeit um 1500. Das Museum der Stadt enthält sehenswerte geologische, archäologische und volkskundliche Sammlungen. Die felsige Küste eignet sich gut zum Seeangeln und für den Unterwassersport. Die Ferieneinrichtungen sind gut, im Sommer kann man von hier aus weite Schiffsausflüge unternehmen. Das an der nahen Westküste, im Südrand einer weiten, sandigen Bay liegende *Machrihanish* besitzt einen herrlich gelegenen 18-Loch Golfplatz.

Dem Hafen von Campbeltown vorgelagert liegt die kleine Leuchtturminsel **Davaar,** die man mit dem Fährboot in wenigen Minuten erreicht. Sie ist bei Ebbe auch durch eine Geröllbank mit dem Festland verbunden. Eine große Höhle auf der Insel, die durch eine schmale Felsenöffnung erleuchtet wird, enthält eine unerwartet schöne Felsmalerei (Kreuzigungsszene) aus dem Jahr 1887, die 1956 von einem einheimischen Maler erneuert wurde.

Auf der B-842 kann man von Campbeltown bis nach **Southend** fahren, das malerisch an der Südküste von *Kintyre* liegt. Am Westrand des beliebten Ausflugsortes, der auch wegen seines

Golfplatzes gern besucht wird, liegt nahe bei der alten Kapellenruine von **Keil** ein flacher Felsen mit „Columba's Footsteps"; hier soll der Tradition nach der hl. Columba zum ersten Mal schottisches Festland betreten haben. Eine als **Keil Cave** bekannte Höhle in den roten Sandsteinklippen war schon in prähistorischer Zeit bewohnt.

Nahebei liegt **Dunaverty Rock,** wo sich früher das *Dunaverty Castle,* Sitz der *Macdonalds,* befand. Der als „Blood Rock" in die Geschichte eingegangene Felsen war 1647 der letzte Stützpunkt der „Lords of the Isles" und Schauplatz des Massakers an 300 Mitgliedern und Gefolgsleuten des Macdonald-Clans durch die Armee der *Covenanters.* Ein Weg führt von hier in westlicher Richtung zum Aussichtspunkt **Mull of Kintyre,** mit altem Leuchtturm und eindrucksvoller Klippenküste.

Im Unterschied zur A-82 ist die an der **Ostküste** von Kintyre verlaufende B-842 kehrenreich und schmal, bietet aber immerhin die Möglichkeit, die Rückfahrt von Campbeltown nicht auf der gleichen Straße antreten zu müssen. Zu den Sehenswürdigkeiten an der B-842 gehören die teilweise noch stehenden Außenmauern der Abteiruine von **Saddell** (12. Jh.) und einige alte Skulpturengrabsteine, und die **Carradale House Gardens.**

Nördlich von **Claonaig,** von wo aus im Sommer eine Autofähre nach *Lochranza* auf der **Insel Arran** verkehrt, liegt **Skipness** mit den Ruinen von *Skipness Castle* (13. bis 16. Jh.) und der *Kilbrannan Chapel* (14. Jh.).

DIE INSEL ARRAN

wird wegen ihrer vielfältigen Landschaftsformen gerne als „Scotland in miniature" bezeichnet: hohe Berge, sanfte Hügelzüge, romantische Bergtäler und Schluchten, Wasserfälle, kleine Lochs und eine malerische Küste aus Felsklippen und riesigen, sandigen Buchten. Als „Ferieninsel" hat Arran gute Hotels, sieben prächtig gelegene Golfplätze, hervorragende Angelplätze, Möglichkeiten zum Segeln, zum Ponytrekking u.v.a. zu bieten. Neben der oben erwähnten Fähre ist Arran durch eine regelmäßige Fährschiffverbindung von *Brodick* mit *Ardrossan* (von dort Straße nach Glasgow) verbunden (→ Route 1).

Eine 78 km lange Küstenstraße (A-841) umrundet die ganze Insel, eine zweite, schmale Bergstraße (B-880) durchquert sie

(18 km) von der Ostküste (bei *Brodick*) bis zur Westküste (bei *Blackwaterfoot*).

Der Fährschiffhafen **Brodick** an der Westküste ist auch der Hauptort und das Touristenzentrum der Insel. Die *Brodick Bay* wird vom sehr sehenswerten **Brodick Castle*** beherrscht. Etwas weiter westlich verdient das **Isle of Arran Heritage Museum** einen Besuch: eine Gruppe von Farmgebäuden aus dem 18. Jahrhundert ist zum Teil noch original eingerichtet. Die Häuser enthalten auch volkskundlich interessante Ausstellungsstücke, auch archäologische Grabungsfunde aus der Umgebung.

Die sich nördlich von Brodick ausdehnende Inselhälfte ist besonders reich an landschaftlichen Schönheiten. Hier ragt der 874 m hohe **Goatfell** in die Höhe, umgeben von einem Kranz hoher Berge. Die beiden wildromantischen Engtäler *Glen Sannox* und *Glen Rosa* laden zu langen Bergwanderungen und Pony Trekking ein. Nördlich der **Sannox Bay** bilden an der Küste die sogenannte „Fallen Rocks" eine Naturschönheit besonderer Art. An der Nordküste der Insel liegt **Lochranza** (Fährboot nach *Claonaig* auf der Halbinsel Kintyre, → oben). An der Ostseite der Bucht stehen die Ruinen von *Lochranza Castle,* ein früherer Jagdsitz der schottischen Könige aus dem 16. Jahrhundert. Hier landete im Jahr 1306 der aus Irland zurückkehrende *Robert the Bruce,* um den Kampf für die Unabhängigkeit Schottlands zu beginnen.

Etwa 7 km südlich von Brodrick liegt der Ferienort **Lamlash,** mit guten Angelplätzen, Golfplatz und Unterwassersport. Die besonders bei Segelsportlern beliebte **Lamlash Bay** wird von der vorgelagerten kleinen Felseninsel „Holy Island" geschützt. Auf der Insel liegt die Grotte **St. Molio's Cave,** eine Einsiedelei des hl. Molio (auch *St. Molais* genannt) aus dem 6. Jahrhundert. Die Insel ist auch ein wahres Paradies für Vogelfreunde.

Noch ein Stück weiter erstreckt sich die **Whiting Bay,** wieder ein beliebter Ferienort. Landeinwärts erstreckt sich die malerische **Glen Ashdale** mit den sogenannten „Giants Graves" und den **Glenashdale Falls,** den schönsten Wasserfällen der Insel.

Der südliche Teil der Insel ist pastoraler, in *Torrylin* wird der bekannte „Arran cheese" erzeugt. An der Küste breiten sich weite Sandstrände aus. Sehenswert sind hier die **Kilmory Cairns,** eine große Zahl prähistorischer Steinbauten, die bis in die Zeit um 1500 v.Chr. zurückreichen. Auch an der Westküste von Arran findet man solche prähistorische Steindenkmäler und aufrecht stehende Steine, vor allem nördlich von **Blackwaterfoot** (einem Ferienort mit Sandstrand und ein Zentrum für Reiten und Pony Trekking); hier liegen die **Machrie Moor Standing Stones,** letzte Zeugen von Steinkreisen aus der Bronzezeit, mit 4,50 m hohen Steinen, etwas weiter nördlich der **Moss Farm Road Stone Circle,** aufrecht stehende, einen Kreis formende Grantiblöcke, und der **Auchgallon Stone Circle,** von dem noch 15 rote Sandsteinblöcke rund um einen steinernen *Cairn* erhalten sind.

Etwa 3 km von **Blackwaterfoot** führt ein Fußweg zu einer Reihe von in der Bronzezeit bewohnten Felsenhöhlen am Meer, deren größte **King's Cave** genannt wird. Sie soll im frühen 14. Jahrhundert auch von *Robert the Bruce* aufgesucht worden sein.

9. Von Oban zu den Hebrideninseln Coll, Tiree, Colonsay, Mull, Iona und Staffa

Von **Oban** (→ Route 6) kgibt es regelmäßige Fährschiffe zu den oben genannten *Inneren Hebrideninseln,* die gute Ferien- und Übernachtungsmöglichkeiten bieten, von den meisten Touristen aber hauptsächlich bei Tagesausflügen besucht werden. In der Regel fahren die Schiffe noch vor 8 Uhr früh ab und sind gegen 19 Uhr wieder zurück in Oban.

Genaue Auskünfte über Fahrzeiten und Fahrpreise der Fähren, wie über Schiffsrundfahrten und Ausflüge auf den Inseln erhält man bei **Caledonian MacBrayne,** The Ferry Terminal, Oban.

Coll und **Tiree,** die beiden westlich von *Mull* liegenden äußersten der *Inneren Hebrideninseln* sind flach und fruchtbar, und besitzen schöne, von zahllosen Seevögeln bevölkerte Strände. Auf Tiree gibt es auch Golfplätze. Mit Minibussen werden Rundfahrten durchgeführt. Auf dem Land sind noch zahlreiche Reste prähistorischer Stein- und Erdforts zu sehen.

Colonsay liegt südlich von *Mull* und besitzt eine steile Klippenküste, die oft von weiten, sandigen Buchten unterbrochen wird. Sehenswert sind die mit einer Fülle von Rhododendren, Magnolien und Ziersträuchern ausgestatteten *Kiloran Gardens.* Sehr schöne Strände findet man auch auf der Colonsay im Süden vorgelagerten Insel **Oronsay.** Auch von einem Kloster des 14. Jahrhunderts sind dort noch Ruinen vorhanden.

Die Insel **Mull,** die vom 966 m hohen *Ben More* überragt wird, besitzt eine vielfältige Landschaft von steil aufragenden Felsen und tief in das Land einschneidenden Fjorden *(Sealochs),* bis zu weiten Moorflächen, Wäldern, Weideland und mit Sand bedeckten Buchten. Ausgezeichnet sind die Möglichkeiten zum Fischen, Segeln, Wandern und Reiten (auch Pony Trekking). Hauptort ist der Fischerei- und Fährschiffhafen **Tobermory** im Norden der Insel, in dessen Bucht eine spanische Galeone liegt, die 1588 hier gesunken ist. In einer alten Baptistenkirche ist ein sehenswertes Folkloremuseum untergebracht.

Etwa 10 km westlich von Tobermory liegt **Dervaig,** mit dem in einem kleinen Holzhaus befindlichen „Mull Little Theater", das – dem Guiness Buch der Rekorde zufolge – das kleinste professionelle Theater im Land sein soll. (Aufführungen finden nur in den Sommermonaten statt.) Südlich davon liegt das „Old Byre Heritage Centre" mit vielen historischen Erinnerungen.

Auch der Osten der Insel besitzt zwei Fährboot-Anlegestellen: die Autofähre von *Lochaline,* das wegen seines reinen, weißen Sandstrandes berühmt ist, über den schmalen *Sound of Mull* nach **Fishnish,** und die Autofähre von *Oban* nach **Craignure,** wo die sehenswerten Schlösser **Castle Torosay*** und **Castle Duart** liegen. Das im 13. Jahrhundert erbaute, mächtige *Castle Duart* beherrscht den *Sound of Mull.* Es war der Sitz der *Clans Maclean* und wurde 1633 zum Schloß umgebaut und vergrössert. 1691 wurde es vom *Duke of Argyll* erobert und zerstört. Der Wiederaufbau begann 1911 durch *Sir Fitzroy Maclean,* einem Nachkommen des uralten Clans.

Zu den landschaftlichen Höhepunkten von Mull zählt zweifellos die Südküste mit den **Carsaig Arches,** die man bei Ebbe auf einem etwa 5 km langen Fußweg von *Carsaig* aus erreicht: riesige, durch das Meerwasser ausgewaschene Felsentunnel und -bögen, und Höhlen in den Basaltfelsen. Auf dem Weg liegt „Nun's Cave", eine Höhle mit eigenartigen Felsengravierungen; möglicherweise stammen sie von den Nonnen, die während der Reformation aus *Iona* flüchteten und hier Unterschlupf fanden. Ebenfalls 5 km lang ist der bei Ebbe begehbare Fußweg, der vom Ende der B-8035 am Nordufer des *Sealochs Scridain* zu den „The Burg" genannten Felsen führt, wo sich ein über 12 m hoher etwa 50 Millionen Jahre alter versteinerter Baum, der *MacCulloch's Fossil Tree,* befindet.

Quer durch die Insel ziehende Straßen führen zu den Personenfähren an der Westküste, von der aus man (ebenso wie auch von *Tobermory*) die kleinen, Mull vorgelagerten Inseln *Staffa* und *Iona* erreichen kann.

Staffa ist eine kleine, unbewohnte Insel mit einer 70 m tiefen und 20 m hohen Meeresgrotte, die von ungemein eindrucksvollen schwarzen Basaltfelsen und wie Orgelpfeifen aus dem Meer aufragenden Felsensäulen flankiert wird. Die Insel, die wegen ihrer seltsam geformten Basaltfelsen als Naturwunder bezeichnet wird, wurde als „Fingal's Cave" in Mendelssohns Hebridenouverture unsterblich gemacht.

Iona (Fährboot von *Fionnphort*), die Geburtsstätte des Christentums in Schottland, wurde durch sein Kloster berühmt, das im Jahr 563 von dem irischen Missionar St. Columba und zwölf anderen Mönchen gegründet wurde. Von hier aus zogen die Mönche quer durch Schottland und predigten den Pikten. Bis zum 9. Jahrhundert wurde das Kloster mehrmals von skandinavischen Wikingern zerstört, zuletzt 1203 mit seiner Kathedrale wiederaufgebaut, später aber dem Verfall preisgegeben. Erst vor rund 80 Jahren begann man mit der Restaurierung der alten Gebäude.

Ältester erhaltener Bau ist **St. Ovan's Chapel** aus der Zeit um 1280. Der Überlieferung nach wurde die Kapelle von St. Margaret, der sächsischen Königin und Gemahlin von König Malcolm Canmore gegründet. Erhalten sind auch noch einige Mauern des ehemaligen Nonnenklosters aus dem 13. Jahrhundert, und vor der einzigartigen Kathedrale steht das wunderschön verzierte, über 4 m hohe *St. Martin's Cross* aus dem 10. Jahrhundert. Südlich der Kathedrale liegt **Reilig Orain,** die Begräbnisstätte von acht norwegischen und etwa vierzig alten schottischen Königen von *Fergus MacErc* bis *Macbeth*.

Die noch weiter westlich vorgelagerten **Treshnish Islands** sind berühmte Vogel- und Seehund-Schutzgebiete.

Das auf der Insel Iona liegende gleichnamige Kloster geht auf eine Gründung des Jahres 563 zurück und gilt als Wiege des Christentums in Schottland.

Wie Orgelpfeifen ragen die schwarzen Basaltsäulen der Insel Staffa aus dem Meer.

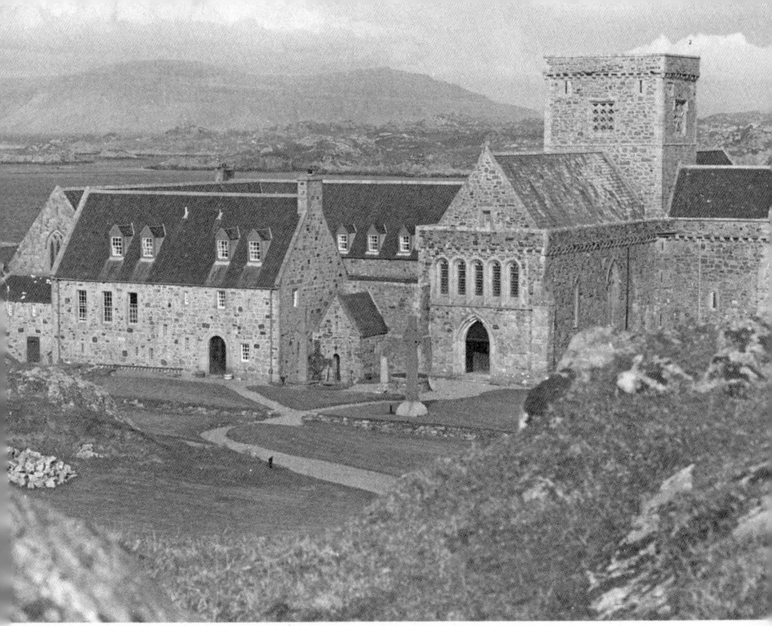

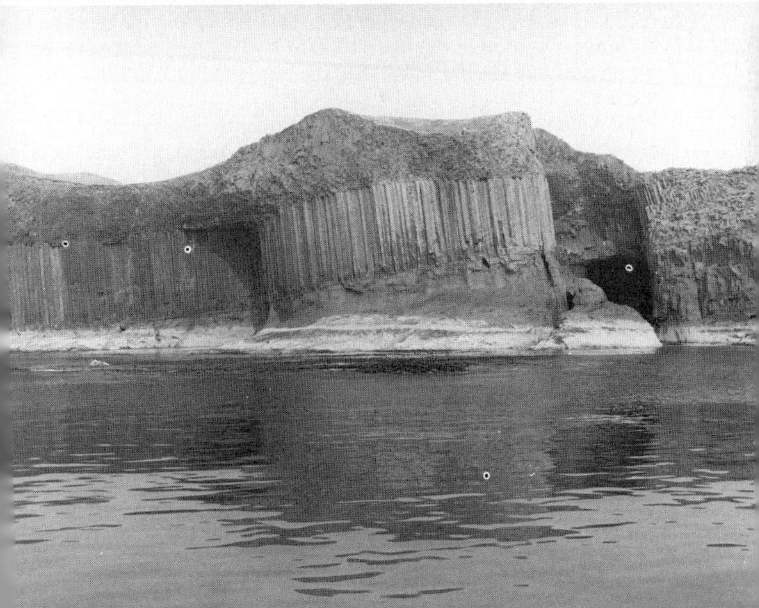

10. Von Mallaig bzw. Kyle of Lochalsh quer durch die Hebrideninsel Skye und zu den Inseln Eigg und Rhum

Von *Mallaig* (→ Route 6) bestehen ständige Fährschiffverbindungen zu den *Inneren Hebrideninseln* Canna, Rhum, Eigg und Muck sowie eine im Sommer verkehrende Autofähre nach *Armadale* im Südosten der Insel Skye. Das ganze Jahr hingegen verkehren die Fährschiffe zwischen Mallaig und *Kyleakin,* dem östlichen Hafen von Skye. Die kürzeste Verbindung von schottischem Festland auf die Insel Skye ist jedoch die Fähre von *Kyle of Lochalsh* (→ Route 6) nach *Kyleakin.* Die Fähre überquert den hier nur wenige hundert Meter breiten Meeresarm des *Loch Alsh* in wenigen Fahrminuten. Schließlich gibt es noch eine dritte Fähre nach Skye, nämlich von *Glenelg* über den schmalen *Kyle of Rhea* nach *Kylerhead,* das nur wenige Kilometer südlich von *Kyleakin* liegt.

Genaue Auskünfte über Fahrzeiten und Fahrpreise der Fähren, wie auch über Rundfahrten auf der Insel Skye und Ausflugsfahrten zu den anderen Inseln erhält man bei **Caledonian MacBrayne,** Head Office, Gourock, Renfrewshire PA 19 1 QP.

Obwohl Skye durch ein gutes Straßennetz dem Tourismus erschlossen ist, wird man die eigenartige, oft als ,,romantisch-sentimental" beschriebene Atmosphäre dieser Insel nur bei langen Spaziergängen und Wanderungen durch das Land auf sich einwirken lassen können. Von welcher Seite man aber auch die Insel betritt, immer werden es die über 1000 m hoch ansteigenden steilen Felsengipfel der **Cuillin Hills** sein, die einen tiefen Eindruck hinterlassen.

Von **Kyleakin,** dem vom *Castle Moil* beherrschten Fährschiffhafen (die Burg wurde einst zum Schutz gegen Wikingereinfälle erbaut), folgt man der A-850 zuerst nach **Broadford** (12 km). Kurz vor dem Ort zweigt links die A-851 ab, die durch die südöstliche Halbinsel *Sleat* führt, ein reiches Farmland, das gerne ,,Garden of Skye" bezeichnet wird. Dort liegen an der Westküste die Ruinen des *Dunsgiath Castle* (vom nördlich gelegenen Aussichtspunkt *Ord* hat man einen wunderschönen Blick auf die *Cuillin Hills*) und an der Ostküste die Ruinen von *Knock Castle,* beides befestigte Herrensitze des Clans MacDonald.

Das Dunvegan Castle im Nordwesten der Hebrideninsel Skye
ist Sitz des Clan MacLeod
und zählt zu den ältesten bewohnten Burgen Schottlands.

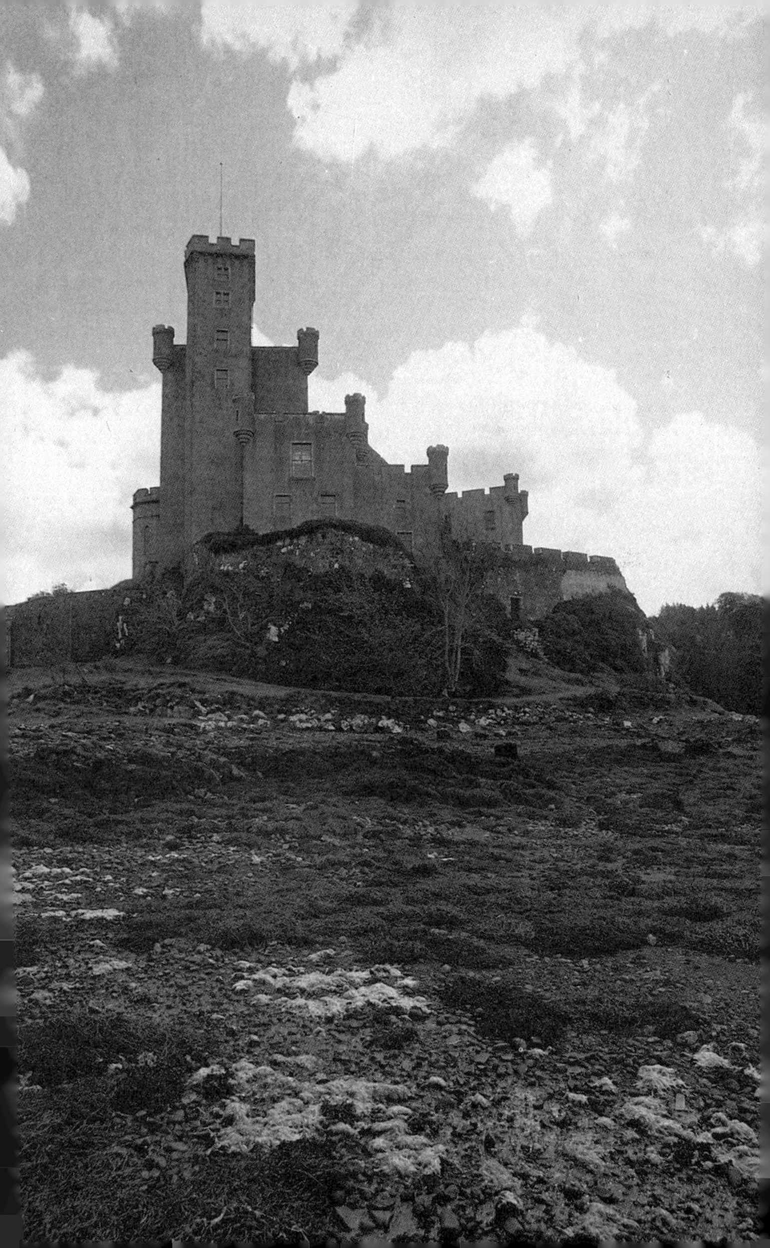

Südlich des *Knock Castle* liegt **Armadale** (25 km von *Broadford*) mit dem *Clan Donald Centre,* das in einem restaurierten Teil des alten **Armadale Castle** untergebracht ist. Es gibt Auskunft über die Geschichte des Clans und der „Lords of the Isles". Das Schloß wird von einem Waldpark umgeben, mit einem Kinderspielplatz, einem Restaurant und vielen schönen Wanderwegen.

Von **Armadale** aus gibt es eine Fährschiffverbindung nach **Mallaig** (→ oben). Weiters fahren von hier die Personenfähren zu den Inseln Canna, Eigg, Muck und Rhum, die unter dem Sammelbegriff „Smaller Isles" bekannt sind. Sie werden im Anschluß an dieses Kapitel beschrieben.

Eine andere, von *Broadford* abzweigende Straße ist die A-881 über **Torrin** (herrliche Ausblicke über den *Loch Slapin* und die steilen Klippen von *Blaven*) nach **Elgol** (22 km von *Broadford*). In diesem kleinen Hafen schiffte sich am 4. Juli 1746 der auf der Flucht befindliche „Bonnie Prince Charlie" nach Mallaig ein, um zwei Monate später Schottland für immer zu verlassen. Heute kann man von dem kleinen Dorf mit dem Motorboot den *Loch Scavaig* überqueren und zum düsteren *Loch Coruisk* fahren, mit einzigartigem Blick auf die steil aufragenden Felsberge der *Cuillins*. Viele englische Maler haben diese Landschaft gemalt, das berühmteste Bild von ihr stammt wohl von *Turner*.

Die A-850 führt von **Broadford** längs der tief eingeschnittenen Küste weiter. Südlich der Straße steigt der 732 m hohe *Na Caillach* an, auf dessen Spitze sich ein großer *Cairn* befindet, in dem eine norwegische Prinzessin des 13. Jahrhunderts begraben liegt. Am **Loch Ainort** liegt das besuchenswerte *Old Skye Crofter's House,* ein typisches Farmhaus aus der Zeit nach 1800, das noch original eingerichtet und als Museum zugänglich ist.

Wenig später führt die A-850 am **Loch Sconser** entlang, einem schmalen, tief in das Land einschneidenden Fjord, an dessen Ausgang ein kleiner Golfplatz liegt. Ein Fährboot führt von hier zu der im Norden vorgelagerten langgestreckten Insel *Raasay,* auf der sich eine Jugendherberge befindet. Gleich darauf erreicht man **Sligachan** (41 km von *Kyleakin*), von wo aus ein Wanderweg mit-

Einfahrt in den Hafen von Portree auf der Insel Skye

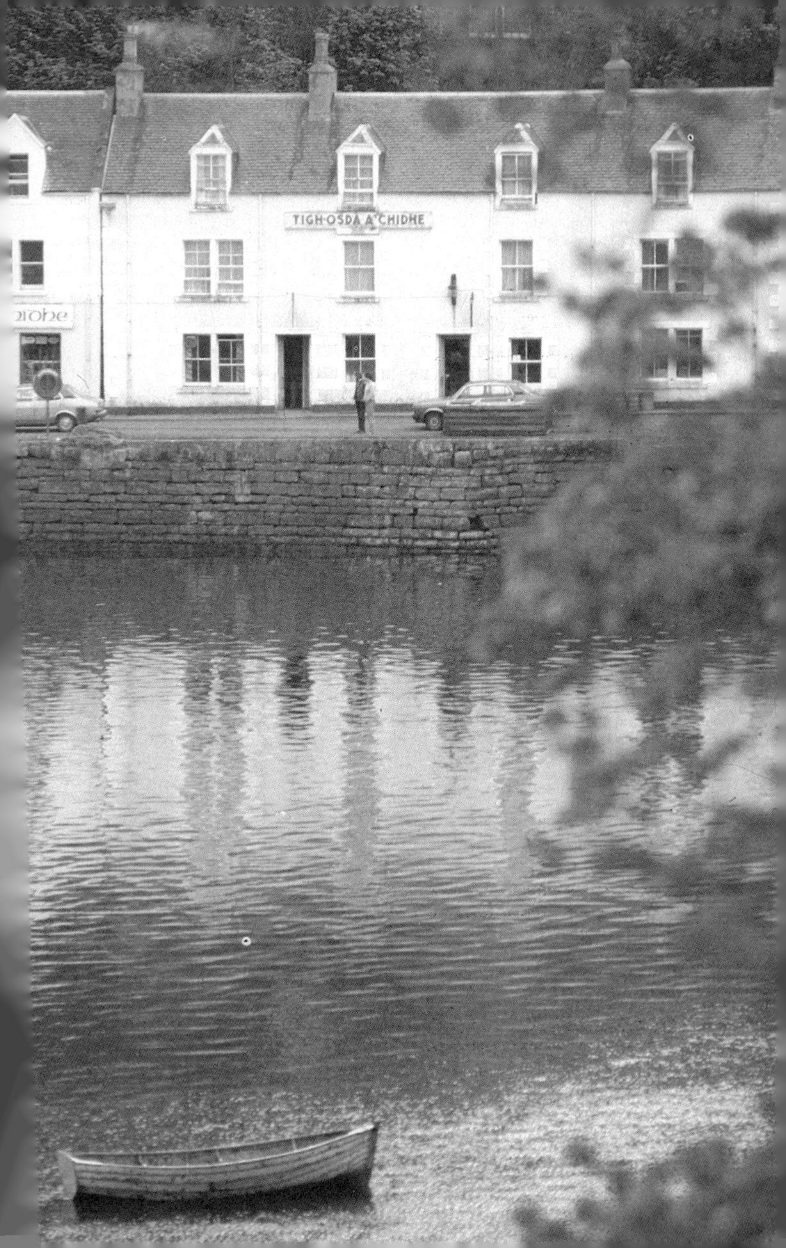
TIGH-OSDA A'CHIDHE

ten hinein in die Bergwelt der *Cuillin Hills* und zu malerisch gelegenen Picknickplätzen führt. Westlich von *Sligachan* teilt sich die Straße. Die A-863 führt zum *Loch Harport,* nach *Bracadale* und zum berühmten **Dunvegan Castle*** (38 km von *Sligachan*). Nebenstraßen führen von hier zu den weit verstreut liegenden dörflichen Ansiedlungen im Nordwesten der Insel, u.a. auch nach **Trumpan,** wo heute noch die Ruine der Kirche zu sehen ist, die Mitglieder des Clans *MacDonald* 1597 während eines Gottesdienstes in Brand setzten, sodaß alle darin befindlichen Personen, Mitglieder des Clans *MacLeod,* umkamen. Die vom *Dunvegan Castle* zu Hilfe eilenden *MacLeod* besiegten in der darauffolgenden Clanschlacht die *MacDonalds,* von denen nur zwei Männer überlebten.

Auf der von **Sligachan** längs des *River Varrgill* nordwärts ziehenden A-850 erreicht man nach wenigen Fahrminuten **Portree,** die Inselhauptstadt und ihr touristisches Zentrum. Malerisch in einer schmalen Bucht gelegen, die von vielen Fischerbooten belebt wird, mit weiß gestrichenen Steinhäusern mit grauen Schieferdächern, charakteristischen Gasthöfen, Kneipen und Souvenirläden, umgeben von einem Kranz von Hügeln, wird Portree gerne von Feriengästen aufgesucht. Im 18. Jahrhundert war Portree noch ein wichtiger Hafen für Segelschiffe, die den Atlantik überquerten. Natürlich gibt es hier auch Erinnerungen an *Bonnie Prince Charlie,* der nach der verlorenen Schlacht von Culloden (→ Seite 156) bei strömendem Regen hier ankam, verkleidet, um nicht erkannt zu werden. Die Geschichte berichtet, daß er nichts anderes bei sich trug als ,,a bottle of brandy, a bottle of whisky, a cold chicken and four shirts''.

Zur Messezeit im Juli *(Agricultural Show)* und während der berühmten *Highland Games* im August ist hier Hochsaison.

Etwa 10 km nördlich von Portree steht der eigenartig geformte und als ,,Old Man of Storr'' bekannte schwarze Felsobelisk, der als Wahrzeichen der Gegend gilt. Ein anderer, noch weiter nördlich liegender Basaltfelsen trägt den Namen ,,Kilt Rock''. Viele vergleichen dieses seltsame Bergland der bis zu 700 m hoch aufragenden Felsentürme mit einer Mondlandschaft. Man lernt diese eigenwillige, gebirgige Halbinsel **Trotternish** am besten bei einer Rundfahrt auf der rund 69 km langen Küstenstraße (A-855 und A-856) ab Portree kennen, die zu den Felszinnen von **Quiraing,** nach **Kilmuir** (sehenswertes Folklore- und Heimatmuseum in vier strohgedeckten Cottages) und zu dem kleinen Dorf **Uig** führt, von wo aus die Fährschiffe zu den *Äußeren Hebrideninseln* fahren (→ Route 8). Am Kirchhof von **Kilmuir** ist Flora MacDonald bestattet (1790), die Gefährtin von ,,Bonnie Prince Charlie'', die ihm auch während seiner abenteuerlichen Flucht beistand. Ein keltisches Kreuz kennzeichnet das Grab der vielbewunderten Frau.

DIE INSEL RHUM

ist Eigentum des Nature Conservancy Council, einer Naturschutzbehörde, und die Heimat von vielen Hunderten von Hirschen. In die schottische Geschichte ging die kleine Insel im Jahr 1828 ein, als ihr Eigentümer die 350 Inselbewohner vertrieb (sie mußten nach Kanada auswandern), um Platz für achttausend Schafe zu bekommen, die als Erwerbszweig hier gezüchtet wurden. Später erwarb die Insel Lord Salisbury, der hier riesige Mengen von Rotwild aussetzte, um sich ein „Jagdparadies" zu schaffen. Als schließlich der Großindustrielle Sir George Bullough die Insel kaufte, ließ er sich 1902 einen prächtigen Palast bauen. Dieses Phantasieschloß **Kinloch Castle,** das den kleinen Fährschiffhafen in der *Scresort-Bucht* beherrscht, ist ein riesiger, schloßartiger Bau mit mächtigem Mittelturm und flankierenden Rundtürmen, rundumführenden Arkadengängen und zinnengekrönten Mauern und wird von April bis September als Hotel geführt. Viele der reich ausgestatteten Räume sind auch als Museum zugänglich, seit der *Nature Conservancy Council* 1967 Insel und Schloß erwarb.

Von hier aus kann man die Wälder und Weiden der hügeligen Insel erforschen, die als Ganzes zum Naturschutzgebiet erklärt wurde. Der südöstliche Teil der Insel ist gebirgig, die Berge steigen über 800 m an.

DIE INSEL EIGG

befindet sich in Privatbesitz und bietet als einzige der sogenannten „Small Isles" auch verschiedene Ferienaktivitäten. Man kann Fahrräder, Boote und Ponies mieten und damit die Insel und ihre Küste erforschen. Im Nordwesten liegen die eigenartigen, durch den kräftigen Atlantikwind zum Tönen gebrachten „Singing Sands". Höchste Erhebung ist der 393 m hohe *An Sgurr,* nahe beim kleinen Hafen an der Südostküste.

Durch die unrühmlichen Kämpfe der verfeindeten Clans *MacLeod* und *MacDonald* ging die Insel auch in die schottische Geschichte ein: 1577 töteten die MacLeods alle 400 Inselbewohner, nachdem sie sie in die *St. Francis*-Grotte getrieben und dort Feuer gelegt hatten.

Die kleinen Inseln **Canna** und **Muck** sind Farmland und befinden sich ebenfalls in Privatbesitz. Es gibt aber Cottages zu mieten und es gibt auch Leute, die dort in Ruhe und Abgeschiedenheit ihre Ferien verbringen.

11. Von Edinburgh über Perth und den Killiecrankiepaß nach Inverness

Wer es eilig hat, wird die schnellste Strecke (253 km) wählen: die A-90 von Edinburgh über die Forth-Bridge, dann auf der Autobahn (M-90) weiter nach Perth (67 km), wo man auf die A-9 überwechselt. Die Straße ist zum überwiegenden Teil gut ausgebaut, mehrere Umgehungsstraßen waren 1987 noch im Bau.

Je nachdem, wie es die vorgesehene Reiseplanung erlaubt, wird man da und dort eine Fahrtunterbrechung machen. Wenn man sich nicht weit von der Hauptstraße entfernen möchte, so lohnen gewiß Kinross (40 km), Perth (67 km), Dunkeld (91 km), Pitlochry (108 km), Blair Atholl (120 km), Kingussie (180 km), Aviemore (203 km) und Carrbridge (214 km) – um nur einige sehenswerte Orte an der Strecke zu nennen – einen Aufenthalt.

Landschaftlich bietet die Strecke zahlreiche Höhepunkte, fährt man doch von den Central Lowlands über die **Grampian Mountains** mitten hinein in das schottische Hochland, das auf Schritt und Tritt neue, überraschende Ausblicke bereit hat.

Das erste große Erlebnis stellt sich gleich nach dem Verlassen von Edinburgh* und der Auffahrt auf die Schnellstraße A-90 ein: die Überquerung der fjordartigen Meeresbucht **Firth of Forth** auf der 1964 eröffneten, 1800 m langen **Forth Road Bridge,** eine der längsten Hängebrücken Europas. Die weiter östlich den Forth überquerende Eisenbahnbrücke aus den Jahren 1883–1890 ist fast 2500 m lang. Nun geht es auf der Autobahn M-90 weiter. (Die Landstraßen verlaufen parallel zu ihr.) Im Osten erstreckt sich die Grafschaft und **Halbinsel Fife,** mit einer malerischen Küste, vielen charakteristischen Fischerdörfern, hübschen Ferienorten und Badestränden (→ Route 12).

Von der M-90 führt die *Abfahrt 2* nach **Dunfermline** (man kann auch direkt von der A-90 in die Stadt fahren), einem wichtigen Zentrum der Textilindustrie. Die ehemalige Hauptstadt Schottlands seit König Malcolm III. (11. Jh.) bis zur Vereinigung der schottischen und englischen Krone unter James VI. (James I. von England) im Jahr 1603, besitzt zahlreiche Sehenswürdigkeiten.

Die alte und die neue Brücke über den Forth.
Beide galten zur Zeit ihrer Fertigstellung (1890 und 1964)
als Wunderwerke der Technik.

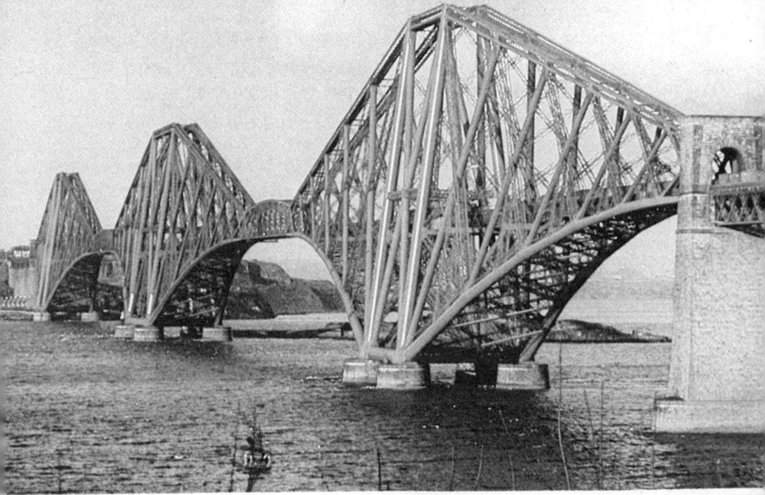

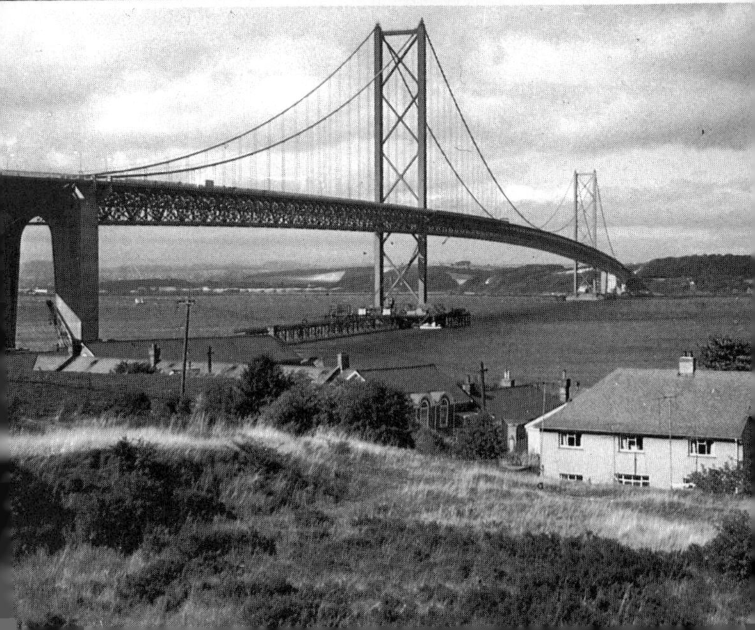

Die 1072 gegründete **Dunfermline Abbey** hat unter dem prächtigen normannischen Langhaus noch ihre Grundmauern aus dem 11. Jahrhundert bewahrt. Die Abteikirche enthält die Gräber mehrerer schottischer Könige, darunter (im Chor) auch jenes von *Robert the Bruce*. Von der ehemaligen Benediktinerabtei sind aber nur mehr Ruinen erhalten. Ihr Gästehaus ist später zu einem königlichen Palast umgestaltet worden, in dem u.a. Charles I. geboren wurde.

Sehenswert ist ferner das im *Pittencrieff Park* liegende, 1610 erbaute Herrenhaus der Lairds of Pittencrieff, das 1902 von Andrew Carnegie erworben wurde und das **Pittencrieff House Museum** (Gegenstände zur Stadtgeschichte, Bildergalerie, Kostümsammlung) beherbergt. Park und Haus sind eine Stiftung des berühmten amerikanischen Multimillionärs und Philantropen **Andrew Carnegie**, der 1835 in Dunfermline geboren wurde und über 3000 Museen und Bibliotheken in der ganzen Welt stiftete. Sein Geburtshaus („Weaver's cottage") in der Moodie Street ist gleichfalls museal zugänglich.

In der Abbot Street liegt die **Central Library** (die erste „Carnegie-Library" aus dem Jahr 1883) mit der **Murison Burns Collection,** die Bücher, Schriften, Bilder und Andenken an den Dichter Robert Burns enthält. Schließlich soll noch das **Dunfermline Museum** in Viewfield erwähnt werden, mit historischen und naturgeschichtlichen Sammlungen.

Die *Abfahrt 6* der M-90 führt nach **Kinross,** einer am Westufer des *Loch Leven* liegenden alten Stadt, die auch als Ferienort und internationales Anglerzentrum (Forellen) bekannt ist. Das *Kinross Museum* in der High Street beherbergt viele Gegenstände zur Stadtgeschichte, u.a. auch archäologische Funde. Sehenswert sind das mittelalterliche **Loch Leven Castle*** und das im 17. Jahrhundert erbaute **Kinross House*** mit prächtigen Gärten.

Etwa 3 km nordöstlich der Stadt liegt das aus der Zeit um 1500 stammende kleine **Burleigh Castle,** mit wuchtigem Wohnturm und eindrucksvollen Ruinen. James VI. weilte oft hier als Gast.

Man überquert jetzt die östlichen **Ochili Hills,** fruchtbares Weide- und Ackerland, und gelangt zur *Abfahrt 10,* wo man sich entscheiden muß, ob man in **Perth** einfährt, oder gleich auf die A-9 überwechselt. In **Perth*** endet die Autobahn. Eine Beschreibung der historischen alten Stadt, die man auf seiner Reise in den Norden gewiß nicht „auslassen" sollte, finden Sie auf Seite 299.

Die Weiterfahrt auf der A-9 ist problemlos, die meisten kleinen Orte werden umfahren. Sehr lohnend ist ein Aufenthalt in **Dunkeld,** das malerisch am *River Tay* liegt und als Ferienort wie als Anglerzentrum (Lachse, Forellen) beliebt ist. Die Pfarrkirche des

14

15

16 Royal Highlanders

Ortes war im Mittelalter der Chor einer großen Kathedrale, die auf eine Kirche aus dem 9. oder 10. Jahrhundert zurückging. Von der Kathedrale des 12./13. Jahrhunderts sind nur mehr Ruinen erhalten. Die heutige Kriche, immer noch **Dunkeld Cathedral** benannt, stammt großteils aus dem 15. Jahrhundert.

Der Ort **Dunkeld** wurde 1689 in einer Schlacht zwischen Regierungstruppen und Jakobiten niedergebrannt und erst Ende des 17. und 18. Jahrhunderts wiederaufgebaut. Aus der Zeit kurz nach 1689 stammen die charakteristischen **Little Houses** in der Cathedral Street und High Street, die sehr gut restauriert wurden und unter Denkmalschutz stehen. Auch der Marktplatz wird von hübschen kleinen Häusern gesäumt. In seiner Mitte erhebt sich auf einem schweren Sockel das imponierende **Marktkreuz,** mit einem auf vier Säulen ruhenden Baldachin und spitzem Dach. Ein kleines Museum *(Scottish Horse Museum)* enthält Erinnerungen an ein berühmtes schottisches Kavallerieregiment. Eine bemerkenswerte siebenbogige Brücke von *Thomas Telford* (1809) führt nach **Little Dunkeld** am andern Flußufer. Dort wurde der Komponist *Niel Gow* (1727–1807) geboren, dessen Lieder und Tänze heute noch überall bekannt sind.

Ein lohnender Abstecher führt zu der 1,5 km südwestlich liegenden **Hermitage** mit der „Ossian's Hall" (1758), von wo aus man einen schönen Ausblick über den *Braan River* genießt. Nahebei wird eine fast 50 m tiefe, romantische Schlucht von einer *Rumbling Bridge* überspannt. Eigentlich sind es zwei Brücken, eine alte und eine moderne, die auf die ältere hinaufgebaut wurde.

Ein anderer Abstecher führt zu dem 3 km östlich liegenden **Loch of the Lowes,** mit waldreichen Ufern und vielen Wasservögeln. Überall gibt es schöne Wanderwege.

Die A-9 folgt dem Lauf des *River Tay* und bietet schöne Ausblicke auf die immer näher herantretenden Berge. In **Ballinluig** zweigt links die A-827 nach Aberfeldy und zum Loch Tay ab. **Aberfeldy** liegt 16 km westlich von Ballinluig. Auf der Fahrt dorthin passiert man **Grandtully,** mit sehenswerter *St. Mary's Church* aus dem 16. Jahrhundert, die eine bemalte Decke aus dem 17. Jahrhundert besitzt. Links neben der Straße erhebt sich **Grandtully Castle*** aus dem 16. und 17. Jahrhundert.

Aberfeldy ist ein hübscher Ferienort und Ausgangspunkt für Wanderungen und Fahrten in die umliegenden Wälder, zu romantisch liegenden kleinen Lochs und zum 10 km weiter westlich liegenden, 24 km langen **Loch Tay,** der zu den schönsten großen Seen seiner Region und zu den reichsten Fischwässern (Lachse) des Landes zählt. Fischen, Rudern, Segeln und Ponytrekking sind dort die beliebtesten Ferienvergnügen.

Am Nordrand von Aberfeldy verdient **General Wade's Bridge** Beachtung. Die fünfbogige, ungewöhnlich verzierte Brücke über den Tay, mit erhöhtem Mittelteil und vier flankierenden Obelisken, wurde 1733 von *Wade* in Fortsetzung der Militärstraße geplant, die er in das zentrale Hochland bauen ließ, um rascher gegen die rebellierenden Hochland-Clans vorrücken zu können. Errichtet wurde sie von *William Adam,* einem bekannten Architekten seiner Zeit. An der nördlichen Seite der Brücke erinnert das **Black Watch Memorial** an das berühmte „Black Watch" *Royal Highland Regiment* (in Perth ist ihm ein eigenes Museum gewidmet), das sich vor allem im 18. Jahrhundert in vielen Kämpfen auszeichnete. Im benachbarten Ort **Weem** liegt

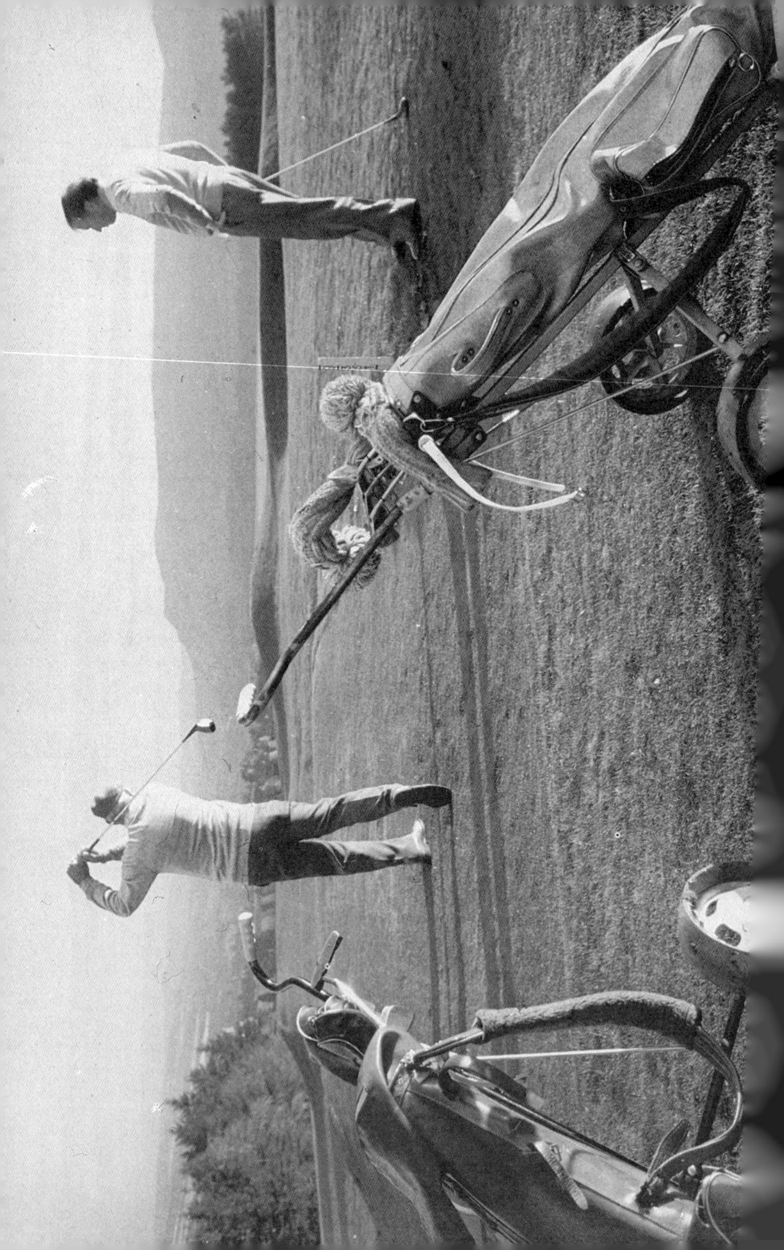

Castle Menzies, Sitz des gleichnamigen Clans, ein hervorragend restauriertes, befestigtes Schloß aus dem 16. Jahrhundert mit Turmhaus, Herrenhaus mit runden Ecktürmen, Kegeldächern und hohen Giebeln. Das Schloß beherbergt das interessante **Clan Menzies Museum.**

Unter den zahlreichen landschaftlichen Schönheiten Aberfeldys ragen die **Falls of Moness** im Süden des Ortes heraus. 14 km weiter nordwestlich liegt an der B-846 der **Glengoulandie Deer Park,** ein Wildpark mit vielen einheimischen Tieren in ihrer natürlichen Umgebung, und einigen Raubtieren.

Die Landschaft wird immer eindrucksvoller, großartiger, und mitten darin liegt am *River Tummel* der Ferienort **Pitlochry,** dessen Sommerfestspiele (Theater, Konzerte) im neuen *Festival Theatre* („Theatre in the Hills") im ganzen Land bekannt sind. Ein 18-Loch Golfplatz, Ponytrekking, reiche Fischwässer und viele andere Attraktionen, nicht zuletzt auch die zahlreichen guten Hotels, tragen zur Beliebtheit dieses Ferienortes bei, in dem man im Sommer mehr Deutsch, Französisch oder Holländisch sprechen hört als Schottisch. Sehenswert ist die mitten im Grünen liegende *West Church.*

Auf zwei Dinge möchte ich besonders hinweisen: auf den herrlichen Ausblick, den man von der etwa 400 m hohen **Height of Craigower** (im Nordwesten des Ortes) auf den 1090 m hohen *Schiehallion* im Westen hat (er wird gerne als „schönster Berg Großbritanniens" bezeichnet), und auf den Pitlochry-Staudamm mit dem durch Stauung des River Tummel entstandenen **Loch Faskally** (Bootfahren, Fischen), mit Aussichtsfenstern zur Beobachtung der Lachse im tiefen Wasser („Fish Ladder").

Die hier westlich abzweigende B-8019 führt zum **Tummel Forest Centre** am malerischen *Loch Tummel,* mit einer regionalen Ausstellung, einem teilweise freigelegten uralten „Ring-Fort", mit vielen Waldwanderwegen und zum **Queen's View,** einem großartigen Aussichtspunkt am See, der durch den Besuch von Queen Victoria 1866 berühmt wurde.

Wer hier in der Nähe seinen Urlaub verbringt, sollte die etwa 60 km lange Straße längs des **Loch Tummel,** des **Loch Dunalastair** und des **Loch Rannoch** bis zum abgeschiedenen **Moor of Rannoch** fahren. Die romantische, stimmungsvolle Hügel- und Seenlandschaft wird in unvergeßlicher Erinnerung bleiben.

Auch die Fahrt von Pitlochry auf der ostwärts abzweigenden A-924 durch die Schlucht **Glen Brerachan** und längs des River Ardle ist landschaftlich unendlich reizvoll.

Pitlochry ist eines der Golfsportzentren des Landes.

Kurz nach Pitlochry erreicht man den **Pass of Killiecrankie.** Der Engpaß war 1689 Schauplatz einer erbitterten Entscheidungsschlacht zwischen Engländern und Schotten, die schließlich letztere siegreich sah. (Das hier liegende *Visitor Centre* informiert eingehend darüber).

Die A-9 steigt nun ständig leicht an. Weiträumige Moorflächen treten an die Stelle der wildreichen Wälder, da und dort grüßen Tafeln am Straßenrand: „Ceud Mile Fàilte" (aus dem *Gaelic* übersetzt: Hunderttausendmal Willkommen!).

In **Blair Atholl** kann man noch eine 1613 erbaute Wassermühle *(Meal and Flour Mill)* in Betrieb sehen, in der heute noch Mehl gemahlen wird. Auch von diesem Ferienort aus lassen sich schöne Ausflüge in ganz einsame, romantische Bergtäler unternehmen. Sehenswert ist **Blair Castle***, der Sitz des Herzogs von Atholl und Chief des Murray-Clans.

Wo die Bahnlinie die Straße überquert, liegen rechts die **Bruar Falls.** Im kleinen Ort **Calvine** befindet sich das *Clan Donnachaidh Museum,* das viel über Clangeschichte und über die Jakobitenaufstände von 1715 und 1745 informiert.

Die Straße zieht – parallel zur Bahnlinie – durch das Tal des *River Garry,* an **Dalwhinnie** (links Abzweigung zu dem einsam liegenden, langgestreckten *Loch Ericht*) und am bekannten Ferienort **Newtonmore** (besuchenswertes *Clan Macpherson Museum*) vorbei. Hier mündet die von Fort William kommende und am Loch Laggan vorbeiziehende A-86 in die A-9.

Newtonmore ist der Ausgangspunkt von geführten Ausritten mit Highland-Ponies mitten hinein in die wilden und trostlosen **Monadhliath Mountains,** wo man am 930 m hohen *Carn Barn* noch die Adler kreisen sieht.

Das am *River Spey* liegende **Kingussie** ist wiederum ein beliebter Ferienort und besitzt mit seinem *Highland Folk Museum* eine richtige Touristenattraktion: ein Freilichtmuseum mit vielen charakteristischen Hochlandbauten, Sammlungen alter Waffen, Trachten, Musikinstrumenten usw.

Am Südrand des Ortes liegen an der Stelle einer früheren Burg des „Wolf of Badenoch" die 1716–1718 zum Schutz gegen die kriegerischen Hochland-Clans erbauten **Ruthven Barracks.** 1734 ließ sie *General Wade* verstärken. Nach der furchtbaren

---

Nahe bei Blair Atholl liegt das berühmte Castle.

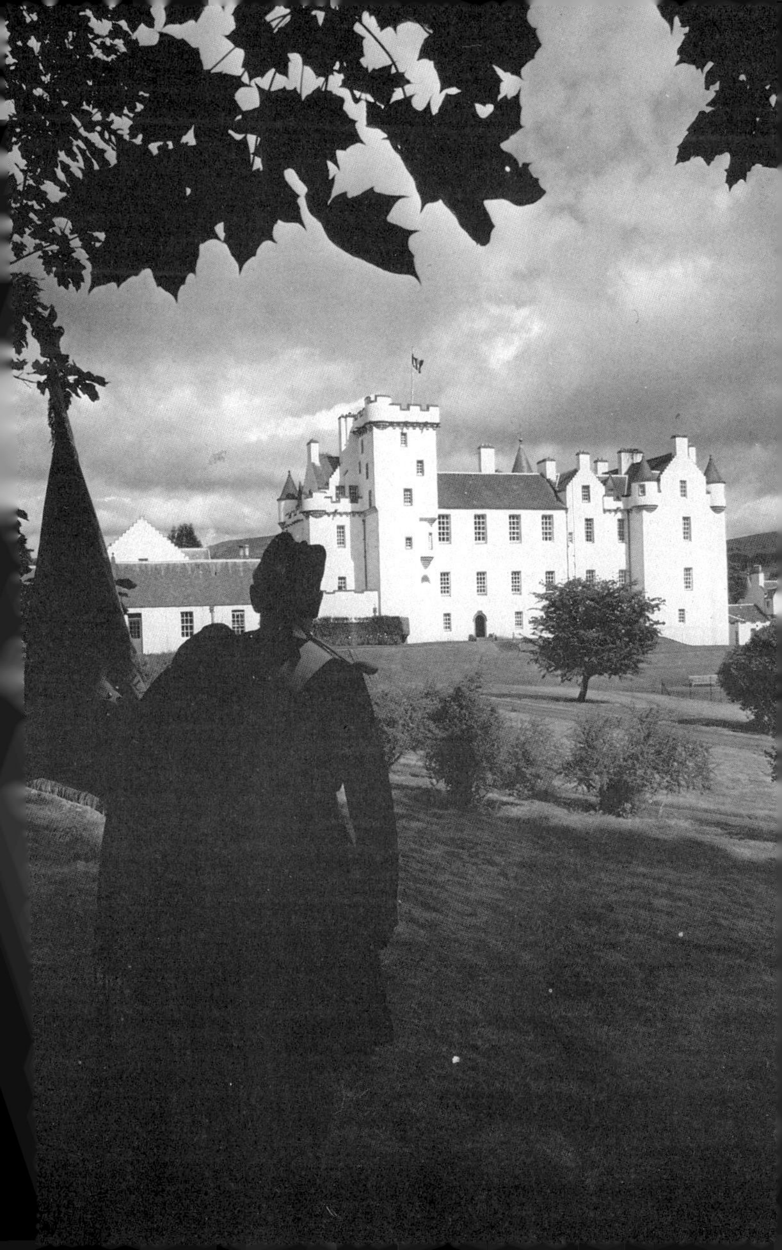

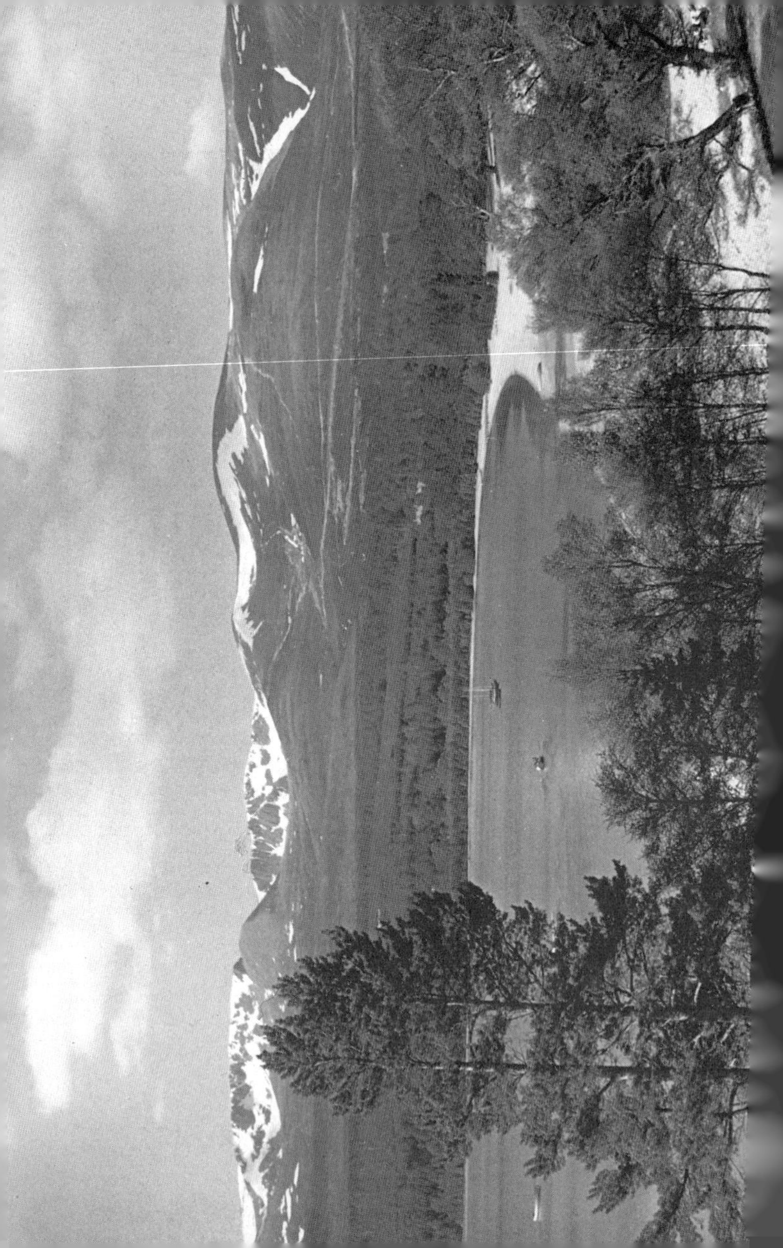

Niederlage bei *Culloden* zogen sich die geschlagenen Reste der Highlanders von Bonnie Prince Charlie's Armee hierher zurück, wo die Clan-Chiefs den Prinzen erwarteten, um sich neuerlich zur Schlacht zu stellen. Dieser aber sandte nur einen Abschiedsbrief und begab sich auf die Flucht. Als die Schotten ihre hoffnungslose Lage erkannten, brannten sie die Kaserne nieder, um sie nicht in Feindeshände fallen zu lassen. Ihre Ruinen künden heute noch von einem der tragischsten Geschehen in der schottischen Geschichte.

Etwa 4,5 km nach der Ausfahrt aus Kingussie sieht man neben der Straße des *Macpherson Monument,* einen Obelisken, der an den schottischen Dichter *James „Ossian" Macpherson* (1736–1796) erinnert. Wenig später führt eine Zufahrt in den **Highland Wildlife Park,** mit allen Hochlandtieren, Rotwildherden, Bisons, auch Wölfen, Wildkatzen u.v.a. In Vogelflugkäfigen werden Adler, schottische Auerhähne und andere Vögel gehalten. Angeschlossen sind ein Kinderzoo und eine Ausstellung *Man and Fauna in the Highlands.*

Bei **Kincraig** liegt der malerische *Loch Insh* (Segeln, Paddeln). Die A-9 führt schließlich am kleinen *Loch Alvie* vorbei nach **Aviemore,** das sich mit seinem modernen „all-the-year-round holiday complex" in den letzten Jahren zu einem der größten Ferienorte Schottlands und zum bedeutendsten Wintersportzentrum (Sessel- und Skilifte, Skischulen) Großbritanniens entwickelt hat. Einkaufsläden, Hotels und Restaurants aller Kategorien, Bars, Discos, ein Theater und eine Konzerthalle, Eislaufplatz, Schwimmbad, Go-kart Track, ein eigenes „Santa Claus Land" für Kinder, ein Vergnügungspark, das **Cairngorm Pine Forest Centre** mit vielen Wildtieren und zahlreiche andere Ferienattraktionen locken Jahr für Jahr eine steigende Urlauberzahl an.

Etwa 4 km südlich liegt an der B-970 das **Loch-An-Eilean-Visitor-Centre,** mit interessanter Ausstellung über die Geschichte des charakteristischen schottischen Kiefernwaldes von der Eiszeit bis heute..

Ein lohnender Abstecher führt zum malerisch gelegenen **Loch Morlich** (Rudern, Segeln) und zum **Reindeer House,** wo man in Begleitung eines Hirten die einzige Rentierherde in Großbritannien besuchen kann.

Hier erstreckt sich der **Glenmore Forest Park,** ein prachtvoller Nadelwald in den **Cairngorms,** mit Hirschen, Rehen, Wildkatzen, Goldadlern, Schneehühnern, Auerhähnen u.v.a. Markierte Wanderwege und ein ganzjährig verkehrender Sessellift *(Cairngorm Chairlift)* erschließen dieses Gebiet, das zu den wildreichsten in Großbritannien gehört. Bei der Bergstation des Sessellifts befindet sich in etwa 1060 m Höhe das höchstgelegene Restaurant Großbritanniens. Von hier aus genießt man einen wundervollen Ausblick.

Im Sommer ist der Glenmore Forest Park mit dem Loch Morlich
ein beliebtes Wandergebiet, im Winter sind die hier
ansteigenden Cairngorm Mountains ein Wintersportzentrum.

Nach Aviemore zweigt rechts von der A-9 die A-95 ab und bietet die Möglichkeit für einen Abstecher zu dem naheliegenden Ferienort **Boat of Garten** am *River Spey,* und dem etwas weiter östlich liegenden Naturschutzgebiet **Loch Garten,** wo man von einer besonderen Stelle aus Meeradler beobachten kann, die hier nisten. Die Zufahrt ist nur gestattet, wenn Meeradler anwesend sind. (An den Wochenenden zwischen Mai und Mitte Oktober verkehrt auch ein Dampfzug, die *Strathspey Railway,* zwischen Aviemore und *Boat of Garten*).

Die A-95 führt durch das ganze Tal des Spey **(Strathspey)** über *Craigellachie* (bemerkenswerte Eisenbahnbrücke von Thomas Telford, 1814) und *Keith* zur Nordseeküste und mündet dort in die A-98. Man durchfährt dabei ein Gebiet, in dem der berühmte „Scotch" hergestellt wird. Wegweiser führen zu dieser und jener **Whisky Distillery,** wo man zumeist auch als Tourist willkommen ist und der Produktion zusehen darf.

Die A-9 führt westlich an **Carrbridge** vorbei, einem vor allem bei Anglern beliebten Ferienort. Carrbridge wurde aber auch durch sein *Landmark Visitor Centre* bekannt: eine audio-visuelle Filmschau über zehntausend Jahre Highland-Geschichte, ein Skulpturenpark, ein *Tree Top Trail* und andere Attraktionen.

In *Tomatin* kann man eine Whiskybrennerei *(Tomatin Distillery)* besuchen, mit Vorführung der wichtigsten Arbeitsgänge. Wenig später führt rechts eine Zufahrt zu **Loch Moy.** Ehe man Inverness erreicht, führt wiederum rechts eine Zufahrt (B-9006) zu **Culloden Moor,** wo am 16. April 1746 die alles entscheidende Schlacht zwischen den Hochland-Clans unter Bonnie Prince Charlie und den Engländern unter dem Herzog von Cumberland stattfand. Die Schlacht dauerte nur knapp 40 Minuten. Unter den 1500 Gefallenen waren 1200 Highlanders.

Man besichtigt in der Regel die 1881 errichtete große Gedenkstätte, die *Graves of the Clans* (Steinblöcke mit den Namen der Clans kennzeichnen die Gräber), das *Old Leanach Farmhouse* mit dem **Battle Museum,** und den großen „Cumberland Stone", von dem aus der siegreiche Duke of Cumberland die Schacht beobachtete. Es gibt auch ein *Visitors Centre* hier.

Nur wenig weiter östlich liegen die **Clava Cairns,** eine Gruppe aufrecht stehender Steine aus der Bronzezeit.

Noch ehe die A-9 das Meer erreicht und auf einer modernen Brücke den *Moray Firth* quert, zweigt man links ab nach **Inverness.** Die „Capital of the Highlands" genannte Stadt liegt am inneren Ende des *Moray Firth* und ist ein führendes Einkaufs- und

Ferienzentrum des nordwestlichen Hochlandes. Die Stadt wird von dem hoch über dem *River Ness* thronenden **Inverness Castle*** beherrscht, das in der Geschichte der Stadt immer eine bedeutende Rolle gespielt hat (→ Seite 60).

Auf der Terrasse der Burg zeigt ein großes Denkmal **Flora Macdonald,** die einfache Bauerntochter von den Hebriden, die Bonnie Prince Charlie nach seiner Niederlage bei Culloden zur Flucht verholfen hat. Sie verbarg ihn, stattete ihn mit Frauenkleidern aus und geleitete ihn nach Skye, wo ihn ein Schiff in Sicherheit brachte.

Andere Sehenswürdigkeiten der Stadt sind die *St. Andrew's Cathedral* (19. Jh.), das neugotische Rathaus (1878) und das davor stehende *Mercat Cross,* das aus dem 16. Jahrhundert stammende und ausgezeichnet restaurierte **Abertarff House** *(Church Street)*, das heute die *An Comann Gaidhealach* beherbergt, die Highland-Vereinigung zum Schutz der keltischen Sprache *(Gaelic)* und Kultur, mit interessanter Ausstellung.

Das **Inverness Museum** beherbergt zahlreiche Erinnerungsstücke an die Jakobiten, aber auch eine Kunstgalerie, Sammlungen von Dudelsäcken u.v.a. Die **Exhibition of the Scottish Highlander** (4–9, Huntly Street) ist eine Ausstellung über die Pikten, die alten schottischen Könige, die Clan-Chiefs, über Whisky, Dudelsäcke, Kilts und alles andere, was mit dem schottischen Hochland zusammenhängt.

Auskünfte erhält man im *Inverness Tourist Board,* 23 Church Street.

12. Von Edinburgh über Dundee nach Aberdeen und weiter nach Fraserburgh und Banff

Wer es eilig hat wird von Edinburgh über die *Forth Bridge* und die Autobahn M-90 bis Perth, dann auf der Schnellstraße A-85 bis Dundee und weiter auf der Küstenstraße A-92 bis Aberdeen fahren. Diese Strecke ist 214 km lang. (Von Edinburgh nach Perth: 67 km; von Perth nach Dundee: 35 km; von Dundee nach Aberdeen: 112 km.)

Die Strecke von Edinburgh nach Perth finden Sie in der Route 11 beschrieben. Als Alternative zur ersten Teilstrecke bietet sich die Fahrt von Edinburgh über Kirkcaldy quer durch die Halbinsel Fife nach Dundee an, wobei man **Fife** entweder auf der A-92 durchqueren, oder die (unwesentlich) längere A-915 über Leven und St. Andrews benutzen kann. Auf der A-92 sind es (von Edinburgh) nach Dundee 91 km, auf der A-915 etwa 102 km.

Die Region (Grafschaft) **Fife** bedeckt das Gebiet des alten **Kingdom of Fife** der Pikten. Die Halbinsel besteht hauptsächlich aus Agrarland, mit einigen Industrien am *Firth of Forth,* und einer langen Küstenlinie mit vielen malerischen Fischerdörfern und Fischereihäfen. Schöne Sandstrände, ausgezeichnete Möglichkeiten zum Segeln und vor allem die prachtvoll liegenden Golfplätze von St. Andrews, der „Welthauptstadt des Golfs", locken viele Feriengäste und Touristen an.

Man verläßt Edinburgh* auf der A-90 wie in der Route 11 beschrieben, und fährt über die *Forth Road Bridge* nach **Rosyth,** wo man rechts auf die A-92 abbiegt.

Etwa 1500 m nach der Brückenabfahrt führt rechts eine Zufahrt zum **Inverkeithing Museum,** das in der 1384 gegründeten *Old Friary* von *Inverkeithing* untergebracht ist. Es enthält viele Erinnerungen an die reiche historische Vergangenheit dieses Gebiets. (Das Museum ist montags und dienstags geschlossen.)

Gleich nachdem man auf die A-92 abgebogen ist, führt rechts eine Zufahrt zur *St. Bridget's Church* von **Dalgety,** die 1244 erbaut wurde und von der noch eindrucksvolle Ruinen erhalten sind. Wenig später erreicht man **Aberdour,** einen Urlaubsort mit Sandstrand und beliebtem Yachthafen. Sehenswert sind die Ruinen von **Aberdour Castle;** die Burg wurde vor über 600 Jahren erbaut, im 16. und 17. Jahrhundert auch verändert und vergrößert. Aus dem 14. Jahrhundert ist noch der Turm erhalten. Bemerkenswert ist auch die Pfarrkirche *St. Fillans,* teils normannisch, teils aus dem 16. Jahrhundert.

Wer an Goldschmiedearbeiten interessiert ist, kann in der *High Street* den **Moray Workshop** (in einem ehemaligen Spitalsgebäude des 18. Jh.) besuchen, wo die Bearbeitung von Gold und Silber zu Schmuckstücken vorgeführt wird.

Mit dem Fährboot kann man auch einen Ausflug zur **Abbey of St. Columba** auf der **Inchcolm-Insel** unternehmen, die der Küste vorgelagert ist. König Alexander I. gründete sie 1123 zum Dank für seine Rettung nach einem Schiffbruch. Aus dem 12./13. Jahrhundert sind noch zahlreiche Klostergebäude, darunter auch ein schönes, achteckiges Kapitelhaus zu sehen. An den Chorwänden der Kirche sind noch Reste mittelalterlicher Fresken erhalten.

In **Burntisland,** dem nächsten Ort an der A-92, ist die *Church of St. Columba* (16. Jh.) sehenswert. Tafelmalereien an der Galerie zeigen Schiffe und nautische Instrumente; Beachtung verdient auch ein ungewöhnlicher, dreiseitiger Kirchenstuhl aus dem 17. Jahrhundert. Der achteckige Kirchturm stammt aus dem 18. Jahrhundert. In der *High Street* liegt ein Museum mit historischen Sammlungen und einer Schiffsbauausstellung. Es folgt **Kinghorn** mit einer Zufahrt zu „King's Crag" mit dem Denkmal von König Alexander III., der 1286 hier bei einem Sturz vom Pferd den Tod fand.

Kirkcaldy ist sowohl ein Touristenzentrum wie auch eine Industriestadt und seit 1847 Zentrum der Linoleumherstellung. Hier gibt es mehrere besuchenswerte Museen. Beim Bahnhof liegt das *Kirkcaldy Museum* mit stadtgeschichtlichen und naturhistorischen Sammlungen, einer Ausstellung der bekannten *Wemyss Ware* Keramiken und eine Gemäldegalerie mit Werken schottischer Künstler seit dem 18. Jahrhundert. Ebenfalls nahe am Bahnhof liegt in der *Abbotshall Road* das *Industrial Museum*, das einen Überblick über die regionalen Industrien bietet und auch eine Sammlung alter Pferdewagen enthält. In der *Bennochy Road* liegt das *Adam Smith Centre* mit einem Theater und einer Kunstausstellung.

Im nördlichen Nachbarort **Dysart** bietet das *John McDouall Stuart Museum* Informationen über den berühmten Forscher, der 1861 Australien durchquerte. Das Museum ist in seinem Geburtshaus untergebracht. Die zahlreichen „Little Houses" aus dem 17./ 18. Jahrhundert sind ebenso wie der pittoreske Hafen ein beliebtes Motiv für Maler und Fotografen. Auf einem Felsvorsprung zwischen Kirkcaldy und Dysart liegen die imposanten Ruinen des um 1460 von James II. erbauten *Ravenscraig Castle*.

A) Über Cupar nach Dundee

Die A-92 biegt jetzt landeinwärts ab. Kurz nach **Glenrothes** lohnt sich ein Aufenthalt beim **Balbirnie Craft Centre,** wo acht Handwerksbetriebe die Herstellung ihrer Waren (darunter Keramiken, Silberschmiedearbeiten und Lederwaren) zeigen.

Ein kurzer Abstecher führt links auf der A-912 nach **Falkland,** das mit seinen altertümlichen Gassen und schönen alten Häusern gerne von Touristen besucht wird. Bemerkenswert sind vor allem Key House (1713), Cameron House und Brunton House. Aus dem Jahr 1801 stammt das *Town House*, mit seinem achteckigen Glockenturm. Rund um den *Bruce Fountain* verlaufen mehrere charakteristische, enge Straßen, mit alten Weberhäusern aus dem 18. Jahrhundert.

Wichtigste Sehenswürdigkeit ist der **Royal Palace of Falkland,** eine Residenz der Stuart-Könige. Der 1501–1542 im Renaissancestil erbaute Palast war der Lieblingssitz von James V. und seiner Tochter Maria Stuart. Hier war es auch, wo James V. wenige Stunden nach der Nachricht über die Geburt seiner Tochter (Maria Stuart) starb. Von James VI. wurde der Palast gerne als Jagdsitz bewohnt.

Der Palast kann von April bis Oktober montags bis samstags (im Oktober nur samstags) ganztägig, sonntags nur an Nachmittagen, besichtigt werden. Unter den prachtvoll ausgestatteten Räumen des 16. und 17. Jahrhunderts ragen die reich geschmückte **Chapel Royal** und das königliche Schlafzimmer **(The King's Bed Chamber),** mit kostbaren Täfelungen, Tapisserien und einem prächtig geschnitzten „Himmelbett" mit Baldachin, heraus. Die im 17. Jahrhundert angelegten **Gärten** wurden im alten Stil erneuert. Hier liegt auch der aus dem Jahr 1539 stammende *Royal Tennis Court,* der älteste Tennisplatz Großbritanniens.

Dem Palast gegenüber liegt das aus dem Jahr 1610 stammende **Moncrief House,** das von einem Leibwächter des Königs James VI. bewohnt war.

Kurz vor *Cupar* zweigt von der A-92 rechts die A-916 ab, auf der man einen Abstecher zum Herrenhaus **Hill of Tarvit** machen kann. Das aus dem Jahr 1696 stammende Haus wurde im 17. und 18. Jahrhundert erweitert und schließlich 1906 von dem bekannten Architekten *Sir Robert Lorimer* grundlegend restauriert. Es enthält eine außergewöhnlich schöne Sammlung alter Möbel, kostbares Porzellan, Tapisserien und eine Gemäldegalerie. Die sehr sehenswerten Gärten (mit Spazier- und Wanderwegen über die Hügel, Picknickplätzen) sind ganzjährig, das Haus selber nur von Ostern bis September täglich außer freitags an Nachmittagen (im Oktober nur samstags und sonntags) geöffnet.

Etwas weiter südlich steht der zwischen 1550 und 1579 erbaute fünfstöckige **Scotstarvit Tower,** der im 17. Jahrhundert dem berühmten Geographen und Planzeichner *Sir John Scot* als Wohnsitz diente.

Cupar ist das Verwaltungszentrum von Fife und eine wichtige Marktstadt für die landwirtschaftlichen Produkte dieser Gegend. Sehenswert sind die *Old Parish Church* (15. Jh.) mit einem Turm von 1620, und das „The Cross" genannte Marktkreuz aus dem Jahr 1683. Wunderschön ist auch der Stadtpark *Douglas Bader Garden,* mit terrassenförmigen Blumenbeeten, einem Felsengarten mit Wasserfall und Brunnen, und einem *Open-Air-Theatre.*

Nur etwa 3,5 km südöstlich von Cupar liegt **Ceres,** mit seinem viel beachteten **Fife Folk Museum** im *Tolbooth Weigh House* (17. Jh.) in der altertümlichen *High Street.* Es gibt einen umfassenden Überblick über das Leben und die landwirtschaftliche Entwicklung von Fife. Beachtung verdienen auch die malerische alte *Bishop's Bridge* und die *Ceres Church* aus dem Jahr 1806.

Kurz nach *Cupar* führt rechts eine Zufahrt nach **Dairsie,** mit schöner Kirche aus dem Jahr 1621, und malerischer, dreibogiger Brücke (Dairsie Bridge) über den *River Eden.* Die Steinbrücke ist über 450 Jahre alt. Vom ehemaligen *Dairsie Castle* sind nur mehr wenige Ruinen erhalten.

Wenig später führt von der A-92 eine andere Abzweigung rechts zu dem naheliegenden **Leuchars,** das wegen seiner prachtvollen normannischen Kirche (12. Jh.), einer der besterhaltenen in Schottland (die moderne Kirche ist an sie angebaut), einen Besuch lohnt. Chor und Apsis sind noch unverändert erhalten. Der Glockenturm über der Apsis stammt aus dem 17. Jahrhundert. Am Ostrand von Leuchars steht mitten in bewaldetem Parkland das **Earlshall Castle,** ein wehrhaftes Schloß aus dem 16. und 17. Jahrhundert, das 1891 von Sir Robert Lorimer restauriert wurde. Hauptattraktion ist die wundervoll bemalte Decke in der *Long Gallery,* aber auch die anderen Räume sind mit Malereien und Holztäfelungen geschmückt. Das Schloß enthält viele Erinnerungsstücke an die Jakobitenaufstände, eine hervorragende Sammlung alter schottischer Waffen (darunter breite Schwerter und Rüstungen), Gegenstände aus der Keltenzeit und Kunstsammlungen. Berühmt ist der Schloßgarten mit seinen Zierbäumen und gestutzten Bäumen in der Form von Schachfiguren. Das Schloß ist in der Regel von April bis September mittwochs bis sonntags geöffnet.

Nordöstlich von Leucars erstreckt sich bis zur Küste das Naturschutzgebiet von **Tentsmuir Point** (Zufahrt auf der A-919 oder B-945), mit Wald, weiten Marschen, hohen Dünen und weiten Sandflächen.

Knapp ehe man den *Firth of Tay* erreicht, lohnt sich ein weiterer Abstecher links zu der am Südufer des *Tay* liegenden **Balmerino Abbey,** einem 1229 von Alexander II. auf Wunsch seiner Mutter, *Queen Ermengarde* (Witwe nach *William the Lion*), gegründeten Zisterzienserkloster, das 1559 in den Glaubenskriegen zerstört wurde. Die genannte Königin ist unter dem Hochaltar bestattet.

Die A-92 mündet schließlich mit der A-914 zusammen und führt über die zweieinhalb Kilometer lange, 1966 eröffnete **Tay Bridge,** die auf 42 Säulenpaaren im *Firth of Tay* verankert ist, nach **Dundee.**

Fast 3,5 km lang ist die weiter westlich den Tay überspannende Eisenbahnbrücke, die 1883-1888 neu erbaut werden mußte, nachdem sie 1879 während eines Wintersturms samt einem Eisenbahnzug einstürzte. (Dieses Ereignis inspirierte *Theodor Fontane* zu seiner berühmten Ballade „Die Brück' am Tay".)

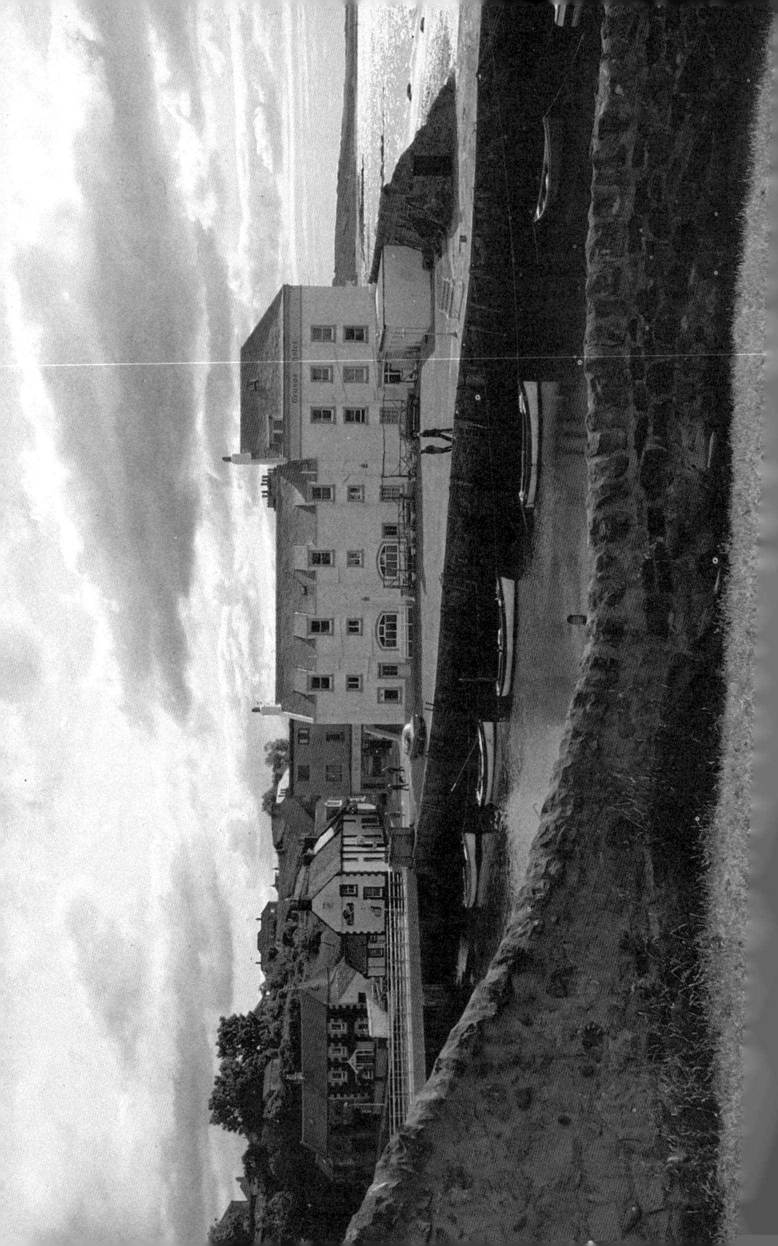

B) Über St. Andrews nach Dundee

Wenn man von *Kirkcaldy* (→ oben) die A-915 zur Weiterfahrt wählt, so lohnt sich rechts die Einfahrt in das typische Fischerstädtchen **Buckhaven.** Selbst das Ortsmuseum in der *College Street* ist fast ausschließlich der Fischerei gewidmet. Vom nördlichen Nachbarort **Leven** erstreckt sich längs der **Largo Bay** ein langer Sandstrand. In **Lower Largo** erinnert die *Robinson Crusoe Statue* an den 1676 hier geborenen *Alexander Selkirk*, der 1704 von Seeleuten auf der einsamen Insel *Juan Fernandez* ausgesetzt und erst 1709 von dort gerettet wurde. Selkirk diente *Daniel Defoe* als Vorbild zu seinem berühmten Robinson-Roman.

Auf der A-915, die jetzt landeinwärts abbiegt, erreicht man rasch die beliebte Sommerfrische **St. Andrews,** mit feinem Sandstrand, ausgezeichneten Wassersportmöglichkeiten und vier der schönsten 18-Loch-Golfplätze Großbritanniens. Hier wurde 1754 der erste Golfclub der Welt gegründet. Der „Royal and Ancient Golf Club", der in einem vornehmen viktorianischen Gebäude untergebracht ist, ist das Mekka der Golfspieler aus aller Welt. Der „Old Course" ist der älteste Golfplatz der Welt; hier wurde schon im 15. Jahrhundert Golf gespielt.

*Das Denkmal des „Robinson"
in Lower Largo*

---

*Der kleine Ferienort Lower Largo
an der Südküste der Halbinsel Fife
ist der Geburtsort von Alexander Selkirk,
dem Vorbild zu Defoes berühmter Romanfigur „Robinson Crusoe".
Direkt an der Küste liegt das traditionelle Crusoe-Hotel.*

St. Andrews darf sich aber auch rühmen, die älteste Universität Schottlands zu besitzen. Sie wurde 1410 gegründet, die Universitätsgebäude sind über die ganze Stadt verstreut. Sehenswert sind die *Church of St. Salvator* (15. Jh.), die jetzt als Kapelle der Colleges St. Salvator (1455) und St. Leonard (1512) dient, und das *St. Mary's College* (1537), mit einem bemerkenswerten Hof. Das College umschließt eine Bibliothek aus dem 17. Jahrhundert, in der 1645 das schottische Parlament tagte. Zu den weiteren Sehenswürdigkeiten zählen *St. Leonard's Chapel* (16. Jh.), das *Mary's House* (1523), die 1410 gegründete *Holy Trinity Church* mit einem Turm aus dem 16. Jahrhundert und die zahlreichen anderen Kirchen der Stadt.

Auch auf kulturellem Gebiet hat die Stadt einiges zu bieten. Das **Crawford Centre for the Arts** in der *North Street* ist ein Kulturzentrum mit Bilder- und Skulpturengalerie, Drama Studio und Workshop und wechselnden Ausstellungen. Das moderne *Byre-Theatre* in der *Abbey Street* trägt den Namen „Kuhstalltheater" nach einem alten, umgebauten Kuhstall, in dem früher die Vorstellungen stattfanden. In einem restaurierten Haus aus dem 16. Jahrhundert ist das *Museum of the St. Andrews Preservation Trust* untergebracht; es gibt einen umfassenden Überblick zur Stadtgeschichte.

Am westlichen Ende der *South Street* liegt **West Port,** eines der wenigen noch erhaltenen alten Stadttore Schottlands. Es stammt aus dem Jahr 1589 und wurde 1843 grundlegend renoviert. Der Torbogen wird von Brustwehren geschützt und von kleinen Wehrtürmen mit Schießscharten flankiert. Wichtigste Sehenswürdigkeit der Stadt ist aber zweifellos die auf dem *Kirk Hill* vor dem Hafenpier stehende **St. Andrews Cathedral.** Sie wurde 1161 gegründet und galt einmal als größte Kirche des Landes. 1559 wurde sie während der Reformation zerstört, später als Steinbruch verwendet; viele Häuser der Stadt sind aus ihren Steinen errichtet worden. Ihre Mauern umschließen heute weite Rasenflächen und einen Friedhof. Ebenfalls aus dem 12. Jahrhundert stammt die neben der Kathedrale stehende Kirchenruine von *St. Regulus* (auch *St. Rule's*), mit noch erhaltenem Turm. Er wurde um 1127 erbaut, eine Wendeltreppe von 158 Stufen führt hinauf und bietet einen sehr schönen Rundblick über die ganze Stadt. Ebenso besuchenswert ist das hier liegende *Cathedral Museum,* mit vielen alten kirchlichen Geräten und einem kostbaren Sarkophag.

Von der 1559 zerstörten St. Andrews Cathedral sind noch bemerkenswerte Baureste aus dem 12. Jahrhundert erhalten.

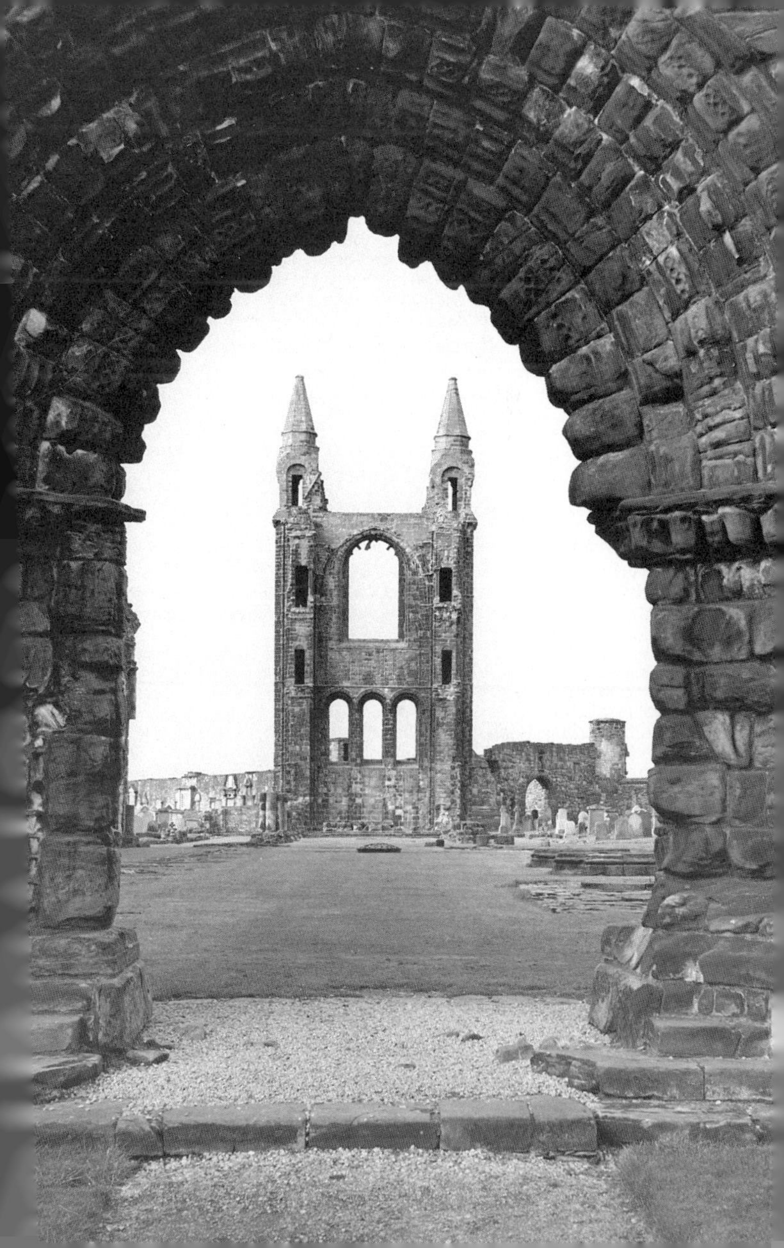

Nur wenige Schritte von der Kathedrale entfernt liegen an der Küste auch die Ruinen des um 1200 gegründeten **St. Andrews Castle,** einst Residenz des Bischofs, im 14. Jahrhundert erneuert und 1547 endgültig zerstört. Erhalten blieben nur Umfassungsmauern, ein Kerker (der etwa 7 m tiefe ,,Bottle Dungeon'') und ein unterirdischer Fluchtgang.

Zu den sehenswerten Parkanlagen zählen der **Botanische Garten** der Universität (Eingang: *Canongate*) und der **Craigtoun Country Park** im Süden der Stadt, mit Blumenbeeten und Glashäusern, einem ,,Italienischen Garten'', herrlichen Spazierwegen und Picknickplätzen, einem Bootsteich, einer Liliputbahn, einem ,,Holländischen Dorf'', vielen Sportplätzen, Restaurant, Cafeteria, Open-Air-Theatre u.v.a.

Man verläßt St. Andrews im Nordwesten auf der *Guardbridge Road* (A-91), fährt an den Golfplätzen vorbei, überquert den *River Eden* (rechts Zufahrten nach *Leuchar,* zum *Earlshall Castle* und zum *Tentsmuir Point National Nature Reserve;*(→ oben) und gelangt wenig später zur modernen *Tay Bridge.* Am jenseitigen Ufer des *Firth of Tay* liegt **Dundee** (→ unten).

Von Largo über Anstruther und Crail nach St. Andrews (40 km)

Wenn man die ,,East Neuk'' genannte Ostküste von Fife mit ihren sehr malerischen Fischerorten und Stränden kennenlernen will, muß man von **Largo** (→ oben) auf der A-921 nach *Earlsferry* fahren und dann auf der nahe an der Küste entlangführenden A-917.

Elie ist – ebenso wie das benachbarte **Earlsferry** ein beliebter Ferienort und besitzt eine ansehnliche Kirche aus dem Jahr 1726 und schöne alte Häuser in der *South Street.* In **St. Monans** ist die auf einem Felsen über dem Meer stehende *Auld Kirk* aus dem Jahr 1362 sehenswert. Ihr wuchtiger, viereckiger Turm wird von einem achtekkigen Pyramidenhelm gekrönt. Im Innern der Kirche erinnern das Modell eines Segelschiffs aus dem Jahr 1800 und das Wappen ,,Mare Vivimus'' an die Seefahrervergangenheit des Ortes. Vom Friedhof ober der Kirche hat man einen schönen Ausblick auf die Ruinen des *Newark Castle.*

Pittenweem ist das Zentrum der Fischereiflotte von ,,East Neuk'' und ein besonders malerisches Städtchen. In der Nähe des Hafens führt ein Weg zu **St. Fillan's Cave,** in der im 7. Jahrhundert der Heilige als Einsiedler gelebt hat. Augustinermönche gründeten im 12. Jahrhundert hier eine Priorei; das *Great House* und *Prior's Lodging* wurden 1935 restauriert. Schlüssel zur Grotte borgt man im Souvenirladen ,,The Gingerbread Horse'', 9 High Street.

Lohnend ist ein Abstecher auf der B-942 zu **Kellie Castle,** einem Schloß aus dem 16./17. Jahrhundert an der Stelle einer früheren Burg von 1360. Das Schloß wurde 1878 grundlegend restauriert und besitzt sehenswerte Innenräume mit kunstvollen Stuckarbeiten und Tafelmalereien. Die Schloßgärten sind das ganze Jahr über zugänglich, das Schloß selber von Anfang Mai bis September täglich außer freitags an Nachmittagen, im Oktober nur samstags und sonntags.

Anstruther, im Volksmund ,,Anster'' genannt, besitzt noch schöne und charakteristische alte Häuser mit Treppengiebeln und roten Schindeldächern aus dem 17. und 18. Jahrhundert, vor allem in der *Castle Street, Shore Street* und an der *Esplanade.* In den als „St. Ayles" bekannten alten Fischereihäusern am Hafen ist das sehenswerte **Scottish Fisheries Museum** untergebracht, mit original eingerichteten Fischerwohnungen, Schiffszubehör, Modellen und echten Fischkuttern, einer Walfängerausrüstung und einem Meeresaquarium. Zum Museum gehören auch die im Hafen verankerten alten Fischkutter „Fifie" und „Zulu". Am Ostpier ist das „North Carr Lightship" verankert, das 1938–1975 als Leuchtschiff eingesetzt war und jetzt museal zugänglich ist. Es vermittelt einen realistischen Eindruck vom Leben an Bord eines solchen Schiffes. Bemerkenswert ist auch die alte Pfarrkirche von **Easter Anstruther,** wie auch der Pfarrhof („Manse") von 1590, der als ältester fortlaufend bewohnter Pfarrhof Schottlands gilt.

Man kann auch einen Bootsausflug zu der der Küste vorgelagerten **Isle of May** machen und dort die Vögel beobachten. Auf der Insel steht noch die Ruine eines der wenigen noch existierenden alten Leuchttürme, die einst durch Kohlenfeuer betrieben wurden. Er stammt aus dem Jahr 1636.

Das pittoreske Fischerstädtchen **Crail** besitzt noch viele typische Häuser aus dem 17./18. Jahrhundert, vor allem in *Marketgate, Rumford* und *Shoregate* sowie ein interessantes geschichtliches und volkskundliches Museum (62 Marketgate). Bemerkenswert ist auch die *Town Hall* mit einem Turm aus dem 16. Jahrhundert (Anbauten stammen aus dem 18. und 19. Jh.), und einr Wetterfahne in der Form eines Schellfisches. Auf einem Wappen ist die Jahreszahl 1602 vermerkt. Im Turm hängt eine der ältesten Glocken (1520) des Landes. Nach alter Tradition wird sie täglich um 22 Uhr angeschlagen, um die „Nachtruhe" im Städtchen zu verkünden. Man beachte auch das von einem Einhorn gekrönte *Mercat Cross* und die *Collegiate Church* aus dem 13. Jahrhundert, die aber seither mehrmals verändert wurde. Eine Zufahrt führt nach **Fife Ness,** dem östlichsten Punkt der Halbinsel, der gerne von Zugvögeln aufgesucht wird und sich daher ausgezeichnet zur Vogelbeobachtung eignet. Auch beginnen hier weite Küstenwanderwege. Eine als „Danes Dyke" bekannte felsige Böschung soll von dänischen Wikingern als Verteidigungswall benutzt worden sein.

Kurz ehe man *Kingsbarns* erreicht, führen Wegweiser zu **Cambo Estate,** mit Wäldern und Farmland, die durch Wanderwege und Spazierwege erschlossen sind, mit Farmhäusern, die besichtigt werden können, Picknickplätzen,, Schafherden und einem Kinderzoo u.v.a. Eine schmale Zufahrt führt auch zur sandigen **Kingsbarns Beach.** Die A-917 mündet schließlich in die *St. Mary Street* von **St. Andrews.**

Bei der Einfahrt über *Tay Bridge* präsentiert sich **Dundee** mit seinen neuen Hochhäusern und Wolkenkratzern als moderne Stadt. Der hinter der Stadt ansteigende *Dundee Law* (174 km), ein erloschener Vulkan und großartiger Aussichtspunkt, trägt an seiner Spitze ein Kriegerehrenmal. Dundees Hafen war einst ein Zentrum für den Walfang. Heute sind es der Schiffsbau und die Juteindustrie, die Dundees wirtschaftliche Bedeutung begründen. Das *Barrack Street Shipping and Industrial Museum* im Stadtzentrum gibt recht gut darüber Bescheid. An die große Zeit des Walfangs erinnert auch die ständige Ausstellung im *Broughty Ferry Castle Museum,* am Ostrand der Stadt.

Die historische Entwicklung Dundees begann sehr früh. Schon 1190 besaß die Stadt einen königlichen Freibrief. In den Unabhängigkeitskriegen wechselte sie oft ihren Besitzer, so wurde sie

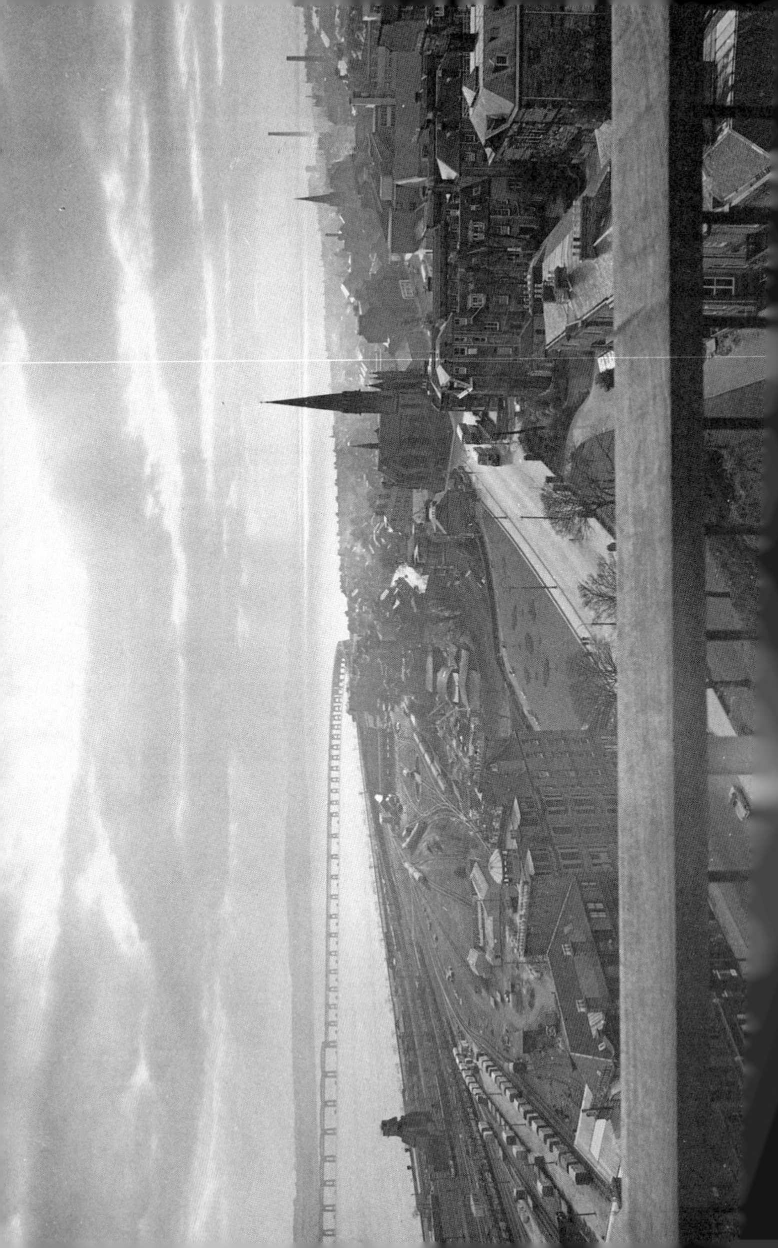

im 14., 16. und 17. Jahrhundert mehrmals von den Engländern erobert. Aus dieser Zeit sind nur mehr wenige Baudenkmäler erhalten, so etwa der aus dem 15. Jahrhundert stammende Kirchturm *(Old Steeple)* von St. Mary und *Cowgate Port* oder *Wishart Arch* (16. Jh.) im *East Port,* das einzige verbliebene Tor der alten Stadtmauer. Aus dem 15. Jahrhundert stammen auch das im Norden der Stadt stehende *Dudhope Castle,* weiters der noch erhaltene Turm von *Affleck Castle* im Nordosten von Dundee, während das noch sehr gut erhaltene *Claypotts Castle* im Osten der Stadt zwischen 1569 und 1588 erbaut wurde.

Im 19. Jahrhundert entstanden in der Stadt zahlreiche elegante Bauten mit Anklängen an griechische Vorbilder, so etwa das *Custom House,* mit vier giebelbekrönten ionischen Säulen oder die *High School,* mit einem Portikus im Stil des Parthenons von Athen oder die *Caird Hall (Konzertsaal) mit dorischen Säulen. Das* **Central Museum** mit der *Art Gallery* (am *Albert Square*) enthält Abteilungen für Ägyptologie, Geologie, Naturgeschichte und Völkerkunde sowie eine Gemäldegalerie. Freunde alter Schiffe seien noch auf das *Victoria Dock,* gleich östlich der *Tay Road Bridge,* hingewiesen, wo das berühmte Schlachtschiff „Unicorn", eine Fregatte mit 46 Kanonen aus dem Jahr 1824 museal zugänglich ist. Nahebei liegt das besuchenswerte Schiff „Discovery", mit dem *Captain Robert Scott* die Antarktis erforschte.

Die Weiterfahrt nach Aberdeen kann entweder auf der durch das Land führenden A-929 bis Forfar und dann auf der A-94, oder auf der in Küstennähe verlaufenden A-92 erfolgen.

A) Über Forfar nach Aberdeen

Von der A-929, die Dundee im Norden verläßt, lohnen sich unbedingt Abstecher zum **Tealing Earth House** (8 km nördlich von Dundee), einem noch in Teilen erhaltenen Wohnhaus aus der Eisenzeit. Nahebei liegt ein selten schöner Taubenschlag aus dem Jahr 1595. Ein anderer Abstecher führt weiter nördlich zum prächtigen **Glamis Castle*** und **Angus Folk Museum,** einem Freilichtmuseum alter Cottages (→ Seite 56).

Forfar, das Verwaltungszentrum des *Angus-District,* besitzt eine schöne, von *William Playfair* in der ersten Hälfte des 19. Jahrhunderts erbaute *Town Hall.* Aus dem 17. Jahrhundert stammt ein kleiner, achteckiger Turm, der an der Stelle steht, wo sich einst

An der Mündung des Tay liegt Dundee,
dessen Hafen einst ein Zentrum des Walfangs war.

das von *Robert the Bruce* zerstörte Castle befand. Das Museum im *Meffan Institute* vermittelt einen Überblick über die regionale Geschichte, über Archäologie und die lokale Industrie; angeschlossen ist eine Kunstgalerie. Besuchenswert ist auch der *Lochside Country Park*.

8 km westlich von Forfar liegt **Kirriemuir,** Geburtsort von *Sir James Barrie* (1860), den Schöpfer des „Peter Pan" und vieler anderer Erzählungen und Schauspiele. Sein Geburtshaus ist heute als Museum zugänglich. Kirriemuir ist auch Ausgangspunkt für Fahrten in die romantischen Bergtäler *Glen Clova, Glen Prosen* und *Glen Isla*, wo man herrliche Wanderungen unternehmen kann.

Etwa 2,5 km östlich von *Forfar* (Zufahrt auf der B-9113) liegen nahe beim *Loch Fithie* die imposanten Ruinen der mittelalterlichen **Restenneth Priory** (12. bis 15. Jh.). Ein Sohn von *Robert the Bruce* liegt hier begraben. Die Priorei liegt an der Stelle eines schon im 8. Jahrhundert von König Nechtan (Nektan) gegründeten Klosters.

Wenn man die uralten piktischen Skulpturensteine von **Aberlemno** (der schönste steht auf dem Kirchhof, drei weitere neben der Landstraße) sehen will, so muß man in *Forfar* die A-94 verlassen und auf der Landstraße B-9134 nach *Brechin* (→ unten) weiterfahren. In *Aberlemno* liegen auch die recht eindrucksvollen Ruinen von *Melgund Castle* (16. Jh.).

An der A-94 kann man auf dem Weg nach *Brechin* bei **Finavon** Burgruinen aus dem 15. Jahrhundert sehen. In der Nähe liegen Reste eines Forts aus der Eisenzeit („Vitrified Fort"), dessen Steinwall durch starke Hitzeeinwirkung beim Brand darüberliegender Holzaufbauten ein Aussehen wie Glas erhalten hat.

Brechin, ein altertümliches Städtchen, dessen Häuser vorwiegend aus dem lokalen roten Sandstein erbaut sind, liegt malerisch am *River South Esk*, und darf sich rühmen, einen der zwei noch erhaltenen mittelalterlichen Rundtürme auf dem schottischen Festland zu besitzen. (Der zweite steht in *Abernethy* → Seite 306.) Der wahrscheinlich aus dem 10. oder 11. Jahrhundert stammende, 26 m hohe und von einem Kegeldach bekrönte Turm steht direkt neben der Kathedrale, die 1150 erstmals erbaut (ihr Turm stammt aus dem Jahr 1360), 1807 größtenteils zerstört und 1902 erneuert wurde. Der Rundturm diente sowohl als Auslug wie auch als Fluchtturm und Aufbewahrungsort der Kirchenschätze. Über die Geschichte der Stadt kann man sich im Brechin-Museum auf dem *St. Ninian's Square* informieren. Von der *Market Street* gelangt man zum sogenannten *Maison Dieu*, mit interessanten Architekturresten aus der Mitte des 13. Jahrhunderts.

Etwa 8 km nordwestlich von Brechin liegen auf zwei Hügeln zwei aus der Eisenzeit stammende Hügelforts, die **Caterthuns,** mit gut erhaltenen Steinwehren, Gräben und Erdaufschüttungen. Etwa 7 km östlich von Brechin überspannt die reliefgeschmückte, dreibogige **Bridge of Dun** (Zufahrt von der A-935) aus dem Jahr 1787 den *River South Esk,* der hier in das *Montrose Basin* (→ unten) mündet.

Weiter auf der A-94, zweigt kurz nach Brechin links eine Zufahrt (B-966) zum **Edzell Castle*** mit seinen sehenswerten Gärten ab; nahebei beginnt auch die Landstraße durch das romantische Bergtal *Glen Esk,* mit einem interessanten Volksmuseum.

Wenn man **Edzell Castle** besichtigt, kann man gleich auf der B-966 über **Fettercairn** weiterfahren (ein steinerner Triumphbogen erinnert an den Besuch der Königin Victoria, 1861) und das nahe liegende **Fasque Castle** aus dem Jahr 1809 (Sitz der Gladstone-Familie), mit großem Wildpark, ansehen und dann auf der B-9120 auf die A-94 zurückfahren.

Nächster Ort ist **Laurencekirk,** vor dem der *Hill of Garvock* (278 m) ansteigt, auf dem sich der im 19. Jahrhundert errichtete *Johnstone Tower* erhebt. Wenig später führt rechts eine Zufahrt (B-967) zum Herrensitz *Arbuthnott House* (17./18. Jh.), mit schönen Gärten. In **Stonehaven** (→ unten) mündet die A-94 in die Küstenstraße A-92.

B) Über Montrose nach Aberdeen

Während die A-930 von Dundee direkt an der Küste entlang zu den schönen Sandstränden und Golfplätzen zwischen den beiden beliebten Ferienorten Broughty Ferry und Carnoustie führt, verläuft die Hauptstraße A-92 vorerst noch landeinwärts und stößt erst bei *Arbroath* ans Meer.

Von der A-92 führen Zufahrten etwa 10 km östlich von Dundee links zu den rund 1800 Jahre alten großen **Earth Houses** von Ardestie und **Carlungie.** Das Carlungie-Erdhaus ist ein richtiger Wohnkomplex von über 40 m Länge; erhalten sind noch Umfassungs- und Grundmauern.

Arbroath ist ein Fischereihafen und ein beliebter Ferienort mit Sandküste im Süden und roten Sandsteinklippen mit vielen Höhlen, die früher gerne von Schmugglern aufgesucht wurden, im Norden. (Man kann sie zu Fuß oder mit dem Boot besichtigen.) Größte Sehenswürdigkeit der Stadt sind die Ruinen der berühmten **Arbroath Abbey,** in der *Robert the Bruce* zum König bestellt und 1320 Schottlands Unabhängigkeit in der „Declaration of Arbroath" besiegelt wurde. König *William the Lion,* der die Abtei 1178 gegründet hat, ist vor dem Hochaltar beigesetzt. Ein als

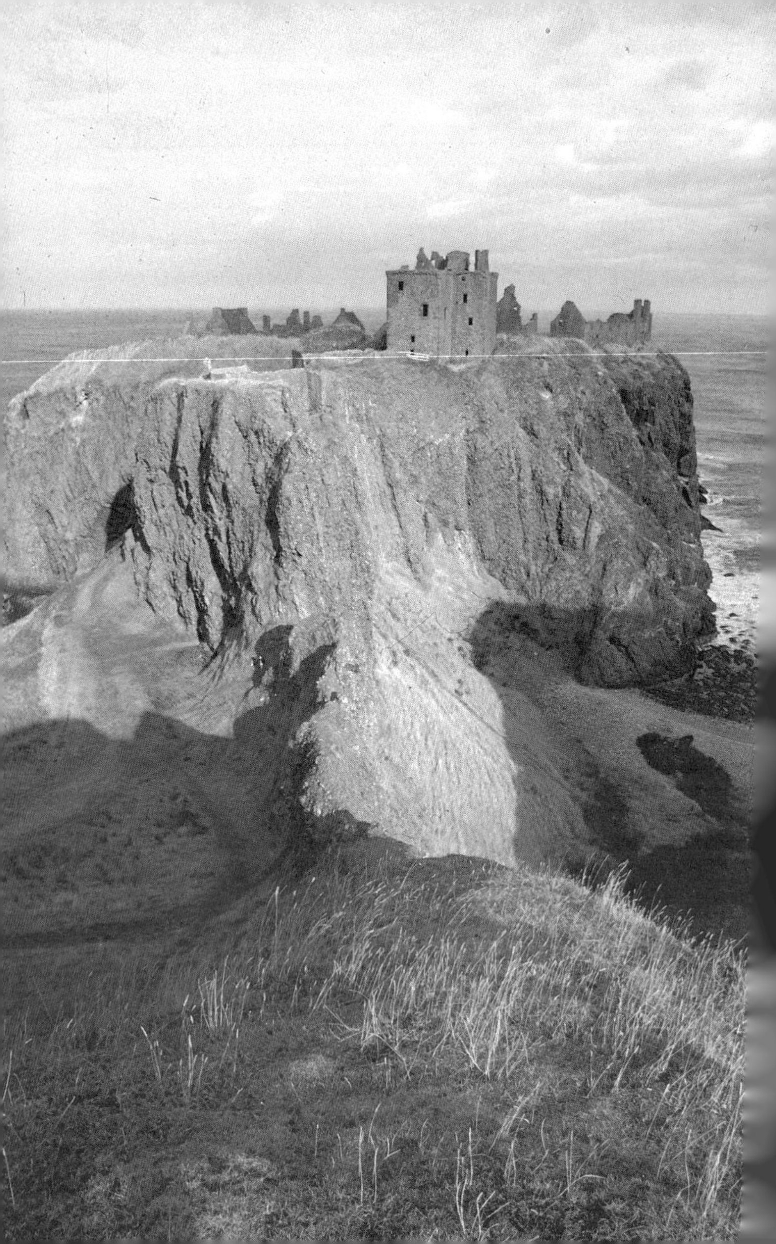

„O of Arbroath" bekanntes und noch erhaltenes Rundfenster in der Abtei war früher wegen seines hier zur Navigationshilfe entzündeten Leuchtfeuers allen Seeleuten bekannt. Neben den Abteiruinen verdient auch die frühere *Abbot's residence* Beachtung.

Besuchenswert sind ferner die *Art Gallery (Hill Terrace)* mit Bildern einheimischer Künstler und Wechselausstellungen, das *Signal Tower Museum* in *Ladyloan* mit historischen, maritimen und volkskundlichen Sammlungen, und die *Allan Fraser Memorial Chapel* im *Western Cemetery* mit ungewöhnlichen Sandsteinreliefs.

Im nördlichen Nachbarort **St. Vigeans** verdienen die aus dem 12. Jahrhundert stammende Kirche und das *Cottage Museum* Beachtung, das mehrere piktische Grabsteine enthält, die zu den schönsten und wichtigsten frühchristlichen Skulpturen Schottlands zählen.

Von Arbroath aus lassen sich viele schöne Wanderungen unternehmen. Beliebt ist der **Arbroath Cliffs Nature Trail**, der am nördlichen Ende der Promenade beginnt und etwa 5 km an den roten Sandsteinklippen (reiches Vogelleben!) entlangführt. Der **Elliot Nature Trail** beginnt im Westen der Stadt bei der *Elliot Railway* und ist von naturhistorischem Interesse. Südwestlich der Stadt erstreckt sich der bewaldete **Crombie Country Park** mit einem kleinen Loch. Das an der Straße von Arbroath nach Forfar (→ oben) liegende *Guthrie Castle* (15. und 19. Jh.) ist derzeit Touristen nicht zugänglich.

Man folgt weiter der A-92, von der rechts Zufahrten zu den hohen Sanddünen der fast 9 km langen **Lunan Bay** führen. Hier liegen auch die Ruinen von **Red Castle** (15. Jh.). Schon unter *William the Lion* stand hier ein Fort zum Schutz gegen dänische Piraten.

Montrose ist ein Segelsport- und Golfzentrum (drei 18-Loch Plätze), an drei Seiten von Wasser umgeben; westlich des Ortes liegt das breite *Montrose Basin* (Natur- und Vogelschutzgebiet), das vom *River South Esk* durchflossen wird, ehe er südlich von Montrose in das Meer mündet. Der Sandstrand ist über 6 km lang. Bemerkenswert in dem kleinen Städtchen sind die vielen Giebelhäuser in der *High Street,* von denen aus enge, charakteristische und seit zweihundert Jahren kaum veränderte „Closes" (Hofgas-

---

An der wildromantischen Klippenküste bei Stonehaven liegen die Ruinen von Dunottar Castle.

sen) abzweigen. 1612 wurde in einem Haus am *Castle Place* (heute Amthaus) der *Marquis of Montrose* geboren, der in den Unabhängigkeits- und Glaubenskriegen einer der berühmtesten Anführer der Royalisten war. Viele geschichtliche Erinnerungen und Andenken an die alte Seefahrerzeit beherbergt das Museum am *Panmure Place*. Das *William Lamb Studio (24 Market Street)* enthält zahlreiche Skulpturen des berühmten Künstlers.

Bemerkenswert ist auch die **Old Church** mit Innenausstattung aus dem 17. und 18. Jahrhundert. Ihr Kirchturm enthält eine 1676 in Holland gegossene Glocke, die heute noch nach alter Tradition um 22 Uhr die „Nachtruhe" einläutet.

Die A-92 führt weiter über **St. Cyrus** (Naturschutzgebiet *St. Cyrus Bay,* mit seltenem Pflanzenwuchs und reichem Vogelleben), mit Burgruine *Kaim of Mathers* (1424) an der Küste, nach **Inverbervie,** das malerisch am Südrand eines Engtals liegt, durch das der Fluß *Bervie Water* dem Meer zuströmt. Etwa 1,5 km flußaufwärts liegt *Allardice Castle* (1662), noch 2 km weiter das aus dem 17. Jahrhundert stammende *Arbuthnott House* (→ oben). Wenig später führt von der A-92 rechts eine Zufahrt nach **Kinneff,** in dessen Pfarrkirche die Kronjuwelen von 1652–1660 versteckt waren, um sie nicht in die Hände Cromwells fallen zu lassen (→ Seite 51). Die heutige Kirche aus dem Jahr 1738 enthält zahlreiche Andenken an diese Zeit.

Kurz ehe man *Stonehaven* erreicht, kann man rechts nach **Crawton** zur großen Seevögel-Kolonie des **Fowlsheugh Nature Reserve** zufahren. Beste Zeit zur Vogelbeachtung sind die Monate zwischen April und Juli. Einen Besuch lohnt auch **Dunnottar Castle***, das man kurz darauf erreicht.

Stonehaven ist ein beliebtes Ferienzentrum, ein Fischerhafen und Jachthafen. Rund um den Hafen liegen noch viele charakteristische alte Häuser und der aus dem 16./17. Jahrhundert stammende *Tolbooth,* der als Stadthaus, dann Warenlager, Gericht und Gefängnis diente und heute ein Restaurant und ein sehenswertes Museum zur Stadtgeschichte und zur Fischerei beherbergt. In **Muchalls** verdient das kleine, an der Küste liegende *Muchalls Castle* (1619) Beachtung. Wenig später erreicht man **Aberdeen***.

Der nordöstliche Teil Schottlands, der sich nördlich von Aberdeen erstreckt, besitzt eine sehr abwechslungsreiche und malerische Küste mit charakteristischen Fischerdörfern, und ein hügeliges, zum Teil landwirtschaftlich gut erschlossenes Hinterland mit zahlreichen Dörfern, deren aus lokalem Sandstein oder Granit erbauten Häuser nur beim ersten Anblick etwas kalt und fremdartig wirken. An der nördlichen, zum *Moray Firth* verlaufenden Küste, liegen zwei viel besuchte Ferienziele mit sehr guten touristischen Einrichtungen: der Doppelort **Banff** und **Macduff,** und **Fraserburgh.Banff** erreicht man von Aberdeen auf der A-947 (73 km), **Fraserburgh** hingegen auf der A-92 (70 km).

Von beiden Straßen aus lohnen sich Abstecher zu den prachtvollen Gärten von **Pitmedden,** nach **Tarves,** zum **Tolquhon Castle** und zum **Haddo House,** die alle unter „Ausflüge" im Stadtkapitel Aberdeen beschrieben sind.

Von Aberdeen nach Banff

An der A-947 erreicht man 26 km nach Aberdeen das Städtchen **Oldmeldrum** wo man in der *Glengarioch Distillery* Gelegenheit hat, dem ganzen Prozeß der Malzwhisky-Erzeugung beizuwohnen (und auch das fertige Produkt zu kaufen). Von hier aus führen rechts Straßen zu *Pitmedden Garden, Tolquhon Castle, Tarves* und *Haddo House* (→ ab Seite 295).

Ein Aufenthalt lohnt sich auch im 11 km weiter an der A-947 liegenden **Fyfie,** das malerisch am *River Ythan* liegt. Das aus dem 15. Jahrhundert stammende *Fyfie-Castle* ist für Besucher nicht zugänglich, hingegen sollte man sich die sehenswerte *Fyfie Church* schon wegen ihrer schönen Glasfenster, ihrer Täfelung (17. Jh.) und ihrer alten keltischen Steine ansehen. Ein kurzer Abstecher führt von hier auch zum **Towie Barclay Castle,** das 1136 erstmals erbaut und kürzlich hervorragend restauriert wurde.

Von **Turriff,** einer lebhaften alten Marktstadt mit bemerkenswerter Kirche (Glockenturm vom 1635), fährt man noch 3 km weiter zum **Delgatie Castle,** dem Stammsitz des Clans *Hay,* das im 13./14. Jahrhundert erbaut und bis zum 17. Jahrhundert mehrmals erweitert wurde. Im Schloß sind Deckenmalereien aus der Zeit um 1590 und eine kleine Bilder- und Waffensammlung sehenswert. 1562 weilte hier Maria Stuart einige Tage auf Besuch; ihr Porträt hängt heute noch in dem von ihr bewohntem Zimmer.

Etwa 7 km nordöstlich von Turriff liegt das 1604–1607 im Renaissancestil erbaute **Craigston Castle,** Sitz des Urquhart Clans.

Kurz ehe man *Banff* erreicht, führt links von der A-947 eine kurze Zufahrt zur Ruine des 1676 erbauten *Eden Castle.*

Banff ist nicht nur ein bekanntes Ferienzentrum an der sogenannten „Schottischen Riviera", mit Sandstrand, Golf- und Tennisplätzen und anderen touristischen Einrichtungen, sondern eine historisch gewachsene Stadt (ein Teil der Altstadt steht unter

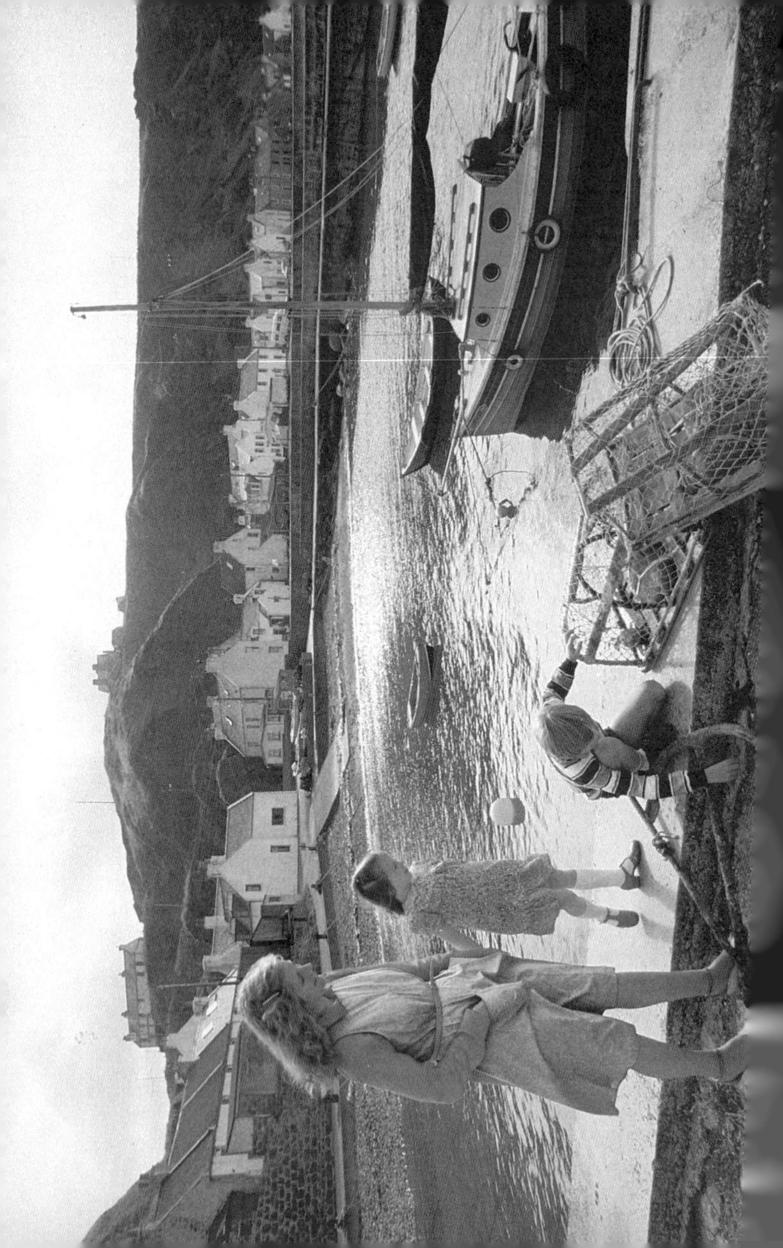

Denkmalschutz) und ein Fischerhafen an der Mündung des *River Deveron*. Bedeutend ist auch der Hafen von Macduff, der an der Ostseite der *Banff Bay* liegt.

Wichtigste Sehenswürdigkeit ist der von *William Adam* 1725–1740 am Südrand der Stadt, inmitten eines weiträumigen Parks, für den *Earl of Fife* erbaute Herrensitz **Duff House,** der von April bis September (an Sonntagen nur nachmittags) besichtigt werden kann. Der schloßartige Bau zählt zu den besten Beispielen georgianischer Barockarchitektur in Schottland. Zwei geschwungene Außentreppen führen zum Haupteingang im ersten Stock, ein markanter Giebel krönt den vorspringenden, dreigeschossigen Mittelteil.

Vom mittelalterlichen **Banff Castle,** das einst die Hafeneinfahrt bewachte, sind nur mehr einige Mauern erhalten. Das heutige „Castle" stammt aus dem 18. Jahrhundert und bietet von seinen Gartenanlagen aus einen schönen Blick über den Hafen und das Meer. Zu den weiteren Sehenswürdigkeiten zählen der *Tolbooth* (1764), das aus dem 16. Jahrhundert stammende Marktkreuz mit einem bekrönenden Kruzifix, die siebenbogige Steinbrücke (1779) über den *River Deveron* und das **Banff Museum,** das neben historischen Erinnerungen zur Stadtgeschichte auch eine Sammlung alten Silbers und eine interessante Ausstellung „Vögel in Großbritannien" beherbergt.

Westlich und östlich von Banff erstreckt sich eine malerische Klippenküste, da und dort von sandigen Buchten unterbrochen, mit charakteristischen Fischerdörfern, die aber auch gute touristische Einrichtungen und Wassersportmöglichkeiten besitzen.

Nur wenige Fahrminuten westlich von Banff (A-98 oder Landstraße B-9139) liegt **Portsoy,** als Fischerhafen ebenso bekannt wie für seinen Marmor. Hier lohnt sich ein Abstecher in das südlich benachbarte, malerische Dorf **Fordyce,** das um ein kleines Castle aus dem 16. Jahrhundert erbaut ist und noch Reste einer alten Kirche mit interessantem Glockenturm besitzt.

Wieder nur wenige Fahrminuten weiter auf der A-98 liegt **Cullen,** ein 1820 an dieser Stelle neu gegründeter Ort, der ursprünglich („Old Cullen") weiter westlich bei *Cullen House* (→ unten) lag. Malerisch ist der Fischerhafen und der Weg, der von

Pennan ist eines der vielen charakteristischen Fischerdörfer an der Küste von Banff.

ihm in östlicher Richtung die Klippen zu den Ruinen von *Findlater Castle* hinaufführt. Das prächtige, umwallte Schloß **Cullen House,** Wohnsitz von *Earl* und *Countess of Seafield,* geht aus einem klösterlichen Bau des 13. Jahrhunderts hervor. Es wurde 1711 erneuert und 1858 grundlegend restauriert und erweitert, sieht aber mit seinen Türmen und turmartigen Erkern, die mit spitzen Kegeldächern bekrönt sind, wesentlich älter aus. Zur Zeit ist es nicht zugänglich. Ein unterirdischer Gang verband das Schloß mit der alten Kirche. Diese „Auld Kirk" (16. bis 19. Jh.) steht an der Stelle einer früheren Kirche von 1303 und enthält sehr schöne Grabmäler aus dem 15. und 16. Jahrhundert, darunter das reich geschmückte Skulpturengrab von Alexander Ogilvie (1554). Bemerkenswert sind auch die alten Reliefgrabsteine vor der Kirche.

Von Aberdeen nach Fraserburgh

Man verläßt Aberdeen im Norden auf der A-92, die zuerst den *River Don* überquert und dann an den Golfplätzen der Stadt (rechts) vorbeiführt. Rechts von der A-92 zweigen wenig später Zufahrten (A-975 und B-9000) ab nach *Newburgh,* wo die weite, ursprünglich belassene Moor- und Dünenlandschaft des Natur- und Vogelschutzgebietes **Sands of Forvie** und **Ythan Estuary** beginnt, die durch gute Fußwege und Vogelbeobachtungsstellen erschlossen ist. Wer der Zivilisation eine Weile „entfliehen" will, ist hier richtig.

Links von der A-92 führt die B-9000 zu **Pitmedden Garden** (→ Seite 295) und den anderen Ausflugszielen, die im Stadtkapitel von Aberdeen beschrieben sind.

Kurz nach **Ellen** (26 km nördlich von Aberdeen) führt rechts wieder eine Landstraße nach *Kirktown of Slains,* dem nördlichen Zugang zu den *Sands of Forvie* (→ oben). Bei **Toll of Birness** zweigt wiederum rechts von der A-92 die zur *Bay of Cruden* und nach *Peterhead* führende A-952 ab. Aber auch wenn man von *Newburgh* (→ oben) auf der A-975 die **Sands of Forvie** entlangfährt, gelangt man zur *Bay of Cruden* und nach *Peterhead*.

Cruden Bay ist eine beliebte Sommerfrische im Norden der gleichnamigen, sandigen Bucht, mit schönen Stränden und berühmtem Golfplatz. Die *Cruden Water* umspannende *Bishop's Bridge* stammt aus dem Jahr 1697. In der Nähe liegen die malerischen Ruinen des **Slains Castle** (1664) und das Fischerdorf *Port Errol*.

Etwa 3 km weiter nördlich verdienen die **Bullers of Buchan** Beachtung: ein riesiges, vom Meer ausgewaschenes Felsenamphitheater, mit über 60 m hohen, steil aufragenden Klippen, die von zahllosen Seevögeln bevölkert werden, und einem gigantischen „Felsentor". Von hier sind es nur mehr wenige Fahrminuten nach **Buchan Ness,** dem östlichsten Punkt Schottlands, und nach *Peterhead*.

Wenn man auf der A-92 weiterfährt, so gelangt man bei **Mintlaw** (48 km von Aberdeen) zu einer großen Straßenkreuzung: die A-950 führt rechts (12 km) nach *Peterhead* (→ unten), und links (1,5 km) zum **Aden Country Park,** mit prächtigen Spazierwegen durch Wald und Farmland, mit Bauernhöfen zur Besichtigung, einer Weberwerkstatt, einer Ausstellung landwirtschaftlicher Geräte, einem *Visitor Centre* u.v.a., und weiter zur **Deer Abbey** (Zufahrt von *Old Deer*), den Ruinen eines 1219 gegründeten Zisterzienserklosters am Ufer des *River South Ugie*.

Peterhead ist ein geschäftiger Seehafen und eine Schiffskutterwerft, sowohl wichtig für die Heringsfischerei, wie auch von Bedeutung für die Versorgung der Ölplattformen in der Nordsee und für die Anlandung des Nordseeöls. Die an der Mündung des *River Ugie* liegende Stadt wird aber auch von Feriengästen gern besucht, sie besitzt gute touristische Einrichtungen, Golfplätze usw. Das *Arbuthnot Museum* in der *St. Peter Street* enthält viele Gegenstände zum Fischerei und zu Walfang (auch aus der Arktis); angeschlossen ist eine kleine Kunstgalerie. Interesse verdient auch das im Stadtzentrum stehende **Keith-Denkmal:** *James Keith* diente als Marschall in der preußischen Armee Friedrichs des Großen; die Statue ist ein Geschenk des Kaisers Wilhelm I. an die Stadt.

Kurz ehe man auf der A-92 *Fraserburgh* erreicht, kann man links einen Abstecher zum naheliegenden **Mensie Burial Cairn** unternehmen, einem noch gut erhaltenen, großen Steinhaus aus der Zeit um 1500 v.Chr.

Fraserburgh, früher nur als Hafen für die Heringsfischerei bekannt, hat sich in den letzten Jahren zu einem beliebten Ferienort mit schönen, goldfarbenen Sandstränden am östlichen Ende der ,,Schottischen Riviera" entwickelt. Das im 16. Jahrhundert gegründete Städtchen, das kurz nach 1600 sogar eine Universität besaß (heute ein Technisches College) besitzt noch ein bemerkenswertes Marktkreuz von 1736 und einen aus dem 15. Jahrhundert stammenden dreistöckigen Turm (,,Wine Tower"), über dessen Bedeutung (er besitzt keinen Stiegenaufgang) sich niemand klar ist. Er steht über *Scalch's Hole*, einer 30 m langen Höhle. Nahebei, an der Stelle des früheren Castle am *Kinnaird Head,* steht heute der 1786 erbaute erste Leuchtturm Schottlands. Charakteristisch ist der täglich (außer sonntags) gegen acht Uhr morgens am Hafen stattfindende Fischmarkt; die meisten Fische werden gleich in der heimischen Industrie verarbeitet.

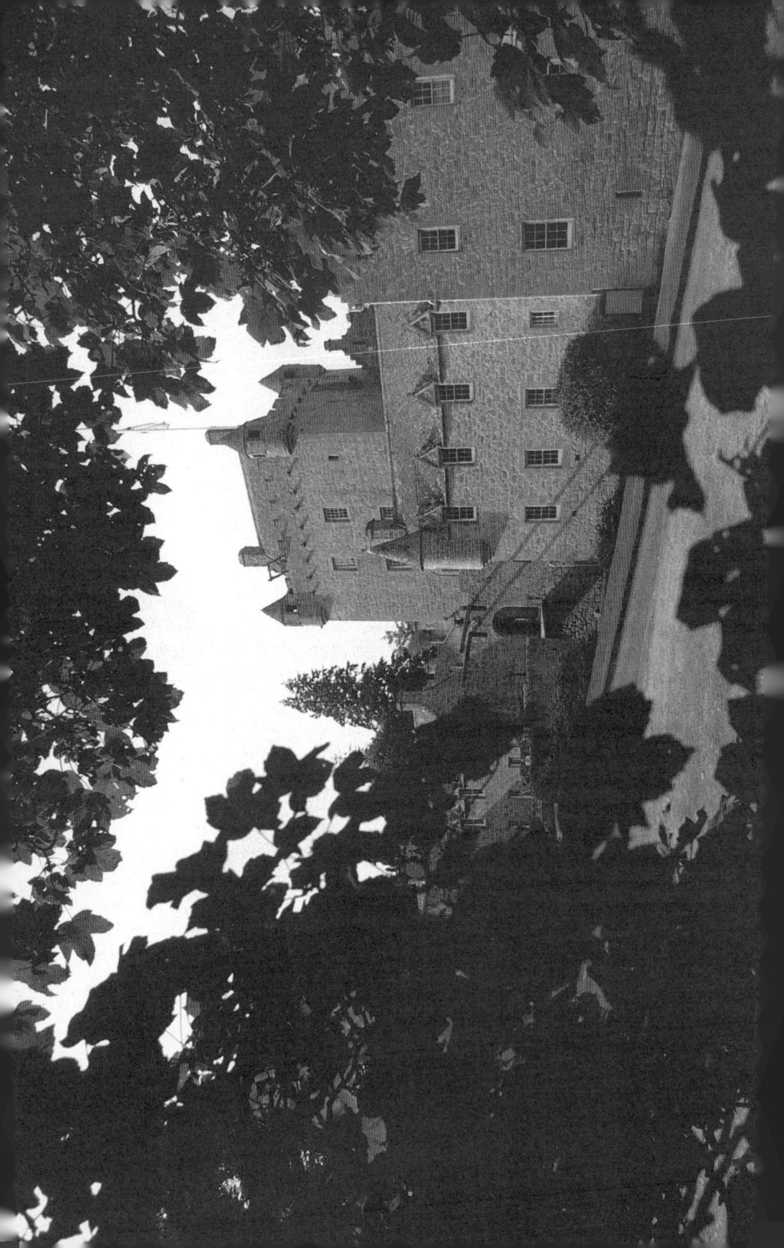

Am Ende der sich nach Osten hin erstreckenden *Fraserburgh Bay* (Sandstrand; zwei Golfplätze) liegt **Invercallochy,** ein besonders attraktives Fischerdorf mit langen Reihen typischer alter Fischerhäuser und Resten einer Burg aus dem 13. Jahrhundert. An der Straße nach *St. Combs* liegt etwa 3 km südöstlich von Fraserburgh das **Cairnbulg Castle,** das im 14. Jahrhundert über einer noch älteren Burg erbaut wurde, im 16. Jahrhundert Zubauten erhielt und 1896 restauriert wurde. Das Schloß kann nur von außen besichtigt werden.

Fraserburgh im Westen benachbart liegt der hübsche Fischerort und Hafen **Rosehearty,** der zu den ältesten Seehäfen Schottlands zählt. In der *Secceders Church* (1787) in der *Union Street* ist heute ein interessantes Fischereimuseum eingerichtet. Sehenswert sind auch die imposanten Burgruinen von **Pitsligo Castle** (1424). Aus dem Ende des 16. Jahrhunderts stammen die Ruinen des weiter östlich liegenden *Pittulie Castle*.

Von der nahe an der Küste entlangführenden B-9031 nach *Banff* (→ oben) führen rechts Zufahrten zu alten Fischerdörfern, Burgruinen und großartigen Aussichtspunkten an der Klippenküste, wie etwa *Pennan Head, Troup Head* und *Gamrie Bay.* Die zahlreichen Grotten an der Klippenküste waren früher berüchtigte Schmugglerzentren.

13. Von Inverness nach Aberdeen

Obwohl die Entfernung zwischen den beiden Städten nur 166 km beträgt und die A-96 durchwegs gut zu befahren ist, sollte man sich für diese Strecke Zeit nehmen. Vor allem der erste Streckenabschnitt von *Inverness* nach *Keith* (88 km) verleitet zu Abstechern an die Küste. Wer die „Schottische Riviera" am *Moray Firth,* die von schönen Sandstränden unterbrochene, klippenreiche Küste mit malerischen Fischerdörfern und Ferienorten, richtig kennenlernen möchte, der wird wahrscheinlich überhaupt die Straße über *Banff* und *Fraserburgh* wählen (→ Route 12). Der zweite Streckenabschnitt zwischen *Keith* und *Aberdeen* führt durch eine Gegend, die reich an vorgeschichtlichen Denkmälern, Steinkreisen u.ä. ist, und auch einige sehenswerte Burgen und Schlösser wollen besichtigt werden.

Man verläßt also Inverness im Osten auf der A-96, läßt rechts die Zufahrt zu *Culloden Moor* (→ Seite 156) liegen, kurz darauf links die Zufahrten zu **Castle Stewart***, auch *Castle Stuart* bezeichnet, und zum Flughafen *Dalcross*.

Cawdor Castle zählt zu den schönsten
mittelalterlichen Burgen Schottlands.
Shakespeare wählte sie als Schauplatz für die Ermordung
König Duncans durch Macbeth

Die links abzweigende B-9006 führt zu dem an der Landzunge vor dem *Inverness Firth* stehenden **Fort George,** einem 1748 nach dem zusammengebrochenen Jakobitenaufstand errichteten Artillerie-Fort mit sechs Bastionen. Heute ist dort das Militärmuseum *Queen's Own Highlanders Regimental Museum* untergebracht. Die an der gleichen Stelle von der A-96 rechts abzweigende B-9090 führt zu **Cawdor Castle*,** das unbedingt eine Besichtigung lohnt.

Bei **Nairn** (25,5 km von Inverness) erreicht die A-96 das Meer. Der Ferienort besitzt kilometerlange Sandstrände, Golf, Tennis, Fischereimöglichkeiten u.v.a. An die Zeit, da Nairn noch ein wichtiger Hafen für die Heringsfischerei war, erinnert das *Fishertown Museum* in der *King Street.* Zu den beliebtesten Ausflugszielen von Nairn zählt das malerische, bewaldete Tal des **Rivers Findhorn,** das man nach 15 km Fahrt auf der bergan führenden A-939 erreicht.

Rechts neben der A-939 liegen die Ruinen von *Rait Castle,* wenig später zweigt rechts von der Straße eine Zufahrt ab zum **Ardclach Bell Tower** (1655), einem alten Auslug, dessen Glocke im Alarmfall viele Kilometer weit zu hören war. Tief im Tal liegt die Kirche von Ardclach. Die A-939 führt über Ferness und durch das wilde und einsame *Dava-Moor* weiter, mit einer Zufahrt zum rechts liegenden **Lochindorb.** Auf einer Insel im See kann man die Ruinen von **Lochindorb Castle** sehen, das 1303 Edward I. bewohnte und später im 14. Jahrhundert Sitz des berüchtigten „Wolf of Badenoch" *(Earl of Buchan)* war, von wo aus er das Land terrorisierte.

In **Grantown-on-Spey,** einem Ferienort im Tal des *River Spey* (→ Route 11) ist das in einem weiträumigen Parkland liegende **Castle Grant** (15. Jh.) sehenswert, das im 18. Jahrhundert Zubauten von *John Adam* erhielt. Die A-839 überquert die *Grampian Hills* und führt über **Tomintoul** (sehenswertes Volksmuseum) und am *Corgarff Castle* (16. Jh.) vorbei nach **Ballater,** wo man die A-93 nach Aberdeen erreicht (→ unter „Ausflüge" im Stadtkapitel Aberdeen, Seite 290).

Weiter auf der A-96, erreicht man kurz nach der Ausfahrt aus **Nairn** den kleinen Ort **Auldearn,** wo man sich einen einzigartigen Taubenschlag aus dem 17. Jahrhundert **(„Boath Doocot"),** mit über fünfhundert Nistlöchern, ansehen kann. Früher stand hier das *Auldearn Castle,* und hier schlug 1645 der Royalist *Marquess of Montrose* die *Covenanters* (die presbyterianischen Gegner von Charles I.).

Wenig später erreicht man die Zufahrt (links) zum **Brodie Castle** aus dem 12. Jahrhundert, das 1645 niedergebrannt und später im 17. Jahrhundert wiederaufgebaut und im 19. Jahrhundert erweitert wurde. Das Schloß enthält kostbare französische Stilmöbel, eine Porzellansammlung und eine bemerkenswerte Gemäldegalerie. In der Regel kann es von Mai bis September täglich (sonntags nur an Nachmittagen) besichtigt werden. Auch der Schloßpark ist sehenswert.

Ebenfalls links von der A-96 zweigt eine Zufahrt zu den **Kincorth House Gardens** ab, wo vor allem Rosenliebhaber auf ihre Rechnung kommen. Die Gärten sind gleichfalls von Mai bis September zugänglich.

Forres ist ein sehr altes Städtchen. Schon im 9. Jahrhundert lag hier eine Königsresidenz, von der aber nichts mehr erhalten ist. Shakespeare erwähnt die Stadt in „Macbeth" als Sitz von König Duncan. Obwohl die Anlage der Straßen noch den mittelalterlichen Plan erkennen läßt, sind keine alten Bauwerke mehr zu sehen. Der *Tolbooth* (1838) beherbergt heute das Stadtarchiv, das Marktkreuz stammt aus dem Jahr 1844. Sehenswert ist das **Falconer Museum** in der *Tolbooth Street,* in dem man außer lokalen historischen und naturgeschichtlichen Exponaten auch eine interessante Fossiliensammlung sehen kann.

In der *Burghead Road,* nordöstlich der Stadt, steht der 6,50 m hohe **Sueno's Stone,** einer der schönsten Skulpturensteine Schottlands aus der Zeit vor tausend Jahren. Erwähnenswert ist auch der in der *Victoria Road* liegende *Witch's Stone,* der an die Hexenprozesse unseliger Zeiten erinnert. Die „Hexen" wurden vom südlich der Straße ansteigenden *Cluny Hill* in nägelbeschlagenen Fässern heruntergerollt und dann verbrannt. Auf dem *Cluny Hill* erinnert der 1806 errichtete *Nelson Tower* an Nelsons Sieg bei Trafalgar. Von dort aus genießt man einen wunderschönen Rundblick.

Südwestlich von Forres liegt das **Darnaway Castle,** dessen prächtige Eichenholzdecke in *Randolph's Hall* (15. Jh.) kaum ihresgleichen in Schottland findet. Das Schloß kann derzeit von Mitte Mai bis Mitte September mittwochs und sonntags an Nachmittagen besichtigt werden. Das **Darnaway Estate Visitor Centre** ist eine landwirtschaftliche Ausstellung; hier führen schöne Wanderwege (mit Picknickplätzen) durch den *Darnaway Forest.*

Noch weiter südlich (etwa 12 km von Forres) liegt am *River Findhorn* der Aussichtspunkt **Randolph's Leap,** von wo aus man einen schönen Blick auf den durch eine tiefe Sandsteinschlucht strömenden Fluß hat.

Von der A-96 zweigen nun links mehrere Landstraßen ab, die zu den am *Moray Firth* liegenden Fischereihäfen und Ferienorten führen. Einen meilenweiten Sandstrand findet man vor dem kleinen Fischerort **Burghead,** wo es auch ein Museum mit vielen archäologischen Grabungsfunden aus der Gegend gibt. „Burghead

Well" ist ein uraltes, aus dem Felsen geschlagenes Wasserloch, das möglicherweise als frühchristlicher Taufplatz diente.

Elgin ist eine alte Marktstadt und lohnt wegen ihrer prächtigen Kathedrale, einer der schönsten Kirchenruinen Schottlands, einen Aufenthalt. **Elgin Cathedral** wurde 1224 gegründet und 1390 vom berüchtigten „Wolf of Badenoch" (→ oben) niedergebrannt, dann wiederaufgebaut und in den Reformationswirren 1567 neuerlich zerstört. 1711 stürzte der große Mittelturm ein und bis 1825 wurden die Kirchensteine zum Bau von Häusern abgetragen. Trotzdem sind noch schöne Bauteile aus dem 13. Jahrhundert erhalten. Aus dem 15. Jahrhundert stammen Langschiff und Kapitelhaus. Im Chor wird ein Piktenstein aus dem 6. Jahrhundert bewahrt. Vor der Kathedrale liegen die Reste des alten *Bishop's House,* und *Panns Port* ist das letzte noch erhaltene Tor durch den Verteidigungswall, der im Mittelalter die Kathedrale umgab. Vor der Kathedrale liegt die *Grant Lodge* genannte ehemalige Residenz der *Earls of Seafield* aus der Zeit um 1750 (heute Stadtbibliothek). Davor erstreckt sich der weiträumige *Cooper Park.*

Die Altstadt rund um den *Market Place* vermittelt mit ihren engen Gassen und Durchgängen noch einen guten Eindruck vom Leben in früheren Zeiten. Das **Elgin Museum** am Beginn der *High Street* enthält eine berühmte Sammlung von Fossilien, ferner vor- und frühgeschichtliche Grabungsfunde, historische und naturgeschichtliche Sammlungen. Nur wenig Schritte weiter steht in der *High Street* das sogenannte „Little Cross" (1733), wo seit dem Mittelalter ein Pranger stand. Gegenüber liegt *Braco's Banking House* mit Arkaden aus dem Jahr 1694. Das „Muckle Cross" in der *High Street* stammt aus dem 19. Jahrhundert und steht an der Stelle eines früheren Marktkreuzes. Dahinter liegt die *St. Gile's Kirk* (1827) auf dem Platz auf dem schon im 12. Jahrhundert eine Pfarrkirche erbaut worden war.

Am westlichen Ende der *High Street* steigt der **Lady Hill** an. Er trug einst die Königsburg, die 1296 von Edward I. von England besetzt wurde. Von ihr sind nur mehr unbedeutende Baureste zu sehen. 1839 wurde auf dem Hügel eine Gedenksäule mit dem Denkmal des fünften und letzten *Duke of Gordon* errichtet. Am Westrand der Stadt liegen die sogenannten **Oldmills,** darunter die letzte (restaurierte) Wassermühle am *River Lossie,* deren Geschichte bis in das Jahr 1230 zurückreicht. Noch weiter westlich überquert die alte *Bow Brig* aus der Zeit um 1630 den Fluß.

Etwa 9 km südwestlich der Stadt liegt die von Alexander II. um 1230 gegründete **Pluscarden Priory**, die ebenso wie die Kathedrale von Elgin 1390 von „Wolf of Badenoch" niedergebrannt, dann wiederaufgebaut und während der Glaubenskriege 1560 neuerlich zerstört wurde. Zwischen 1948 und 1974 wurde die Abtei von Benediktinern wieder aufgebaut.

Rund 4,5 km südlich von Elgin liegt **Birnie**, mit einer sehenswerten kleinen romanischen Kirche aus dem Jahr 1140. Sie steht an der Stelle einer schon im Jahr 550 von *St. Brendan the Navigator* erbauten Kirche, die wiederum an der Stelle eines vorchristlichen Betplatzes erbaut worden war. Man sagt, daß **Birnie Church** die älteste ununterbrochen zu Gottesdiensten verwendete Pfarrkirche Schottlands sei.

Etwa 5,5 km nordwestlich von Elgin (Zufahrt auf der B-9012) liegt mitten im flachen Farmland das noch aus der Normannenzeit stammende und von einem Wassergraben umgebene **Duffus Castle**, Stammsitz des Geschlechts der *Moravia*, der späteren *Murrays* und jetzigen Herzöge von *Atholl and Sutherland*. Von der Burg sind noch eindrucksvolle Ruinen erhalten. In der Nähe liegen die Kirchenruinen von *St. Peter's*, einer Kirche, die 1226 erbaut und im 14. und 16. Jahrhundert erweitert worden war.

Nur 4 km nördlich von Elgin (Zufahrt auf der A-941) kann man noch die mächtigen Ruinen von **Spynie Palace** (1470), dem ehemaligen Schloß der Bischöfe von Moray, sehen. Wenn man die A-941 weiterfährt, so erreicht man **Lossiemouth** (8 km nördlich von Elgin), einen alten Fischerhafen, der heute zu den beliebtesten Ferienorten am *Moray Firth* zählt. Westlich von *Lossiemouth* liegt die berühmte *Gordonstoun School*, in der u.a. auch der Herzog von Edinburgh und der Prince of Wales Schüler waren.

Von Elgin führt die A-941 durch die *Glen of Rothes* in südlicher Richtung über *Rothes* nach **Dufftown** (27 km), zwei durch ihre Whiskybrennereien im Tal des *Spey* bekannte Orte (→ Route 11). In **Dufftown**, das auch als „Hauptstadt des Whisky" *(whisky capital)* bekannt ist, liegt das sehenswerte **Balvenie Castle***, etwas weiter südlich erhebt sich auf einem alleinstehenden Hügel hoch über dem *River Fiddich* die massive Burgruine von **Auchindoun Castle** (15. Jh.), umgeben von vorgeschichtlichen Erdwällen. Man kann von Dufftown auf der A-920 weiterfahren nach *Huntly* (→ unten), oder auf der A-941 bzw. A-944 über *Alford* weiter nach *Aberdeen* (→ unter „Ausflüge" im Stadtkapitel Aberdeen).

Man verläßt **Elgin** im Osten *(East Road)* und fährt auf der A-96 weiter. Kurz vor der Brücke über den *Spey* liegt der Rastplatz und Verkaufsraum „Baxters Visitors Centre" („Old Baxter Shop"; eine durch den Export weltweit bekannt gewordene Lebensmittelfirma). Gleich danach biegt links die B-9104 zur sandigen **Spey Bay** (viele Seevögel!) ab, wo sich auch Golfplätze und die *Tugnet Ice House Exhibition* (Geschichte des *Rivers Spey* und der Lachsfischerei) befinden.

Man durchfährt **Fochabers** (das prächtige *Gordon Castle* ist nicht zugänglich) und gelangt zur Einmündung der vom Norden kommenden A-98 in die A-96. Auf der A-98 kann man einen Abstecher über **Tynet** (sehenswerte katholische *St. Ninian's Chapel* aus dem Jahr 1755, später erweitert), nach **Buckie** machen.

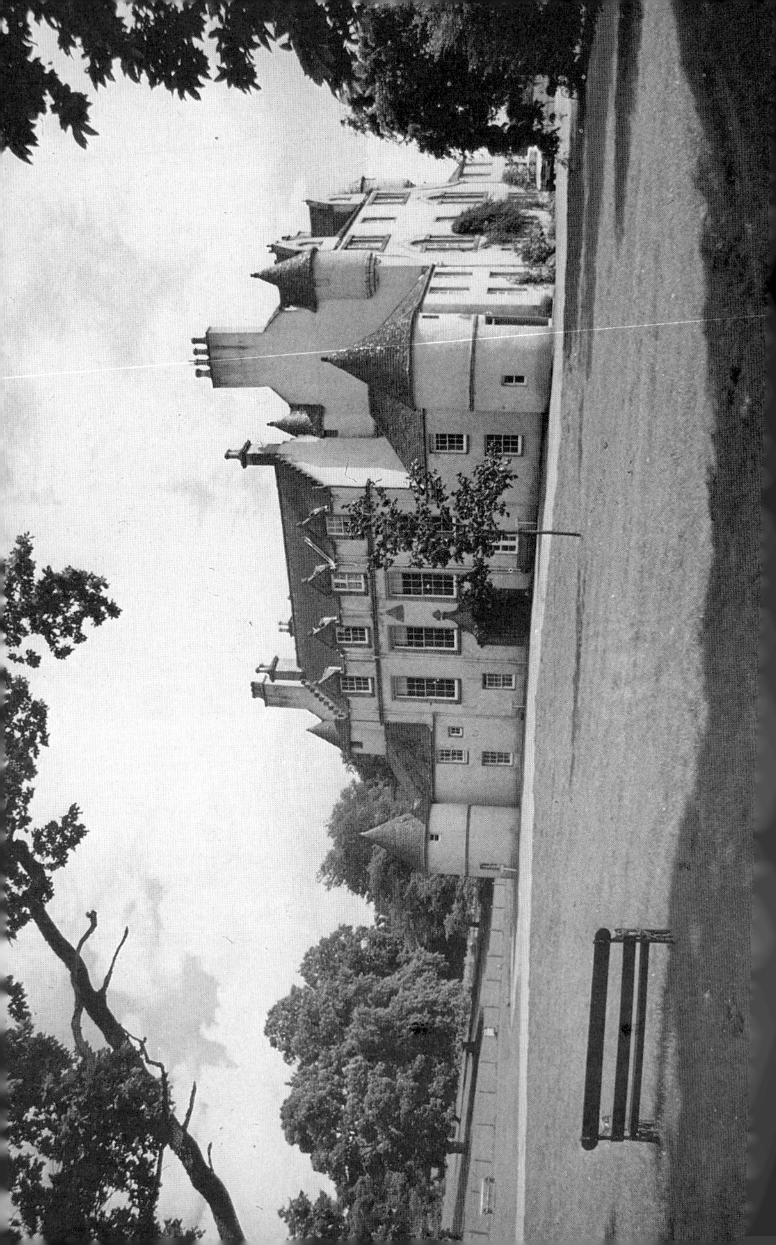

Buckie ist ein großer Fischerhafen mit einer Werft, mit riesigen Fischmärkten jeden Morgen, und mit einem *Maritime Museum*, in dem man alles wesentliche über die Fischerei erfahren kann. Sehenswert ist die große katholische Kirche (1857) mit zweitürmiger Fassade am Westrand der Stadt, eindrucksvoll auch das *Buckie War Memorial* (1925) in *The Square*. An der Küste führen weite Spazierwege in beiden Richtungen zu den Nachbarorten.

Die A-98 führt in östlicher Richtung, nahe am *Moray Firth*, der „Schottischen Riviera" entlang, über Cullen, Portsoy und Banff nach Fraserburgh (→ Route 12).

Die nächste Stadt, die man auf der A-96 erreicht, ist **Keith.** Die vom *River Isla* durchzogene Stadt ist wegen ihrer Wollindustrie und ihrer Whiskyerzeugung weithin bekannt. Die *Strathisla Distillery* aus dem Jahr 1786 ist die älteste *Malt-whisky* Brennerei Schottlands. Über den *River Isla* spannt sich heute noch die 1609 erbaute „Auld Bridge", die zu den ältesten im Land gehört. Der in der *Station Road* stehende *Milton Tower,* das älteste Gebäude der Stadt, ist der noch erhaltene Rest des einstigen Schlosses der *Oliphants* und stammt aus dem Jahr 1480.

Unter den Kirchen der Stadt ragt die katholische **St. Thomas Church** in der *Chapel Street* heraus. Sie wurde 1832 nach dem Vorbild der römischen Kirche *Santa Maria degli Angeli* mit einer dorischen Fassade und eindrucksvollem Dom erbaut. Die Kirche enthält ein Gemälde von *Francois Dubois* („Die Ungläubigkeit des hl. Thomas"), ein Geschenk König Charles X. von Frankreich. Die **St. Rufus Church** *(Church of Scotland)* in der *Church Road* wurde 1816 erbaut und besitzt eine schöne neugotische Fassade im *Perpendicular Style*.

Beliebte Spazierwege führen durch die *Cottages Woods*, zu den *Falls of Tarnash*, und auf den *Meikle Balloch* (366 m), mit weitem Rundblick.

Huntly ist ein besonders bei Anglern beliebter Ferienort an der Einmündung des *River Bogie* in den *Deveron*, besitzt einen schönen Marktplatz und ist vor allem wegen seiner mächtigen Ruinen von **Huntly Castle** besuchenswert. Das Schloß war früher Sitz der *Gordons, Marquesses of Huntly,* die bis zum 16. Jahrhundert zu den mächtigsten Familien des Landes zählten. Ursprünglich schon im 13. und 14. Jahrhundert erbaut, wurde das Schloß 1452 zerstört, wiederaufgebaut und neuerlich zerstört. Der Neubau von 1551 brannte vierzig Jahre später ab und wurde 1602 wieder instandgesetzt. *Huntly Castle* liegt in einem schönen Waldpark über

---

Der Herrensitz Leith Hall ist im Stil eines französischen Schlosses erbaut.

dem *River Deveron* und besitzt an seinem Obergeschoß noch gut erhaltene heraldische Dekorationen aus dem Anfang des 17. Jahrhunderts. Über die Geschichte von Stadt und Schloß kann man sich im *Huntly Museum* am *Main Square* informieren.

Etwa 11 km südlich von Huntly (Abzweigung von der A-97 auf die B9002) liegt inmitten eines weiträumigen Landschaftsparks mit Waldland und Schafweiden, Gärten, kleinen Teichen und Picknickplätzen die 1650 in der Art eines französischen Schloßes erbaute **Leith Hall,** der Herrensitz der *Leith*-Familie, der aus einem dreigeschossigen Hauptbau und mehreren im 18. und 19. Jahrhundert vorgenommenen Anbauten, darunter kauch niedere Rundtürme mit Kegeldächern, besteht. Das Herrenhaus ist von Mai bis September jeden Nachmittag, die Parks und Gärten ganzjährig geöffnet.

Einige Fahrminuten weiter östlich führt von der B-9002 links eine Zufahrt zum **Picardy Stone,** einem Steinmonolithen mit uralten keltischen Symbolen. Ähnliche Steine liegen in der Umgebung von *Insch*.

Etwa 3 km nach der Ausfahrt aus **Huntly** zweigt von der A-96 eine Zufahrt zum *Adamston Agricultural Museum* ab, in dem viele hundert landwirtschaftliche Werkzeuge und Geräte einen Überblick über den Landbau im Nordosten Schottlands vermitteln. Später zweigt rechts die A-992 nach *Insch* ab, wieder mit Zufahrt zu dem schon oben genannten *Picardy Stone*. Eine weitere Zufahrt, kurz darauf, führt zum sogenannten **Maiden Stone,** knapp vor *Chapel of Garioch* (Wegweiser beachten!). Dabei handelt es sich um einen sehr gut erhaltenen frühchristlichen Reliefstein mit keltischem Kreuz und piktischen Symbolen.

Inverurie ist ein hübsches Städtchen am *River Don,* an dessen Südausfahrt (B-993) ein 18 m hoher „The Bass" genannter prähistorischer Erdhügel liegt, der einst befestigt war. Am Nordwestrand der Stadt kann man wiederum bei der *Brandsbutt Farm* einen piktischen Symbolstein mit gut erkennbarer „Opham"-Inschrift sehen. Dieser „Brandsbutt-Stone" gehörte ursprünglich zu einem Steinkreis.

Im *Inverurie Museum* sind eine Vielzahl von archäologischen Grabungsfunden ausgestellt, die aus dieser an vorgeschichtlichen Siedlungen reichen Gegend stammen, darunter auch Pfeilspitzen, Steinäxte, Steinmesser, Schmuckstücke, aber auch eine Sammlung von Fossilien.

Knapp 2 km südlich von Inverurie liegen am Ostufer des *Don* die malerischen Ruinen der **Kinkell Church** (1524). Etwas weiter südlich davon steht das **Balbithan House** (17. Jh.), das ein kleines Museum mit alten schottischen Küchengeräten beherbergt. Beachtenswert ist auch der schöne alte Rosengarten des Herrenhauses.

Die A-96 erreicht wenig später **Aberdeen***.

14. Von Inverness nach Thurso, und Rundfahrt durch das nordwestliche Hochland

Das nordwestliche Hochland ist jener Landesteil, der von Reisenden als charakteristischster Teil Schottlands bezeichnet wird: ein Land bedeckt mit Seen und Mooren, mit Schluchten und Wildbächen, mit kahlen Bergen und romantisch liegenden Dörfern, eingerahmt von einer eindrucksvollen, tief in das Land einschneidenden Felsenküste mit *Sea-Lochs,* Klippen, felsigen Stränden und in der Sonne glitzernden Sandbuchten. Es ist das wildeste und einsamste Gebiet Großbritanniens, dieses Hochland von *Wester Ross* und *Sutherland,* das im nordöstlichen Teil in die weiten Moore von *Caithness* übergeht.

Die Hauptstraße (A-9) führt immer nahe an der Küste entlang nach **John o'Groat's** (216 km). Der dann folgende Streckenabschnitt verlangt mehr Aufmerksamkeit vom Fahrer: die A-836, die man nun nach Westen fährt, ist eine enge Straße, zuweilen sogar enger als zwei Fahrspuren. Über weite Strecken folgt sie der Felsenküste. Neben **Thurso** (32 km von John o'Groat's) bieten sich **Melvich** (27 km von Thurso), **Bettyhill** (50 km von Thurso), **Tongue** (69 km von Thurso) und **Durness** (128 km von Thurso) zum Aufenthalt an. Auch auf dem folgenden Streckenteil von Durness in südlicher Richtung wird die Straße nicht breiter, ist aber in der Regel in gutem Zustand. Die Küste erreicht man bei diesem Streckenabschnitt nur an wenigen Stellen und zumeist nur am inneren Ende von tief in das Land einschneidenden *Sea-Lochs*. **Scourie** (43 km ab Durness) und **Ullapool** (115 km ab Durness) sind beliebte Aufenthaltsorte. Von Ullapool sind es nur mehr rund 96 km zurück nach Inverness, doch bietet sich dort noch die Möglichkeit an, die Rundfahrt um einen weiteren „Bogen" über **Gairloch** und **Kinlochewe** zu verlängern.

<small>Die Rundfahrt bis Ullapool und von dort zurück nach Inverness ist knapp 600 km lang; von Ullapool weiter über Gairloch und Kinlochewe nach Inverness, knapp über 700 km. Als Übernachtungsorte eignen sich Thurso, Durness, Ullapool und Gairloch sehr gut.</small>

Man verläßt Inverness im Osten und überquert auf der neuen Straßenbrücke den **Moray Firth** (auch *Inverness Firth* genannt). Die A-9 ist hier ausgezeichnet ausgebaut und durchzieht zuerst den westlichen Teil der Halbinsel **Black Isle,** überquert dann den **Cromarty Firth** und zieht weiter nach Norden.

Auf **Black Isle** verdient der am Moray Firth liegende Ort **Fortrose** wegen seiner Kirchenruine (13. Jh.) erwähnt zu werden. *Rosemarkie* und *Cromarty* (mit geologischem Museum) besitzen schöne Strände.

Vor der Fertigstellung der Firth-Bridge verlief die A-9 noch rund um den *Beauly Firth* über Beauly und Dingwall zum *Cromarty Firth*. Wenn man Zeit hat, so lohnt es sich immer noch, diese „alte" Straße zu wählen, die zwar einen Umweg von etwa 18 km macht, aber durch den Anblick von **Beauly Priory** mehr als entschädigt. Das von französischen Mönchen 1230 erbaute Kloster (*beau lieu* = „schöner Platz") mit seiner um 1530 erneuerten Fassade besitzt noch eindrucksvolle Ruinen.

Von Beauly führt die A-862 nordwärts nach **Dingwall** (Rathaus aus dem Jahr 1730), und mündet kurz darauf in die von *Black Isle* (→ oben) kommende A-9.

Auf dem *Fynish Hill* bei **Evanton** liegt der Ende des 18. Jahrhunderts erbaute „Indische Tempel". Kurz darauf zweigt links die A-836 ab, die in nördlicher Richtung direkt zum *Dornoch Firth* führt und dort wieder in die – einen großen Bogen über *Tain* beschreibende – A-9 mündet.

Die A-836 ist eine schmale, kehrenreiche Hochstraße, von der aus man einen der schönsten Ausblicke auf das nördliche Hochland hat. Vor allem vom **Struie** aus bietet sich einem ein unvergeßliches Panorama.

Tain war schon im frühen Mittelalter ein bekannter Pilgerort nach dem hl. Duthus, der hier begraben ist. Die *St. Duthus Chapel* wurde 1427 durch Feuer zerstört. Die 1360 erbaute **St. Duthus Church** hingegen ist ein schönes Beispiel des (gotischen) *Decorated Style*. In der Nähe des Ortes liegen weite Sandstrände.

Auf der A-9 umrundet man den **Dornoch Firth.** Gleich nach **Bonar Bridge** zweigt links die A-836 ab und führt durch das Hochland nach Norden, bis sie bei Tongue die Küste erreicht. Die schmale A-836 bietet viele landschaftliche Höhepunkte, und wenn man Zeit hat, kann man zumindest 10 km auf ihr nordwärts fahren, um die durch eine waldbestandene Schlucht stürzenden **Falls of Shin** anzusehen. Auf dem Weg dorthin sieht man links über dem *River Oykel* das **Carbisdale Castle***. Carbisdale ist auch ein berühmtes Schlachtfeld: 1650 erlitten hier die Royalisten eine entscheidende Niederlage durch die Truppen Cromwells.

Noch weiter nördlich liegt am südlichen Ende des langgestreckten **Loch Shin** der Marktort **Lairg,** der auch ein bekanntes Anglerzentrum (Lachse) und ein Ausgangspunkt für Fahrten in das wilde Bergland ist. Der Shin-Staudamm ist Teil eines großen Wasserkraftwerks zur Stromgewinnung.

Von der A-9 führt eine Zufahrt nach **Dornoch,** das am nördlichen Eingang des gleichnamigen Fjords liegt und wegen seiner guten Angelplätze, seines direkt am Meer liegenden Golfplatzes, seiner guten Hotels und seines Sandstrandes ein bekanntes Ferienzentrum ist. Gleichzeitig ist Dornoch Bischofssitz und Hauptort der Grafschaft und Region *Sutherland*. Wahrzeichen der Stadt ist ihre kleine **Kathedrale,** die 1224 gegründet, 1570 teilweise durch Feuer zerstört, im 17. Jahrhundert wiederhergestellt und seither mehrmals restauriert wurde. Die Kirche enthält noch Bauteile aus dem 13. Jahrhundert. Im Innern befinden sich Gräber von 16 *Earls of Sutherland,* eine Statue des ersten Herzogs von Sutherland steht an ihrem westlichen Ende. Im Langhaus beachte man die Grabfigur von *Sir Richard of Moray,* einem Bruder von Bischof *Gilbert de Moravia,* der die Kathedrale gründete und 1248 in der *Battle of Embo* gegen die Dänen den Tod fand.

Ein Gedenkstein erinnert an ein eher makabres Ereignis: hier wurde 1722 zum letzten Mal in Schottland eine Frau als „Hexe" verbrannt; sie soll ihre Tochter in ein Pony verwandelt haben.

Das ehemalige Stadtgefängnis enthält heute das **Dornoch Craft Centre,** wo man beim Weben von Tartans und bei der Herstellung von Kilts zusehen kann.

Golspie ist ein lebhaftes Fischerstädtchen, das wegen seines schönen Strandes und Golfplatzes viele Feriengäste anlockt. Der eine keltische Inschrift tragende uralte Stein an der alten Brücke ist seit altersher der Sammelplatz des Clans Sutherland. Auf dem hinter dem Ort ansteigenden *Beinn a'Bhragaidh* (390 m) steht eine Statue des ersten Herzogs von Sutherland.

Kurz nach Golspie folgt das sehenswerte **Dunrobin Castle***. Wenig später erreicht man **Brora,** ebenfalls ein Golf- und Angelzentrum, mit sandigen Buchten in der Felsenküste. Das umliegende Bergland ist reich an Überresten aus der Piktenzeit. Auch am Meer findet man da und dort noch zweitausend Jahre alte Siedlungsreste und Spuren ehemaliger Wehranlagen. Bei **Helmsdale,** einem hübschen Fischerort mit dem besten Hafen dieser Küste, mündet der lachsreiche *Helmsdale River* in das Meer. Von *Helmsdale Castle* sind nur mehr Ruinen erhalten. Links zweigt die A-897 ab und führt durch wildes Bergland nordwärts nach *Melvich*.

Die A-9 steigt nun in Kehren an und bietet am **Ord of Caithness** herrliche Ausblicke. In der Umgebung von **Berriedale** fand man zahlreiche Reste von fast zweitausend Jahre alten Piktensiedlungen. Etwa 1,5 km nach **Dunbeath,** das ebenfalls einen kleinen Fischerhafen besitzt, erreicht man den besuchenswerten **Lhaidhay Craithness Croft,** einen über 250 Jahre alten, gut erhaltenen Bauernhof, mit Wohnhaus und Ställen unter einem Strohdach und angrenzender Scheune. Der Bauernhof ist mit Hausrat aus dem frühen 18. Jahrhundert eingerichtet und als Museum zugänglich. Er vermittelt einen interessanten Einblick in das bäuerliche Leben

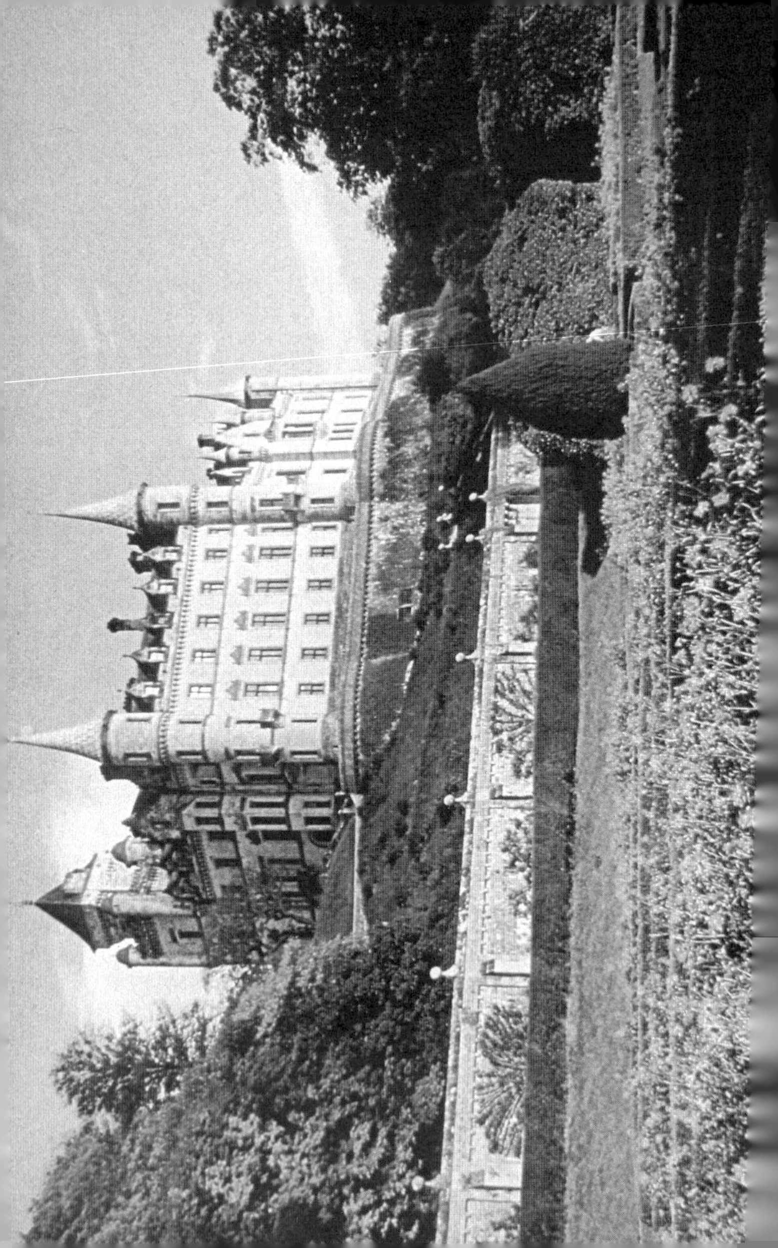

dieser Zeit. Wenig später führt rechts ein Weg zu dem malerischen, von hohen Felswänden überragten Fischerhafen **Latheronwheel**.

Wer rasch an die Nordküste gelangen will, kann bei **Latheron** auf die A-895 abbiegen, die direkt nach Thurso führt. Die Strecke ist 38 km lang, die Straße in sehr gutem Zustand. Wenn man aber auf der A-9 bleibt, so lohnt sich kurz nach **Lybster** (kleiner Fischerort und Fischerhafen) der Abstecher knapp 10 km landeinwärts zu den **Grey Cairns of Camster**. Die dorthin führende Straße ist schmal und erlaubt nur ein langsames Fahren. Bei den „Grey Cairns" handelt es sich um prähistorische Steinhügel, die möglicherweise aus dem 3. oder 4. Jahrtausend v.Chr. stammen. Der Eingang zu dem fast 60 m langen „Cairn" liegt an seiner Ostseite; von dort führt eine Passage zu einer dreiteiligen Hauptkammer; ein andrer, recht enger Durchgang führt zu einer kleinen Kammer. Etwa 200 m weiter südöstlich liegt ein großer runder „Cairn", dessen sechs Meter langer Durchgang ebenfalls zu einer dreiteiligen Kammer führt, die teilweise noch mit Steinbalken bedeckt ist. Etwa 140 m weiter südwestlich liegt ein dritter, wesentlich kleinerer runder „Cairn".

Auch nahe an der A-9, nämlich bei **Whaligoe** und **Ulbster,** sind noch prähistorische Steine erhalten. Der **„Cairn of Get"** zum Beispiel enthält eine Grabkammer, in der bei Ausgrabungen zahlreiche Skelette und einfacher Schmuck gefunden wurden. Schwindelfreie können bei **Whaligoe** die wild zerklüftete Felsenküste bewundern; 365 Stufen führen die steile Felswand hinunter, wo die Fischerboote liegen. Und kurz ehe man *Wick* erreicht, führt rechts eine Zufahrt zu dem auf steilem, zum Meer abfallendem Felsen stehenden wuchtigen Turm des **Old Wick Castle** (14. Jh.).

Wick ist ein interessantes altes Städtchen, das aus einer altnordischen Wikingersiedlung hervorgeht. Der Hafen ist Sitz einer großen Fischereiflotte, Steilfelsen und gefährliche Klippen prägen das Küstenbild. Wick wird auch gerne als Ferienort besucht. Eine Touristenattraktion ist ein Besuch der *Caithness Glass Factory,* wo man an Werktagen der Herstellung handgeblasener Gläser beiwohnen darf.

Dunrobin Castle, Sitz der Earls of Sutherland,
zählt zu den schönsten Schlössern des Nordens.

Nördlich von Wick erstreckt sich die malerische **Sinclair's Bay** mit dem **Castle Girnigoe*** und dem **Castle Sinclair***. Vom Leuchtturm **Noss Head** (lohnende Zufahrt) hat man einen großartigen Ausblick auf die Klippenküste und die beiden Burgen. Am nördlichen Ende der Bucht thront das **Castle Keith***, auf der Fahrt nach *John o'Groat's* kann man noch mehrere Burgruinen sehen. Auch Reste von „Brochs" (→ unten) sind da und dort noch erhalten.

Während in *Wick* die A-882 landeinwärts abbiegt und direkt nach *Thurso* (33 km) führt, zieht die A-9 in nördlicher Richtung weiter nach *John o'Groat's*. Noch ehe man den Ort erreicht, kann man bei *Freswick* rechts nach **Skirza** zufahren, wo sich auf einer schmalen Felsenklippe über dem Meer ein noch gut erkennbarer „Broch" befindet.

<small>Unter **Broch** versteht man in Schottland einen prähistorischen Wohnsitz (zumeist aus der Eisenzeit, um 900–100 v.Chr.) für eine Gruppe von Menschen, wahrscheinlich Fischern und Viehzüchtern, der aus einem hohen aufgeschichteten Steinhaufen oder einem Steinturm besteht, mit Gängen darin, die zu verschieden großen Räumen führen. Der **Broch von Skirza** besitzt über fünf Meter dicke Mauern.</small>

In **John o'Groat's** endet die A-9. Der Ort ist nach dem Holländer *Johan de Groot* benannt, der sich Anfang des 16. Jahrhunderts hier niederließ und – sehr zur Verwunderung der Einheimischen – ein achteckiges Haus baute, das für jeden seiner achtköpfigen Familie einen eigenen Eingang besaß. Wer die Fahrt unterbrechen möchte, findet hier ein gutes Hotel vor. Vom Leuchtturm **Duncansby Head** hat man einen prachtvollen Ausblick auf die vorgelagerten *Orkney-Inseln* (→ Seite 210) und auf die weiter südlich aus dem Meer aufragenden **Duncansby Stacks,** drei mächtigen pyramidenförmigen „Felsnadeln", einem Wahrzeichen an der Küste.

Man folgt jetzt der A-836 längs der Nordküste nach Westen (der Küste vorgelagert liegt die Insel *Stroma*), die Bilder gleichen sich jetzt lange Zeit: steile Felsenküsten, Klippen, sandige Buchten, Berge, Moore. An der Südwand der Kirche von **Canisbay** (sie stammt aus dem 15. Jh.) trägt ein Grabstein die Jahreszahl 1558: man glaubt, daß es sich hier um das Grab von *Johan de Groot* (→ oben) handelt. Die Kirche enthält auch eine Gruft der *Sinclairs, Earls of Caithness,* deren Stammsitz, das **Castle of Mey** (16. Jh.), etwas weiter westlich über dem *Pentland Firth* liegt. Heute dient das Schloß der Königinmutter als Sommersitz.

Von *Dunnet* zweigt rechts die Zufahrtsstraße nach **Dunnet Head** ab, den nördlichsten Punkt des britischen Festlandes. Vom Leuchtturm aus bietet sich ein großartiger Ausblick über das Meer, die hohen *Cliffs of Hoy* und die Orkney-Inseln.

Thurso, am Rande einer weiten Bucht gelegen, in die der *River Thurso* mündet, ist ein interessantes altes Städtchen mit einem Fischerhafen, das früher für seinen Handel mit Skandinavien bekannt war. Heute ist Thurso als Ferienort beliebt. Viele Gebäude aus dem 17. und 18. Jahrhundert erinnern noch an seine einstige Bedeutung. Sehenswert sind die Ruinen der mittelalterlichen *St. Peter's Church,* die im 16./17. Jahrhundert erneuert wurde, das *Thurso Castle,* ein Sitz der *Sinclairs,* sowie das **Thurso Folk Museum** in der *Town Hall,* mit lokalen Sammlungen, Kunsthandwerk, und einem noch original eingerichteten Raum einer alten *Caithness cottage.* Östlich der Stadt liegt *Harold's Tower,* mit einer Begräbnisstätte der *Sinclairs* über dem Grab des *Earl Harold,* „Ruler of Caithness", der 1196 in einer Schlacht gegen einen verfeindeten Clan getötet wurde.

Nahe bei Thurso liegt der kleine Hafen **Scrabster,** mit (Auto-) Fährschiffhafen nach *Stromness,* dem Hauptort der Orkney-Inseln. Weiter auf der A-836, kann man kurz vor der Brücke über den *Foss* rechts auf die Zufahrt nach **Crosskirk** einbiegen, wenn man eine uralte Steinkirche (etwa 800 bis 900 Jahre alt) sehen will.

In **Dounreay** überrascht einen das ganz und gar nicht in diese Landschaft hineinpassende Atomkraftwerk *(Atomic Reactor Station).* Das **Dounreay Nuclear Power Development Establishment** kann auch von Touristen besichtigt werden, wenn sie sich vorher im *Tourist Information Centre* von Thurso angemeldet haben.

Kurz vor **Melvich,** wo es wieder sandige Buchten zwischen den steilen Felsen gibt (*Melvich Bay;* später *Strathy Bay*), zweigt landeinwärts die A-897 nach *Helmsdale* ab. Knapp ehe man auf der A-836 *Bettyhill* erreicht, führt rechts eine Zufahrt nach **Farr,** in dessen ehemaliger Kirche (18. Jh.) heute das **Strathnaver Museum** eingerichtet ist. Es enthält viel Interessantes über diese Gegend, die als historisches „Clan MacKay country" von Kampf und Schlacht geprägt war. **Bettyhill,** an der Mündung des *River Naver* gelegen, ist ein Ferienort mit unerwartet schöner, sandiger Bucht zwischen steilen Felsen. Die **Torrisdale Bay** ist ein bekanntes Vogelschutzgebiet, bei *Invernaver* gibt es einen großen Naturpark.

Die hier sehr enge A-836 umrundet jetzt den 170 m hoch aufragenden *Naver Rock* und stößt bei **Tongue** wieder ans Meer. Der Ort liegt an der Ostseite des tief in das Land einschneidenden, bewaldeten Fjords *Kyle of Tongue* und ist sowohl als Anglerzentrum wie auch als Ausgangspunkt von Bergwanderungen bekannt; im Süden erheben sich die vier Gipfel des rund 750 m hohen *Ben Loyal*. Der nördlich von Tongue liegende Herrensitz *Tongue House* (17./18. Jh.) ist der Sitz der Herzöge von Sutherland. Von *Caisteal Bharraich*, im 11. Jahrhundert Wohnsitz eines skandinavischen Königs und später eine Burg des MacKay-Clans, sind nur mehr Ruinen erhalten.

Die A-836 wendet sich von Tongue landeinwärts und führt quer durch das Bergland und über die Hochmoore, am Westufer des **Loch Loyal** entlang bis nach **Lairg** am Loch Shin.

Man überquert jetzt den **Kyle of Tongue** und fährt auf der A-838 weiter. Über den **Sea-Loch Eriboll** gibt es keine Brücke, man muß den ganzen Fjord auf einer schmalen Straße umrunden. Der Fjord ist zwischen September und Dezember ein Wurfplatz der seltenen grauen Atlantikrobben.

Durness ist ein Dorf, das bei Anglern (Forellen, Lachse) einen guten Ruf hat. Ende Juli gibt es hier ein Highland Gathering. Als Ferienort hat es auch mehrere Sandstrände in malerischen Buchten zu bieten, mit Booten kann man unvergeßliche Ausflüge längs der höchsten Klippenküste Großbritanniens (180 m) zu geheimnisvollen Grotten unternehmen. Sehenswert sind die etwa 2 km weiter östlich liegenden **Smoo Caves,** in die man durch einen 10 m hohen und fast 40 m breiten „gotischen" Bogen einfährt. Die erste, rund 60 m lange Grotte, kann man mit dem Boot durchfahren; die zweite, innere Höhle, besitzt einen Wasserfall, ist aber nur schwer, die dritte überhaupt nicht mehr zugänglich. Ein anderer Bootsausflug führt zu der **Whiten Head** genannten, senkrecht aufragenden Felsenklippe, die ebenfalls von mehreren Höhlen durchzogen wird.

Der 764 m hohe Ben Loyal, der aus den weiten Mooren aufragt, beherrscht das Land im Süden des Fjords Kyle of Tongue.

Kyle of Tongue,
eine fjordartige in das Land einschneidende Meeresbucht,
die man auf der Fahrt von Thurso nach Durness überquert.

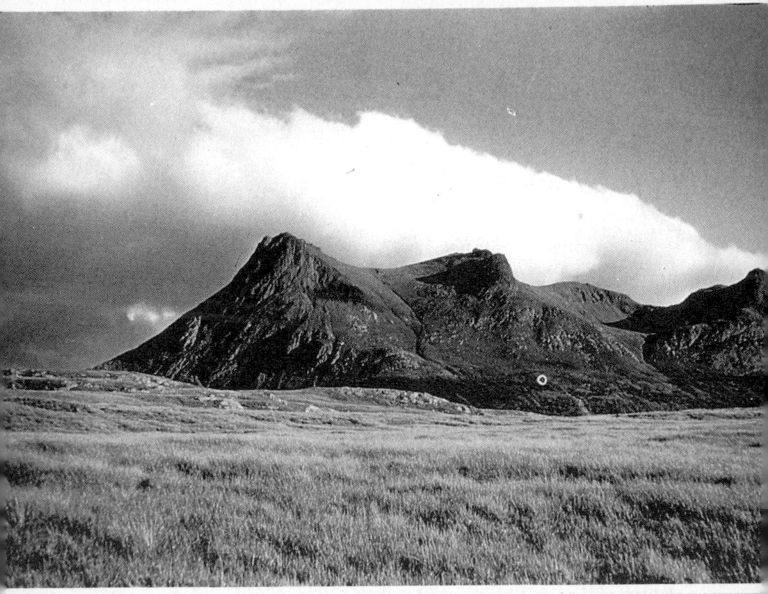

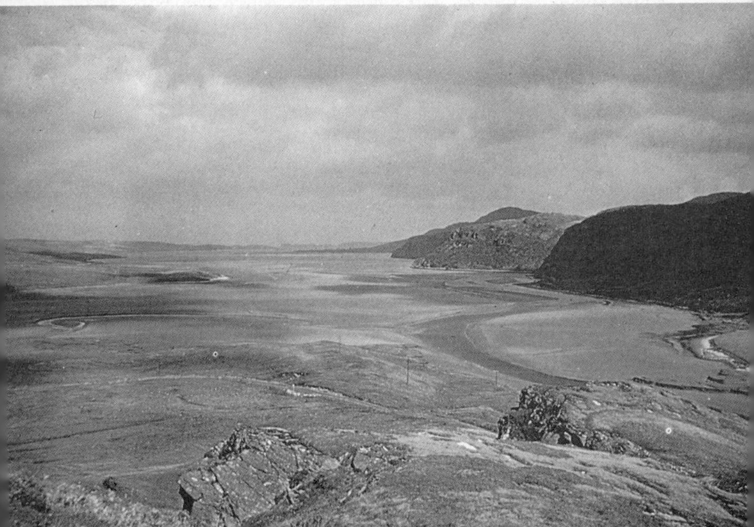

In **Balnakeil,** dem nordwestlichen Nachbardorf von Durness, kann man eine Kirchenruine (*Durness Old Church,* 1619) mit dem Denkmal für den 1778 verstorbenen keltischen Dichter *Rob Donn Calder* sehen. Dort liegt auch die von April bis September geöffnete **Balnakeil Craft Village** mit zwölf Handwerkstätten, in denen Keramiken, Kerzen, Holzschnitzereien, Schmuck u.v.a. erzeugt werden.

Ein seltenes Erlebnis ist die Überquerung des *Kyle of Durness* mit dem Personenfährboot und die Weiterfahrt mit dem Minibus auf einem schmalen Weg zum **Cape Wrath,** dem nordwestlichsten Punkt des britischen Festlandes. Die Klippenküste am Kap hinterläßt einen unvergeßlichen Eindruck.

Die **„Wildnis von Sutherland"** wird dieses Land der Berge und Hochmoore genannt, das man immer noch durchquert. Im frühen 19. Jh. haben die Landbesitzer tausende seit Generationen hier ansässige Bauernfamilien von ihren Wohnsitzen vertrieben, um Platz für Schafherden und für jagdbares Wild zu machen. Von diesem tragischen Ereignis in der schottischen Geschichte hat sich **Sutherland** nie mehr erholt. Heute noch ist es die dünnstbesiedelte Region Großbritanniens mit einer Bevölkerung um 13 000, das sind 7 Menschen auf einer Quadratmeile, verglichen mit einem Durchschnitt von 586 in ganz Großbritannien. Dafür zählt Sutherland zu den wildreichsten Gebieten des Landes. Hirsche, Rehe usw. treten hier in Rudeln auf und sind oft auf dem flachen Hochmoor zu sehen, da sie sich längst an das Leben außerhalb ihrer ursprünglichen Heimat, den Wäldern, gewöhnt haben.

Rhiconich liegt am inneren Ende des *Sea-Lochs Inchard* und am nördlichen Ende des riesigen *Reay Forest* genannten Gebiets, einst das Jagdgebiet der Chiefs des MacKay-Clans, heute nur mehr mit spärlichem Baumwuchs. Von hier führt eine Nebenstraße an der Ostseite des Fjords nach **Kinlochbervie** (6 km), einem lebhaften Fischerdorf mit zwei Häfen und ein Zentrum für Angler und Bergwanderer.

Noch 3 km weiter nördlich liegt **Oldshore More,** eine sandige Meeresbucht, in der König Hakoon IV. von Norwegen 1263 seine Flotte ankern ließ, um von hier aus Schottland zu erobern. Er wurde kurz darauf bei *Largs* besiegt. Die Fahrstraße führt noch 3 km weiter nach **Sheigra.** Hier beginnt ein 7 km langer Weg zur wundervollen **Sandwood Bay,** wo man glaubt, am „Ende der Welt" zu sein.

Von **Laxford Bridge,** an der Mündung des *River Laxford* in die gleichnamige Bucht, führt die A-836 quer durch den *Reay Forest,* am *Loch More, Loch Merkland* und *Loch Shin* entlang nach *Lairg.* Man läßt diese Straße links liegen und folgt nun der A-894 weiter nach **Scourie** *(Scobhairig),* teils Bauern- teils Fischerdorf an der gleichnamigen Bucht, die auch gerne von Feriengästen besucht wird. Lohnend ist ein Bootsausflug zur vorgelagerten **Handa-Insel,** einem Schutzgebiet für zahllose Seevögel, darunter Eisvögel, Puffins (Papageientaucher), Kittiwakes (Islandmöwen) u.v.a.

Noch Mitte des 19. Jahrhunderts lebten auf der Insel zwölf Familien, die an uralten Traditionen festhielten. So herrschte dort die älteste Witwe der Insel als Königin, die Gesetze wurden in einem eigenen Inselparlament beschlossen.

Bei **Kylestrome** überquert man auf der „Kylesku Ferry" den *Loch a'Chairn Bhain* nach **Unapool,** und hat nun die Wahl, entweder gleich auf der A-894 quer durch das Land nach **Skiag Bridge** (12 km) zu fahren, oder längs der malerischen Küste (55 km). Bei Skiag Bridge münden beide Straßen wieder zusammen.

Die Küstenstraße (B-869 bis Lochinver, dann die A-837) führt an zahlreichen großartigen Aussichtspunkten vorbei, in der *Bay of Stoer* und der *Achmelvich Bay* gibt es Sandstrände. **Lochinver,** ein am gleichnamigen Sea-Loch gelegenes Fischerdorf, ist ein bekannter Ausgangspunkt für Touren zu den mehr als 300 kleinen Lochs in der unmittelbaren Umgebung, und in den *Glencanisp Forest* mit dem 720 m hohen **Suilven,** 6 km weiter südöstlich. Der markante Berg ist der Teil einer Sandsteinablagerung über dem ältesten britischen Felsgestein (über 2600 Millionen Jahre alt).

Von *Lochinver* führt auch ein Fahrweg zu dem weiter südlich liegenden **Inverkirkaig,** Ausgangspunkt für einen Fußmarsch zu den donnernden **Kirkaig Falls** des *River Kirkaig,* die zwischen *Inverkirkaig* und dem *Fionn Loch* zu Tal stürzen.

Auf der A-837, die am Nordufer des *Loch Assynt* entlangführt, erreicht man von *Lochinver* die Kreuzung **Skiag Bridge.** Am Ufer des Lochs erhebt sich **Ardvreck Castle** aus dem Jahr 1490, von dem noch dreistöckige Ruinen erhalten sind.

Als Alternative zur Küstenfahrt bietet sich eine landeinwärtsführende, wesentlich kürzere Strecke an. Obwohl der Abschnitt von *Unapool* (→ oben) nach *Inchnadamph* nur 14 km lang ist, führt er doch durch eine der eindrucksvollsten Gegenden: Im Westen steigen die „Seven Peaks of Quinag" an, kaum 800 m hoch, aber für Bergwanderer ein Erlebnis! Und im Osten erhebt sich der 765 m hohe *Glas Bheinn (Glasven)* von dem der **Eas Coul Aulin,** Großbritanniens höchster Wasserfall, 200 m tief herabstürzt. Man erreicht ihn entweder von der „Kylesku Ferry" (→ oben), von wo er auch sichtbar ist, mit dem Boot über den *Loch Glencoul,* oder zu Fuß von der Straße aus, Richtung *Glas Bheinn*.

Inchnadamph ist ein Ausgangspunkt für Bergwanderer. Im Osten ragt aus dem Inchnadamph Forest der markante Gipfel des **Ben More Assynt** (982 m) auf. Hier gibt es zahlreiche Höhlen und unterirdische Flußläufe; berühmt sind die **Allt nan Uamh caves,** in der 8000 Jahre alte Menschenknochen gefunden wurden.

Die A-837 zweigt bei **Ledmore** links ab nach *Bonar Bridge*, das man schon zu Beginn der Rundfahrt kennenlernte. Man setzt jetzt die Rundfahrt auf der A-835 fort, von der aus sich ein Abstecher in das westlich liegende **Inverpolly National Nature Reserve** lohnt. Ein Informationszentrum über diesen riesigen, fast unbewohnten Naturpark aus Lochs, Mooren, Wäldern und 700–800 m hohen Bergen (großartige Ausblicke!) befindet sich in *Knockan Cliff*, nahe bei *Elphin*.

Die Lochs im Naturpark sind ungewöhnlich fischreich, bei Anglern beliebt ist vor allem der **Loch Sionascaig;** die Wälder sind reich an Rotwild, Wildkatzen, Adlern usw.), die Berge haben oft seltene Formen, wie etwa der **Stac Pollaidh,** dessen Felsgipfel wie eine riesige Burg aussieht. Der Naturpark ist durch Wanderwege und Fahrtracks erschlossen.

Von dem an der Westküste liegenden kleinen Ferienplatz **Achiltibuie** gibt es eine Personenfähre nach **Tanera More,** der größten der sogenannten **Summer Islands** am äußeren Eingang zum *Loch Broom*, zu denen auch Ausflugsboote verkehren. Die unbewohnten Inseln laden zu romantischen Spaziergängen ein.

Ullapool, an der Ostseite des langgestreckten Meeresarms **Loch Broom** gelegen, entstand erst im 18. Jahrhundert als Fischerdorf und ist heute ein Zentrum der Hochseefischerei und ein beliebter (zweisprachiger) Ferienort: die Straßenschilder tragen Bezeichnungen in *Gaelic* und in Englisch. In der Quay Street gibt es ein kleines Museum mit Gegenständen zur Ortsgeschichte, an der Küste kann man Rhododendren, in kleinen Gärten sogar Palmen sehen.

Eine Personenfähre verbindet Ullapool mit *Allt na h'Airbhe (Aultnaharrie)* an der Westseite des Lochs; Ausflugsboote fahren zu den 20 km entfernten *Summer Islands* (→ oben); Autofähren führen nach *Stornoway* auf der Hebrideninsel *Lewis* (→ Route 15).

Auf der A-835, die am Ostufer des *Loch Broom* entlang und dann durch das aussichtsreiche Tal *Strath More* führt, erreicht man nach rund 19 km die Braemore-Straßenkreuzung: die A-835 (später A-832) führt von hier zurück nach Inverness (→ Route 11), die A-832 hingegen zweigt in einer Haarnadelkurve rechts ab und beschreibt noch einen großen Bogen über *Loch Ewe* und *Loch Maree*, ehe sie sich landeinwärts nach Inverness wendet.

Ehe man aber auf die A-832 abbiegt, verdient die nahe an der genannten Kreuzung liegende **Corrieshalloch Gorge** einen Besuch. Die wildromantische Bergschlucht mit den über 45 m hohen *Falls of Measach* ist etwa 1,5 km lang und kann von einer Aussichtsbrücke betrachtet werden.

Die Straße steigt jetzt in den *Dundonnell Forest* an (schöne Aussichtspunkte!) und führt dann durch ein enges Tal (viele Kehren) hinunter nach **Dundonnell,** das vom 1050 m hohen *An Teallach* überragt wird. Ein Wanderweg führt zu dem herrlich gelegenen kleinen *Loch Toll an Lochain* in 600 m Seehöhe. Der kleine See ist ein beliebtes Wanderziel. Aus dem Jahr 1769 stammt der Herrensitz *Dundonnell House,* der von einem sehenswerten Landschaftspark umgeben wird. Kurz nach Dundonnell erreicht man den **Little Loch Broom,** einen malerischen Meeresarm, an dem auch die *Ardressie Fisheries* liegen: die Fischfarm mit der Aufzucht von zahlreichen Fischen (auch Forellen und Lachse) kann in der Regel von Ostern bis Oktober werktags besichtigt werden (es gibt auch frischen Fisch zu kaufen!).

An der **Gruinard Bay,** wiederum einem landschaftlichen Höhepunkt der Fahrt, gibt es zauberhafte, sandige Meeresbuchten zwischen hohen Felsen und bis an die Küste heranreichenden Wäldern. Es folgt die malerische Bucht des **Loch Ewe,** wo die **Inverewe Gardens** einen Besuch verdienen. In den 1862 angelegten subtropischen Gärten findet man Gewächse aus allen Teilen der Erde: aus Australien, Neuseeland und Südamerika, chinesische Magnolien, viele Arten von Farnen, von Rhododendren u.v.a. Sie verdanken ihr Gedeihen dem vom Golfstrom verursachten warmen Klima. Die Gärten sind ganzjährig geöffnet, es gibt auch ein Restaurant hier.

Über Poolewe geht es weiter nach **Gairloch,** einem sehr lebhaften Fischereihafen und dank seiner bevorzugtenLage und sandigen Buchten auch ein beliebter Ferienort. Von hier hat man einen schönen Blick zu den *Äußeren Hebriden.* Sehr sehenswert ist das **Gairloch Heritage Museum,** das einen umfassenden Eindruck über alle Aspekte des Lebens im westlichen Hochland, von der prähistorischen Zeit bis zur Gegenwart, vermittelt. Ein Erlebnis für sich ist der Besuch der täglichen Fischauktion, bei der jeder neue Fang von den Kaufleuten „ersteigert" wird.

Die A-832 führt nun zum langgestreckten **Loch Maree,** einen der schönsten Seen Schottlands, mit vielen kleinen, bewaldeten Inseln. Auf der Insel *Maree,* die einst ein „heiliger Platz" der Druiden war, kann man noch Ruinen einer uralten Kapelle und eines Brunnens sehen. Im Süden wird der See vom eindrucksvol-

*Der Loch Maree gehört zu den idyllischsten Seen
des nordwestlichen Hochlandes.*

len, 966 m hohen *Slioch* überragt, im Westen verdienen die *Victoria Falls* (nahe bei *Slattadale*) Erwähnung.

Kinlochewe ist der Ausgangspunkt für Bergwanderungen und Klettertouren. Westlich des Ortes erstreckt sich das **Beinn Eighe National Nature Reserve,** eines der schönsten Naturreservate des Landes, mit wunderschönen Wäldern (Teile des ursprünglichen „Caledonian Forest") Picknick- und Campingplätzen. Im **Aultroy Cottage Visitor Centre** erhält man gute Wanderkarten.

Wer von **Kinlochewe** noch nicht zurück nach Inverness fahren möchte, hat hier die Möglichkeit, die Rundfahrt um 83 km zu „verlängern". Auf der A-896 durch den gebirgigen, wildromantischen **Torridon Naturpark,** einem prächtigen Wandergebiet rund um den 1038 m hohen *Liatach* und den 990 m hohen *Beinn Eighe* (mit sehenswerter Höhle *Coire Mhic Fhearchair*), die beide von großem geologischem Interesse sind (rund 600–750 Millionen Jahre alte rote Sandstein- und Quarzformationen). Ein Visitor Centre mit naturkundlichem Museum und Ausstellung über das hier heimische Wild liegt an der Straßenkreuzung am *Upper Loch Torridon.*

Loch Torridon wird von Schottlandreisenden gern als landschaftlicher Höhepunkt von ausgeprägter Wildheit beschrieben. An den Seeufern stehen noch Reste des jungfräulichen „Caledonian Forest". Über *Shieldaig* geht es weiter nach **Kishorn,** das am gleichnamigen Loch liegt. Wer das „Außergewöhnliche" sucht, kann von Kishorn auf einer im wahrsten Sinn des Wortes abenteuerlichen Straße einen Abstecher nach **Applecross** machen. Der kleine, weltabgeschiedene Ort am *Inner Sound* wurde durch

St. Maelrubha bekannt, einem der irischen Missionare, die im 7. Jahrhundert das Christentum nach Schottland brachten. Ein Gedenkstein erinnert an ihn und sein Kloster, das er damals hier gründete. Die „Straße" nach Applecross ist kaum breiter als ein PKW und führt in Haarnadelkurven mit ganz gewaltiger Steigung (über 20%) von Meereshöhe über den 626 m hohen **Bealach na Bà** *(Pass of the Cattle)*, oft mit über 100 m tiefen, steilen Felsabstürzen gleich neben dem Fahrweg.

Von Kishorn führt die A-896 weiter nach **Lochcarron,** wiederum ein beliebter Ferienort, am gleichnamigen See gelegen. Hier werden noch die berühmten „Schottenmuster" gewebt. (Krawatten, Schals und Umhängetücher sind ein beliebtes Mitbringsel!) Etwa 6 km weiter südlich stehen am Seeufer die Ruinen von **Strome Castle.** Die mittelalterliche Burg war Sitz der MacDonnells und wurde in einer Clanfehde 1603 von den MacKenzies zerstört.

Zur Rückfahrt auf die nach Inverness führende A-832 biegt man nun auf die in nördliche Richtung ziehende A-890 ab, die an *Achashellach,* und am kleinen *Loch Dughail* vorbei durch die breite *Glen Carron* führt.

Man verläßt **Kinlochewe** auf der A-832, die zuerst durch *Glen Docherty* führt, eine tief einschneidende Schlucht, dann am Nordufer des *Loch a'Chroisg (Loch Rosque)* entlang (viele schöne Aussichtspunkte) nach **Achnasheen,** wo die vom Süden kommende A-890 einmündet. Weiter geht es durch das Tal *Strath Bran,* am kleinen *Loch Achanalt* und ein Stück am *Loch Luichart* entlang (links mündet die A-835 ein), dann längs des kleinen *Loch Garve* (kurz darauf ein Picknickplatz und links von der Straße die *Rogie Falls*) bis zur Straßenkreuzung von **Contin.**

Links führt eine Straße zum nahe gelegenen **Strathpeffer,** das wegen seiner Mineralquellen im 19. Jahrhundert ein beliebter Badeort *(Royal Spa)* der britischen Aristokratie war. Zahlreiche, heute „altmodisch" wirkende viktorianische Häuser erinnern noch an diese Zeit. Heute ist Strathpeffer ein Touristenzentrum mit bekanntem Golfplatz und ein beliebter Ausgangspunkt für Touren in das im Norden ansteigende Bergland, das vom 1032 m hohen *Ben Wyvis* beherrscht wird. An eine alte Clanfehde erinnert nordöstlich des Ortes der *Eagle Stone* („Adlerstein"): hier besiegten die Munros (ihr Wappen ist der Adler) im Jahr 1411 die MacDonalds. Das im Privatbesitz befindliche **Castle Leod*** ist derzeit nicht zugänglich.

Von **Contin** führt die A-832 nun auf der *Moy Bridge* über den *River Conon,* biegt bei *Marybanks* scharf nach links ab und erreicht **Muir of Ord** (rechts Abzweigung über Beauly nach Inverness), von wo aus es nur mehr wenige Fahrminuten zur Einmündung in die A-9 sind, die über den **Beauly Firth** zurück nach **Inverness** führt.

15. Quer durch die Äußeren Hebrideninseln

Die Inselkette der Äußeren Hebriden, von den Briten einfach „Outer Isles" genannt, besteht aus den Hauptinseln Lewis, North Uist, Benbecula, South Uist und Barra sowie Hunderten von kleinen und kleinsten Inseln und Felseneilanden. Die über 200 km lange Inselkette zeichnet sich durch eine wildzerklüftete Felsenküste mit tief in das Land einschneidenden Fjorden aus, die da und dort durch weite, sandige Buchten unterbrochen wird. Die Bevölkerung, die in der Mehrheit *Gaelic* spricht, lebt vom Fischfang, vom bescheidenen Ackerbau, vom Torfstechen und von der Schafzucht. Haupterwerbszweige sind Fischerei und Weberei (Harris Tweed-Stoffe).

Die Anreise: Von *Inverness* wie in der Route 14 (in umgekehrter Richtung) beschrieben bis *Garve,* wo man rechts auf die A-835 abbiegt, durch das Tal *Strath Garve* und am langgestreckten Stausee (Kraftwerk und Staudamm des *Glascarnoch River*) entlang, dann durch das malerische Tal *Strath More* und längs des *Loch Broom* nach **Ullapool** (insgesamt 96 km), das Sie unter Seite 200 beschrieben finden.

Die Autofähren: Man gelangt mit der Autofähre von **Ullapool** nach **Stornoway** und durchfährt die Insel **Lewis,** um sich in **Tarpert** nach **Lochmaddy** auf **North Uist** einzuschiffen. (Autostraße von Stornoway nach Tarbert: 58 km.) Dann durchquert man mit dem Wagen die Inseln North Uist, Benbecula und South Uist, die durch Brücken und Dämme miteinander verbunden sind. Die Rückfahrt tritt man von **Lochboisdale** auf **South Uist** (Autostraße Lochmaddy-Lochboisdale: 63 km) an; die Autofährschiffe verkehren entweder direkt oder über die Insel **Barra** (Castlebay) zurück nach **Oban,** von wo es noch ca. 160 km nach **Glasgow** sind.

Stornoway ist der Hauptort der **Äußeren Hebriden** *(Outer Hebrides* oder *Outer Islands,* während die gesamten Hebrideninseln „Western Isles" genannt werden), Zentrum einer großen Fischindustrie (Heringe, Hummer) und der „Harris"-Tweed-Industrie. Gleichzeitig ist Stornoway auch der wichtigste Hafen der Insel **Lewis.** Schon vor mehr als tausend Jahren wurde dieser Hafen von den Wikingern angelaufen; heute kann man hier neben den Fischkuttern Jachten und Frachtschiffe aus allen Teilen Europas sehen. In den letzten Jahren hat sich die Stadt auch zu einem beliebten Touristenort entwickelt. Hier gibt es moderne Einkaufsläden und Hotels, großartige Fischereimöglichkeiten, einen Golfplatz, naheliegende Badestrände und eine Vielzahl von Ausflugsmöglichkeiten. Inmitten eines schönen Parks mit Rhododendren liegt das aus der Mitte des 19. Jahrhunderts stammende **Lewis Castle,** das heute ein Technisches College beherbergt.

Am Beginn der östlich von Stornoway 12 km weit in das Meer hinausragenden **Halbinsel Eye** liegt der Flugplatz *(Melbost),* nahebei erstreckt sich der Strand von *Braighe Sands* und an seinem östlichen Ende liegt die mittelalterliche Kirchenruine *Ui Chapel* an der Stelle einer Einsiedelei aus dem 6. oder 7. Jahrhundert; hier sind 19 Clan-Chiefs des uralten *MacLeod-Clans* von Lewis begraben. Am Ende der Halbinsel steht der Leuchtturm von **Tiumpan Head,** vor dem sich Hunderte von Seevögeln tummeln.

Nördlich und westlich von Stornoway breitet sich das weite, von zahllosen kleinen Lochs durchsetzte, baumlose Moorland aus, mit in der Sonne glitzernden Torfflächen. Torf ist heute noch ein wichtiger Brennstoff auf den Inseln.

Die westliche, dem Atlantik zugewandte Seite der Insel bildet tiefe Einschnitte in das Land und überrascht an mehreren Stellen durch seine Strände mit weißem Sand. Hier liegen auch einige der bemerkenswertesten prähistorischen Überreste Großbritanniens. Auf der A-858 gelangt man nach etwa 24 km zu den **Standing Stones of Callanish,** ein vor etwa viertausend Jahren aufgestelltes steinernes Denkmal, das jenem von *Stonehenge* (→ Goldstadt-Reiseführer „Südengland") kaum nachsteht. Aufrecht stehende Monolithen führen zu einem Steinkreis, dessen Bedeutung heute niemand mehr erforschen kann. Die noch erhaltenen 47 riesigen, hier aufgestellten und behauenen Steine, von denen 13 den Kreis bilden, waren möglicherweise ein Sonnenheiligtum.

Innerhalb eines Umkreises von rund 6 km findet man noch sechs weitere mehr oder weniger gut erhaltene Steinkreise.

An der nun nach Norden führenden A-858 erreicht man wenig später den am Loch Carloway liegenden **Dun Carloway Broch,** die eindrucksvollen Ruinen eines von doppelten Wällen umgebenen Hügelforts mit einem etwa neun Meter hohen Rundturm, der vor zwei- bis zweieinhalbtausend Jahren hier erbaut wurde. Ähnliche, aber nicht so gut erhaltene vorgeschichtliche Denkmäler findet man noch weiter nördlich.

Etwa 6 km weiter auf der A-858 stößt man auf das **Shawbost Folk Museum,** das von April bis November werktags geöffnet hat und einen interessanten Einblick in das traditionelle Leben auf *Lewis* gewährt. Nur wenige Fahrminuten weiter verdient das bei *Arnol* liegende **Lewis Black House** Beachtung: ein museal zugängliches und noch ursprünglich eingerichtetes „Tigh Dubh", wie die Einheimischen diese Art einfacher Wohnhäuser aus Stein nennen. Charakteristisch sind das Strohdach und das Fehlen eines Schornsteins. Da das Haus mit Torf geheizt wurde und der Rauch nur sehr langsam durch das Strohdach abzog, wärmte er die darin lebenden Menschen in den kalten, stürmischen Wintermonaten ebenso wie er sie auch „räucherte". Solche *Black Houses* wurden noch bis vor vierzig, fünfzig Jahren bewohnt.

Noch etwas weiter nördlich kann man am südlichen Ende des *Loch an Duin* bei *Shader* den „Trushel Stone" sehen, einen hohen, prähistorischen Monolithen und die Reste des **Steinacleit Cairn and Stone Circle.**

Man fährt nun auf der (direkt von Stornoway kommenden) A-857 zum Nordende der Insel mit dem sogenannten „Butt of Lewis", steile Klippen und Felsnadeln, die von zahllosen Seevögeln bevölkert werden. Hier liegt die **Church of St. Moluag,** die von den Inselbewohnern in *Gaelic* als **Teampull mhor** („großer Tempel") bezeichnet wird. Die aus dem 12. Jahrhundert stammende Kirche wurde kürzlich restauriert, wobei man sich bemühte, zumindestens teilweise den alten Stil beizubehalten.

Eine seltene Naturerscheinung ist ein eigenartiges „Felsenauge", ein durchlöcherter Felsen, der der Legende nach von den Wikingern stammt, die hier ihre Seile befestigten, um die Insel mit ihren Schiffen in ihre norwegische Heimat wegzuschleppen. Als die Wikinger die Hebrideninseln entdeckten, nannten sie sie **Hav Bred Ey** („Inseln am Ende der Welt"), aus welchen Worten sich das heutige *Hebrides* entwickelte.

Man verläßt **Stornoway** im Westen auf der A-859, die kurz nach dem Verlassen der Stadt südwärts abbiegt. (Die A-858 führt westwärts weiter zu den prähistorischen Denkmälern; → oben.) Beiderseits der Straße erstreckt sich die weite Moorlandschaft mit Torfböden und mit zahllosen kleinen Lochs. Ein Aufenthalt lohnt sich beim Herrensitz **Ardvourlie House***. Kurz vor *Tarbert* zweigt rechts eine enge, einspurige Nebenstraße ab und führt längs der malerischen Küste zum **Amhuinnsuidhe Castle***, und von dort weiter nach *Husinish,* mit herrlichen sandigen Buchten.

Dem *Earl of Dunmore,* der das Schloß im 19. Jahrhundert erbauen ließ, verdankt die Insel die Einführung der industriellen Erzeugung von Stoffen, namentlich der Produktion von **Harris Tweed-Stoffen** und Bekleidung, die in der Zwischenzeit in der ganzen Welt zum Inbegriff bester Schafwollqualität geworden ist. Bis dahin hatten die Inselbewohner ihren „Harris-Tweed" nur für den eigenen Bedarf gewebt. Die handgewebten Stoffe haben eine lange Geschichte: sie dienten den Einheimischen schon als Kleidung, als die Wikinger (die sich noch mit Fellen und Häuten kleideten) im 8. Jahrhundert die Inseln entdeckten, und auch in der Folgezeit hatte jeder Clan seine eigene Weberei.

Zwischen dem Atlantik-Loch Resort (im Westen) und dem Minch-Loch Seaforth (im Osten) bildet die Insel eine Landenge, ihr südlicher Teil wird **Harris** genannt. Während das nördliche *Lewis* ein fast vegetationsloses Moorland ist, steigen in *Harris* (vor allem im nördlichen Teil) die Berge über 700 m an; höchste Erhebung ist der 798 m hohe *Clisham*. Von der kleinen am Meer liegenden dörflichen Siedlung **Tarbert** fahren die Fährschiffe nach *Uig* auf der Insel *Skye* (→ Route 10), im Sommer auch nach *Lochmaddy*, auf *North Uist*.

Eine schmale Straße mit sehr schönen Ausblicken verbindet Tarbert mit dem östlich liegenden **Carnach,** das den von Fischern bewohnten kleinen *Islands of Scalpay* gegenüberliegt.

Die Westküste von Harris, die man von Tarbert aus auf der A-859 erreicht, ist ein einziger Traum von Sandstränden mit tiefblauem Wasser davor, das an die Karibik erinnert. Das Hinterland ist im Frühling und im Frühsommer mit Wildblumen übersät. Von **Northon** (prächtiger Strand), das an dieser Straße liegt, steigt westlich die Halbinsel **Toe Head** mit dem 366 m hohen *Chaipaval* an. Die Halbinsel ist ein Tummelplatz für Tausende von Seevögeln. Der Blick vom Hügel reicht hier (gutes Wetter vorausgesetzt) bis hinüber zur Insel *Skye*.

Zwischen Northon und dem folgenden Ort **Leverburgh** führt rechts eine Zufahrt zur Küste mit ihren weiten Stränden. In Leverburgh gibt es eine Personenfähre („Newton Ferry") nach *Port nan Log* an der Nordküste von *North Uist*.

Lohnend ist die Weiterfahrt von Leverburgh nach **Rodel,** wo die frei stehende *St. Clement's Church* mit ihrem festungsartigen Turm und Pyramidendach (16. Jh.) einen großen Eindruck hinterläßt. Im Innern der Kirche ist das Skulpturengrabmal des *Alexander MacLeod of Harris* (1547) eine Sehenswürdigkeit, die man hier, am „Ende von Europa", gewiß nicht erwartet.

Die Autofähre von Tarbert legt in *Lochmaddy* auf der Insel **North Uist** an. Lochmaddy ist eine kleine Siedlung von ein paar Häusern und einem Hotel. Um die Insel kennenzulernen, fährt man am besten auf der Küstenstraße A-865, die an prachtvollen, weiten Sandstränden im Norden und Westen vorbeiführt. (Von Lochmaddy nordwärts auf der A-865 rund um die Insel, und zurück nach Lochmaddy auf der A-867 sind es rund 60 km.) **North Uist** hat aber auch so viele *Lochnans* (kleine und kleinste Seen und Wasserlöcher), daß es mehr aus Wasser als aus Festland zu bestehen scheint. Auch hier gibt es aufrecht stehende, prähistorische Steine, uralte *Cairns* und „Brochs" (→ 194).

Die Weiterfahrt erfolgt auf der A-867, die bei **Clachan** in die A-865 mündet. Westlich von Clachan liegt das **Balranald Nature Reserve,** ein weites Marschland, das sich von der Küste landeinwärts erstreckt, ein Vogelschutzgebiet mit vielen (seltenen) Seevögeln, die auch hier nisten.

Von der A-865 führt rechts eine Zufahrt zu den Ruinen von **Teampull na Trionaid** *(Trinity Temple),* einem mittelalterlichen Kloster mit einer Gelehrtenschule, das im frühen 13. Jahrhundert gegründet wurde.

Hier soll auch der berühmte Franziskanermönch **John Duns Scotus** (1265–1308), einer der bedeutendsten und einflußreichsten Scholastiker des Mittelalters, studiert haben. Als Doktor der Theologie, verteidigte er in Paris (dem damaligen Hauptsitz der scholastischen Philosophie) die unbefleckte Empfängnis der Jungfrau Maria (er soll 200 Beweise dafür aufgestellt haben) gegen Thomas von Aquin; er trug auch das meiste dazu bei, daß diese Lehre Glaubensartikel der katholischen Kirche wurde.

Neben den Klosterruinen liegt **Teampull Clann A'Phiocair,** die Clan-Kapelle der *MacVicars,* die der Schule als Lehrer vorstanden. Nahebei liegt das „Field of Blood", der Schauplatz einer Schlacht zwischen verfeindeten Clans.

Auf einem Damm überquert jetzt die A-865 die Meerenge, die *North Uist* mit der Insel **Benbecula** verbindet, die ebenso wie *North Uist* von zahllosen Meeresarmen und Buchten zerrissen ist, aber auch schönes Weideland und vor allem weite Sandstrände und hohe Sanddünen besitzt. Ein Armee- und Luftwaffenstützpunkt liegt an der Nordküste.

Dann überquert man auf einer Brücke den *South Ford* zur Insel **South Uist,** die wiederum an ihrer zerrissenen Ostküste über 600 m hohe Erhebungen hat. Die Westküste hingegen ist ein einziger flacher Sandstreifen mit dahinterliegenden Wiesen und Weiden, die im Frühjahr eine seltene Blumen- und Blütenpracht entfalten. Wer die Einsamkeit am Meer liebt, kommt hier auf seine Rechnung: ein meilenweiter Sandstrand, und als einzige Lebewesen See- und Wildvögel, im Hinterland Schafe.

South Uist wird von den Schotten gerne als „Bonnie Prince Charlie country" bezeichnet, denn hier fand Prinz Charles Edward seine große Liebe, die Farmerstochter **Flora MacDonald,** die ihm später, nach seiner verlorenen Schlacht bei Culloden (→ Seite 156) auch die Flucht ermöglichte. Eine hohe Statue Flora MacDonalds steht nahe bei der *Benbecula Bridge.*

Im Norden der Insel verdienen zwei Dinge Erwähnung: die auf dem *Reuval Hill* („Hill of Miracles") stehende, über neun Meter hohe Statue der Muttergottes mit Kind, und das **Loch Druidibeg**

National Nature Reserve, einer der wenigen noch erhaltenen Plätze, wo die auf den britischen Inseln beheimatete Wildgans *(greylag goose)* große Brutplätze vorfindet.

Die A-865 durchquert die Insel in Nord-Südrichtung; von dieser Straße gibt es rechts eine Zufahrt zu den Ruinen des alten *Ormacete Castle.* Nahebei erinnert auf einem kleinen Hügel knapp 1 km nördlich von Milton ein Gedenkstein an *Flora MacDonalds Geburtshaus* (sie wurde 1722 geboren und verliebte sich 1745 in den um zwei Jahre älteren „Bonnie Prince Charlie"; → oben).

Ehe man auf der A-865 den nächsten Fährschiffhafen *Lochboisdale* erreicht, lohnt sich bei *Daliburgh* ein Abstecher auf der A-888 zur Südküste der Insel, mit meilenweiten flachen Sandstränden. Auf der Fahrt dorthin kann man in dem kleinen Dorf **Kilpheder** das sogenannte *Kilpheder Wheelhouse* ansehen, die noch erhaltenen, spärlichen Reste einer Rundsiedlung aus der Zeit um 200 n.Chr. Im etwas weiter südlich liegenden **Garrynamonie** verdient die moderne Kirche *Our Lady of Sorrows* (1964) mit einem schönen Frontmosaik Beachtung. Von *Ludag* gibt es eine Personenfähre nach *Eoligarry* an der Nordküste von *Barra.*

Sehr schön ist auch die Aussicht, die man von der Südküste auf die zwischen *South Uist* und *Barra* liegende kleine Insel **Eriskay** hat, die am 23. Juli 1745 in die britische Geschichte einging, als dort Prince Charles Edward, den die französische Brigg „Du Theillay" hierhergebracht hatte, zum ersten Mal schottischen Boden betrat, um ein Königreich zu gewinnen. Nach seiner abenteuerlichen Flucht verließ er am 19. September 1746 Schottland als geschlagener Mann, wieder auf einem französischen Schiff. Auch in die Literaturgeschichte ging die kleine Insel ein: 1941 strandete hier die „SS. Politicia" mit einer großen Ladung von Whisky, worüber *Compton MacKenzie* seine weltberühmte (später auch verfilmte) Erzählung „Whisky Galore" schrieb.

Um auf die Insel *Barra* zu gelangen, muß man die Autofähre in **Lochboisdale** nehmen. Dort gibt es auch Fährschiffe nach *Mallaig* und nach *Oban* auf dem schottischen Festland (→ Route 6).

Barra ist die „Blumeninsel" der Hebriden und ein wahres Vogelparadies; Kuckuck und Lerche sind hier ebenso zu Hause wie alle Arten von Seevögeln. Das milde, vom Golfstrom beeinflußte Klima bewirkt einen reichen Pflanzenwuchs. Die Bevölkerung der kleinen Insel hält noch stark an ihren traditionellen Sitten und Bräuchen fest, die Frauen singen hier noch zur „Clarsach", der kleinen keltischen Harfe.

Das Fährschiff legt in **Castlebay**, im Süden der Insel, an. Schon von weitem ist das auf einem Felsen vor der Küste stehende **Castle of Kisimul** zu sehen, seit Jahrhunderten der Sitz der *MacNeils of Barra,* die sich als berüchtigte Piraten einen Namen gemacht haben; sie enterten sogar Schiffe der Königin Elizabeth I. von England. Der älteste erhaltene Teil der Burg ist ihr Hauptturm aus dem Jahr 1120. Sie wurde bis zum vorigen Jahrhundert von den

Chiefs des MacNeil-Clan bewohnt, verfiel aber dann, da die Familie nach Amerika auswanderte. Im Jahr 1938 kehrte der 45. Clan-Chief, *Robert Lister MacNeill* (ein bekannter amerikanischer Architekt) wieder in seine Heimat zurück und ließ die Burg wiederherstellen, sodaß sie ab 1960 wieder von der Familie bewohnt werden konnte. Ihr mittelalterliches Aussehen hat sie aber bis zum heutigen Tag bewahrt.

Von **Castlebay** führt eine Straße rund um die Insel, die vom *Ben Heaval* (384 m), der einzigen Erhebung, überragt wird. Im Norden gibt es auch unerwartet weite Sandstrände. Bei **Eoligarry**, dem nördlichsten Punkt der Insel (Personenfähre nach *Ludag* auf South Uist), liegt die Ruine der St. Barr Kirche *(Cille Barra)*, die der Insel den Namen gab; dort befindet sich auch die (restaurierte) *Chapel of St. Mary,* die einst zu einem mittelalterlichen Kloster gehörte. Bemerkenswert sind die alten Grabsteine am Kirchhof.

16. Die Orkneyinseln und Shetlandinseln

Die **Orkneys** sind eine Gruppe von rund 60 Inseln, wovon 14 größer und mit Straßen versehen sind, während die andern sehr klein und auch nicht mit fahrplanmäßigen Fähren zu erreichen sind. Im Unterschied zu den Shetlandinseln (→ Seite 213) sind die Orkneys zumeist ganz flach und landwirtschaftlich gut erschlossen: ein reiches Farmland mit Rinderzucht und Milchwirtschaft. Bedeutend ist naturgemäß auch der Fischfang. Große Mengen tiefgefrorener Fischfilets werden in die USA exportiert. Für Archäologen und an frühgeschichtlichen und prähistorischen Stätten interessierte Touristen sind die Orkneys ein Dorado. In keinem anderen Teil Nordeuropas sind so viele steinzeitliche Baudenkmäler auf so einem kleinen Raum erhalten geblieben. Außerdem sind die Orkneys ein Nistplatz für über eine Million Vögel.

Die südliche Orkneyinsel **South Ronaldsay** liegt nur 11 km vom schottischen Festland entfernt und ist mit Fährschiffen von *John o'Groat's* (→ Seite 194) erreichbar. Von hier führt eine Straße über Dämme auf die Hauptinsel *Orkney Mainland.* Man fährt dabei an der malerischen Bucht von *Scapa Flow* entlang.

Die **Bucht von Scapa Flow** war in beiden Weltkriegen ein großer Marinestützpunkt und Anlegeplatz der britischen *Home Fleet.* Hier befand sich auch die auf Grund des Waffenstillstands ausgelieferte deutsche Flotte (11 Linienschiffe, 5 Schlachtkreuzer, 8 kleine Kreuzer und 50 Torpedoboote), die am 21. Juni 1919 von Admiral Reuter versenkt wurde. Heute ist die Bucht ein großer Tanker-Terminal für das in der Nordsee geförderte britische Erdöl, das mittels einer Pipeline zur Insel *Flotta* herangeführt wird. An die Kriegszeiten erinnern noch das *Orkney Wireless Museum* an der Nordküste von *South Ronaldsay,* die kleine, von italienischen Kriegsgefangenen erbaute „Italian Chapel" bei *Lamb Holm,* und das Museum von *Stromness* (→ unten), mit vielen Schaustücken, die die versenkte deutsche Flotte betreffen.

Ein **Autofährschiff** verkehrt täglich außer sonntags zwischen *Scrabster* (bei *Thurso,* → Seite 195) und *Stromness* (Fahrzeit 2 Stunden), von wo die Straße A-964 zur Inselhauptstadt *Kirkwall* führt. Dann gibt es auch täglich außer sonntags Flugverbindungen von Edinburgh, Wick und Aberdeen nach *Kirkwall* (Flugzeit von Edinburgh über Wick knapp 2 Stunden) und einen guten Interinselverkehr mit Fährschiffen und Flugzeugen.

Kirkwall ist die auf dem *Mainland* liegende, etwa 5000 Einwohner zählende Hauptstadt der Orkneys. Als ehemalige Handelsstadt der Norweger ist der skandinavische Einfluß noch überall spürbar. Sehr bunt ist das Treiben in dem zu jeder Tageszeit belebten Hafen. Sehenswert sind die über 800 Jahre alte normannische **St. Magnus Cathedral,** mit kleinen Zubauten in frühgotischem Stil, der **Earl of Patrick's Palace** (1607) mit noch gut erhaltenen Bauteilen im Renaissancestil (der *Earl Patrick Stewart* war ein Enkel von Maria Stuart), die Ruinen des **Bishop's Palace** (13. Jh.) mit noch erhaltenem 400 Jahre altem Rundturm, und das **Tankerness House,** ein ehemaliger Herrensitz aus dem Jahre 1574, mit schönem Innenhof und Garten, in dem heute ein interessantes historisches und volkskundliches Museum untergebracht ist. Über 2000 Jahre alt sind die sogenannten **Grain Earth Houses,** unter der Erde liegende Wohnräume, die man über einen Treppenabgang erreicht. Einen ähnlichen unterirdischen Wohnraum, das **Rennibister Earth House,** findet man etwa 7 km nordwestlich von Kirkwall, an der A-965.

Noch ein Stück weiter liegt an der gleichen Straße der **Cuween Hill Cairn,** durch den ein Zugang zu einer Grabkammer führt, in der man Menschen- und Tierknochen aus dem 3. Jahrtausend v.Chr. fand. Ein weiterer *Cairn* mit einem Steinzeitgrab, das **Unstan Chambered Tomb,** liegt wenige Kilometer ehe die A-965 *Stromness* erreicht.

Etwa 4,5 km westlich von Kirkwall verdient auch der **Wideford Cairn** mit drei konzentrischen Wällen und einem Durchgang zu einem Innenraum Beachtung. Nicht ganz 10 km westlich von

Kirkwall kann man an der A-964 die Reste der **Orphir Church** (12. Jh.), Schottlands einziger mittelalterlicher Rundkirche, sehen.

Die zweite bedeutende Stadt auf Orkney ist **Stromness** (25 km westlich von Kirkwall), das unter den Wikingern *Hamnavoe* hieß. In frühen Zeiten segelten von hier aus die Schiffe nach Kanada. Bis zum 19. Jahrhundert war Stromness auch ein bedeutender Hering- und Walfanghafen. In seinen engen Gassen sind noch viele alte Häuser erhalten; besuchenswert ist das schon genannte Museum.

Nördlich von Stromness liegen die Reste des Steinzeitdorfes von **Skara Brae,** aus der Zeit zwischen 2700 und 3000 v.Chr. Die einzigartigen, aus Kalksteinplatten ohne Mörtel errichteten Häuser, mit gut erhaltenen Lagerstätten, Herdstellen, Korridoren, Wasserbehältern und dergleichen wurden 1850 während eines Sturms freigelegt, nachdem sie viereinhalb Jahrtausende unter dem Sand vergraben und konserviert waren.

Nordöstlich von Stromness befinden sich die **Stones of Stennes,** aufrecht stehende Steinmonolithen (Reste eines mächtigen Steinkreises) aus der Zeit um 2000 v.Chr., der **Ring of Brodgar,** ein weiter, über viertausend Jahre alter Steinkreis mit 36 noch aufrecht stehenden Steinen (in der Nähe kann man noch viele ähnliche Steindenkmäler sehen), und das **Maes Howe,** ein in Europa einzigartiger Begräbnishügel von 35 m Durchmesser mit einer darunterliegenden, aus Kalksteinplatten gefügten Grabkammer aus der Zeit um 2500 v.Chr., die im 12. Jahrhundert von Wikingern geplündert wurde. An den Wänden hinterließen sie zahlreiche Runen-Inschriften.

An der Nordküste von *Orkney Mainland* (etwa 22 km von Stromness entfernt) liegen bei **Birsay** die Ruinen des *Earls of Orkney Palace* (16. Jh.) und – auf einer vorgelagerten kleinen Insel – die Reste des **Brough of Birsay,** einer alt-norwegischen Siedlung mit einer romanischen Kirche (nur bei Ebbe zugänglich). Auf der etwas weiter östlich vorgelagerten Insel **Eynhallow** kann man weitere Reste einer alten Siedlung und einer Kirche aus dem 12. Jahrhundert sehen. Bemerkenswert sind auch die Reste des mächtigen, 2000 Jahre alten **Gurness Broch,** einer vermutlich piktischen Fluchtburg, mit Umfassungsmauern und noch drei Meter hoch erhaltenen Teilen eines Wehrturms. Die Anlage war bis zur Zeit der Wikinger bewohnt.

Zwischen Stromness und dem schottischen Festland liegt **Hoy,** die einzige nicht flache Orkneyinsel. Der *Ward Hill* steigt 476 m hoch an. Vor der Westküste ist der vor den hohen Klippen stehende „Old Man of Hoy", eine über 130 m hohe Felsensäule, ein Wahrzeichen für Seefahrer. Im nördlichen Teil von *Hoy* wurde vor einigen Jahren der **Dwarfie Stane** freigelegt, ein riesiger Sandsteinfelsen mit einer hineingeschlagenen Grabkammer aus der Zeit um 2000 v.Chr. An der südöstlichen Spitze der Insel erhebt sich bei *Harkness* der „Martello Tower", ein Wachturm aus der Zeit um 1800, der 1866 restauriert wurde.

Auch die weiter im Norden liegenden kleinen Orkneyinseln, vor allem *Rousay, Westray, Papa Westray* und *Sanday*, die man mit Fährschiffen und mit Flugzeugen von Kirkwall aus erreichen kann, sind reich an prähistorischen Denkmälern, Steinzeitgräbern und Resten mittelalterlicher Kirchen. Auf **Papa Westray** sind zwei „Knap of Howar" genannte prähistorische Häuser freigelegt worden, die aus dem frühen 4. Jahrtausend v.Chr. stammen. Dabei fand man auch Steinwerkzeuge und Schmuck aus Walroßzähnen. Auf **Westray** sind neben alten Kirchenbauten die weiträumigen Ruinen des *Noltland Castle* (1420) sehenswert. Auf dem kleinen, von der Insel *Sanday* aus zu erreichenden Inselchen **Els Ness** fand man ein 4800 Jahre altes Grab („Quoyness Chambered Tomb") mit einer einzigartigen, vier Meter hohen Grabkammer. Auf **Rousay** gibt es viele steinzeitliche Gräber, berühmt ist der aus dem 3. Jahrtausend v. Chr. stammende „Blackhammer Cairn", mit einem in sieben Kammern unterteilten Grabraum. Etwa 2000 Jahre alt ist der *Midhowe Broch*, wahrscheinlich eine Fluchtburg der Pikten. Auf der *Rousay* im Süden vorgelagerten kleinen Insel **Wyre** stehen die Reste der einst mächtigen Wikingerburg *Cobbie Row's Castle*, die schon in der „Orkneyinga Saga" (1145) erwähnt sind. Sie ist zweifellos die älteste auf schottischem Boden aus Stein erbaute Burg. Auch eine Kapellenruine (12. Jh.) ist hier noch zu sehen.

Ebenfalls aus dem 12. Jh. stammt die sehr eindrucksvolle *St. Magnus Church* auf der benachbarten kleinen Insel **Eglisay**. Ihr runder Turm ist über 15 m hoch.

Die **Shetlands** sind eine Gruppe von mehr als hundert rund um die Hauptinsel **Shetland Mainland** verstreute kleine und kleinste Inseln, von denen aber nicht viel mehr als etwa ein Dutzend ständig bewohnt sind. Fischerei, Schafzucht, die Zucht von Shetland-Ponies, Wollverarbeitung und in letzter Zeit vor allem die Erdölbohrung vor den Küsten, mit ihren Pipelines zu den Tankschiffhäfen, sind das wirtschaftliche Fundament der Inseln. Der Inselcharakter ist zum großen Teil rauh, felsig, die Küsten sind von gefährlichen Klippen gesäumt, tief einschneidende – zum Teil sandige – Fjorde prägen die Landschaft.

Der Einschiffungshafen zu den Shetlands ist *Aberdeen*, von wo aus dreimal wöchentlich ab 18 Uhr ein Schiff nach **Lerwick**, der Inselhauptstadt (Ankunft am nächsten Morgen) abgeht. Außerdem gibt es täglich Flüge von Aberdeen nach **Sumburgh** (Flugzeit 65 Minuten), dem Inselflughafen an der Südspitze von Shetland-Mainland, von wo die A-970 nach **Lerwick** (44 km), bzw. **Scalloway**, führt. Weitere Flugverbindungen gibt es von Edinburgh (Flugzeit 2 Stunden) und von Kirkwall/Orkney (35 Min.). Einen Interinsel-Flugverkehr (nach *Whalsay*, *Fettar* und *Unst*) gibt es nur montags bis freitags.

Die von den Römern „Ultima Thule" genannten Inseln wurden vor rund 1200 Jahren zum ersten Mal von Wikingern besiedelt, gehörten dann zu Norwegen und gelangten erst 1469 zu Schottland. Noch im 19. Jahrhundert wurde hier Norwegisch gesprochen. Heute noch fühlen sich die Inselbewohner nicht als Schotten; sie bezeichnen sich lieber als „Shetlander", und über 80% von ihnen sind skandinavischer Abstammung. In den Blickpunkt des Interesses gelangten die Shetlands wieder in jüngster Zeit durch die Erdölbohrinseln und durch den Bau von *Sullom Voe*, den größten Ölhafen Europas.

Lerwick, die nördlichste Stadt Großbritanniens mit etwa 6000 Einwohnern besitzt einen prächtigen Naturhafen. Enge alte Gassen führen hinauf zur *Commercial Street*. Sehenswert ist das *Fort Charlotte* (1665), das bei einem Angriff der Holländer 1673 niedergebrannt und erst 1781 wieder instandgesetzt wurde. Das *Shetland Museum* bietet einen historischen Überblick seit der prähistorischen Zeit und enthält auch Kunst- und Folkloresammlungen. Die *Shetland Workshop Gallery* in der *Burns Lane* beherbergt in zwei alten Häusern kunst- und kunsthandwerkliche Arbeiten lokaler Künstler.

Ein Erlebnis besonderer Art ist die Fahrt mit dem Motorboot zur östlich vorgelagerten **Isle of Noss** (Abfahrtszeiten sind im Hafen angeschlagen). Die von 180 m hohen Klippen gesäumte, wilde Felseninsel ist der Brutplatz zahlloser Seevogelkolonien.

Am Südrand von Lerwick liegt der **Clickhimin Broch,** die Reste eines vor etwa 2500 Jahren erbauten Steinforts, in das später ein über 5 m hoher Wohnturm hineingebaut wurde.

Auch auf einer **Sandwick** (12 km südlich von Lerwick) vorgelagerten kleinen Insel liegt ein berühmtes altes Steinfort, der **Mousa Broch.** Mit seinem fast 14 m hohen, von zwei Steinwällen umgebenen Turm gilt er als besterhaltenes Beispiel eines eisenzeitlichen Steinforts in Schottland. Noch weiter südlich liegt nahe bei **Sumburgh** die archäologische Stätte **Jarlshof** mit drei weiträumigen Wohnsiedlungen, die von der Bronzezeit an bis zur Wikingerzeit besiedelt waren; im Mittelalter lag hier ein Bauernhof, im 16. Jahrhundert ein Herrenhaus der *Earls of Stewart.* Nahebei liegt das **Ness of Burgi** genannte Steinfort aus der Eisenzeit.

Etwas weiter nördlich kann man ein strohgedecktes Landhaus sehen, das noch im Stil der Zeit um 1850 eingerichtet ist und das **Shetland Croft House Museum** beherbergt (nebenan liegt eine alte Wassermühle).

Auf **St. Ninian's Isle,** die der Südwestküste vorgelagert ist, stand eine frühchristliche, keltische Kirche, von der – wie auch von einer kleinen Kapelle des 12. Jahrhunderts mit einer „heiligen Quelle" – noch die Grundmauern erhalten sind.

Knapp 10 km westlich von Lerwick liegt der Fischereihafen **Scalloway,** die frühere Inselhauptstadt, mit der eindrucksvollen Ruine des um 1600 erbauten *Scalloway Castle.* 8 km nordwestlich liegt in **Veensgarth** das *Tingwall Agricultural Museum,* mit alten Speichern, Ställen, Werkstätten und einer Sammlung alter landwirtschaftlicher Geräte. Etwas weiter nördlich liegt **Whiteness,** das wegen seiner Schmucksteinschleiferei „Hjaltasteyn" besuchenswert ist. Im Westen der Insel liegen bei **Walls** die Reste des prähistorischen „Staneydale Temple".

Schließlich soll noch auf **Yell Sound,** den Meeresarm zwischen dem nördlichen *Mainland* und der Nachbarinsel *Yell,* mit seinen von unzähligen Seevögeln bevölkerten, wilden Klippenküste, und auf das auf der nördlichen Shetlandinsel **Unst** stehende *Muness Castle* aus dem 16. Jahrhundert hingewiesen werden.

Zwischen den Shetland- und den Orkneyinseln liegt die kleine **Fair Isle** mit einem weltweit bekannten Vogelschutzgebiet, dem Brutplatz zahlloser Vögel (darunter auch arktische Seevögel), mit einer Beobachtungsplattform, die von März bis November zugänglich ist.

D
STADTBESCHREIBUNGEN

EDINBURGH

In einem alten „Official Guide of Edinburgh", also in einem offiziellen (schottischen) Reiseführer, lese ich über die Stadt: „Edinburgh is one of the three most beautiful cities in the world" und weiter: „No finer shops are to be seen anywhere in the world than those on its principal thoroughfares . . . "

Nun mögen nicht nur bei mir Zweifel darüber aufkommen, ob nicht zwischen Prag und Lissabon oder Amsterdam und Rom mehr als nur zwei schönere Städte existieren als Edinburgh (von Rio de Janeiro, San Francisco, Kapstadt, Hong Kong usw. gar nicht zu reden) und ob es wirklich in der ganzen Welt keine schöneren Einkaufsläden gibt als jene in Edinburghs Hauptstraßen. Ohne aber näher auf die Stichhaltigkeit dieser schottischen „Feststellungen" eingehen zu wollen, möchte ich sagen, daß Edinburgh, die Hauptstadt Schottlands, zweifellos zu den drei schönsten Städten Großbritanniens gehört und die Begeisterung der Schotten für ihre Hauptstadt verständlich ist. *Bill Grundy,* ein bekannter Journalist, kommt der „Praxis" zweifellos näher, wenn er in einer seiner Schottland-Reportagen schreibt, daß man zur Besichtigung Edinburghs drei Dinge benötigt: „A guide-book, plenty of time and an overcoat".

Nun, der Wind, der zuweilen durch die Princes Street bläst, kann in der Tat recht lästig und sehr kühl sein, aber der Schotte liebt es, sich in einer der zahlreichen Tea-shops „aufzuwärmen" und wer es ihm nachtut und sich zur Kanne heißen Tees auch einen oder zwei der köstlichen *Scotch pancakes* nimmt, der wird in der kalten Jahreszeit seinen Stadtbummel genießen, denn Edinburgh ist eine schöne und eine romantische Stadt mit einer Fülle von architektonischen Kostbarkeiten und förmlich gepflastert mit historischen Reminiszenzen. Um die Stadt richtig zu „erleben", muß man zu Fuß gehen. Man sollte sich Zeit dabei lassen, denn in Edinburgh herrscht keine Hast.

Kulturelle Ereignisse: Edinburgh International Festival of Music and Drama, Film Festival und Military Tattoo: Ende August/Anfang September. – Edinburgh Highland Games: am Samstag, der dem Festival folgt. – Royal Scottish Academy Art Exhibition: April bis September. – Im Sommer täglich musikalische Darbietungen in den Princes Street Gardens.

Informationen: City of Edinburgh Tourist Information and Accomodation Service, 5 Waverley Bridge (Tel. 031-33 22 433). – Scottish Tourist Board, 23 Ravelston Terrace.

Historische Entwicklung

Die Legende verlegt die Stadtgründung in die Zeit um tausend Jahre vor Christus. Historisch tritt aber Edinburgh erst unter König Malcolm und seiner Gemahlin Margaret im 11. Jahrhundert in die Geschichte ein, die hier einen Jagdsitz hatten. Die Rückführung des Stadtnamens auf *Edwin,* König von Northumbria (616–633), scheint nach Ansicht schottischer Philologen, die den Namen "Edwinsburch" auf ein Mißverständnis von Chronisten des 18. Jahrhunderts zurückführen, nicht richtig zu sein.

Königsresidenz scheint Edinburgh erst unter Alexander I. und David I., den Söhnen von Malcolm und Margaret, nach 1100 geworden zu sein. Als unter Robert the Bruce im Jahre 1313 die Burg von den Engländern zurückerobert wurde, ließ er sie – mit Ausnahme der Kapelle – zerstören. König Robert the Bruce war es auch, der Edinburgh 1329 das Stadtrecht verlieh. Um 1450 entstand die erste Stadtmauer.

Die mittelalterliche Stadt entwickelte sich längs des Bergrükkens, der sich zwischen dem *Castle* und dem rund 1600 Meter entfernten *Palace of Holyroodhouse* erstreckt. Heute noch lehnt sich die Altstadt an den Berghang und wird von steil bergan führenden Straßen durchzogen. 1530 von einer Feuersbrunst verheert, 1544 von den Engländern unter Henry VIII. erobert ("Rough Wooing") und großteils zerstört, auch lange Zeit von der Pest heimgesucht, stand Edinburgh Jahrhunderte lang im Ruf, zu den ärmsten Städten Großbritanniens zu gehören.

Am 1. September 1561 sah Edinburgh den feierlichen Einzug der aus Frankreich kommenden Maria Stuart. 1641 wurde Charles I. mit großen Ehren hier empfangen. 1650 besetzte Cromwell die Stadt. In den lang anhaltenden Bürgerkriegen und Religionskämpfen zwischen Katholiken und Protestanten hatte Edinburgh immer schwer zu leiden, war aber immerhin Sitz des eigenständigen schottischen Parlaments bis zum Jahre 1707, der Vereinigung mit England.

Nach der Trockenlegung des *Nor' Loch* im Jahre 1760 entstand die „New Town" und mit ihr begann eine Periode des Aufschwungs. Unter dem Architekten Robert Adam (1728–1792) und seinen Nachfolgern erlebte Edinburgh eine große Bautätigkeit, die Stadt wurde ein führendes kulturelles Zentrum, sie war die Wirkungsstätte von James Boswell, Robert Burns, Sir Walter Scott, David Hume, Adam Smith, Henry Raeburn und vieler anderer berühmter Persönlichkeiten. Das 19. Jahrhundert sah die Ansiedlung großer Industrien. Mit dem am *Firth of Forth* liegenden Seehafen **Leith** (der Ort wurde 1920 der Stadt eingegliedert) erhielt schließlich Edinburgh auch Zugang zur Nordsee und damit zum offenen Meer.

Mit der Gründung der alljährlichen wiederkehrenden internationalen Festspiele *(Edinburgh Festival)*, die Schottlands Hauptstadt seit 1947 auch zu einem Treffpunkt der Künste machten, zählt Edinburgh heute zu den bedeutendsten musischen Festspielstädten der Erde. Heute hat die Stadt knapp eine halbe Million Einwohner.

Die Stadtbesichtigung

Die *Princes Street* trennt die Edinburgher „Neustadt" (die immerhin auch schon aus dem 18. und 19. Jahrhundert stammt), mit geradlinigen Straßenzügen und weiten Plätzen, von der hoch gelegenen „Altstadt", die mit ihren steilen, engen und gekrümmten Gassen („Closes" genannt) zweifellos zu den charakteristischsten und architektonisch bedeutenden Stadtvierteln Großbritanniens gehört. Jeder der nachfolgend beschriebenen Spaziergänge kann mühelos in einem halben Tag absolviert werden, natürlich muß für den Besuch der Museen und zahlreichen Erinnerungsstätten längere Zeit eingeplant werden.

Weg 1: Die Princes Street

Die meisten Besucher der Stadt gewinnen ihren ersten Eindruck in der breiten *Princes Street,* der 1805 fertiggestellten Hauptverkehrsader der Stadt. Die „Prinzen", deren Namen sie trägt, waren

Das 60 m hohe Scott-Monument,
davor die in der Form eines griechischen Tempels
erbaute National Gallery.

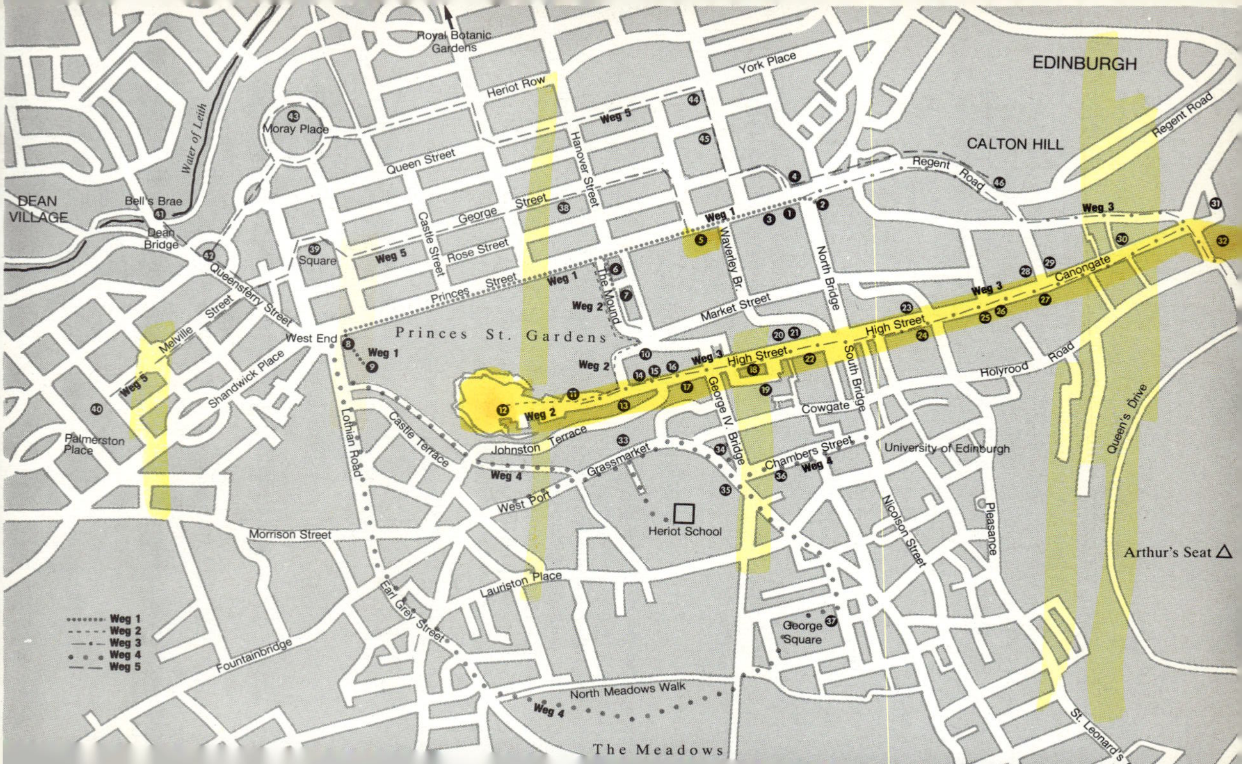
EDINBURGH
CALTON HILL
Royal Botanic Gardens
York Place
Heriot Row
Moray Place
Queen Street
Hanover Street
George Street
Castle Street
Rose Street
Princes Street
Square
Water of Leith
DEAN VILLAGE
Bell's Brae
Dean Bridge
Queensferry Street
Melville Street
Shandwick Place
West End
Palmerston Place
Lothian Road
Castle Terrace
Johnston Terrace
Grassmarket
West Port
Morrison Street
Lauriston Place
Earl Grey Street
Fountainbridge
North Meadows Walk
The Meadows
Heriot School
George Square
Princes St. Gardens
The Mound
Market Street
Waverley Br.
North Bridge
South Bridge
High Street
Canongate
George IV. Bridge
Cowgate
Chambers Street
University of Edinburgh
Nicolson Street
Pleasance
Holyrood Road
Regent Road
Queen's Drive
Arthur's Seat
St. Leonard's St.
Weg 1
Weg 2
Weg 3
Weg 4
Weg 5

die Söhne König Georgs III. Die Nordseite der Straße wird von zahlreichen Einkaufsläden, Hotels und Snack-Bars eingenommen, ihre Südseite bilden öffentliche Parks und Gärten (East- und West **Princes Street Gardens**).

Nördlich der Princes Street erstreckt sich die Neustadt, südlich von ihr – hoch ansteigend – die Altstadt. An ihrem östlichen Ende liegt die **Waverley Station** (1), der Hauptbahnhof Edinburghs, an der Stelle des 1760 trockengelegten *Nor' Loch (North Loch)*. Hier befinden sich auch die **Waverley Steps,** der Treppenabgang zum Bahnhof, von den Briten als „windigste Stelle Großbritanniens" bezeichnet. Nahebei liegen das **Hauptpostamt** (2) und das **Touristen-Informationsbüro** (3), wo man in der Regel auch bereitwillig Auskunft über noch freie Hotelzimmer oder andere Unterkunftsmöglichkeiten bekommt.

An der Nordseite der Princes Street erhebt sich – dem Bahnhof gegenüber – das **Register House** (4), ein vornehmes Gebäude, das der berühmte Architekt Robert Adam 1774–1789 zur Unterbringung der schottischen Geschichtsarchive und Rechtsurkunden baute. Robert Reid brachte 1827 Ergänzungen an dem monumentalen Bau an. Unter den wertvollen Schriftstücken befinden sich u.a. zahlreiche Briefe und Dokumente von Maria Stuart und Elizabeth I. und die *Treaty of Union* (1707), der Vertrag, der Schottlands Unabhängigkeit beendete.

Der Princes Street nach Westen folgend, erblickt man links das monumentale **Scott Monument** (5), ein Wahrzeichen Edinburghs. Der 1840–1844 errichtete, 60 m hohe Turmbau von George

---

1 Waverley Station
2 Hauptpostamt
3 Touristen-Information
4 Register House
5 Scott Monument
6 Royal Scottish Academy
7 National Gallery
8 St. John's Episcopal Church
9 St. Cuthbert's
10 Lady Stair's House
11 Castle Esplanade
12 Edinburgh Castle
13 Cannonball House
14 Outlook Tower
15 James's Court
16 Gladstone's Land
17 Riddle's Close
18 High Kirk of St. Giles
19 Parliament House
20 City Chambers
21 Anchor Close
22 Tron Kirk
23 John Knox' House
24 Museum of Childhood
25 Moray House
26 Huntly House
27 Acheson House
28 Canongate Tolbooth
29 Canongate Church
30 White Horse Close
31 Queen Mary's Bathhouse
32 The Palace of Holyroodhouse
33 Grassmarket
34 Magdalen Chapel
35 Kirk of the Greyfriars
36 Royal Scottish Museum
37 George Square
38 Assembly Rooms
39 Charlotte Square
40 St. Mary's Episcopal Cathedral
41 Dean Bridge
42 Randolph Crescent
43 Moray Place
44 Scottish National Portrait Gallery
45 St. Andrew Square
46 City of Edinburgh Art Centre

Meikle Kemp umschließt unter seinem neugotischen Baldachin die sitzende Marmorfigur von Sir Walter Scott mit seinem Hund *Maida*. Um das Standbild sind 64 der bekanntesten Gestalten aus Scotts Romanen und Gedichten gruppiert. Der Turm kann auf einer eingebauten Treppe bestiegen werden.

Wenige Schritte weiter, verbindet links **The Mound** („Der Hügel") die Princes Street mit der Altstadt. The Mound ist eine breite Straße, die entstand, als man die beim Bau der Neustadt ausgebaggerte Erde (es sollen über zwei Millionen Wagenladungen gewesen sein) in das Bett des (trockengelegten) *Nor'Loch* schüttete. In The Mound stehen zwei eindrucksvolle Gebäude im Stil griechischer Tempel: die **Royal Scottish Academy** (6) (sie beherbergt in den Sommermonaten bedeutende Kunstausstellungen mit Leihgaben lebender Künstler) und die **National Gallery** (7), beide in der Mitte des 19. Jahrhunderts von William Playfair, dem bedeutendsten Exponenten des damals so beliebten „Greek Revival Style", erbaut. Die National Gallery enthält Werke der Malerei und Skulptur von der Renaissance bis zum 19. Jahrhundert, darunter Meisterwerke von Rembrandt, Vermeer, Tizian, Frans Hals, Tintoretto, El Greco, Raffael, Velasquez, Goya, Poussin, Watteau, Cézanne, Degas, Gainsborough, Turner, Constable, Reynolds und Ramsay, um nur einige zu nennen. Besonders reich vertreten sind die Werke schottischer Meister, allen voran natürlich Henry Raeburn (1756–1823).

Die *Princes Street* setzt ihren heiteren Verlauf zwischen eleganten Ladengeschäften und den freundlichen **Princes Street Gardens** fort bis zur Lothian Road. Die Gartenanlage bedeckt die Vertiefung, die einst der Grund des *Nor'Loch* war, dessen Gewässer vor ihrer Ableitung den Schloßberg umspülten.

In den *Princes Street Gardens* erinnern zwei Denkmäler, das von Amerikanern schottischer Abstammung gestiftete **American Memorial** und das **Royal Scots Greys Memorial**, an die Gefallenen der letzten Kriege. Südlich davon ragt der Schloßberg in die Höhe.

Die Blumenuhr **(Floral Clock)**, die sich in der Gartenanlage befindet, stammt aus dem Jahr 1903 und soll die älteste Blumenuhr der Welt sein.

Am westlichen Ende des Princes Street Gardens erhebt sich die neugotische St. John's Episcopal Church.

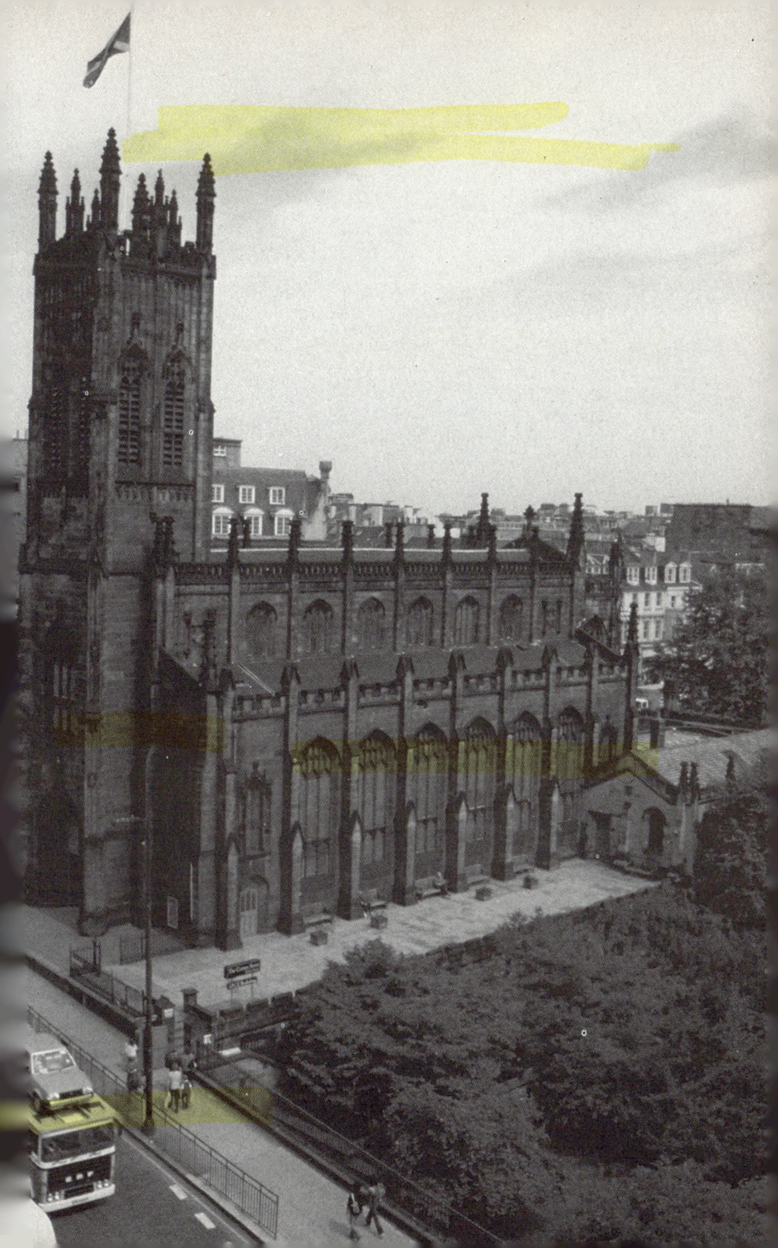

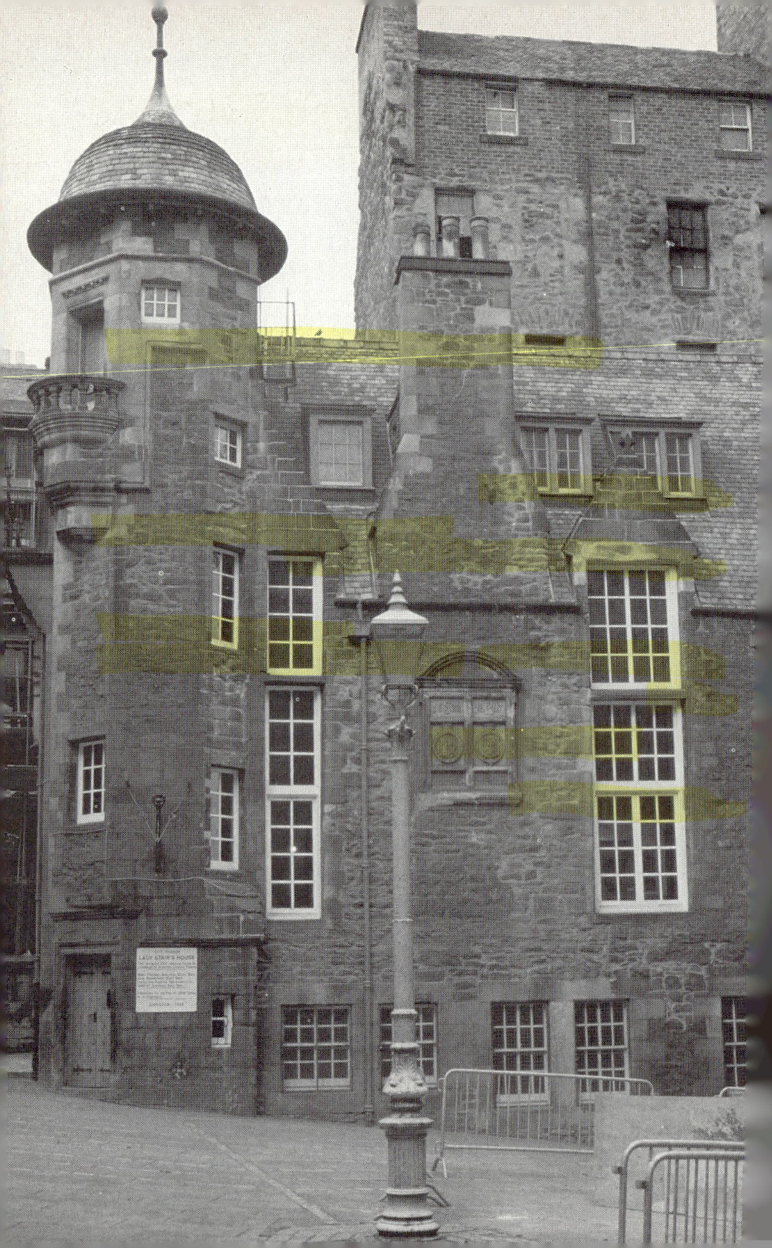
LADY STAIR'S HOUSE

Am westlichen Ende der *Princes Street Gardens* liegen zwei Kirchen: **St. John's Episcopal Church** (8), ein neugotischer Bau (19. Jh.) mit eindrucksvollem Innenraum und **St. Cuthbert's** (9), Ende des 19. Jahrhunderts im italienischen Frührenaissance-Stil erbaut; der Turm von 1790 stammt von einer früheren Kirche. Auf dem kleinen Friedhof sind zahlreiche berühmte Persönlichkeiten der Stadt begraben.

Weg 2: Von der Princes Street zum Edinburgh Castle

Man steigt von der Princess Street über *The Mound* (→ Weg 1) an, passiert die beiden „Tempel" (*Royal Scottish Academy* und *National Gallery*) und gelangt so zur Einmündung der *Market Street* und gleich darauf (rechts) zu einem Treppenaufgang, der zu **Lady Stair's House** (10) führt. Das 1622 erbaute Haus ist nach der Witwe des ersten *Earl of Stair* benannt, wurde vor 1907 wiederhergestellt und beherbergt heute ein Museum, das Robert Burns, Sir Walter Scott und R.L. Stevenson gewidmet ist. Es enthält zahlreiche Antiquitäten und Erinnerungsstücke an die drei Dichter und Schriftsteller. Man setzt seinen Weg durch die *Ramsay Lane* fort und erreicht schließlich die **Castle Esplanade** (11), den Paradeplatz des Schlosses, mit den Denkmälern vieler berühmter Schotten. Während der Festspiele finden hier Militärparaden und das Schauspiel des Zapfenstreichs, das berühmte *Military Tattoo*, statt. Ein steiler Weg führt von hier durch eine Anzahl von Verteidigungslinien zum Gipfel des Schloßbergs mit dem eigentlichen **Edinburgh Castle** (12), dem Schloß oder der Burg von Edinburgh.

Es ist anzunehmen, daß sich an der höchsten Stelle des Burgfelsens immer schon eine Befestigung befunden hat, die in keltischer Zeit als **Maidens Castle** bekannt war. Unter Malcolm III. tritt die Burg in der zweiten Hälfte des 11. Jahrhunderts erstmals in die Geschichte ein. Malcolms heilig gesprochene Gemahlin, Königin Margaret, starb hier 1093. Unter Alexander I. wurde die Burg wahrscheinlich im Jahre 1107 **Königsresidenz.** 1296 von den Truppen Edwards I. erobert, blieb die Burg im Besitz der Engländer bis 1313, als sie unter König Robert the Bruce, von seinem Gefolgsmann *Randolf, Earl of Moray,* im Handstreich zurückerobert wurde. Robert the Bruce ließ sie anschließend zerstören, damit sie nicht wieder in die Hände der Engländer fallen konnte. Von der Zerstörung verschont blieb nur die Burgkapelle.

Das wiederhergestellte Lady Stair's House

Die Burg wurde unter Edward III. nach 1337 neu erbaut. Sie spielte in den Unabhängigkeitskriegen immer eine bedeutende Rolle. 1566 gebar hier **Maria Stuart** einen Sohn, der 1603 als James VI. of Scotland (James I. of England) den Thron besteigen sollte. 1650 wurde die Burg nach einer kurzen Belagerung von den Truppen Oliver Cromwells erobert. 1745 verwehrte die Burgbesatzung, Gegner der Jakobiten, dem in Edinburgh einziehenden Prinzen Charles („Bonnie Prince Charlie") den Zutritt. Während der napoleonischen Kriege diente das Schloß als Lager für französische Kriegsgefangene.

Man betritt den Burgkomplex durch einen 1888 rekonstruierten Torbau (Zugbrücke) und gelangt zuerst zur **Halfmoon Battery** (16. Jh.), die wegen ihrer halbkreisförmigen Form so benannt ist. Hier sind noch die Reste des Turms zu sehen, der 1368 unter David II. errichtet wurde. Sie wurden später beim Bau der Batterie von dieser umschlossen und erst 1913 wieder freigelegt. Im Turm waren viele prominente Persönlichkeiten eingekerkert, u.a. auch 1479 der Duke of Albany, ein Bruder von König James III., der sich mittels eines Seils über den Felsen herablassen und fliehen konnte.

Auf einen alten Brauch geht auch das Abschießen der sogenannten **„Ein-Uhr-Kanone"** zurück, die täglich außer sonn- und feiertags um 13 Uhr abgeschossen wurde, damit die Seeleute vor der Küste auf diese Weise ihre Schiffsuhren vergleichen konnten. Später folgte dann das Abschießen der Kanone von der Sternwarte aus auf elektrischem Wege.

Der Ausblick von der Batterie reicht über die ganze Stadt und den *Firth of Forth* bis zu den *Ochill-Hills* und darüber hinaus. Kurz nach der *Halfmoon Battery* gelangt man in den **Argyll Tower.** Der Turmbau war ursprünglich durch drei Tore und ein Fallgitter geschützt und diente als Staatsgefängnis. In der Nähe des Turms erinnert eine Gedenktafel an Randolf, Earl of Moray, der 1313 an dieser Stelle mit dreißig Männern den Felsen erstiegen und die Burg im Handstreich erobert hat.

Nach dem Militärhospital, einem modernen Gebäude, erreicht man **Governor's House,** einen Bau des 15. Jahrhunderts, von wo aus ein steiler Aufstieg schließlich zu der am Gipfel des Schloßbergs liegenden kleinen **St. Margaret's Chapel** führt. Die um 1073 erbaute normannische Kapelle ist nicht nur der älteste erhaltene Bau Edinburghs, sondern zählt auch zu den ältesten Kirchenbau-

Edinburgh Castle

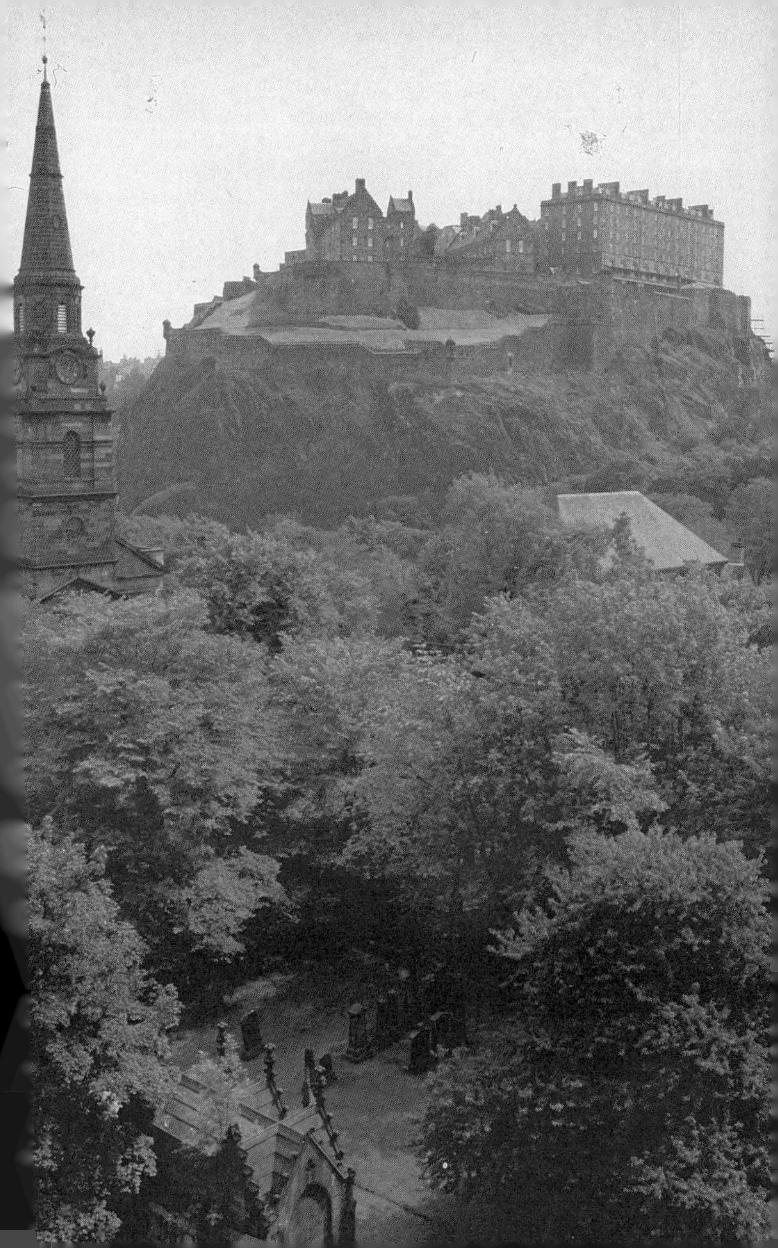

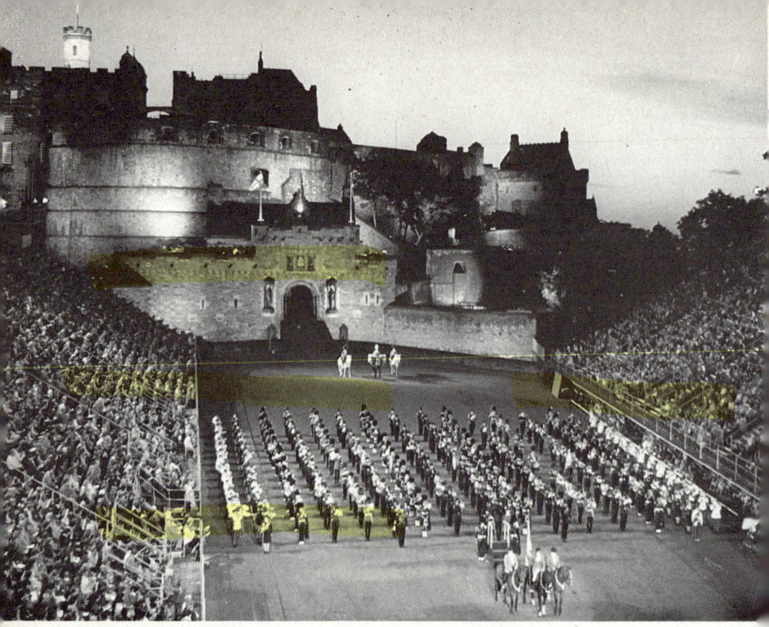

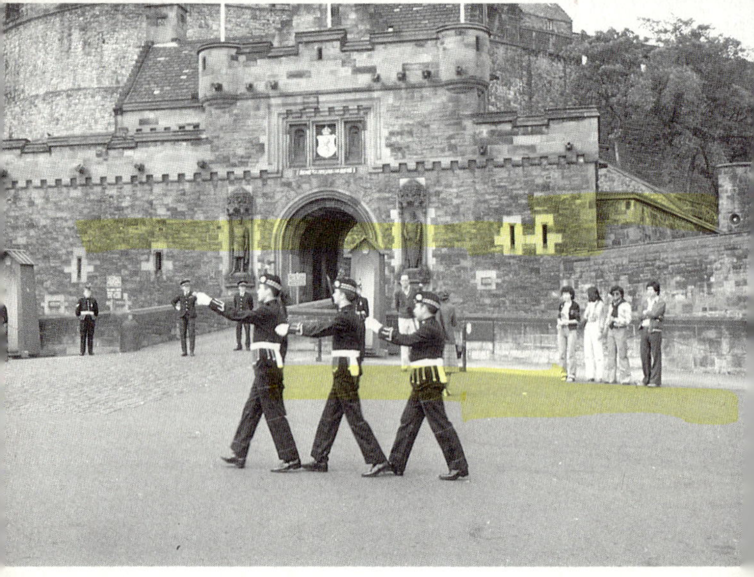

ten Schottlands. Sie trägt den Namen ihrer Bauherrin, der Königin Margarete, der sächsischen Frau des Königs Malcolm Canmore (dem ältesten Sohn von König Duncan, der von Macbeth ermordet wurde); sie soll auch 1093 in der Kapelle gestorben sein.

Vor der Kapelle stand früher **Mons Meg**, eine berühmte alte Kanone aus dem Jahre 1486, die in vielen Schlachten eine bedeutende Rolle spielte. Beim Abfeuern eines Saluts zu Ehren des Herzogs von York im Jahre 1680, zersprang sie. Heute kann man sie in der Burg in den alten *French prisoners' Quarters* sehen.

Man befindet sich nun auf dem **Crown Square,** der höchsten Stelle der Burg. Der Platz wird an drei Seiten von Schloßgebäuden eingenommen, seine Nordseite bildet das **Scottish National War Memorial.** Das an der Stelle eines wesentlich älteren Gebäudes, im 18. Jahrhundert als Kriegerdenkmal errichtete, eindrucksvolle Bauwerk, enthält eine lange Ehrenhalle und einen Schrein, die man durch einen hohen, vorgeschobenen Torturm mit rundbogigem Portal betritt. Die Skulptur in der riesigen Bogennische über dem Portal symbolisiert die Unsterblichkeit. Das Tonnengewölbe der Ehrenhalle ruht auf achteckigen Steinsäulen, zwischen denen jedes der zwölf schottischen Regimenter eine Gedenkstätte für seine „Ehrenregister" besitzt.

Den Mittelpunkt des eigentlichen Schreins bildet eine auf einem marmornen Gedenkstein *(Stone of Remembrance)* befindliche stählerne Truhe, die von vier knieenden Engeln flankiert wird und die „Ehrenrollen" mit den Namen der in den Kriegen umgekommenen schottischen Männer und Frauen enthält. Der Gedenkstein ruht auf einem natürlichen, aus dem Boden ansteigenden Felsstück. Ein Bronzefries an den Wänden zeigt Männer und Frauen in Uniform und Dienstkleidung, auch Tiere, die im Kriegseinsatz getötet wurden. Eine in Eichenholz geschnitzte Figur des Erzengels Michael symbolisiert den Sieg über das Unrecht.

Das **United Service Museum** (Heeresmuseum) an der Westseite des Platzes enthält prächtige Uniformen und Ausrüstungen schottischer Regimenter aus vielen Epochen, Waffen, Porträts und Gemälde, Erinnerungsstücke, Fahnen, Kriegstrophäen u.v.a.

Die **Great Hall** *(Banqueting Hall)* liegt an der Südseite des Platzes. In ihr soll das erste schottische Parlament zusammengetreten sein. Später wurde die Halle als Bankettsaal benutzt, in dem u.a. große Feste für Charles I. und später für Cromwell stattfanden. Heute sind hier alte Waffen und Rüstungen ausgestellt.

Ein immer wieder vielbesuchtes historisches Schauspiel ist der Military Tattoo vor dem Edinburgh-Castle.

Wachablösung vor dem Castle.

Der alte Palast (15. Jh.) mit den **Royal Apartments** (Königliche Gemächer) nimmt die Ostseite des Platzes ein. Über dem rundbogigen Portal befindet sich ein Relief mit den Anfangsbuchstaben von Maria Stuart und ihrem Gatten Lord Darnley, und der Jahreszahl 1566. Zu den eindrucksvollsten Räumen gehört das winzige Schlafzimmer der Königin, die hier einen Sohn gebar, der später als James VI. von Schottland und James I. von England die Kronen beider Länder vereinigen sollte.

Das geheimnisumwitterte Zimmer der Königin birgt heute noch viele Rätsel. Angeblich ließ Maria Stuart ihren Sohn gleich nach der Geburt heimlich in einem Korb vom Fenster hinablassen, damit er römisch-katholisch getauft werden konnte. Angeblich wurde 1830 der Sarg eines kleinen Kindes in einer Vertiefung hinter der Wandverkleidung gefunden. Die Reiseführer, die die Besucher durch die Räume geleiten, wissen viele Geschichten dieser Art zu erzählen, deren Wahrheitsgehalt sich aber kaum mehr überprüfen läßt.

Ein anderer sehenswerter Raum ist die sogenannte **Crown Chamber** mit den **schottischen Kronjuwelen** *(Scottish Regalia)*. Dazu gehören die Krone, die wahrscheinlich noch auf *Robert the Bruce* (1274–1329) zurückgeht (der Reif stammt aus der Zeit um 1300, die Bögen wurden in der ersten Hälfte des 16. Jahrhunderts aufgesetzt), das Staatsschwert, das James IV. 1507 von Papst Julius II. empfing, das Zepter, das Papst Alexander VI. 1494 übergab, und andere Insignien schottischer Könige.

Die Kronjuwelen waren zum Schutz vor den Truppen Cromwells lange Zeit in der Kirche von Kinneff vergraben gewesen und tauchten erst 1660 bei der Wiedereinführung der Monarchie unter Charles II. wieder auf. Als 1707 der *Act of Union* unterzeichnet wurde, durch den England und Schottland vereinigt wurden, versteckte man die in einer Eichentruhe verpackten Kronjuwelen im **Crown Chamber,** um sie dem Zugriff der Engländer zu entziehen. Sie blieben über hundert Jahre „verschollen". Erst 1818, als man schon angenommen hatte, daß sie verlorengegangen oder nach England geschafft worden waren, gab der damalige Prinzregent auf das Drängen von Sir Walter Scott den Befehl, in die Kammer einzudringen und die eichene Truhe aufzubrechen. So wurden die Kronjuwelen „wiederentdeckt". Sie wurden zuletzt 1953 benutzt, als sie Elizabeth II. während ihres Besuches in Edinburgh anläßlich ihrer Krönung beim Weihegottesdienst in die St. Giles-Kathedrale tragen ließ. – Im Castle befindet sich auch die Dudelsack-Schule der Armee.

Schottische Romantik:
einer der charakteristischen ,,Closes" an der Royal Mile.

ADVOCATES CLOSE

Weg 3: Die „Royal Mile" zwischen Castle und Holyroodhouse

Von der Burg ausgehend verläuft die sogenannte **Royal Mile** (Straßenzüge Castle Hill, Lawnmarket, High Street und Canongate) bis zum *Palace of Holyroodhouse*. Die historische *Royal Mile* ist rund 1600 Meter lang und vermittelt einen interessanten Eindruck von der Altstadt: Zu beiden Seiten der zum *Holyroodhouse* führenden Straßen finden wir enge, in Höfe einmündende Sackgassen, die „Closes" genannt werden. Man versäumt viel, wenn man die Strecke zwischen Castle und Holyroodhouse im Wagen zurücklegt. Man sollte sich die Zeit nehmen, wenigstens einen Teil des Weges zu Fuß zurückzulegen, um ein wenig „Atmosphäre" des alten Edinburgh zu schnuppern.

Von der *Castle Esplanade*, dem Paradeplatz vor dem Schloß ausgehend, folgt man der Straße *Castle Hill*, die sich kurz darauf mit dem *Lawnmarket* fortsetzt. Auf der rechten (südlichen) Seite von Castle Hill steht das sogenannte **Cannonball House** (13) aus dem Jahre 1630, das nach einer Kanonenkugel unter dem Mittelfenster der westlichen Giebelwand benannt ist, die angeblich während des zweiten Jakobitenaufstands 1745 von der Burg abgefeuert worden war. Damals war nämlich das *Castle* von Gegnern der Jakobiten, das *Holyroodhouse* hingegen von Prince Charles Edward besetzt.

Auf der gegenüberliegenden, linken Straßenseite, verdient das **Outlook Tower** (14) genannte Haus Beachtung. Es beherbergt die „Ausstellung Schottischen Lebens" und enthält Sammlungen zur Stadtgeschichte. Auf dem Dach ist eine *Camera obscura* angebracht, die an schönen Tagen das Bild der umliegenden Häuser auf eine weiße, konkave Platte wirft. Auf die Straße Castle Hill folgt **Lawnmarket** (einst *Landmarket* genannt), wo früher an Markttagen die Landbevölkerung ihre Produkte verkaufen durfte. Im 18. Jahrhundert wurde die Straße zur beliebten Promenade. Heute befinden sich hier zahlreiche Antiquitätengeschäfte, Läden für Dudelsäcke, Hochlandwaren usw.

Auf der linken Straßenseite liegen **Mylne's Court,** ein gut restaurierter Gebäudekomplex aus dem Jahre 1690 (heute ein Studentenwohnheim) und **James's Court** (15), ebenfalls aus dem späten 17. Jahrhundert, wo *James Boswell* lebte; 1773 bewirtete er hier *Dr. Johnson,* den berühmten Schriftsteller und Lexikographen. Auch der Philosoph *David Hume* wohnte hier.

Das fünfstöckige Haus mit doppeltem Arkadendurchgang und Außentreppen trägt den Namen **Gladstone's Land** (16). Es stammt aus dem Jahr 1620 (*Land* heißt in diesem Fall „Haus") und war damals im Besitz des Kaufmanns *Thomas Gledstane,* der es reich ausstatten ließ. Seine museal zugänglichen Räume wurden im Stil der Zeit wiederhergestellt, bemerkenswert sind die bemalten Decken und die Möbel des 17. Jahrhunderts. Als charakteristisches Haus der Altstadt sind auch seine ursprünglichen Läden revitalisiert worden, in denen noch Waren aus dieser längst vergangenen Epoche angeboten werden.

Auf der gegenüberliegenden (rechten) Straßenseite führt ein Zugang zu **Riddle's Close** (17), das im inneren *MacMorran's Close* liegt. In einem Haus des späten 16. Jahrhunderts wohnte *Bailie MacMorran,* der 1595 von einem Schüler erschossen wurde, als er versuchte, einen Aufstand an der *Royal High School* zu brechen. Nur wenige Schritte weiter öffnet sich **Brodie's Close,** der Wohnsitz von *Deacon Brodie,* neben einem Mietshaus aus dem 16. Jahrhundert. Heute ist hier die Schottische Zentralbücherei *(Scottish Central Library)* untergebracht.

Deacon William Brodie war im 18. Jahrhundert ein bekannter Stadtrat und gleichzeitig einer der meistgesuchten Einbrecher der Stadt. Dank seines hohen Amtes blieb er lange Zeit unentdeckt, bis man ihn einmal überraschte und 1788 wegen seiner Verbrechen hinrichtete.

Auf der linken Seite von Lawnmarket zweigt nun *Lady Stair's Close* ab und führt zu *Lady Stair's House* (→ Weg 2). Die rechts abzweigende **George IV. Bridge** führt in das *Greyfriars-Viertel,* zum *Royal Scottish Museum* und zur *Universität* (→ Weg 4).

Rechts erblickt man die gotische **High Kirk of St. Giles** (18) oder *St. Giles Cathedral,* die Hauptkirche Edinburghs. Ihr Turm stammt noch aus dem 15. Jahrhundert und bildet in seinem oberen Teil die „Krone von St. Giles", ein Wahrzeichen der Stadt. Von der ursprünglich normannischen Kirche, die einst hier stand, ist nichts mehr erhalten. Der aus dem 14. und 15. Jahrhundert stammende Bau wurde während der Reformation im 16. Jahrhundert verändert und im 19. Jahrhundert restauriert. Im Laufe ihrer wechselvollen Geschichte, die im Innern auch durch zahlreiche Gedenksteine und Gedenktafeln dokumentiert wird, diente die Kirche verschiedenen Konfessionen, war auch Gefängnis, Schule und Büro des Stadtschreibers. Ihre 44 katholischen Altäre wurden in der Reformationszeit entfernt, die Statue von St. Giles zerstört. Die Kirche enthält einige bemerkenswerte Grabdenkmäler und zahlreiche Fahnen berühmter schottischer Regimenter. Sehens-

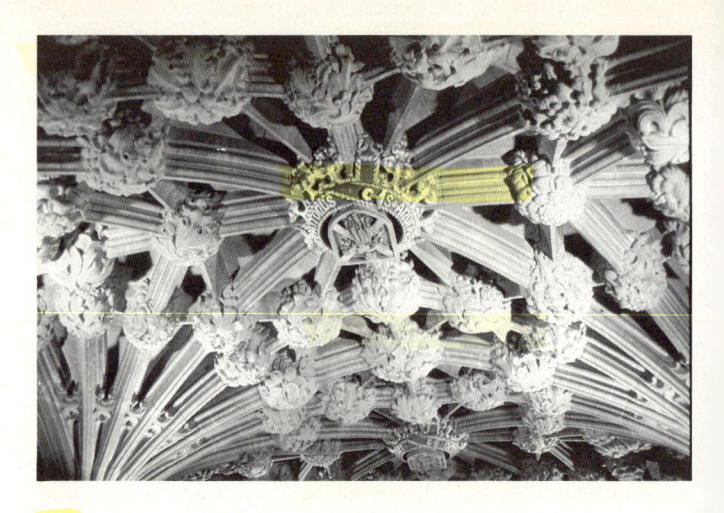

Das prachtvolle Fächergewölbe der Chapel of the Thistle

wert ist die 1909 nach Plänen von Robert Lorimer angebaute und reich geschmückte **Thistle-Kapelle** *(Chapel of the Order of the Thistle)*. Es ist die Kapelle des ersten und höchsten schottischen Ritterordens. Sie besitzt ein kunstvoll geschnitztes Chorgestühl, Banner der Ordensritter und wappengeschmückte Fenster.

John Knox, der bekannte Kirchenreformer, war geistlicher Rat von St. Giles und predigte in der Kirche leidenschaftlich den Protestantismus. Er wurde nach seinem Tod im Jahre 1572 im angrenzenden Kirchhof beerdigt, an dessen Stelle sich aber heute der **Parliament Square** erstreckt. Am Platz ist die vermutliche Stelle seines Grabes mit seinen Initialen J.K. und der Jahreszahl 1572 gekennzeichnet, daneben erhebt sich das Denkmal von Charles II.

Beim Westportal von St. Giles ist im Kopfsteinpflaster des Platzes ein herzförmiges Muster sichtbar. Es kennzeichnet den einstigen Eingang zum **Old Tolboth,** dem Gefängnis, wo auch Scotts berühmter Roman „Das Herz von Midlothian" beginnt. Hier wurden die abgeschlagenen Köpfe der Hingerichteten (u.a. des *Marquis of Montrose,* 1650, und das *Argylls,* 1661) zur Schau gestellt. 1817 wurde das Gefängnis abgerissen. Die alte Sitte, auf das Herz zu spucken, um damit den Behörden symbolisch seine Verachtung auszudrücken, wird heute noch von einigen älteren Leuten gepflegt.

An der Ostseite von St. Giles steht das alte **Mercat Cross** (Marktkreuz), das für viele Jahrhunderte lang der Mittelpunkt des städtischen Lebens war. Hier wurden in früheren Zeiten die Erklärungen des Königshauses verlesen, hier fanden öffentliche Hinrichtungen statt, hier verkauften die Marktweiber Austern, Muscheln und frische Heringe.

An der Südseite des *Parliament Square* und hinter der Kirche von St. Giles steht auch das 1639 in italienischen Renaissanceformen errichtete **Parliament House (19),** wo bis zum Jahre 1707, als Schottland seine Unabhängigkeit verlor, das schottische Parlament tagte. Nach einem alten englischen Lied wurden beim Verlust der Unabhängigkeit viele Mitglieder des schottischen Parlaments „bought and sold for English gold". Heute dient der Bau dem Obersten Gerichtshof *(Supreme Law Courts of Scotland)* als Sitz. Die mit Porträts und Statuen berühmter Richter und Rechtsgelehrter geschmückte *Great Hall (Parliament Hall)* kann besichtigt werden; sie besitzt ein sehenswertes Stichbalkendach.

Nahebei, an der *George IV. Bridge,* liegt die **National Library of Scotland** (Nationalbibliothek), mit kostbaren Büchern aus dem Anfang der Buchdruckerkunst, darunter auch eine Gutenberg-Bibel (um 1456), viele reich geschmückte Bucheinbände und alte Handschriften, wie etwa der letzte Brief Maria Stuarts, den sie am Abend vor ihrer Hinrichtung schrieb, Originalmanuskripte von Sir Walter Scott u.v.a.

Neben *Advocates Close* (17. Jh.) liegen die sogenannten **City Chambers (20),** das heutige Rathaus der Stadt, das 1753 ursprünglich als *Königliche Börse* erbaut worden war, mit Cenotaph (Ehrenmal) dem Mittelbogen. Die „Royal Mile" setzt sich nun als **High Street** fort. An der linken Seite erstreckt sich gleich nach den City Chambers **Anchor Close (21),** der ehemalige Sitz von *Smellie's Druckerei,* wo die ersten Edinburgher Ausgaben der Gedichte von Burns und der *Encyclopaedia Brittanica* gedruckt wurden. Gegenüber, auf der rechten Seite, liegt die ehemalige **Tron Kirk (22),** ein Bau aus dem Jahre 1637, der dafür bekannt ist, daß an diesem Ort Edinburgh den Beginn des neuen Jahres mit Dudelsackmusik und Ausgelassenheit feiert.

Man überquert jetzt den breiten Straßenzug von *North Bridge* (er führt links über die Waverley Station zur Princes Street) bzw. *South Bridge* (rechts geht es zur Stadtausfahrt nach Süden) und gelangt zum alten *Moubray House* und zum **John Knox' House (23),** dem wahrscheinlichen Wohnsitz des berühmten religiösen Reformators *John Knox,* von 1561 bis zu seinem Tode im Jahr 1572. Das aus der Mitte des 16. Jahrhunderts stammende Haus umschließt einen älteren Bau aus der Zeit um 1470, von dem noch gute Bauteile erhalten sind.

In dem museal zugänglichen Haus werden zahlreiche Erinnerungsstücke an **John Knox** gezeigt. Bemerkenswert ist ein mit Eichenholz getäfelter Raum mit bemalter Decke (um 1600). Das kleine Schlafzimmer, in das der Reformator nach seiner letzten Predigt in St. Giles getragen werden mußte, ist auch sein Sterbezimmer. Kurz vor seinem Tod soll er gesagt haben: „Ich habe niemals einen persönlichen Haß gegen die gehegt, gegen die ich gewettert habe."

Auf der gegenüberliegenden Straßenseite verdient das **Museum of Childhood** (24) Aufmerksamkeit. Dieses „Kindesalter-Museum" besitzt eine reichhaltige Sammlung von Puppen, Kostümen, altem Spielzeug, Kinderbüchern usw.

Nur wenige Schritte weiter *(43, High Street)* kann man ein im mittelalterlichen Stil erbautes modernes dreistöckiges Gebäude sehen, welches das Kunstzentrum **Netherbow Arts Centre** (mit Theater- und Konzertsaal) beherbergt.

Die „Royal Mile" wird nun zur Straße **Canongate,** dem „Weg der Domherren" von Holyrood-Abbey. Dieses Viertel besaß seit dem 12. Jahrhundert eigene, klösterliche Rechte, wovon heute noch die Markierungen (der Buchstabe „S") im Straßenpflaster zeugen. Sie kennzeichneten die „old sanctuary line of Holyrood Abbey". Ein Schuldner, dem es gelang, hinter diese Linie zu flüchten, war vor der Verfolgung der Stadtpolizei sicher. Dieses „right of sanctuary" blieb bis zum Jahre 1880 bestehen.

Auf der rechten Straßenseite liegt **Chessels Court,** mit dem ehemaligen Steueramt. Hier wurde der Stadtrat *Deacon Brodie* bei seinem letzten Einbruch erwischt (→ oben). Es folgt eine Reihe von gut restaurierten historischen alten Häusern, großteils aus dem 17. Jahrhundert. In **Old Playhouse Close** wurde 1747 das erste Stadttheater gegründet; es bestand nur bis zum Jahre 1769. Angrenzend liegt **Moray House** (25) aus dem Jahre 1628, das u.a. auch *Oliver Cromwell* (1648 und 1650) als Wohnsitz diente. Das Haus ist leicht an den spitz zulaufenden, pyramidenförmigen Aufsätzen auf den Türpfosten zu erkennen.

Vom Balkon des Hauses sah der junge **Marquis of Argyll** an seinem Hochzeitstag im Jahre 1650 zu, wie der **Marquis of Montrose,** der wegen seines Versuchs, für Charles II. die Krone wiederzuerobern, vom schottischen Parlament zum Tod verurteilt worden war, zur Hinrichtung geführt wurde. FünfJahre später erlitt er nach seinem mißglückten Versuch, die Herrschaft von James II. zu stürzen, dasselbe Schick-

---

*Art Gallery und altertümlicher Bookshop
an der Royal Mile.*

369
ART
GALLERY
Lyons Maid
ICE CREAM
well's Bookshop
ANTIQUES · THE ROYAL MILE
Q·TIPS
Circuit
THE SCOTSMAN
for you-
for Scotland

sal. Auch sein Vater war 1661 von den Royalisten als Hochverräter hingerichtet worden; ein Schicksal, das zur Zeit der Religionskriege vielen Angehörigen der Hocharistokratie zuteil wurde.

Es folgt das **Huntly House** (26) aus dem Jahr 1570, mit interessanten Skulpturen an der Fassade. Das schöne Fachwerkhaus steht an der Stelle eines wesentlich älteren Baus, von dem noch Teile erhalten sind. Es beherbergt heute ein **Städtisches Museum** mit zahlreichen Gegenständen zur Stadtgeschichte, Haushaltsgeräten aus Glas, Silber und Keramik, Erinnerungen an Scott, eine wiederinstandgesetzte alte Küche und historische Dokumente, darunter das Original des *National Covenant* von 1638, in dem alle Stände der Gesellschaft die Verpflichtung auf sich nahmen, die presbyterianische Kirche aufrechtzuerhalten und sich der bischöflichen Verfassung zu widersetzen. Zum Museumsbereich zählt auch der malerische *Bakehouse Close*.

Im angrenzenden **Acheson House** (27), das 1653 erbaut wurde, befindet sich heute das **Schottische Kunstgewerbezentrum** *(Scottish Craft Centre)* mit einem idyllischen Innenhof. Man kann hier schottische Kunstgewerbearbeiten als Mitbringsel erstehen.

Auf der linken Straßenseite steht **Canongate Tolbooth** (28), ein sehenswertes Haus aus dem Jahr 1591, mit malerischen Außentreppen und einem Zwiebelturm, das dreihundert Jahre lang als Gerichtsgebäude und Gefängnis diente. Heute beherbergt es ein Museum, das u.a. die typische Kleidung des schottischen Hochlandes (Kilt und Tartan) zeigt. Nur wenige Schritte weiter liegt **Canongate Church** (29), eine Kirche aus dem Jahre 1688; im kleinen Kirchhof sind berühmte schottische Persönlichkeiten bestattet, u.a. der Dichter *Robert Fergusson*, der Schriftsteller *Adam Smith*, der Philosoph *Dugald Stewart* (sein Denkmal steht auf dem *Calton Hill*) sowie Honoratioren der Stadt. Ein Grabstein trägt nur die Inschrift „Clarinda"; es handelt sich dabei um Agnes MacLehose, in die der Dichter *Robert Burns* unsterblich verliebt war.

Nahe am Ende der „Royal Mile" kann man die gut restaurierten, malerischen und ineinander verschachtelten Gebäude von **White Horse Close** (30) sehen, die aus dem 17. Jahrhundert stammen. Vom *White Horse Inn* (1623) fuhren die Postkutschen nach London ab; 1745 wohnten hier die Offiziere von Prince Charles. – Ehe man *Holyroodhouse* besichtigt, verdient noch das nahebei liegende kleine Haus Beachtung, das als *Queen Mary's Bath* (31) bekannt ist.

*Der entzückende White Horse Close
am östlichen Ende der Royal Mile.*

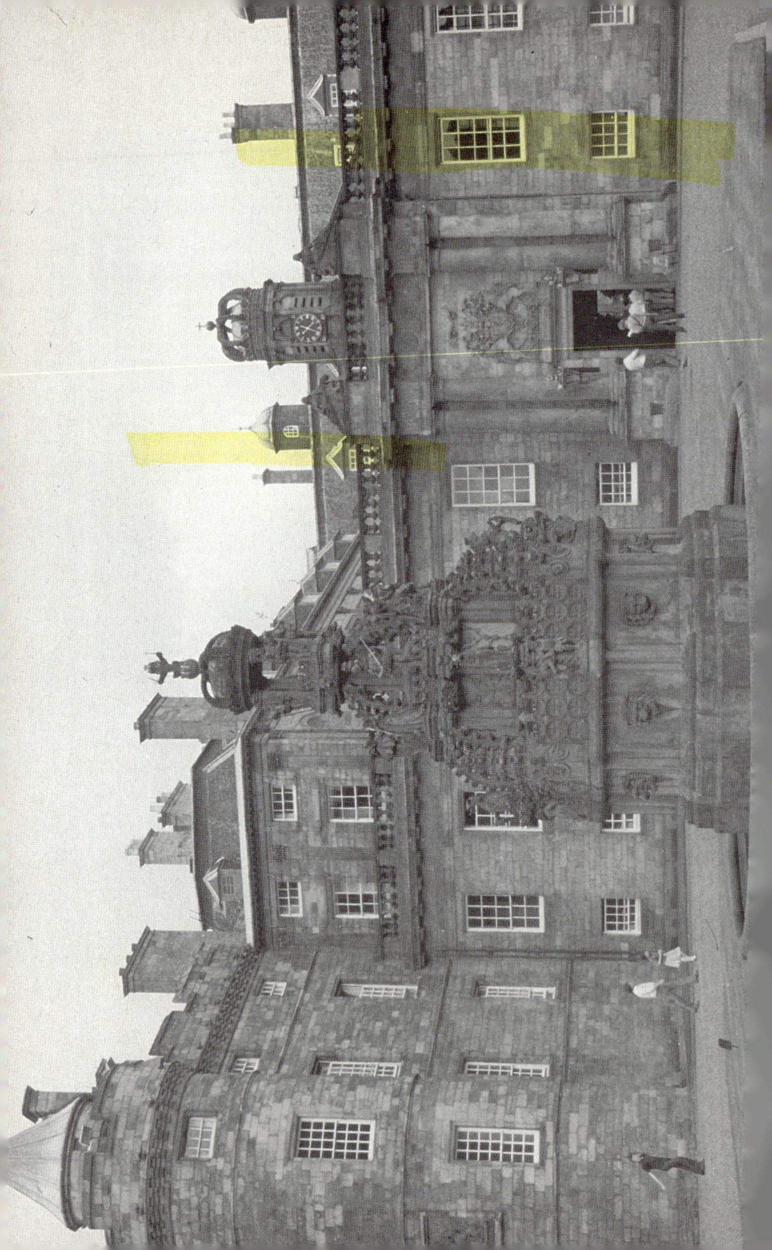

DER HOLYROOD-PALAST

The Palace of Holyroodhouse (32) ist der offizielle Wohnsitz der Königin, wenn sie sich in Schottland aufhält. Seine heutige Gestalt erhielt der Palast hauptsächlich in der zweiten Hälfte des 17. Jahrhunderts. James IV. hatte schon 1501 an der Stelle eines 1128 gegründeten Gästehauses mit dem Bau des Nordwestturms begonnen und der Palast wurde auch von James V. noch im 16. Jahrhundert fertiggestellt, er brannte aber während der Besetzung durch Cromwell-Truppen im Jahr 1650 zum großen Teil ab. Trotz seiner raschen Wiederherstellung ließ ihn Charles II. in den Jahren 1671–1679 durch William Bruce umbauen und erweitern. Unter George V. und Queen Mary wurden die Staatsgemächer und der Thronsaal erneuert und mit Tapisserien und Porträtbildern schottischer Könige und Königinnen ausgestattet.

Der Palast wurde 1561–1567 von **Maria Stuart** und Lord Darnley bewohnt. 1603 erfuhr hier ihr Sohn, James VI. von Schottland, daß er als James I. auch König von England geworden war, also zum Herrscher über zwei Königreiche. **Prince Charles Edward** („Bonnie Prince Charlie") hielt 1745 kurze Zeit hier Hof. Von 1795–1799 diente er dem *Compte d'Artois* (Bruder von Luis XVI.) als Wohnsitz; derselbe schlug 1830, als abgedankter König Charles X. von Frankreich, hier sein Exil auf.

1822 wurde der Palast für den Staatsbesuch von **George IV.** renoviert und schließlich von der Königin Victoria als königliche Residenz wieder instandgesetzt. Auch von George V. und George VI. wurde er oft als Wohnsitz benutzt.

Die Königsgemächer (*Historic Apartments* und *State Apartments*) können mit einem offiziellen Führer besichtigt werden. Man wird bei der Führung an zahlreiche historische Begebenheiten erinnert, so an die hier stattgefundene Hochzeit Maria Stuarts mit dem *Earl of Bothwell* oder an die Ermordung ihres italienischen Schreibers *David Rizzio* (1566) durch *Lord Darnley* und seine Verschwörer u.v.a.

Zu den **Historic Apartments** gelangt man durch die über 45 Meter lange **Long Gallery,** in der 111 Porträts (110 schottische Könige und eine Königin) hängen, darunter auch Phantasiebilder von legendären Königen, die vor mehr als zweitausend Jahren regiert haben sollen; erster schottischer König in dieser langen Reihe ist *Fergus I.* (330 v.Chr.). Alle Porträts wurden von **James de Witt** *(Jacob de Wet)* in den Jahren 1684–1686 gemalt, also jede Woche mindestens eines, oft sogar zwei! Die Geschichte berichtet, daß dem holländischen Porträtisten insgesamt 240 Pfund für

---

Der Holyrood-Palast ist der offizielle Wohnsitz der Königin, wenn sie sich in Schottland aufhält.

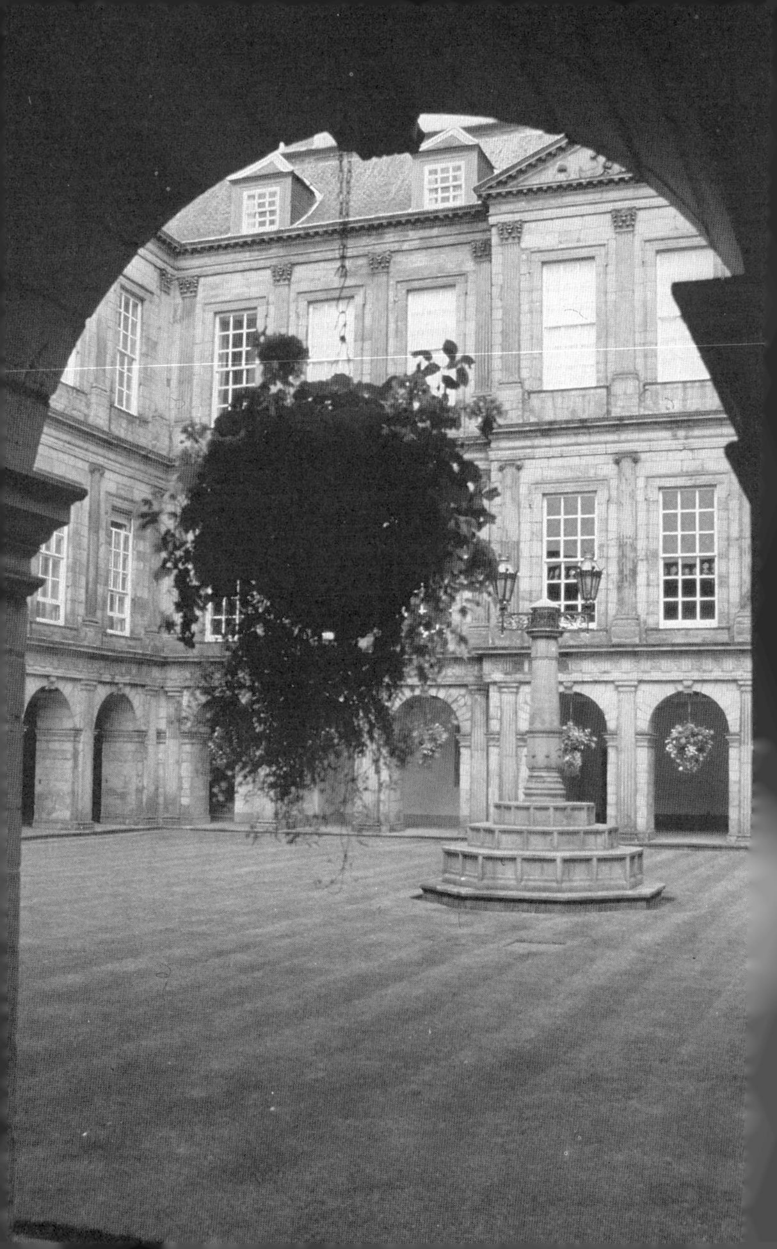

diese „Massenproduktion" unter der Voraussetzung geboten wurden, innerhalb von zwei Jahren die Arbeit beendet zu haben. Von diesem Geld hatte der Maler auch die Kosten für Farben und Leinwand zu bestreiten.

Seither zählt der Maler zu den berühmten **Gespenstern,** die in britischen Schlössern spuken. Man sagt, daß alljährlich am 26. Februar (dem Tag an dem er 1684 diesen „unmöglichen" Vertrag unterzeichnet hatte) lärmend durch die Long Gallery spukt. De Witt ist im nahegelegenen Canongate-Friedhof bestattet.

Zu den **Historic Apartments** im ursprünglichen Palast von James IV. (also im alten Teil von Holyroodhouse) zählen das mit Tapisserien geschmückte Audienzzimmer von Lord Darnley, dessen Schlafzimmer, mit enger Wendeltreppe zum Schlafzimmer Queen Mary's (Maria Stuart), Queen Mary's Audienzzimmer (mit getäfelter Eichenholzdecke) u.v.a.

Eifersüchtig auf den Einfluß, den **David Rizzio,** der Sekretär Maria Stuarts, auf die Königin ausübte, stiegen ihr Gatte Lord Darnley und seine Mitverschworenen die Wendeltreppe zum Schlafzimmer der Königin hinauf und ermordeten Rizzio, der gerade mit der Königin und der *Countess of Argyll* beim Abendessen saß, zerrten ihn aus dem Zimmer und ließen seinen Leichnam im Audienzzimmer liegen (heute bezeichnet eine Gedenktafel diese Stelle). Der Leichnam hatte 56 Wunden und Darnleys Dolch war in einer davon steckengeblieben. Darnley fand nicht lange danach ein ebenso gewaltsames Ende.

Die **State Apartments** (Staatsgemächer), die heute noch benutzt werden, wenn die Königin dort wohnt, sind mit Möbeln aus dem 17. und 18. Jahrhundert eingerichtet, besitzen kunstvolle Decken und kostbare Täfelungen. Bemerkenswert sind vor allem der **Thronsaal,** den die Königin bei Ordensverleihungen, Erhebungen in den Adelsstand und zu Vorstellungen bei Hofe benutzt, der im Adam-Stil (ausgehendes 18. Jh., nach dem berühmten Architekten *Robert Adam* benannt) hellgrün und weiß ausgemalte **Speisesaal,** aber auch das **Musikzimmer,** mit prächtigen Deckendekorationen und bemaltem Spinett von 1636 sowie die mit kunstvollen Stuckdecken und flämischen Tapisserien ausgestatteten **Drawing Rooms.**

Der Schloßhof im Holyrood-Palast.

Von der alten normannischen **Holyrood Abbey** sind heute nur mehr Kirchenruinen erhalten. Sie wurde 1128 von *David I.* gegründet und war bis zur Reformation die letzte Ruhestätte schottischer Könige; auch zahlreiche Trauungen schottischer Herrscher fanden in der Abtei statt. Schon im 18. Jahrhundert waren nur mehr Ruinen von ihr erhalten, sie zerfiel aber völlig, als 1768 das Kirchengewölbe einstürzte, weil man das Dach mit zu schweren Platten ausbessern und erneuern wollte.

Holyrood Abbey trägt den Namen nach einem Splitter des „Heiligen Kreuzes" *(Holy Rood)*, der hier in einem goldenen Schrein aufbewahrt war. Die Engländer brachten ihn schließlich in die Kathedrale von Durham, wo er aber zur Zeit der Reformation verlorenging.

Es gibt auch eine Legende, derzufolge sich ein auf wundersame Weise erschienenes Kreuz schützend vor König **David I.** stellte, als dieser an einem hohen kirchlichen Festtag während der Jagd von einem Hirsch angefallen wurde. Eine andere Legende sagt, daß der König den Hirsch am Geweih packte, woraufhin dieser verschwand, aber statt dem Geweih ein „Heiliges Kreuz" *(Holy Rood)* in den Händen des Königs zurückblieb. Der König tat dann das Gelübde, an der Stelle des Wunders eine Abtei zu gründen.

Hinter dem Palast erstreckt sich ein weitläufiger Park, um den eine Ringstraße *(Queen's Drive)* herumführt. Er wird von den **Salisbury Crags** überragt, einem Höhenzug, von dem aus sich eine herrliche Aussicht über die ganze Stadt und ihre Umgebung bietet. Ein steiler Vulkanfelsen trägt den Namen **„Arthur's Seat"**. Er hat aber kaum etwas mit *King Arthur* zu tun, der Name scheint eher eine Entstellung von „Archer's Seat" (Platz der Bogenschützen) zu sein. Der Anstieg auf einem breiten Weg ist etwas steil, aber gefahrlos.

Von Holyroodhouse kann man über die *Calton Road* in wenigen Minuten hinunter zum Waterloo Place und zur **Princes Street** gelangen.

Der Thronsaal im Holyrood-Palast.

Ein steiler Anstieg führt zu „Arthur's Seat",
hoch über die Stadt.

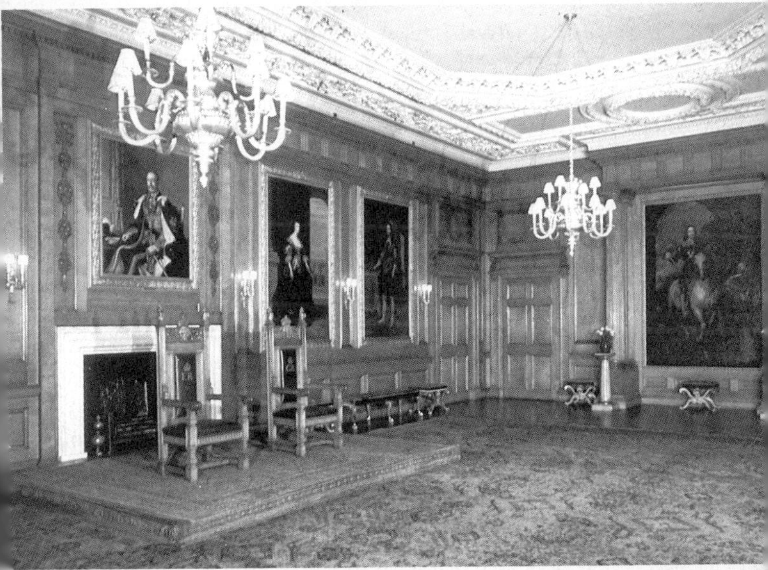

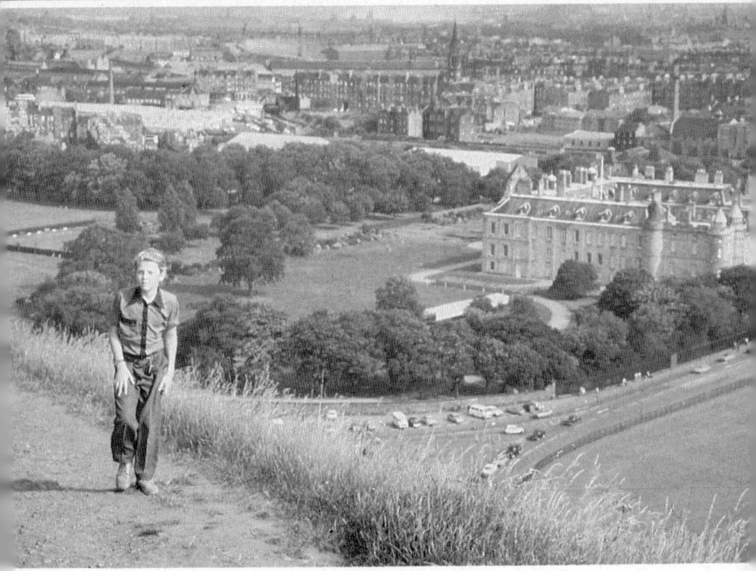

Weg 4: Über Grassmarket und Greyfriars zu den Meadows

Dieser Spaziergang ist etwa 5 km lang und führt durch den südlichen Teil der Altstadt. Ausgangspunkt ist die Kreuzung **West End**. Man geht an den westlichen *Princes Street Gardens* und an den beiden Kirchen *St. John's* und *St. Cuthbert's* (→ Weg 1) vorbei, biegt links in die **King's Stables Road** ab und umrundet so den westlichen und südlichen Teil des Schloßbergs, bis man – nach wenigen Minuten – den geräumigen **Grassmarket** (33) erreicht, einen Platz, der sich am Südfuß des Schloßberges erstreckt. Hier versammelten sich in früheren Zeiten die Viehhändler, hier wurde der Kornmarkt abgehalten, hier wurden „Hexen" verbrannt, hier war ab ca. 1660 hundert Jahre lang die Hinrichtungsstätte. An der Nordseite des Platzes ist noch das alte Gasthaus **White Hart Inn** erhalten, in dem *Burns, Wordsworth* und viele andere berühmte Gäste verkehrten. In der Nähe liegt das mindestens zweihundert Jahre alte Gasthaus **Beehive Inn,** das für seine Hahnenkämpfe bekannt war.

Vom westlichen Ende des Platzes führt die Straße **West Port** zu einem Durchgang, der früher **Tanner's Close** benannt war. Dort lebten bis 1829 *Burke* und *Hare,* das berüchtigte und wohl bekannteste Mörderpaar Schottlands; die beiden Verbrecher machten ihre Opfer zuerst betrunken, erwürgten sie dann und verkauften ihre Leichname einem Anatomen zum Sezieren.

Von der südöstlichen Ecke von *Grassmarket* führt eine Treppe zum Durchgang *The Vennel;* an der linken Seite steht noch ein Teil von **Flodden Wall,** einer Mauer, welche die Schotten nach ihrer Niederlage in der Schlacht bei Flodden (1513) in aller Eile um die Stadt herumgebaut hatten. Östlich von Flodden Wall liegt der mächtige Bau von **George Heriot's School,** der nach ihrem Gründer, dem Goldschmied von James VI. benannt ist. Das Schulgebäude wurde 1628 nach Plänen von *Inigo Jones* zu bauen begonnen. Von hier ist es nicht mehr weit zur weiter östlich liegenden *Kirk of the Greyfriars* (→ unten).

Am östlichen Ende von Grassmarket ist ein Kreuz aus Kopfsteinen in das Straßenpflaster eingesetzt; es bezeichnet die Stelle, wo bis zum Jahre 1688 rund hundert *Covenanter* (Presbyterianer) hingerichtet wurden, weil sie ihren religiösen Glauben nicht aufgeben wollten. Nur wenige Schritte weiter liegt in der Straße *Cowgate,* unterhalb der *George IV. Bridge,* die **Magdalen Chapel** (34) aus dem 16. Jahrhundert, mit einem Turm aus dem Jahre 1618. Sie besitzt noch Glasmalereien aus dem 16. Jahrhundert, was deshalb bemerkenswert ist, da in den Reformationskämpfen fast alle Kirchenfenster zerstört wurden und die hier erhaltenen zu den ganz wenigen zählen, die es in Schottland aus der Vor-Reformationszeit noch gibt. Die Kapelle wird heute nicht mehr als solche benutzt, sondern dient der *Heriot-Watt-University* (→ unten) als Kaplansamt.

Wieder zurück am Grassmarket, kann man nun entweder in nördlicher Richtung durch *West Bow* und *Victoria Street* (auf diesem kurzen Straßenzug gibt es attraktive kleine Antiquitätenläden) bergan zur *George IV. Bridge* steigen (man erreicht sie nahe bei der *Royal Mile,* → Weg 3) oder in südlicher Richtung die *Candlemaker Row* hinaufgehen und gelangt so direkt zur **Kirk of the Greyfriars** (35). Die 1612 erbaute Kirche steht an der Stelle eines Mönchsklosters aus dem 13. Jahrhundert und war während der Reformationszeit ein religiöser Mittelpunkt der Stadt. 1638 wurde hier das *National Covenant* (→ Weg 3) unterzeichnet, demzufolge die Stände sich verpflichteten, die presbyterianische Lehre vor „den Fehlern und der Korruption" der bischöflichen Verfassung und des anglikanischen Glaubens zu schützen. Heute noch ist das Kirchenschiff mit zahlreichen Fahnen der *Covenanters* (schottische Presbyterianer) geschmückt. Der Kirchhof ist wegen seiner interessanten, oft recht eigenwillig geschmückten Grabdenkmäler berühmter Persönlichkeiten der Stadt besuchenswert.

Man wird daran erinnert, daß während der Religionskämpfe über zwölfhundert Presbyterianer fünf Monate lang im Winter 1679 hier im Freien gefangengehalten wurden. Das **Martyrs' Memorial** erinnert an ihre Leiden.

An der Einmündung der Candlemaker Row in *George IV. Bridge* erinnert ein Brunnen mit der Figur eines Schottischen Terriers an einen Hund namens **„Greyfriars Bobby".** Die Geschichte erzählt, daß der Schafhirt Jock Gray, der Besitzer des Hundes, 1858 starb und am Kirchhof von Greyfriars begraben wurde. Sein Hund hielt fortan am Grab seines Herrn Wache, ohne den Friedhof jemals zu verlassen. Er wurde von den Leuten gefüttert und lebte noch fast fünfzehn Jahre hier, ehe er 1872 starb. Sein Grab liegt neben dem seines Herrn, dem er über den Tod hinaus die Treue gehalten hatte.

Man überquert jetzt *George IV. Bridge* und gelangt in die **Chambers Street.** Hier liegt das sehenswerte **Royal Scottish Museum** (36), das unter seinem Dach Sammlungen aller Wissensgebiete beherbergt und als größtes und umfangreichstes Museum seiner Art in Großbritannien bezeichnet wird. Vier Hauptabteilungen umfassen die Themenkreise Technologie (mit vielen Modellen und eigenen Abteilungen für Schiffsbau, Bergbau und fast allen anderen Industrien), Geologie (mit umfangreichen Sammlungen von Versteinerungen und Mineralien), Naturgeschichte (u.a. mit einer kompletten Sammlung der britischen Tierwelt und auch exotischen Tieren), Kunst und Archäologie (mit mittelalterlichen Goldschmiedearbeiten, Kunstglas, Porzellan, alten Waffen, mit prähistorischen japanischen Keramiken, Grabungsfunden aus Ägypten und Innerafrika u.v.a.).

In der Chambers Street liegen auch die großen Gebäude der **University of Edinburgh,** die schon 1582 gegründet wurde und der 1854 gegründeten **Heriot-Watt University.** Das **Old College Building** der *University of Edinburgh* steht am Ende der Straße, wo diese in *South Bridge* einmündet. Es wurde 1789 nach Plänen von Robert Adam zu bauen begonnen und 1834 nach Plänen von William Playfair fertiggestellt. In den Räumen dieser „Alten Universität" werden auch verschiedene Wechselausstellungen abgehalten.

Nur wenige Schritte weiter liegt in der *Niddry Street* (bei *Cowgate*) die 1726 erbaute *St. Cecilia's Hall* mit dem **Museum alter Tasteninstrumente** (*Russel collection of Harpsichords and Clavichords*). Es enthält über dreißig alte Klaviere, Spinette, Fortepianos, Zimmerorgeln usw., aber auch eine kleine Bildersammlung alter Meister (Pannini, Ruysdael u.a.), Tapisserien und andere Kunstwerke.

Weitere Universitätsgebäude (die sogenannte „Neue Universität"), mit der *University Collection of Historical Musical Instruments* (über 1000 alte Musikinstrumente) liegen etwas weiter südlich am **George Square** (37). Im Haus Nr. 25 verbrachte Walter Scott seine jungen Jahre, bis zu seiner Heirat; hier begann er auch seine literarische Laufbahn. Wieder nur wenige Schritte weiter südlich breitet sich das Parkland **The Meadows** aus, das man in westlicher Richtung durchquert. *Bruntsfield Links* ist der Platz, wo James IV. schon vor vierhundert Jahren Golf spielte. Die „Golf Tavern" stammt aus dem Jahre 1717. Rund um das *King's Theater* gruppieren sich zahlreiche gute Antiquitätenläden, Restaurants und „Pubs" von erstklassigem Ruf.

Über die *Earl Grey Street* und *Lothian Road* sind es von hier noch ungefähr fünfzehn Minuten Fußweg zurück zur Kreuzung *West End,* dem Ausgangspunkt des Spaziergangs. Man kann auch mit dem Autobus rasch dorthin gelangen.

Weg 5: Die New Town zwischen Calton Hill und Dean Village

Die **New Town** nördlich der *Princes Street,* ist ein Stadtteil des 18. und beginnenden 19. Jahrhunderts und vom Klassizismus geprägt. Die Briten sprechen von der größten „neoclassical city in Europe".

Als im Jahre 1767 beschlossen wurde, die Stadt nach Norden auszudehnen, war *James Craig* ihr erster Architekt. Von ihm stammen die Pläne der „neuen" Stadt, die immerhin auch schon über zweihundert Jahre alt ist. Mit *Gillespie Graham,* der 1823 *Moray Place* entwarf, hatte die „Neustadt" ihren architektonischen Höhepunkt erreicht. Planung und Ausführung der New Town geschahen nach griechisch-römischen Vorbildern: Hauptstraßen mit einheitlich dreigeschossigen, streng gegliederten Häuserfronten, Fassadengestaltung durch Säulen, Pilaster und Attiken. Jeder Häuserblock bildete eine in sich geschlossene Einheit. Bald sprach man von einem **Athen des Nordens.** Zu den berühmtesten Architekten des 18. Jahrhunderts zählte zweifellos *Robert Adam* (1728–1792), der Erbauer von *Register House* und der Universität.

Man beginnt den Rundgang in der *Princes Street* (→ Weg 1), biegt gegenüber von *The Mound* in die *Hanover Street* ein und kreuzt nach wenigen Schritten die **Rose Street,** die einst wegen ihrer zahlreichen schlechten Kneipen „berüchtigt" war, heute aber wegen ihrer Antiquitätenläden, Boutiquen und Restaurants bekannt ist. Ein Teil der Straße ist Fußgängerzone.

Kurz darauf biegt man links in die **George Street** ab, in der die 1787 eröffneten **Assembly Rooms** (38) liegen, denen 1818 eine Säulenvorhalle zugebaut wurde. Der elegante Bau dient seit dem 18. Jahrhundert für gesellschaftliche Veranstaltungen, wie etwa für große Bälle und Konzerte. 1827 überraschte hier *Walter Scott* die versammelten Gäste, indem er sein Pseudonym lüftete und sich als Autor der „Waverley Novels" zu erkennen gab.

Kurz darauf kreuzt die George Street die vornehme **Castle Street.** Im Haus Nr. 39 wohnte von 1802–1822 *Walter Scott.* Das von Robert Adam erbaute Haus ist leicht an den Erkerfenstern und an der Büste des Dichters über der Haustür zu erkennen.

Am Ende von George Street liegt der **Charlotte Square** (39), ein Ende des 18. Jahrhunderts von Robert Adam geplanter Platz, dessen Nordfront auch persönlich von ihm gestaltet wurde. Den Namen trägt der Platz nach Königin Charlotte, der Gemahlin von *George III.* In seiner geschlossenen Einheit ist Charlotte Square wohl der schönste georgianische Platz der Stadt, viele zählen ihn sogar zu den schönsten Plätzen seiner Zeit in Nordeuropa. Im

Haus Nr. 9 wohnte sieben Jahre lang *Lord Lister,* der Entdecker der Antisepsis. Das von Robert Adam erbaute Haus Nr. 7 (**„The Georgian House"**) ist als typisches Wohnhaus der New Town museal zugänglich; seine Räume sind noch im georgianischen Stil des 18. Jahrhunderts eingerichtet und vermitteln einen guten Eindruck vom Lebens- und Wohnstil dieser Zeit. Das Haus Nr. 19 beherbergt die *Scottish Arts Council Gallery,* mit oft wechselnden Ausstellungen.

Die Westseite von Charlotte Square wird von der mit einer grünen Kuppel bekrönten, ehemaligen **St. George's Church** (1811) beherrscht, die jetzt das **West Register House** beherbergt.

So wie das *Register House* am östlichen Ende der Princes Street (→ Weg 1), enthält es zahlreiche Urkunden und Dokumente zur schottischen Geschichte, u.a. die berühmte **Declaration of Arbroath** aus dem Jahr 1320, die Schottlands Unabhängigkeit besiegelte.

Hinter dem Gebäude führt eine Gasse zur *Queensferry Street,* die man überquert, um dann in die **Melville Street** einzubiegen, einem breiten, für New Town typischen Straßenzug. Das Standbild am *Melville Crescent* stellt den Staatsmann Viscount Melville (18. Jh.) dar. Am Ende der Melville Street erhebt sich **St. Mary's Episcopal Cathedral** (40), ein mächtiger, von *Sir Gilbert Scott* entworfener und 1874 bis 1917 errichteter Bau, der mit seinen drei Türmen (der mittlere 84 m hoch) ein Wahrzeichen von New Town ist.

Auf dem hinter der Kirche verlaufenden **Palmerston Place** verdient das alte *Easter Coats House* (1615) Beachtung; es beherbergt die Chorschule von St. Mary's.

Wieder auf der *Queensferry Street,* folgt man dieser in nördlicher Richtung bis zum **Randolph Crescent.**

Wenn es Ihre Zeit erlaubt, so möchte ich Sie an dieser Stelle zu einem kurzen Abstecher nach **Dean Village** ermuntern, einem charakteristischen Viertel mit altertümlichen Häusern und verfallenen Mühlen. Hier wurde für mindestens achthundert Jahre Korn gemahlen. Das Viertel erstreckt sich längs des **Water of Leith,** nur wenige Gehminuten von der Queensbury Street (links) durch **Bell's Brae.** Von der **Dean Bridge** (41), die 1832 erbaut wurde und den *Leith* in 32 m Höhe überspannt, führt ein breiter Fußweg längs des Flusses in östlicher Richtung weiter zu **St. Bernard's Well,** einem kleinen, kuppelgekrönten Bau im Stil eines griechischen Tempels, der 1789 über einer Mineralquelle errichtet wurde und Ende des 18. Jahrhunderts ein Treffpunkt der vornehmen Bürgerschaft war, die sich hier mit Wasser versorgte. Wenn man Zeit hat, kann man bei der nun folgenden Brücke den Fluß überqueren und gleich darauf links in die **Ann Street** einbiegen, die in großem Bogen leicht bergan führt, und dann (immer links halten) über die *Queensferry Road* zur *Dean Bridge* und *Queensferry Street* zurückkehren.

Randolph Crescent (42) ist ein eindrucksvoller Platz aus dem 19. Jahrhundert, von dem aus man über *Ainslie Place* zu **Moray**

Place (43), wieder einem charakteristischen Platz von New Town, gelangt. Von der Ostseite des Platzes führt die kurze *Darnaway Street* zur **Heriot Row,** in dessen Haus Nr. 17 von 1857–1879 der berühmte Schriftsteller *Robert Louis Stevenson* lebte. Zwischen der Heriot Row und der weiter südlich parallel zu ihr verlaufenden **Queen Street** liegen hübsche Gartenanlagen *(Queen Street Gardens).*

Etwa einen Kilometer nördlich der Queen Street liegen die besuchenswerten **Royal Botanic Gardens** (Eingänge in der *Inverleith Row* und *Arboretum Road*), die schon im 17. Jahrhundert angelegt wurden. Berühmt sind der prachtvoll angelegte „Felsengarten" und die Gewächshäuser. Unter anderem beherbergt der Botanische Garten die größte Rhododendron-Sammlung der Erde. Von seiner höchsten Stelle aus genießt man einen wunderschönen Ausblick über die ganze Stadt. Weiter westlich liegt auch die **Scottish National Gallery of Modern Art** (sie wurde Ende 1985 hierher in die Belford Road verlegt), mit Gemälden und Skulpturen des 20. Jahrhunderts. Hauptsächlich vertreten sind die englischen und schottischen Künstler, sie enthält aber auch Werke von Picasso, Derain, Matisse, Leger, Braque, Kokoschka, Arp, Giacometti u.v.a.

Man folgt jetzt der **Queen Street** in östlicher Richtung und gelangt schließlich zur **Scottish National Portrait Gallery** (44), die in einem eigenartigen Gebäude aus rotem Sandstein, das einem gotischen Palast nachgebildet wurde, untergebracht ist. Die Galerie beherbergt eine Sammlung von vielen hundert Porträtbildern berühmter und bekannter Schotten und andrer mit der schottischen Geschichte verknüpften Persönlichkeiten aus der Zeit vom 16. Jahrhundert bis zur Gegenwart, darunter auch Meisterwerke von Lely, Reynolds, Gainsborough und Raeburn. Die meisten dargestellten Personen sind Maria Stuart, Sir Walter Scott und Robert Burns.

Im gleichen Gebäude befindet sich auch das **National Museum of Antiquities of Scotland,** das Nationalmuseum für schottische Altertümer. Es enthält Sammlungen zur schottischen Geschichte von der Steinzeit bis zur Neuzeit. Darunter befinden sich vorgeschichtliche, in Schottland gefundene Steinwerkzeuge, Schmuck aus der Bronzezeit, keltische Skulpturen und Metallwaren, römerzeitliche Funde (darunter auch der berühmte „Silberschatz von Traprain"), Waffen der Wikinger und der alten Highland-Clans, Gewehre und Pistolen aus dem 16. und 17. Jahrhundert, schottische Münzen u.v.a., aber auch Gegenstände aus dem persönlichen Besitz von *Robert the Bruce,* von *James IV.* und vielen anderen Persönlichkeiten.

Durch die *St. Andrew Street* gelangt man auf den südlich des Museums liegenden **St. Andrew Square** (45), mit einer hohen Säule (einer Nachbildung der Trajanssäule von Rom), die eine Statue des Staatsmanns *Viscount Melville* (18. Jh.) trägt. Der Platz wird von Häusern des 18. Jahrhunderts gesäumt; am schönsten ist wohl jenes, das sich *Sir Lawrence Dundas* 1772 bauen ließ und das heute die **Royal Bank of Scotland** beherbergt. Im Osten grenzt der Platz an den Autobus-Bahnhof. Von hier aus sind es nur mehr wenige Schritte zurück zur *Princes Street,* dem Ausgangspunkt des Rundgangs, die man beim *Register House* (→ Weg 1) erreicht.

Im Osten grenzt die Princes Street an den **Waterloo Place**, mit mehreren Verwaltungs- und Regierungsgebäuden *(St. Andrew's House)*. Hier beginnt auch die Auffahrt auf den *Calton Hill.*

Südlich von *Waterloo Place* erstreckt sich der **Old Calton Burying Ground,** ein Friedhof mit dem großen Grabdenkmal des Philosophen und Geschichtsschreibers *David Hume* (1711–1776) und dem gemeinsamen Denkmal für *Abraham Lincoln* und die schottisch-amerikanischen Soldaten, die im amerikanischen Bürgerkrieg fielen.

Am Fuß des etwa 100 m hohen *Calton Hill* verdient das **City of Edinburgh Art Centre** (46) mit verschiedenen Ausstellungen schottischer Künstler Aufmerksamkeit. Das 1829 von *Thomas Hamilton* errichtete Gebäude ist eine Nachbildung des Theseustempels von Athen und diente ursprünglich als Hochschule *(Royal High School).*

Von der Höhe des **Calton Hill** genießt man einen sehr schönen Ausblick auf die Stadt. Auf dem Hügel befinden sich die Gebäude des *Observatoriums* (1776 und 1818), das *Dugald Stewart Monument* (eine riesige Urne erinnert an den berühmten Philosophen, der von 1753–1828 lebte), das 33 m hohe, turmartige *Nelson-Monument* (es trägt an seiner Spitze eine „Zeitkugel", die um 13 Uhr herunterfällt und in Übereinstimmung mit dem Abschießen der „Ein-Uhr-Kanone" der Burg steht; → Weg 2), eine portugiesische Kanone aus dem Jahr 1624, und – als weithin sichtbares Wahrzeichen – das unfertig gebliebene **National Monument** („Nationaldenkmal"), das eine Nachbildung des Parthenons von Athen werden sollte.

Das **National Monument** ist eine Gedenkstätte für die in den napoleonischen Kriegen gefallenen Schotten. *Charles Cockerell* begann den Bau im Jahre 1822, zwölf hohe Säulen wurden errichtet, doch dann ging das Geld aus.

Ausflüge

1. National Zoological Park. Man erreicht den im Westen der Stadt liegenden schottischen Nationalzoo über die *Morrison Street* (mehrere Autobuslinien ab Princes Street) und *Corstorphine Road*. Der Zoo zählt zu den schönsten Tiergärten Großbritanniens, berühmt ist sein Aquarium. Von der Höhe der nördlich ansteigenden *Corstorphine Hills* genießt man einen schönen Rundblick. Dort steht auch der sogenannte *Clermiston Tower*, der 1871 zur Feier des 100. Geburtstages von Sir Walter Scott (1771) errichtet wurde.

2. Craigmillar Castle (8 km; Ausfahrt im Südosten *St. Leonard's Street – Dalkeith Road – Niddrie Mains Road*). Von der Burg und dem Schloß des 14./15. Jahrhunderts sind noch eindrucksvolle Ruinen erhalten. Maria Stuart besuchte sie 1566 kurz nach der Ermordung ihres Sekretärs *Rizzio*, angeblich um sich hier mit *Bothwell* zu treffen und mit ihm das Komplott gegen ihren Gemahl, *Lord Darnley*, vorzubereiten.

3. Lauriston Castle (7 km; Ausfahrt im Nordwesten über *Queensferry Road – Cramond Road South – Davidson's Mains*). Das inmitten eines weiträumigen Parks stehende Schloß aus dem 16. Jahrhundert, aus welcher Zeit noch gute Bauteile erhalten sind, wurde später mehrmals erweitert und ist heute museal zugänglich. Es enthält kostbare alte Möbel, Gemälde und andere Kunstwerke. Etwas weiter nördlich liegt der an historischen Erinnerungen reiche kleine Ort **Cramond** malerisch an der Mündung des *River Almond*. Die Kirche steht an der Stelle des römischen Forts *Caer Almond* (142 n. Chr.); Grabungsfunde kann man im *Huntly House* (→ Weg 3) sehen. Sehenswert ist der mittelalterliche Turm, der Pfarrhof, das alte Schulgebäude und die ehemaligen Eisenhütten.

4. Leith und Newhaven. Leith ist der Seehafen Edinburghs und liegt an der Mündung des Leith-Flusses in den *Firth of Forth*. 1920 wurde Leith der Stadt Edinburgh eingemeindet. Als Maria Stuart 1561 nach ihrem Aufenthalt in Frankreich hier an Land ging, wohnte sie im Haus des Kaufmanns *Andrew Lamb;* das aus dem 16. und 17. Jahrhundert stammende Haus in Water's Close ist heute noch (als Altersheim) erhalten. Sehenswert ist auch das *Clan und Tartan Centre (70-74 Bangor Road)*. Westlich von Leith liegt der charakteristische Fischerort **Newhaven,** der um das Jahr

1500 von holländischen Fischern gegründet wurde. Von historischer Bedeutung ist der Stapellauf des Kriegsschiffes „Great Michael" im Jahre 1511. Es war mit über 70 m Länge das größte Schiff seiner Zeit. Indirekt war es auch die Ursache der vernichtenden Niederlage der Schotten in der Schlacht bei *Flodden* (1513), da alle schottischen Kanoniere auf dem Schiff beschäftigt waren und daher auf dem Schlachtfeld fehlten.

5. Roslin (auch *Rosslyn;* 13 km südlich, an der A-703). Von dem auf einem Felsen hoch über dem Ort stehenden *Roslin Castle* (14. Jh.) sind noch eindrucksvolle Ruinen (Burgverliese, Küche, Backstube u.a.) erhalten. Hier besiegten im Jahr 1302 die Schotten das Heer König Edwards I. Sehenswert ist ferner die 1466 gegründete und ungewöhnlich reich mit kunstvollen Reliefs verzierte *Roslin Chapel*. Der am reichsten verzierte Pfeiler (*Prentice Pillar* = „Lehrlings Pfeiler") wurde von einem Lehrling in Abwesenheit des Meisters verziert, woraufhin ihn dieser aus Eifersucht totgeschlagen haben soll.

6. Dalkeith Park (10 km südöstlich, an der A-68). Ein idealer Ausflug für Leute, die gerne spazierengehen. Am Stadtrand von Dalkeith liegt die weiträumige zu *Dalkeith Palace* gehörende Park- und Flußlandschaft, durch die auch ein markierter Wanderweg führt. Sie ist von April bis Oktober zugänglich. Der Palast selber wurde um 1700 an der Stelle einer Burg aus dem 17. Jahrhundert erbaut. Einen Besuch verdient auch die im 15. Jahrhundert gegründete *Collegiate Church of St. Nicholas*, mit bemerkenswertem Grabmal von *James Douglas, Earl of Morton*.

7. Dalmeny (12 km westlich, Zufahrt rechts von der A-90). Der vor der Auffahrt auf die *Forth Road Bridge* liegende Ort besitzt eine sehr gut erhaltene romanische Kirche aus der zweiten Hälfte des 12. Jahrhunderts, mit nördlich angebauter „Rosebery Aisle" aus dem Jahr 1671. Das **Dalmeny House** (Besichtigung von Mai bis September an Nachmittagen möglich) ist der Herrensitz der *Earls of Rosebery*. 1815 im gotisch nachempfundenen Tudorstil erbaut, besitzt es eine bemerkenswerte gotische Halle mit Balkendecke, gewölbte Korridore und reich ausgestattete Räume mit kostbaren Kunstsammlungen (Gemälde, Tapisserien, Stilmöbel, Porzellan u.v.a.). Ein Uferweg führt in das östlich benachbarte *Cramond* (→ Ausflug 3).

GLASGOW

Glasgow ist nicht nur die größte Stadt Schottlands (über 1 Million Einwohner; mit eingemeindeten Vorstädten fast 1,8 Millionen), sondern auch eines der führenden Industriezentren Europas (Eisen- und Stahlwerke, Schiffswerften, Metall- und Maschinenbau, Chemiewerke u.v.a.). Überdies seit mehr als dreihundert Jahren eine führende Handelsmetropole. Im 17. und 18. Jahrhundert war die Stadt der Hauptsitz des britischen Tabak- und Baumwollhandels. Die Schiffe, die damals vor allem den Amerikahandel belebten, mußten allerdings noch in dem rund 30 km westlich der Stadt liegenden *Port Glasgow* anlegen.

Die industrielle Umwälzung begann Ende des 18. Jahrhunderts, nach der Erfindung der Dampfmaschine durch den im Städtchen Greenock bei Glasgow geborenen *James Watt* (1736–1819), der an der Glasgower Universität als Mechaniker und Zivilingenieur beschäftigt war sowie durch die Schiffbarmachung des *Clyde*. Die Dampfschiffe konnten fortan mittels Schleppdampfern bis in das Industriezentrum von Glasgow hineinfahren. So wurde die Stadt auch zu einem wichtigen Exporthafen. An der nördlichen Seite des *Clyde* liegen – noch ehe sich der Fluß zur Trichtermündung in den *Firth of Clyde* ergießt – mehr als 15 km Werft- und Kaianlagen; einige der größten Schiffe der Welt wurden hier gebaut, so die ,,Queen Mary", die ,,Queen Elizabeth" und die ,,Queen Elizabeth II.".

Der Ruf, den die Stadt als ,,Industriezentrum" genießt, brachte es mit sich, daß sie vom internationalen Tourismus gerne ,,übergangen" wird, obwohl die Umgebung der Stadt – mit dem prachtvollen Wald- und Seengebiet **The Trossachs** im Norden und dem mit seinen Inseln und tief eingeschnittenen Buchten des **Firth of Clyde** im Westen und Süden – zu den schönsten Plätzen des Landes zählt. Die Stadt selber ist vom zierfreudigen viktorianischen Baustil (zweite Hälfte 19. Jh.) geprägt.

Spötter (und davon gibt es unter den Briten gar viele) behaupten, daß das Beste an Glasgow die Tatsache sei, daß so viele Straßen aus der Stadt hinausführen. Noch spöttischere Glaswegians fügen hinzu: ,,Sogar nach Edinburgh". Nun, die Stadt besitzt sicher nicht den Charm und die Ausstrahlung Edinburghs. Sie wirkt aber zweifellos großstädtisch. Sie besitzt zahlreiche schöne Parkanlagen, ist der Sitz des schottischen *National Orchestra* und der *Scottish Opera*, besitzt mehr Theater und Vergnügungsstätten als jede andere Stadt Großbritanniens mit Ausnahme Londons und ist als **Einkaufsstadt** in Schottland unübertroffen.

Die Entwicklung der Stadt ist noch nicht zu Ende. In den letzten Jahren entstanden zwei Dutzend Wolkenkratzer, die zu den höchsten in Großbritannien gehören. Sie bestimmen heute die ,,Skyline" der Stadt.

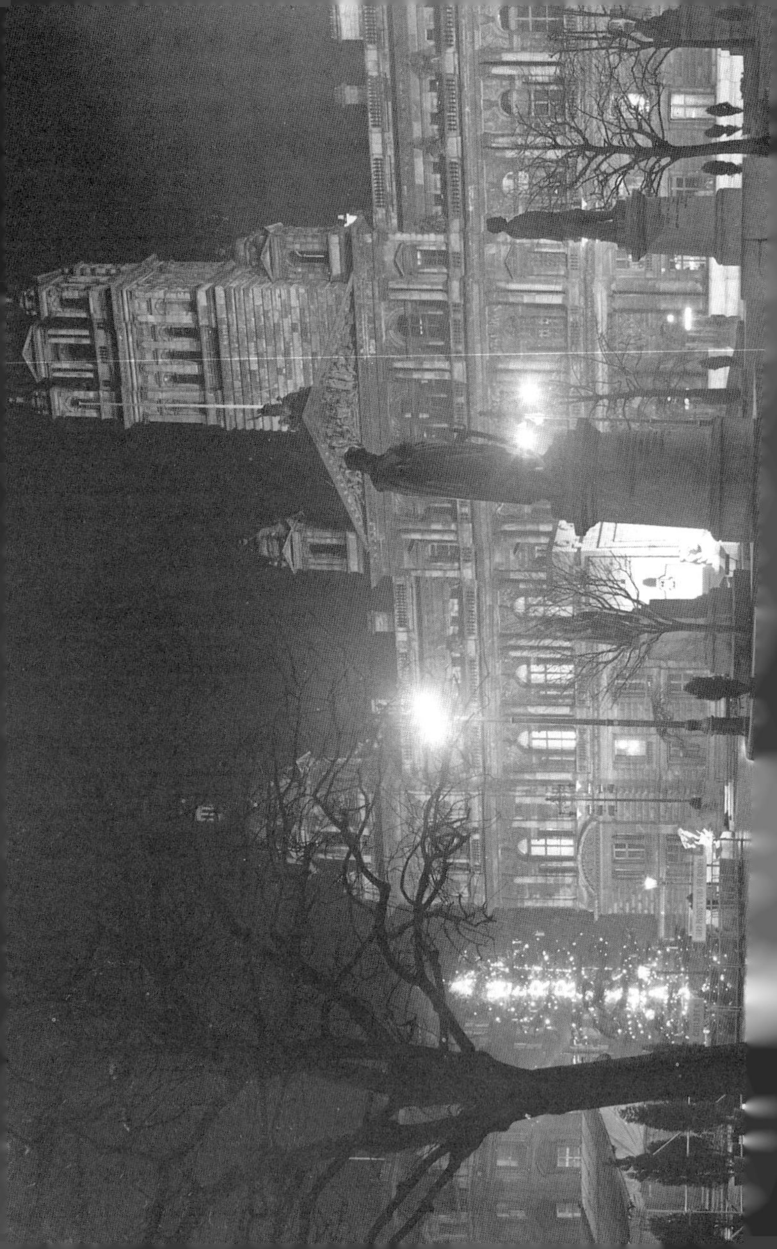

Hauptgeschäftsstraßen und Einkaufszentren: *Sauchiehall Street* und *Buchanan Street*, beide zum Teil Fußgeherzonen; *Argyle Street; The Scottish DesignCentre* in der *St. Vincent Street*.
Informationen: Tourist Information Centre, 35 St. Vincent Place, (Tel. 041-204-4400); Information Office, Central Station.

Die Stadtbesichtigung

Mittelpunkt der Stadt ist der **George Square** (1) mit dem Rathaus, dem Hauptpostamt und den Denkmälern berühmter Persönlichkeiten, darunter Queen Victoria, Robert Burns, James Watt, William Gladstone, Sir Robert Peel u.v.a. In der Mitte des Platzes steht auf einer hohen Säule das Standbild von Sir Walter Scott.

Das **Rathaus** *(City Chambers)* an der Ostseite des Platzes ist ein Prunkbau im Neurenaissancestil, der 1888 durch *Queen Victoria* eröffnet wurde. An sitzungsfreien Tagen ist es zumeist öffentlich zugänglich und wegen seiner reich geschmückten Stiegenhäuser und Hallen (vor allem der *Banqueting Hall*) besuchenswert. An der Westseite des George Square liegt das 1874 erbaute **Merchant's House,** das u.a. die Glasgower Handelskammer (die älteste in Großbritannien) beherbergt. An der Nordwestseite befindet sich der Bahnhof **Queen Street Station.** Nordöstlich des *George Square* liegt der mächtige Bau der 1964 gegründeten **Strathclyde University,** der zweiten Universität Glasgows, die auf das frühere *Royal College of Science and Technology* zurückgeht.

Vom George Square sind es nur wenige Schritte zum **Touristen-Informationsbüro** (*Greater Glasgow Tourist Board*) auf dem *St. Vincent Place*, wo man auch über Rundfahrten und Ausflugsfahrten in die Umgebung informiert wird, sowie zu dem etwas weiter westlich liegenden Bau der **Scottish Stock Exchange,** der schottischen Effektenbörse, mit einer Fassade im venezianisch nachempfundenen Stil (1877). Wenige Schritte weiter südlich, in der *St. Vincent Street*, liegt das **Scottish Design Centre,** mit einer Musterschau schottischer Waren. Wenn man hier der St. Vincent Street in westlicher Richtung folgt, stößt man auf die **St. Vincent Street Church** (2) aus dem Jahre 1859, ein Werk des berühmten viktorianischen Architekten *Alexander „Greek" Thompson*. Den Beinamen „Grieche" erhielt der Architekt wegen seiner Vorliebe für den griechischen Tempelstil, er machte aber auch kräftige Anleihen bei Römern und Ägyptern. Die zwischen modernen Büro-

---

Der George Square mit dem Prunkbau der City Chambers.

GLASGOW
Glasgow University
17
16
Museum und Art Gallery
18
Kelvin Way
River Kelvin
Kelvingrove Park
WOODLANDS
Great Western Road
ST. GEORGE'S CROSS
Garscube Road
Inner Ring Road
M 8
COWCADDENS
Cowcaddens Road
Buccleuch Street
14
Dalhousie St.
Renfrew Street
13
Sauchiehall Street
Bath Street
Sauchiehall Street
Berkeley Street
15
Argyle Street
2
St. Vincent Street
Douglas St.
Hope Street
Renfield Street
Buchanan Street
BUCHANAN STREET
Queen Street Station
Cathedral Street
5
4
Castle Street
George Street
1
9
Queen Street
Ingram Street
High Street
Central Station
3
Union Street
Argyle Street
8
ST. ENOCH
City Centre
Argyle Street
Trongate
6
Gallowgate
London Road
7
11
Saltmarket
12
Clydeside Expressway
Scottish Exhibition and Conference Centre
River Clyde
Kingston Bridge
George V. Bridge
Glasgow Bridge
10
Victoria Bridge
Carlton Place
Clyde Place
Kingston St.
Paisley Road
Nelson St.
BRIDGE STREET
Norfolk St.

bauten liegende Kirche steht auf einem hohen Unterbau, besitzt eindrucksvolle Säulenvorhallen und ihr Turm ist ein Wahrzeichen der Stadt. Das geräumige Innere ist wegen seiner eigenwilligen Galerien und Säulenreihen in rot, blau, weiß und gold bemerkenswert.

Andere Beispiele der Baukunst *„Greek" Thompsons* sind die **„Ägyptischen Hallen"** (Egyptian Halls) in der Union Street und die „Terraces" in der Great Western Road.

Die nahe vom Scottish Design Centre nach Süden ziehende **Buchanan Street** (große Fußgängerzone) mündet in die **Argyle Street,** zwei der wichtigsten Einkaufsstraßen der Stadt. Wo die beiden Straßen zusammenmünden befindet sich das **City Centre** mit der **Argyle Arcade** und zahlreichen guten Läden. Nahebei liegt die **Central Station** (3), der Hauptbahnhof Glasgows. An seiner Ostseite verläuft die Union Street mit den schon erwähnten *Egyptian Halls*. Südlich des Bahnhofs überqueren die King George V. Bridge und die Glasgow Bridge den *Clyde*.

Nördlich von der *Queen Street Station* führt die *Cathedral Street* zu der im 12. und 13. Jahrhundert erbauten **St. Mungo Kathedrale** („Glasgow Cathedral")(4), die als schönstes gotisches Bauwerk Schottlands bezeichnet wird; obendrein ist sie der einzige größere Kirchenbau auf dem schottischen Festland, der noch aus dem Mittelalter erhalten ist. Das Langhaus und der Turm stammen aus dem frühen 15. Jahrhundert, die Innenausstattung gehört zum größten Teil dem 19. Jahrhundert an.

Die Kirche trägt den Namen von **St. Mungo** (er wird auch *St. Kentigern* genannt), dem Schutzheiligen der Stadt. Die Krypta (Anfang 13. Jh.), in der er bestattet ist, besitzt ein sehenswertes, frühgotisches Fächergewölbe. Der Überlieferung nach soll die Kirche an der Stelle einer frühchristlichen Kapelle stehen, die schon im 6. Jahrhundert vom Stadtgründer St. Mungo errichtet worden war.

Hinter der Kathedrale steigt der **The Necropolis** genannte Friedhofshügel an, auf dem sich einige stilistisch bemerkenswerte Grabdenkmäler aus dem 19. Jahrhundert befinden. Vom Hügel aus genießt man einen schönen Blick auf die Kathedrale (hier kann man auch die schönsten Fotos von ihr machen).

---

1 George Square
2 St. Vincent Street Church
3 Central Station
4 St. Mungo Kathedrale
5 Provand's Lordship
6 Glasgow Cross
7 The Barras
8 Trades House
9 Royal Exchange Square
10 Victoria-Bridge
11 St. Andrew's Square
12 Glasgow Green
13 Glasgow School of Art
14 Tenement House
15 Mitchell Library
16 Glasgow Art Gallery and Museum
17 University of Glasgow
18 Kelvin Hall, Museum of Transport

In der Nähe der Kathedrale liegt **Provand's Lordship** (5), das älteste Haus der Stadt. Es war der Wohnsitz des Priesters des St. Nicholas' Hospitals. Man sagt, daß das 1471 erbaute Haus im Jahre 1566 auch Maria Stuart beherbergte als sie Glasgow besuchte, um hier *Lord Darnley* zu treffen. Heute ist das Haus als Museum eingerichtet und wegen seiner kostbaren Stilmöbel, Gemälde und Tapisserien aus dem 17. und 18. Jahrhundert besuchenswert.

Die von hier nach Süden ziehende *Castle Street* mündet in die **High Street** und führt direkt zum Platz **Glasgow Cross** (6) mit den beiden Glockentürmen *Tolboth Steeple* aus dem Jahre 1626 (hier stand früher Glasgows erstes Rathaus, es diente später als Gefängnis) und *Tron Steeple* (1637). Das *Mercat Cross* ist eine moderne Kopie (1929) des ursprünglichen, mittelalterlichen Marktkreuzes.

Tron Steeple, der sich auf einem Bogen über dem Gehsteig erhebt, war der Kirchturm der ehemaligen *St. Mary's Church,* die 1793 von betrunkenen Schotten angezündet und niedergebrannt wurde.

Die Straße *Gallowgate* führt von dort ostwärts zum berühmten Straßenmarkt **The Barrows** (7), der samstags und sonntags offen hat. Die westwärts verlaufende Straße *Trongate* hingegen mündet in die Argyle Street, die wiederum an der alten **Tabaksbörse** *(Tobacco Hall)* aus dem Jahr 1819 vorbei zur schon erwähnten *Central Station* führt.

Nahe bei der im alten Stil wiederhergestellten *Tobacco Hall* in der *Virgina Street* liegt das sogenannte **Trades House** (8) in der *Glassford Street.* Es stammt aus dem Ende des 18. Jahrhunderts und ist der bemerkenswerteste Bau, den der bekannte Architekt *Robert Adam* in Glasgow errichtete.

Zwischen der Argyle Street und dem eingangs beschriebenen George Square verläuft die **Queen Street.** An dieser Straße öffnet sich der **Royal Exchange Square** (9) mit dem eindrucksvollen Bibliotheksgebäude **(Stirling's and Commercial Libraries),** das 1778 als Palais eines reichen Tabakhändlers erbaut worden war und 1829 durch David Hamilton zur Börse umgestaltet und in seine heutige, neoklassische Form gebracht wurde. Vor dem kuppelgekrönten Gebäude mit mächtigem korinthischen Portikus stellt eine Reiterstatue den Herzog von Wellington dar. Hinter der Bibliothek führen Stufen zwischen ionischen Säulen hindurch zur **Royal Bank of Scotland** (1827), der ein giebelgekrönter ionischer Portikus vorgesetzt ist. Auf der Rückseite der Bank verläuft die *Buchanan Street,* eine beliebte Einkaufs- und Fußgängerstraße.

Der Straßenzug Carlton Place, am Südufer des Clyde.

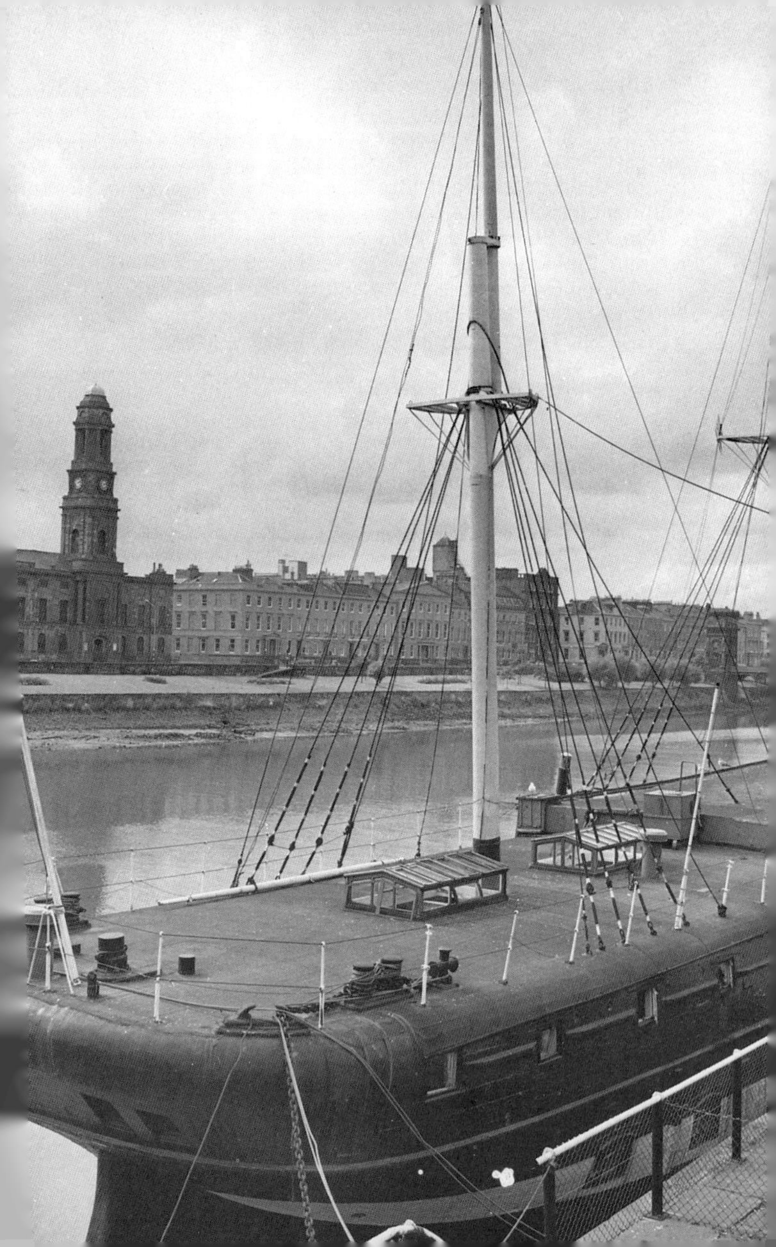

Lohnend ist auch ein Spaziergang am nördlichen Clyde-Ufer. Bei der **Victoria-Bridge** (10) ankert das alte Schiff *S.V. Carrick* aus dem Jahr 1864. Von hier aus hat man einen schönen Blick auf den sich am südlichen Flußufer hinziehenden Straßenzug *Carlton Place*. Bei der Victoria-Bridge beginnt auch die Straße **Bridgegate** mit dem Fischmarkt. An ihrem Beginn erhebt sich der 50 m hohe **Fishmarket Steeple** (auch *Merchant's Steeple*), ein Turm aus den Jahren 1660–1665; er ist der letzte Rest der alten *Guildhall* und des Hospitals der Glasgower Kaufleute aus dem Jahre 1659.

Bridgegate mündet in die Straße **Saltmarket** (früher war das ein berüchtigtes Viertel mit über zweihundert Kneipen und Bordellen), die man überquert. Die kurze Steel Street führt weiter zur Kirche *St. Andrew's-by-the-Green* aus dem Jahr 1751 und zum **St. Andrew's Square** (11) mit der *St. Andrew's Parish Church* (1739–1756), die mit schönen Stuckarbeiten und Mahagoniholzgalerien ausgestattet ist.

Direkt am Fluß erstreckt sich die große Parkanlage **Glasgow Green** (12) mit dem Nelson-Obelisk (1806), dem *McLennan Arch* und dem sogenannten *People's Palace,* der das **Old Glasgow Museum** beherbergt. Es vermittelt einen interessanten Eindruck von der Stadtentwicklung.

Nicht weit von hier entfernt liegt Glasgows „Dogenpalast", eine recht freie Nachbildung des venezianischen Palastes, der hier allerdings die *Templeton-Teppichmanufaktur* beherbergt.

Ein anderer Spaziergang führt durch die beliebte Einkaufsstraße **Sauchiehall Street.** Wenn man schon einmal hier ist, sollte man unbedingt auch die **Glasgow School of Art** (13) ansehen. Man biegt von der Sauchiehall Street in die nördlich abzweigende Dalhousie Street ein, dann gleich die erste Gasse links in die **Renfrew Street** mit dem Schulgebäude aus den Jahren 1897–1909. Es wurde von dem bekannten Schottischen Architekten *Charles Rennie Mackintosh* erbaut, der den zierfreudigen viktorianischen Stil aus der Zeit vor der Jahrhundertwende auf höchst eigenwillige Art fortsetzte und die damals „moderne" Architektur maßgeblich beeinflußte. Er machte sich auch als Innenarchitekt einen Namen; seine recht ungewöhnlich geformten Stilmöbel finden aber keine Nachahmer.

Die riesige Eingangshalle der Art Gallery und des Stadtmuseums.

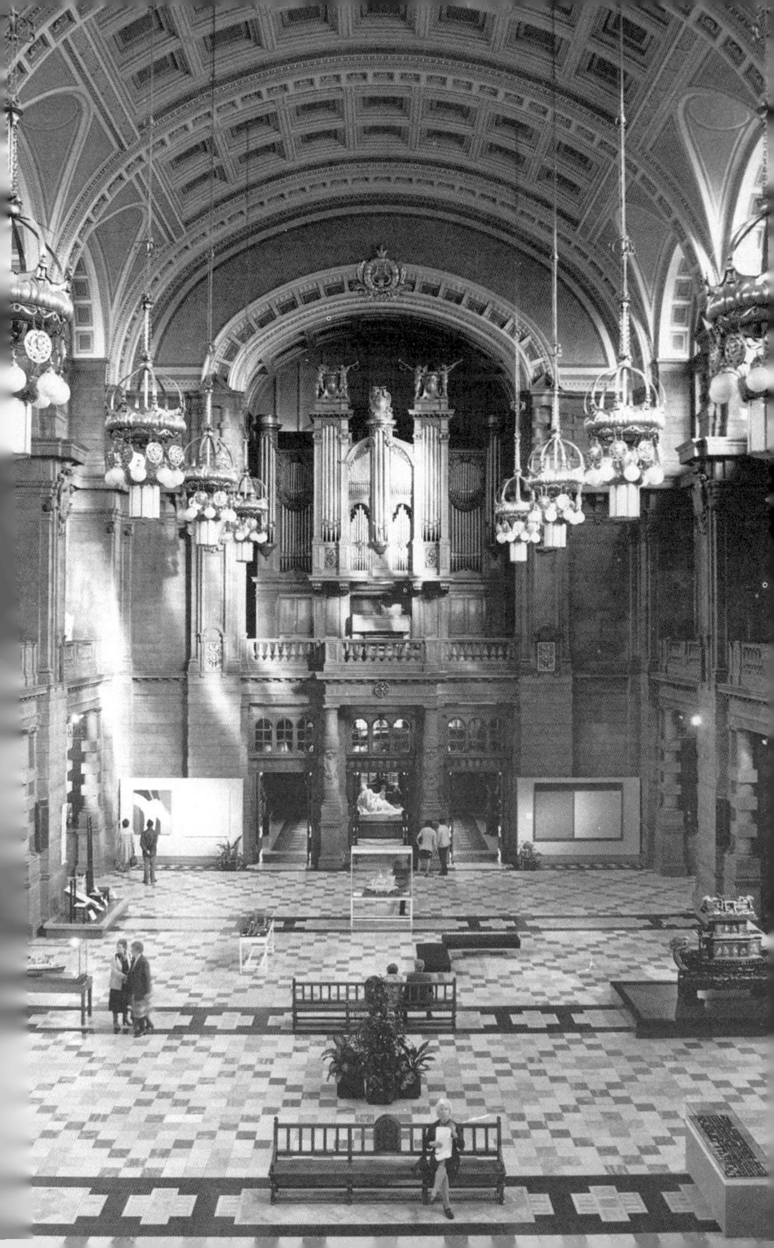

Ein anderes Hauptwerk dieses Architekten ist die an der Garscube Road im Norden der Stadt stehende **Queen's Cross Church** in einer Art gotischer Renaissance.

Parallel zur Renfrew Street verläuft etwas weiter nördlich die **Buccleuch Street** mit dem **Tenement House** (14). Dort befindet sich im 1. Stockwerk eine museal zugängliche bescheidene Bürgerwohnung aus dem Ende des 19. Jahrhunderts, die im charakteristischen Stil ihrer Zeit eingerichtet ist. Wer einen Eindruck vom Leben „zu Großmutters Zeiten" in Glasgow bekommen will, wird an der typischen kleinen Wohnung Gefallen finden. Es ist aber ratsam, sich vorher im Informationsbüro über die Besuchszeiten zu informieren. Ein paar Schritte weiter südlich liegt in der Garnet Street die *Garnethill Synagoge*.

Von hier weiter in südlicher Richtung zum Bahnhof *Charing Cross* und durch die Bath Street (sie überquert die M-8) zur North Street, wo sich neben der Stadtautobahn (M-8) der mächtige, kuppelgekrönte Bau (1911) der **Mitchell Library** (15) erhebt, der größten öffentlichen Bibliothek Schottlands, die u.a. die umfangreichste Sammlung an Werken von und über Robert Burns enthält.

Hinter Charing Cross erstreckt sich der Stadtteil **Woodlands,** dessen vornehme Straßen sich halbkreisförmig nach Norden hinaufziehen. Dieses Viertel steht mit seinen Terrassen und kleinen Parks unter Denkmalschutz und bildet den charakteristischsten Teil der „viktorianischen Stadt". Den Hügel krönt **Park Circus** mit eleganten Häuserfronten in viktorianischem Stil und prächtigem Ausblick auf den Kelvingrove-Park.

Der weiträumige, vom *River Kelvin* durchflossene **Kelvingrove-Park** im Nordwesten der Stadt besitzt viele schöne Spazierwege und einen etwa anderthalb Kilometer langen „nature trail" längs des Flusses. Man erreicht den Park am besten mit einem der zahlreichen Busse ab *Sauchiehall Street*. Im Süden des Parks liegt die **Glasgow Art Gallery and Museum** (16) in einem langgestreckten, teils gotisch nachempfundenen Gebäude aus dem Jahr 1902. Die Gemäldegalerie umfaßt Werke von Rembrandt, Rubens, Giorgione, Bellini, den französischen Impressionisten und Nachimpressionisten, Meisterwerke aus dem 20. Jahrhundert (darunter auch von Salvador Dali), britische Maler vom 16. Jahrhundert bis zur Gegenwart. In der Skulpturengalerie sind die Bronzeplastiken von Rodin hervorzuheben. Das angeschlossene *Städtische Museum* enthält Abteilungen für Archäologie (steinzeitliche und bronzezeitliche Funde, Römerzeit, Gegenstände aus dem alten Ägypten und Griechenland u.v.a.), für Naturgeschichte (heimische Tiere, Tierwelt der Polarregionen, aus Afrika, Indien und Australien, eine umfangreiche Vogel-Galerie, geologische Sammlungen), für Völkerkunde, Schiffsbau, eine großartige Waffensammlung (u.a. Rüstungen aus dem 15. und 16. Jahrhundert) u.v.a.

Im nördlichen Teil des Parks und auch nördlich des *Kelvin River* liegt auf dem beherrschenden *Gilmorehill* die **University of Glasgow** (17). Die Glasgower Universität wurde 1451 gegründet (sie ist die viertälteste in Großbritannien) und befand sich 400 Jahre lang im Blackfriars'-Kloster in der High Street. 1870 siedelte sie in das neue Gebäude über, das nach Plänen von George Gilbert Scott in viktorianisch-gotischem Stil errichtet wurde und mit seinem 95 m hohen Turm und den kleinen Ziertürmen als schönstes Beispiel schottischer Neugotik („viktorianische Gotik") bezeichnet wird. Später erhielt die Universität mehrere Zubauten. Unmittelbar unter dem Universitätsturm steht die Bronzestatue von **Lord Lister.**

Joseph Lister wirkte von 1860–1869 am Königlichen Krankenhaus von Glasgow (es wurde 1905 durch einen riesigen Neubau ersetzt) und wies in dieser Zeit nach, daß postoperative Todesfälle durch bakterielle Infektionen verursacht werden. Aus dieser Entdeckung entwickelte sich die antiseptische Chirurgie, als deren Vorkämpfer Lister zu bezeichnen ist.

In der Universität sind auch die **Hunterian Art Gallery** (Gemäldegalerie mit Werken von Rembrandt, Chardin, Impressionisten, schottischen Malern, Skulpturen u.v.a.) und das **Hunterian Museum** untergebracht. Es enthält u.a. archäologische Funde aus dem Mittelmeerraum, römische Grabungsfunde, eine berühmte Sammlung alter Münzen, alte Bücher und Frühdrucke, eine Mineralien- und Edelsteinsammlung und andere Sammlungen. Auf besondere Anfrage hat man auch Zutritt zu den anatomischen und zoologischen Sammlungen.

In der nicht weit entfernt liegenden *Oakfield Avenue* befindet sich **Baillie's Library**, eine Bibliothek, die für ihre einzigartige Sammlung von Werken über Glasgow und Schottland bekannt ist.

Nördlich der Universität führt ein schöner Spazierweg (**„Kelvin Walkway"**) am Ostufer des *Kelvin River* entlang. Nahebei liegt in der Byres Road der **Botanische Garten** (man erreicht ihn am besten über die Great Western Road, die nordwestliche Stadtausfahrt) mit Palmenhäusern, einer Orchideensammlung, Wintergarten und dem **Kibble Palace,** einem recht eigenwilligen Gewächshaus aus der Zeit um 1860, mit seltenen Farnen.

In der nahe am *Kelvin River* verlaufenden *Bunhouse Road* liegt der Eingang zum neuen **Museum of Transport** (18) in der *Kelvin Hall,* mit alten Trambahnen, Lokomotiven, Pferdewagen usw. Besonders sehenswert der „Clyde Room" des Museums, mit einer Sammlung alter Schiffsmodelle.

Die Parkanlagen

In den Randbezirken der Stadt liegen einige schöne große Parkanlagen, die auch mit dem Bus rasch zu erreichen sind. Außer den bereits genannten (Glasgow Green, Kelvingrove-Park, Botanischer Garten) möchte ich dem Besucher der Stadt noch einige andere Parks nennen, die einen vergessen lassen, daß man sich in einer der größten Industriestädte Europas befindet.

Den **Queen's Park** in der Victoria Road (Ausfahrt im Süden) erreicht man mit fast allen über die Glasgow Bridge oder Victoria Bridge südwärts fahrenden Bussen und mit einem *Blue Train* bis Queen's Park Station. Von *Camp Hill* hat man einen schönen Ausblick. Im **Camp Hill Museum** finden oft Kunstausstellungen statt.

Noch weiter südlich liegt der **Rouken Glen Park** (Bus Nr. 38) in Thornliebank mit einem kleinen Bootsteich und mit Spazierwegen durch ein enges Tal zum Wasserfall von *Auldhouse Burn.*

Auch der **Linn Park** (Clarkston Road/Netherlee Road) befindet sich im Süden der Stadt. Man erreicht ihn über die Albert Bridge, Crown Street und Cathcart Road. Hier gibt es einen 3 km langen Wanderweg, der sich längs des *White Water* hinzieht und einen Kinderzoo. Im Park liegen auch die Ruinen von *Cathcart Castle* und das an Samstagen und Sonntagen geöffnete *Mansion House.*

Im Südosten von Glasgow liegt der **Cathkin Braes Park** mit vielen Spazierwegen und herrlichen Aussichtspunkten. Man erreicht ihn über Glasgow Road, Stonelaw Road, Burnside Road und Cathkin Road.

Im Südwesten der Stadt erstreckt sich der **Pollok Country Park** mit Wildgehege, Rosengarten und sehenswertem **Pollok House,** einem von William Adam 1747–1752 erbauten Adelssitz mit Anbauten von 1890. Das Haus enthält eine kostbare Gemäldegalerie (hauptsächlich mit spanischen Meistern) und die **Stirling Maxwell-Collection,** eine Sammlung von verschiedenen Kunstwerken aus Keramik, Glas, Silber usw. Einen Besuch lohnt auch das 1983 eröffnete Museum mit der **Burrell-Collection** (2060 Pollokshaw

Road), die über achttausend Kunstgegenstände verschiedenster Art umfaßt, darunter Gemälde aus dem 15. bis zum frühen 20. Jahrhundert, mittelalterliche Glasmalereien, Tapisserien, chinesisches Porzellan, Kunstwerke aus Silber, Jade, Bronze usw., japanische Kunstdrucke, Skulpturen, alte Stilmöbel, aber auch griechische, ägyptische und römische Grabungsfunde, alle aus dem Nachlaß des reichen Schiffsreeders Sir William Burrell.

Mit dem Autobus ab *Midland Street,* kann man bis zum **Crookston Castle** (Crookston Road-Brockburn Road) weiterfahren, einem Schloß aus dem 14. Jahrhundert, das zahlreiche Erinnerungen an Maria Stuart bewahrt.

Im Westen der Stadt liegt der **Victoria Park** (Ausfahrt Argyle Street; zahlreiche Busse), der wegen seines uralten Baumbestandes bekannt ist. Hier liegt auch der weltberühmte **Fossil Grove** („Fossilienhain") mit fast 300 Millionen Jahre alten Baumstumpfversteinerungen.

Der idyllische **Dawsholm Park** im nordwestlichen Stadtteil *Bearsden* (Ilay Road) besitzt einen 2 km langen Wanderweg durch Waldland und ein Vogelfreigehege.

Etwa 10 km östlich vom Stadtzentrum (A-74; Ausfahrt Gallowgate – Tollcross Road – Hamilton Road) liegt der **Calderpark Zoo** mit vielen heimischen und exotischen Tieren. Auf dem Weg dorthin kann man im Tollcross Park das **Tollcross Museum,** ein „Kindermuseum" mit vielem Spielzeug und Puppen, besuchen.

Ausflüge

1. Provan Hall. Das sehr gut restaurierte Herrenhaus aus dem 15. Jahrhundert vermittelt einen guten Eindruck von einem bescheidenen Adelssitz aus dieser Zeit. Es liegt etwa 6 km östlich vom Stadtzentrum; Ausfahrt über Duke Street – Edinburgh Road – Auchinlea Road.

2. Hamilton (12 km südöstlich, an der A-724). In den *Low Parks* von Hamilton liegt das 1840–1855 für einen Herzog von Hamilton erbaute und mit viel Marmor ausgestattete Mausoleum (bemerkenswerte Bronzetore), ein recht eigenwilliger Bau, der auch für sein auffallendes, sechs Sekunden währendes Echo bekannt ist. Das in der Nähe auf einem Hang des *River Avon* liegende Herrenhaus *Chatelherault Lodge* ist – ebenso wie die achteckige Pfarrkirche – ein Werk von William Adam (1732). Gegenüber erblickt man die Ruinen des mittelalterlichen *Cadzow Castle.*

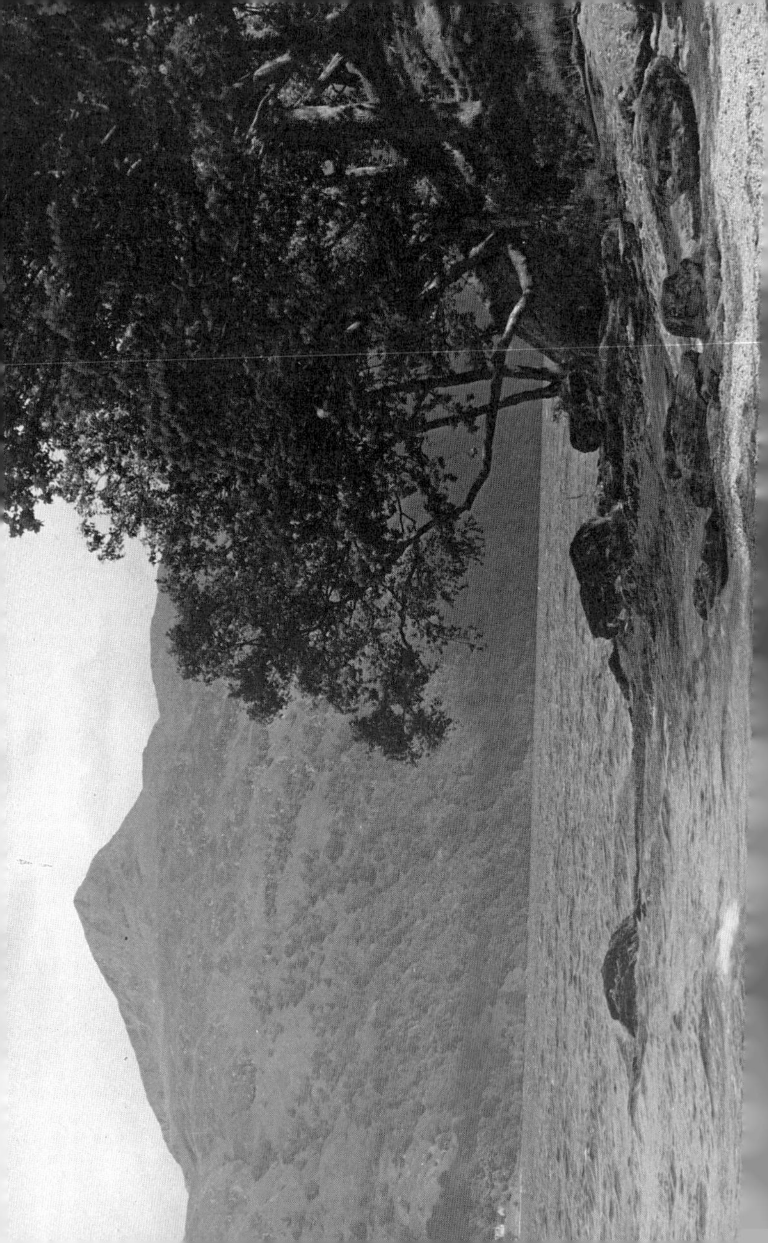

Westlich von Hamilton liegt **Blantyre,** wo man in der *Shuttle Row* das Miethaus sehen kann, in dem der berühmte Afrikaforscher und Missionar David Livingstone 1813 geboren wurde. Das Haus **(David Livingstone Memorial)** enthält zahlreiche Andenken an den berühmten Entdecker.

David Livingstone arbeitete in einer Glasgower Baumwollfabrik und bildete sich selber durch den Besuch von Vorträgen an der Universität. Nach seinem Eintritt in die *London Missionary Society* wurde er 1840 als Missionar nach Südafrika geschickt. Bei seinen Reisen in das Innere des Landes entdeckte er 1849 den Sambesi, 1855 und 1856 die Victoria Falls, 1859 den Nyasa-See und 1865 begann er seine Reise zur Entdeckung der Nilquellen und galt kurz darauf als verschollen. 1871 entdeckte ihn der zu seiner Suche aufgebrochene amerikanische Zeitungsmann **Henry Morton Stanley** in Ujiji. Livingstone litt bereits an schwerer Malaria und starb kurz darauf in einem kleinen Dorf. Sein einbalsamierter Leichnam wurde nach London gebracht und in Westminster Abbey bestattet. Die Nilquellen hatte er nicht entdeckt.

3. Paisley – Kilbarchan (A-737 bis Paisley, dann die A-761; 19 km westlich der Stadt). Paisley lohnt wegen seiner alten Abtei einen Besuch. Man erreicht den Ort, der übrigens auch die größte Zwirnmanufaktur der Welt besitzt, mit dem Zug ab Central Station bzw. mit dem Bus ab Anderston Cross. **Paisley Abbey** wurde 1163 gegründet, 1317 von den Engländern zerstört und teilweise wiedererrichtet. Ihr heutiges Aussehen hat die Abtei größtenteils aus der Mitte des 15. Jahrhunderts, das im 19. Jahrhundert restaurierte Langhaus dient als Pfarrkirche. Aus unserer Zeit stammt das große, reich gegliederte Ostfenster, das meisterhafte Glasmalereien zeigt und beweist, daß auch moderne Kunst eine alte Kirche höchst eindrucksvoll verschönern kann.

Die Kirche umschließt auch **St. Mirren's Chapel** mit einem Bildnis, das vermutlich *Majory Bruce* darstellt, die Tochter des Königs *Robert the Bruce* (14. Jh.). Ein Teil der Kirche ist mit dem aus dem 17. Jahrhundert stammenden *Palace of Paisley* verbunden, der heute als Kriegergedenkstätte dient.

Besuchenswert ist auch das Stadtmuseum, das neben archäologischen Grabungsfunden, einer Kunstgalerie mit schottischen Bil-

Loch Lomond ist nicht nur der größte, sondern auch einer der schönsten Seen Großbritanniens.
Er wird vom 974 m hohen Ben Lomond überragt.

*Um den reizvollen Loch Katrine, einem landschaftlichen Höhepunkt
der Trossachs, führt keine Autostraße.
Man lernt den See mit dem Ausflugsschiff kennen.*

dern und einer Sammlung moderner Keramiken auch eine erstaunliche Sammlung der berühmten „Paisley Shawls" enthält.

Mit dem Bus fährt man weiter nach **Kilbarchan,** das im 18. Jahrhundert ein Zentrum der Handweberei war. Die **Weavers Cottages** aus dieser Zeit vermitteln ein interessantes Bild vom Leben und von der Arbeit der Weber; u.a. kann man dort einen über 200 Jahre alten noch betriebsfähigen Webstuhl sehen.

4. Loch Lomond. Man erreicht den etwa 30 km nordwestlich vom Stadtzentrum liegenden See (Ausfahrt auf der Schnellstraße 82) mit dem Wagen in der Regel nach etwa 30 Minuten Fahrzeit; an schönen Sommertagen, wenn der Ausflugsverkehr rollt, kann es aber auch eine Stunde und länger dauern. Der über 38 km lange, von dreißig Inseln bedeckte **Loch Lomond** ist der größte und einer der schönsten Binnenseen Großbritanniens. Man erreicht sein

Südufer *(Balloch Pier)* auch mit dem Zug ab Queen Street Station. In **Balloch** (zahlreiche Wassersportmöglichkeiten) liegt auch die Schiffs-Abfahrtsstelle; Seerundfahrten werden hauptsächlich ab Ende Mai bis Mitte September veranstaltet. In Balloch ist der **Loch Lomond Park** mit seinen Azaleen und Rhododendren besuchenswert, es gibt dort auch einen Garten mit Coniferen, Bambus und anderen exotischen Gewächsen und ein schluchtartiges Tal („Fairy Glen") von großer Schönheit. Vom **Balloch Castle** (19. Jh.), das in dem weiträumigen Park am See liegt, werden im Sommer auch geleitete Wanderungen durchgeführt. **Cameron House** dient heute als Hotel und Freizeitzentrum. Im „Bear Park" gibt es auch Picknickplätze am See, Möglichkeiten zum Baden, zum Wasserskilauf und andere Attraktionen.

5. The Trossachs (rund 46 km nördlich von Glasgow, Ausfahrt auf der A-81). Für den Ausflug in das von Sir Walter Scott besungene, waldreiche Seengebiet (Loch Achray, Loch Vennachar, Loch Katrine) sollte man sich einen ganzen Tag Zeit nehmen, um seine romantischen, landschaftlichen Reize genießen zu können. Auf dem **Loch Katrine,** an dessen Ufern keine Autostraße entlangführt, kann man eine Rundfahrt mit dem Schiff unternehmen. Der See wurde durch Walter Scott's „The Lady of the Lake" berühmt. Das umliegende Land war die Heimat des – ebenfalls von Walter Scott unsterblich gemachten – **Rob Roy** (*Robert MacGregor*, 1671–1734), eine Art Robin Hood, den die einen als schottischen Nationalhelden feiern, während ihn die andern einfach als Banditen und Viehdieb bezeichnen.

Zwischen den Trossachs und dem Loch Lomond erstreckt sich der **Queen Elizabeth Forest Park,** ein waldreiches Bergland mit dem 974 m hohen **Ben Lomond.** Von *Rowardennan* führt ein guter Bergpfad auf seinen Gipfel. Mehrere markierte Wanderwege führen zu den landschaftlich eindrucksvollsten Stellen des Gebietes. In **Aberfoyle,** dem Hauptort dieser Gegend, gibt es ein gutes Informationszentrum.

Eine Fahrt zu den Trossachs kann mühelos mit einem Abstecher zum südlichen Teil des Loch Lomond (→ oben) verbunden werden.

Sehr beliebt sind auch Ausflugsfahrten mit dem Schiff auf dem **Firth of Clyde** (nach Brodick/Insel Arran; rund um die Insel Bute u.a.). Sie finden in der Regel zwischen Anfang Juni und Ende September statt. Abfahrtstelle ist der **Gourock-Pier** (Ausfahrt aus Glasgow auf der M-8, rund 40 km; auch direkter Zug ab Central Station).

ABERDEEN

Aberdeen, Zentrum der Nordsee-Ölindustrie, Hafen und Fischereizentrum, ist die drittgrößte Stadt Schottlands (210 000 Einwohner). Daneben ist sie auch der Sitz einer berühmten Universität, ein Bildungszentrum und beliebter Ausgangspunkt für Fahrten in das vielbesungene Tal des Flusses *Dee* („Royal Deeside" wird es nach dem Sommersitz der königlichen Familie benannt), in das Tal des *Don* und in das östliche Hochland. Im Juni lockt Aberdeen viele Besucher zu seinen zahlreichen Stadtfesten und zu den traditionellen *Highland Games,* im Sommer wird die Stadt wegen ihres fast 4 km langen Sandstrandes und wegen ihrer großen Zahl an Unterhaltungsmöglichkeiten auch als Ferienort gern besucht.

Aberdeen liegt an der Stelle eines alten Fischerdorfes, das sich schon vor mehr als tausend Jahren an der Einmündung des *Dee* in die Nordsee entwickelte. In die Geschichte trat die Stadt anfangs des 12. Jahrhunderts ein, als ihr *David I.* zahlreiche Privilegien gewährte. Damals war Aberdeen bereits Bischofssitz. Im Mittelalter stark befestigt, spielte es als vorgeschobener Posten des *Lowland* in den Grenzkriegen gegen die Highland-Clans eine wichtige Rolle. Hier war es auch, wo *Robert the Bruce* gegen die *Comyns,* Rivalen auf Schottlands Thron im späten 13. Jahrhundert, zu Felde zog.

Aberdeen ist zum großen Teil aus Granit erbaut (die Granitsteinbrüche liegen ganz in der Nähe), was der Stadt vielerorts ein ungewöhnliches Aussehen verleiht; von den Briten wird sie deshalb aber nicht als „Stadt in Grau" bezeichnet, sondern als „Silberstadt". Die Blumenfreudigkeit ihrer Bewohner ist allerdings sprichwörtlich, da sie schon oftmaliger Gewinner von „Britain in Bloom" wurde, einem nationalen Blumenwettbewerb zwischen großen Städten.

Hauptgeschäftsstraßen und Einkaufszentren: Bahnhofsviertel, *Union Street;* die untere *George Street* und ein Teil der *Market Street.*

Informationen: Department of Development and Tourism, St. Nicholas House, Broad Street (Tel. 0224/632727); Dept. of Leisure, Recreation and Tourism, Grampian Regional Council, Woodhill House, Ashgrove Road West (Tel. 0224/682222).

Provost Skene's House aus dem Jahr 1545

Die noch altertümlich eingerichtete Küche in Provost Skene's House.

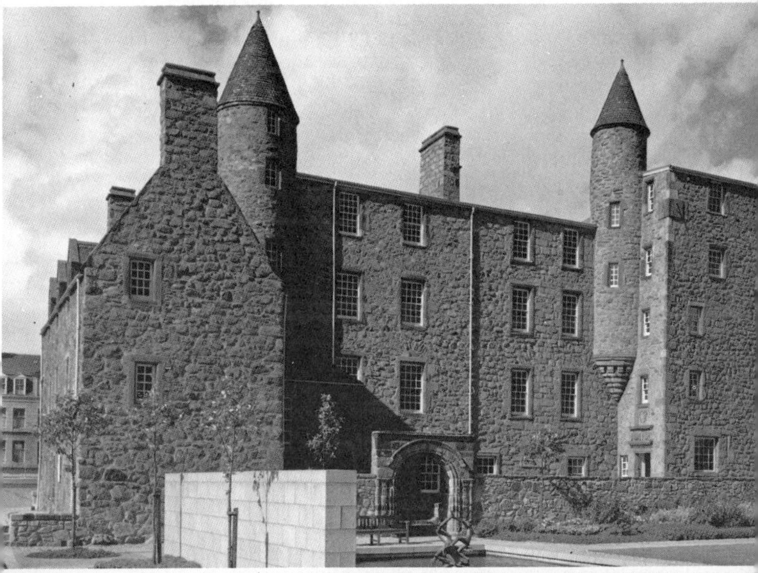

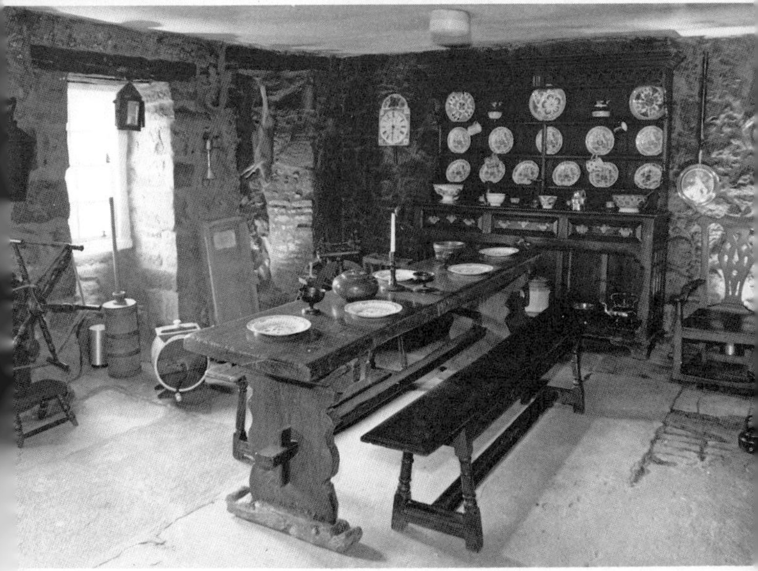

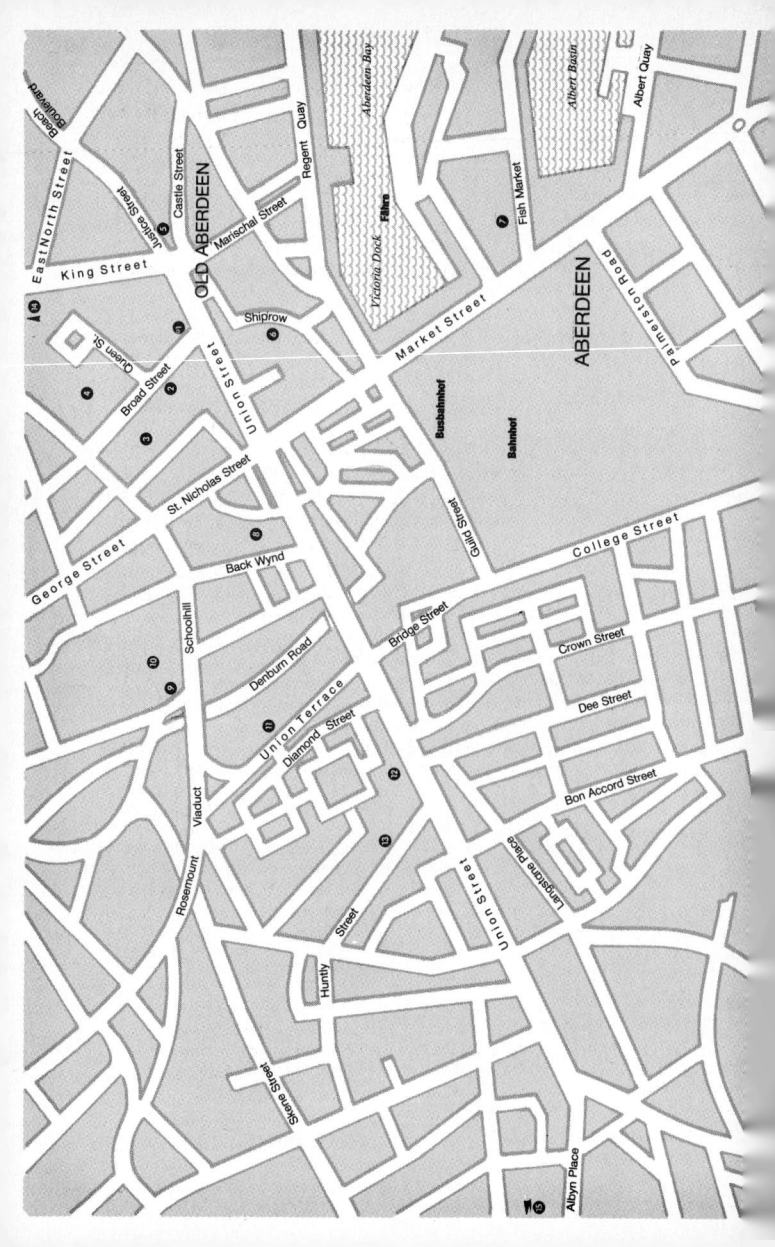

Aberdeen

Streets and locations:

- Beach Boulevard
- East North Street
- King Street
- Castle Street
- Justice Street
- Queen St.
- Broad Street
- Marischal Street
- Regent Quay
- Aberdeen Bay
- Albert Quay
- Albert Basin
- Fish Market
- Victoria Dock
- Shiprow
- Union Street
- St. Nicholas Street
- George Street
- Back Wynd
- Schoolhill
- Market Street
- Palmerston Road
- ABERDEEN
- OLD ABERDEEN
- Bahnhof
- Busbahnhof
- Guild Street
- College Street
- Bridge Street
- Crown Street
- Dee Street
- Bon Accord Street
- Denburn Road
- Union Terrace
- Diamond Street
- Rosemount Viaduct
- Skene Street
- Huntly Street
- Langstane Place
- Albyn Place

Die Stadtbesichtigung

Mittelpunkt der Stadt ist das Viertel rund um die **Castle Street**. Hier liegen einige der wichtigsten Sehenswürdigkeiten Aberdeens. Das 1868–1874 im zierfreudigen *Scottish Baronial Style* erbaute **Town House** (1) wird von einem hohen, markanten Glockenturm mit flankierenden Ecktürmen überragt und ist ein Wahrzeichen der Stadt. Das stilistisch recht eigenwillige Gebäude hat sowohl Architekturformen aus der Gotik wie aus der Renaissance übernommen.

In einem Ratssaal des Rathauses sind die kunstvolle heraldische Decke und Porträts früherer *Lord Provosts* (so werden die Bürgermeister Schottlands genannt) bemerkenswert. Das Gebäude umschließt noch den Turm des **Old Tolbooth** mit dem Gefängnis, vor dem bis 1857 öffentliche Hinrichtungen stattfanden. Dort wird auch die sogenannte „Aberdeen Maiden" aufbewahrt, ein Vorbild der französischen Guillotine.

Vor dem *Town House* mündet die *Broad Street* in die *Union Street*. Hier liegt das *St. Nicholas House* mit dem **Touristen Informationsbüro** (2). Dahinter befindet sich **Provost Skene's House** (3) in der *Guestrow*. Das von zahlreichen modernen Bauten umgebene viergeschossige Haus aus der Zeit um 1545 macht mit seinen hohen Fenstern und den beiden schlanken, von Kegeldächern bedeckten Rundtürmen einen recht ungewöhnlichen Eindruck. Seine heutige Gestalt erhielt es durch verschiedene Veränderungen im Jahr 1669, die der damalige Bürgermeister, *Provost George Skene*, vornehmen ließ. Bemerkenswert ist eine steingerahmte Tür mit Weintraubenrelief und Provostwappen darüber aus dem Jahr 1670.

Die alten Gewölbe, die als Küche und Weinkeller dienten, sind heute als Café hergerichtet. Das Haus selber ist noch mit Möbeln aus dem 17. und 18. Jahrhundert eingerichtet und täglich an Werktagen zugänglich. Erwähnenswert ist vor allem ein Raum, dessen Decke 1626 mit religiösen Motiven bemalt wurde. Gezeigt werden auch Sammlungen zur Stadtgeschichte, alter Hausrat usw. Im Jahr 1746 beherbergte das Haus den Herzog von Cumberland, bevor er in die Schlacht von Culloden zog und das Heer von *Bonnie Prince Charlie* vernichtete. Über ihn kann man die nicht gerade schmeichelhafte Notiz lesen: „The Duke of Cumberland occupied the house for six weeks, living riotously and shamefully wasting and destroying the owner's property. On leaving he carried with him a selection of such articles in the dwelling as were still worth stealing" – was uns zeigt, daß auch Herzöge zuweilen sehr schlechte Manieren haben können.

---

1 Town House
2 Touristen Information
3 Provost Skene's House
4 Marischal College
5 Mercat Cross
6 Provost Ross's House
7 Fish Market
8 Church of St. Nicholas
9 Aberdeen Art Gallery
10 Robert Gordon's College
11 Union Terrace Gardens
12 Music Hall
13 St. Mary's Cathedral
14 St. Machar's Cathedral
15 Hazlehead Park
16 Duthie Park

Die Castle Street mit dem Town House

Man geht nun wieder zurück zur *Broad Street* und stößt nach wenigen Schritten auf das schon 1593 gegründete **Marischal College** (4). Das wirklich imposante Universitätsgebäude wurde 1844 an der Stelle eines älteren Schulgebäudes aus Granitsteinen erbaut und erhielt im Jahr 1906 seine interessante, über 125 m lange viktorianisch-neugotische Fassade im nachempfundenen *Perpendicular Style*. Zusammen mit dem 80 m hohen *Mitchell Tower* und der angrenzenden *Greyfriar's Church* bildet das College den bemerkenswertesten Komplex von Granitbauten in der Stadt.

Das College beherbergt auch eine große Bibliothek, eine sehenswerte Gemäldegalerie und mehrere Museen. Das **Anthropologische Museum** der Universität enthält archäologische und ethnographische Kostbarkeiten aus allen Teilen der Welt: griechische antike Vasen, ägyptische Mumien und Skarabäen, chinesisches Kunsthandwerk, darunter Bronzepferde aus der Tang-Dynastie und Jadeschnitzereien aus der Ming-Dynastie, Handwerkszeug und Schmuck von Ureinwohnern aus Australien und Nordamerika u.v.a.

Noch älter als Marischal ist das **King's College,** etwa 2 km weiter nördlich in der *King Street*. Dieser 1494 gegründete Teil der Universität besitzt noch seine ursprüngliche mittelalterliche Kapelle. Der mit einer charakteristischen Steinkrone bekrönte Turm wurde hingegen 1636 erneuert. Diese als Abschluß des Turms auf durchbrochenen Bögen ruhende Steinkrone gilt als ein Höhepunkt der damaligen Baukunst.

Nahe bei der Einmündung der *King Street* in die *Castle Street* und nur wenige Schritte von der *Town Hall* entfernt steht das **Mercat Cross** (5), eines der schönsten und auch eigenwilligsten alten Marktkreuze des Landes. 1686 erstmals erbaut und 1821 erneuert, wurde es 1842 an seiner heutigen Stelle neu errichtet. Sein Mittelschaft, der mit einem vergoldeten Einhorn geschmückt ist, erhebt sich aus einer sechseckigen Plattform, die auf einer runden, von Arkaden umgebenen Basis ruht. Die Balustrade über den Arkaden schmücken Porträts schottischer Herrscher von James I. bis James VII. und die königlichen Wappen.

In der **King Street,** die von hier aus nordwärts zieht, erhebt sich rechts die *St. Andrew's Episcopal Cathedral,* links liegt das *Civic Arts Centre,* in dem oft Kunstausstellungen stattfinden. Die King Street führt durch den charakteristischen Stadtteil **Old Aberdeen** zu dem schon erwähnten *King's College,* und mündet nach der Überquerung des *River Don* in die A-92.

Etwas weiter östlich vom Marktkreuz beginnt der **Beach Boulevard** und führt in östlicher Richtung zur Strandpromenade an der *Aberdeen Bay*. Hier erstreckt sich ein Sandstrand, der im Sommer bei schönem Wetter von Tausenden von Urlaubern bevölkert ist. Hier findet man auch eine schöne Parkanlage, einen Kinderspielplatz und einen Golfplatz. Am nördlichen Ende des Esplanade mündet der *River Don* ins

Ein eigenartiger Granitbau ist das Universitätsgebäude Marischal College

Meer. Wenn man dort links abbiegt, gelangt man zur oben erwähnten *King Street* und in den Stadtteil *Old Aberdeen.*

Vom *Mercat Cross* oder von der *Town Hall* sind es ebenfalls nur wenige Schritte zu der südlich von der *Castle Street* abzweigenden gekrümmten *Shiprow,* in der **Provost Ross's House** (6) liegt. Das dreistöckige Haus des Bürgermeisters *Ross of Arnage,* nach dem es im 17. Jahrhundert seinen Namen erhielt, wurde 1593 erbaut und gilt als ältestes erhaltenes Haus Aberdeens. Es ist in der Regel an Wochentagen nachmittags geöffnet und enthält u.a. eine interessante Ausstellung über die Schiffahrt.

Die Shiprow mündet in die **Market Street,** in deren unmittelbarer Nähe sich **Bahnhof** und Abfahrtsstelle der Autobusse befinden, und durch die man zum Hafen und zum sehenswerten **Fish Market** (7) gelangt, der sich längs des *Commercial Quay* zwischen *Victoria Dock* und *Albert Basin* erstreckt. Wen der Geruch nicht stört, der kann morgens hier zwischen 7 und 10 Uhr das bunte Treiben und fast schon abenteuerliche Gedränge des größten Fischmarktes in Schottland erleben. Die Nordseefische werden von hier in alle Teile Großbritanniens versandt.

Der Platz Castlegate mit dem altertümlichen Mercat Cross

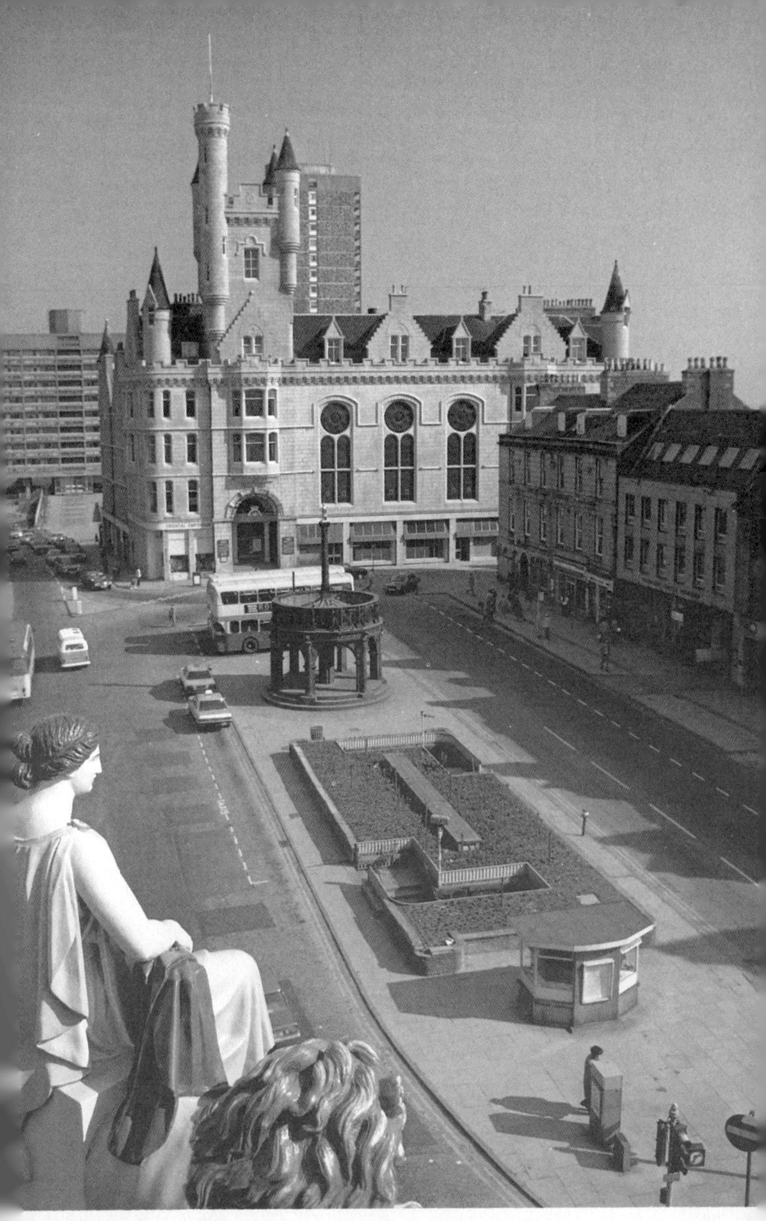

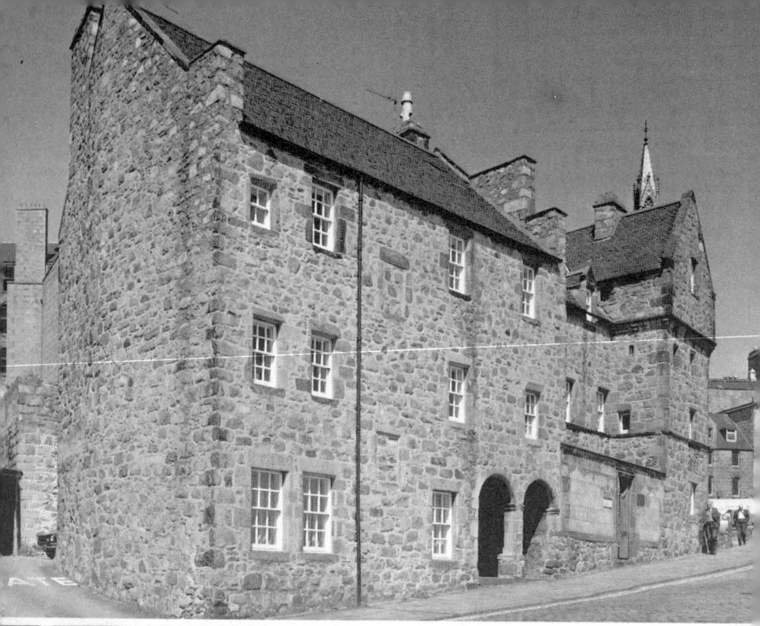
ATE

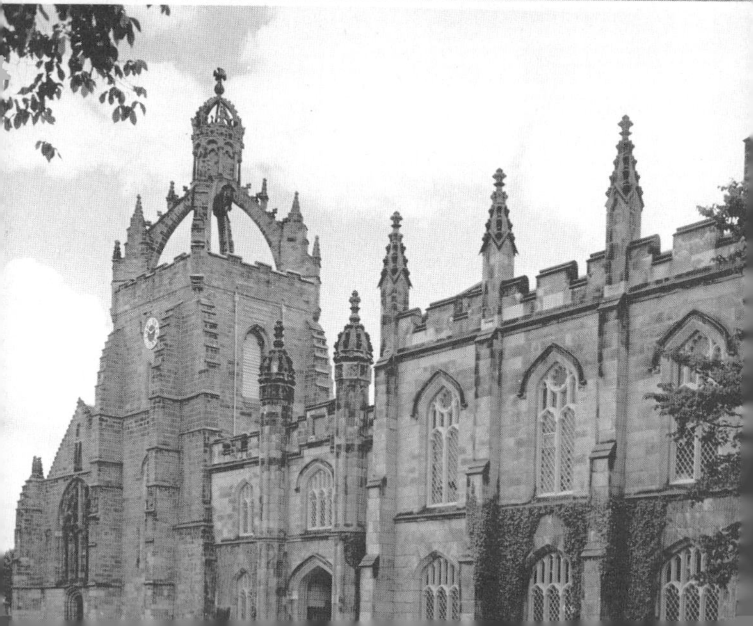

Durch die *Market Street* geht man zurück zur *Union Street,* biegt links und gleich darauf rechts ab und gelangt so zur **Church of St. Nicholas** (8), die durch ein mittelalterliches Querschiff in eine östliche und eine westliche Kirche unterteilt wird und daher auch *East and West Churches of St. Nicholas* genannt wird. In der Mitte, wo die beiden Kirchen zusammenstoßen, ragt der spitz zulaufende Turm auf, der vor etwa hundert Jahren nach einem Brand stilgerecht erneuert wurde und ein stadtbekanntes Glockenspiel enthält. An der Stelle der *East Church* stand schon im 12./13. Jahrhundert eine Vorgängerkirche, die einmal im 15./16. Jahrhundert und ein zweites Mal 1834–1837 erneuert wurde. Die *East Church* war das ursprüngliche Querschiff und die mittelalterliche **Chapel of St. Mary** war die Krypta. Diese Marienkapelle ist der einzige noch erhaltene Teil der alten Kirche aus dem 15. Jahrhundert. In der Kirche verdienen die schönen Tapisserien, die aus Eichenholz gefertigte Kanzel und zahlreiche monumentale Bildnisgrabsteine Aufmerksamkeit. Die **West Church** wurde wegen Baufälligkeit in den Jahren 1751–1755 durch den bekannten Architekten *James Gibbs* neu aufgeführt. Hier befindet sich die wunderschöne **Drum's Aisle,** ein mittelalterlicher Chorgang, der seinen Namen nach der früheren Begräbnisstätte der einst sehr mächtigen Familie *Irvine of Drum* trägt. Man beachte vor allem die kunstvollen alten Steinbildnisse, unter denen jenes von Sir Alexander Irvine und seiner Gemahlin (15. Jh.) herausragt.

Hinter der Kirche verläuft die Straße *Schoolhill.* Dort liegt die **Aberdeen Art Gallery** (9), ein moderner Bau in Renaissanceformen, mit einer ungewöhnlichen Arkade aus polierten Granitsäulen und einer schönen Brunnengruppe. Die Kunstgalerie enthält eine Gemäldesammlung hauptsächlich englischer, schottischer und französischer Maler aus dem 18. bis 20. Jahrhundert, darunter Meisterwerke von Turner, Sisley, Monet, Boudin, Vlaminck und Bonnard, aber auch von Segonzac, Kokoschka und anderen. Die Skulpturensammlung enthält Werke von Rodin, Degas, Henry Moore, Zadkine, Epstein u.v.a. Zu den weiteren Schätzen des Museums zählen moderne Tapisserien, Glasmalereien, chinesische Kunstwerke usw.

Das fast 400 Jahre alte Provost Ross's House
ist das älteste erhaltene Gebäude der Stadt.

Das 1494 gegründete King's College mit charakteristischer Turmkrone.

Wechselnde Kunstausstellungen finden auch in **James Dun's House** (Schoolhill Nr. 61), einem gut restaurierten Bürgerhaus aus dem 18. Jahrhundert statt.

Neben der Art Gallery ist das **Robert Gordon's College** (10) bemerkenswert. Es wurde 1729 von dem heimischen Kaufmann Robert Gordon ursprünglich als Bildungsstätte für mittellose Söhne von früh verstorbenen Bürgern gegründet. Den dreistöckigen Zentralbau (1746) mit Attika, Kuppel und Turm schuf der bekannte Architekt *William Adam;* 1830–1833 wurden die Flügelbauten und Kolonnaden hinzugefügt. Über dem Haupteingang ist in einer Nische die Statue des Gründers zu sehen.

Gleich nach dem westlich an *Schoolhill* grenzenden Rosemount Viaduct liegen rechts an der Straße das *H.M. Theatre* und die *Central Library*. Gegenüber führen die schönen **Union Terrace Gardens** (11) hinunter zur Union Bridge und Union Street. Bemerkenswert ist das auf hohem Granitsockel stehende Denkmal des schottischen Nationalhelden William Wallace. In einem Rasenteppich der Parkanlage ist das Stadtwappen eingelegt.

Noch weiter westlich liegt in der *Skene Street* die 1863 erbaute **Old Grammar School,** in deren Vorgängerbau Lord Byron von 1794–1798 Schüler war. Das Denkmal des berühmten Dichters steht vor der Schule.

Kurz nach der *Union Bridge* kann man an der rechten Seite der Union Street die **Music Hall** (12) bewundern. Der Granitbau aus dem Jahr 1820 besitzt eine eindrucksvolle Säulenvorhalle und bemerkenswert ausgestattete Räume, die dem antiken griechischen Stil nachempfunden sind. Der Bau diente ursprünglich für städtische Versammlungen und Festlichkeiten *(Assembly Rooms)* und erhielt erst 1858 die eigentliche Music Hall hinzugebaut.

Wenige Schritte weiter rechts steht n der *Huntly Street* die 1860 erbaute **St. Mary's Cathedral** (13), die römisch-katholische Kathedrale der Stadt, mit 1877 angebautem Turm.

Die bemerkenswerteste Kirche der Stadt ist aber zweifellos die (presbyterianische) **St. Machar's Cathedral** (14), im Norden der Stadt. Ursprünglich schon von den Normannen erbaut, aber später zerstört, wurde die relativ kleine Kirche aus dem 13./14. Jh. im Laufe der Jahrhunderte mehrmals erneuert. Der eindrucksvolle Granitbau erhielt sein heutiges Aussehen hauptsächlich im 15. Jh., zu welcher Zeit auch der Chor abgetragen wurde, um einem neuen Platz zu machen, wozu es aber nie kam. 1688 fiel der große Glockenturm in sich zusammen, zerstörte dabei den östlichen Teil der Kirche und richtete auch am Langhaus schwere Schäden an. Später wurde es wieder instandgesetzt, das Querschiff blieb aber Ruine. Heute wird die Kirche von zwei wuchtigen Türmen, die von spitzen Pyramidenhelmen bekrönt werden, flankiert.

*Ein schöner Blick vom Seaton Park
auf den Turm der alten St. Machar's Chathedral.*

Im Innern ist vor allem die aus dem 16. Jahrhundert stammende Eichenholzdecke sehenswert. Sie ist mit drei Reihen von insgesamt 48 Wappenschildern geschmückt, wobei jene der schottischen Könige an der Südseite angeordnet sind. Die englischen Königswappen sind ihrer Lilie beraubt, um darauf hinzuweisen, daß es keinen englischen Anspruch auf den Thron Frankreichs gibt. Bemerkenswert sind auch die modernen Glasfenster und das Grab des Bischofs Dunbar. Von der ursprünglichen, von St. Machar im 6. Jahrhundert gegründeten keltischen Kirche sind keine Spuren mehr erhalten.

Rund um die Kathedrale erstreckt sich der früher selbständige Bischofsbezirk von **Old Aberdeen,** der 1891 mit der „New Town" vereinigt wurde, die zusammen die gegenwärtige *City of Aberdeen* bilden. Die Anlage der mittelalterlichen Straßenzüge ist heute noch erkennbar. Am Beginn der High Street steht noch das ursprüngliche *Town House* aus dem 18. Jahrhundert. Aus der gleichen Zeit sind auch noch mehrere Giebelhäuser erhalten. Im Süden stößt die *High Street* auf das schon erwähnte *King's College*.

In den im Süden und Osten an die St. Machar's Cathedral angrenzenden Straßen *Chanonry* und *Don Street* befanden sich früher die Pfarrhöfe, heute stehen dort malerische, einfache aus Granit erbaute Wohnhäuser aus dem 18. und beginnenden 19. Jahrhundert. Nahebei liegt der *Botanische Garten.*

Im Norden grenzt die Kathedrale an den schönen **Seaton Park,** der vom *River Don* durchflossen wird. Längs des Flußufers gibt es Spazierwege, an den malerischsten Stellen (sehr schön ist der Blick von hier aus auf die Türme der Kathedrale) findet man Ruhebänke, auch ein künstlich aufgeschütteter Hügel aus normannischer Zeit erweckt Interesse, ebenso ein befestigtes Turmhaus aus dem 17. Jahrhundert. Ein lohnender Spaziergang führt zur sehenswerten **Auld Brig o'Balgownie** *(Old Bridge of Balgownie),* einer noch aus dem frühen 14. Jahrhundert stammenden und von Dichtern viel besungenen Brücke, die in einem gotischen Bogen den Don überspannt. Umrahmt wird sie von einer romantischen Waldlandschaft.

Etwas weiter östlich führt vor der kleinen Flußinsel *Allachie* die fünfbogige **Brig o'Don** *(Bridge of Don)* über den Fluß, der unweit von hier, am Nordende der schon einmal erwähnten Esplanade und des Strandes, in das Meer mündet.

Wer noch einen anderen sehenswerten Park kennenlernen oder einen schönen Spaziergang unternehmen möchte, sollte den am Westrand der Stadt liegenden **Hazlehead Park** (15) aufsuchen. Man erreicht ihn von der *Union Street* über *Albyn Place* und *Queens Road* (A-944), die an den Granitsteinbrüchen *Rubislaw Quarry* (rechts) und den *Johnston Gardens* (links) vorbeiführt.

*Der Wintergarten im Duthie Park
ist für seine vielen exotischen Pflanzen berühmt.*

Letztere sind für ihre Blumenzuchten und Felsengärten berühmt.
Hazlehead Park besitzt Wald und Wiesen, schattige Buchenalleen, herrliche Rhododendren (Blütezeit im Juni), Blumengärten, einen Zoo, ein Gartenrestaurant, Golfplätze und andere Spielplätze, einen Stand für Freiluftkonzerte u.v.a. Man kann stundenlang hier spazieren.

Schließlich möchte ich von den zahlreichen Parks der Stadt noch den am Südrand liegenden **Duthie Park** (16) mit seinen vielen Blumen und kleinen Teichen erwähnen, in dem es auch einen wunderschönen Wintergarten mit exotischen Blumen, Vögeln und Fischen sowie ein Gewächs- und Kakteenhaus gibt. Der Park wird im Süden vom *River Dee* begrenzt. Etwas weiter westlich wird der Fluß von der siebenbogigen **Auld Brig o'Dee** *(Old Bridge of Dee)* überspannt. Die Brücke wurde 1527 fertiggestellt, 1718 und 1842 restauriert und zuletzt auch erweitert.

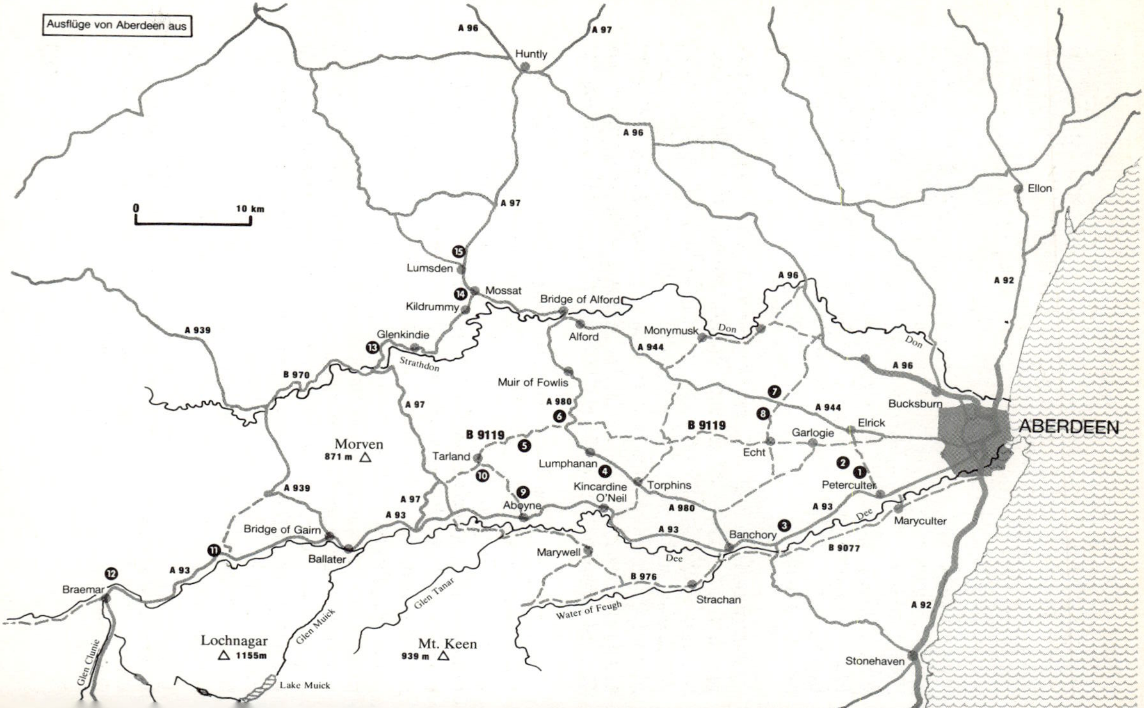
Ausflüge von Aberdeen aus
ABERDEEN
Huntly
Ellon
Bucksburn
Elrick
Garlogie
Echt
Peterculter
Maryculter
Stonehaven
Banchory
Strachan
Torphins
Kincardine O'Neil
Lumphanan
Monymusk
Alford
Bridge of Alford
Muir of Fowlis
Mossat
Lumsden
Kildrummy
Glenkindie
Strathdon
Tarland
Aboyne
Marywell
Water of Feugh
Glen Tanar
Mt. Keen
939 m
Morven
871 m
Ballater
Bridge of Gairn
Glen Muick
Lake Muick
Lochnagar
1155m
Braemar
Glen Clunie
Don
Dee
A 96
A 97
A 92
A 944
A 980
A 93
A 939
B 9119
B 9077
B 976
B 970
0
10 km

Ausflüge

"Royal Deeside" wird das Tal des Flusses *Dee* nach dem Schloß Balmoral genannt, in dem seit mehr als hundert Jahren Mitglieder des britischen Königshauses ihre Ferien verbringen; und es gibt kaum einen Aberdonian, der dieses Tal nicht als das schönste Ausflugsziel bezeichnen würde.

Nördlich des Dee fließt der *River Don* und gräbt mit seinem Bett das gleiche Mäandermuster wie der *Dee* in die Landschaft der *Grampian Hills,* die zu einer der reizvollsten in Schottland gehört. Zwischen den beiden Flüssen, die beide bei Aberdeen in das Meer münden, liegen einige sehenswerte Burgen und Schlösser, die man am besten bei einer Rundfahrt kennenlernt. Nachfolgend zwei Vorschläge.

1. Rundfahrt (ca. 115 km) mit Drum Castle, Crathes Castle, Craigievar Castle und Alford. Man verläßt Aberdeen im Südwesten auf der A-93. Schon nach wenigen Fahrminuten erreicht man *Milltimber,* wo man links auf die Zufahrtsstraße nach *Maryculter* abzweigen und einen kurzen Abstecher zu **Anderson's Storybook Glen** unternehmen kann: ein prächtiger Landschaftsgarten mit Rosenbeeten, Schlucht, Wasserfällen und vielen Attraktionen für Kinder.

Wieder auf der A-93, erreicht man kurz nach *Peterculter* (erhöht stehendes Denkmal für „Rob Roy") die Zufahrt, die rechts von der Straße zum **Drum Castle*** (1) führt. Man kann von hier zu dem etwa 3 km weiter nördlich (A-974, Richtung *Garlogie*) liegenden **Cullerlie Stone Circle** (2), einen vorgeschichtlichen Bestattungsplatz und über 3000 Jahre alten Steinkreis aus acht Felsbrocken, fahren, wenn man an prähistorischen Denkmalen interessiert ist.

In der „Lavendelstadt" **Banchory** (in der Umgebung blüht duftender *Dee-Lavendel*) verläßt man das Tal des *Dee* und zweigt rechts auf die A-980 ab. Zuvor lohnt noch das **Crathes Castle*** (3) einen Besuch.

---

1 Drum Castle
2 Cullerlie Stone Circle
3 Crathes Castle
4 Peel Ring of Lumphanan
5 Erdhaus
6 Craigievar Castle
7 Castle Fraser
8 Midmar Castle
9 Aboyne Castle
10 Tomnaverie Stone Circle
11 Balmoral Castle
12 Braemar Castle
13 Glenbuchat Castle
14 Kildrummy Castle

Südlich von Banchory erstreckt sich der **Blackhall Forest** mit herrlichen Wanderwegen und vielen landschaftlichen Höhepunkten. Lohnend ist der kurze Abstecher zur **Bridge of Feugh,** dann auf der A-974 nach **Strachan.** Bei *Potarch Bridge* kann man wieder zurück auf die Hauptstraße kommen.

Auf der A-980 kommt man über *Torphins* nach *Lumphanan,* wo links eine Zufahrt zum **Peel Ring of Lumphanan** (4) führt, einer mittelalterlichen Erdbefestigung mit über fünf Meter hohen Erdwällen.

Wer ein noch relativ gut erhaltenes *Erdhaus* (5) aus der Eisenzeit ansehen möchte, kann bei der folgenden Straßenkreuzung links auf die B-9119 abbiegen (Wegweiser: Tarland) und findet (links) beim *Culsh Farmhouse* den Zugang dazu.

Wieder auf der A-980, folgt links die Zufahrt zum **Craigievar Castle*** (6). Vor **Alford** mündet die A-980 in die A-944, auf die man rechts einbiegt und die Rückfahrt nach Aberdeen antritt.

In **Alford** kommen Liebhaber alter Autos auf ihre Rechnung: hier liegt das 1983 eröffnete **Grampian Transport Museum,** mit einer sehr großen Sammlung von Straßenfahrzeugen, darunter Pferdewagen, Kutschen, Autos, Fahr- und Motorräder usw. Aber auch Eisenbahnfreunde können hier nostalgisch werden, wenn sie die durch den *Murray Park* verkehrende Schmalspurbahn **Alford Valley Railway** bewundern.

Wer noch nicht genug von Schloßbesichtigungen hat, sollte entweder bei *Ordhead* oder bei *Sauchen* von der A-944 auf eine der links abzweigenden Landstraßen abbiegen, die zum sehenswerten **Castle Fraser** (7) führen. Das zu den „Castles of Mar" gehörende Schloß hat von Anfang Mai bis Ende September jeden Nachmittag offen, der Schloßpark ist ganzjährig zugänglich.

Das **Castle Fraser** wurde zwischen 1575 und 1636 an der Stelle einer älteren Burg erbaut. Eine eigene Ausstellung informiert über die Bedeutung der „Castles of Mar". Der *Earl of Mar,* der von den im Exil lebenden Stuarts als eine Art „Reichsverwalter" eingesetzt war, rief 1715 zur offenen Rebellion auf und leitete damit den ersten Jakobitenaufstand ein.

Kurz nach *Sauchen* zweigt von der A-944 auch rechts eine Landstraße ab und führt zum *Midmar Forest* und zum **Midmar Castle*** (8), das aber derzeit nicht besichtigt werden kann. Eine andere Landstraße (B-977) zweigt kurz darauf vor *Dunecht* rechts ab nach *Echt;* rechts neben dieser Straße steigt der *Barmekin Hill* an, mit einer noch erkennbaren prähistorischen Stein- und Erdbefestigung, der **Barmekin of Echt.**

Auf der A-944 fährt man am kleinen *Loch of Skene* vorbei (wenn man von *Midmar Castle* und über *Echt* kommt, bleibt man auf der B-9119), erreicht bald die Stadtgrenze von Aberdeen.

Das Craigievar Castle (17. Jh.) ist ein richtiges Bilderbuchschloß.
Crathes Castle wird von einem vielbewunderten Schloßgarten umgeben.

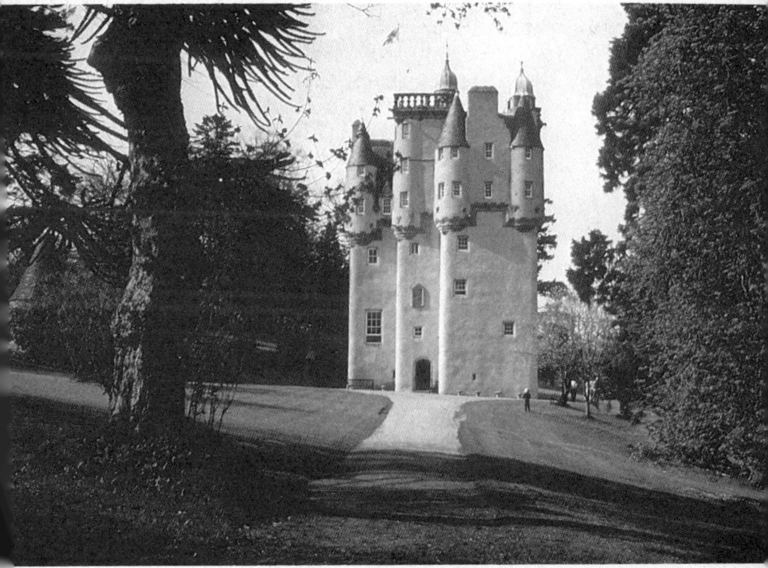

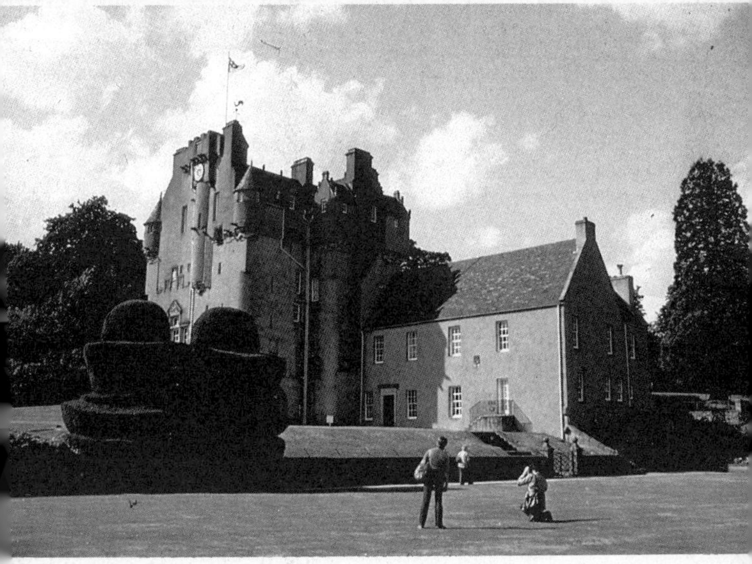

2. Rundfahrt (ca. 210 km) bis Balmoral Castle und Braemar.

Der erste Teil der Strecke ist mit jener der zuvor beschriebenen 1. Rundfahrt zum *Drum Castle* und *Crathes Castle* identisch. In *Banchory* (30 km) biegt man jedoch nicht ab, sondern bleibt auf der A-93, die weiter dem malerischen Lauf des *River Dee* folgt. Kurz nach *Kinkardine O' Neill* führt rechts eine Landstraße (Wegweiser: *Lumphanan*) zur frühmittelalterlichen Erdbefestigung **Peel Ring of Lumphanan** (→ 1. Rundfahrt).

Wenig später führt von der A-93 rechts eine Zufahrt zum **Aboyne Castle** (9), der Residenz des *Marquess of Huntly*. Das hervorragend restaurierte Schloß mit Bauteilen aus dem 17. Jahrhundert erhielt bis in die jüngste Zeit zahlreiche Anbauten, ist aber zur Zeit nicht zugänglich.

Auf der Landstraße B-9094 kann man zu den etwa 3,5 km weiter nördlich liegenden Ruinen von **Coull Castle** fahren, einer Burg aus dem 14. Jahrhundert. Die Burg wurde damals von einheimischen, schottischen Bauern in Brand gesteckt, die gesamte englische Besatzung getötet. Rechts neben der zur Ruine führenden Straße liegt **Aboyne Loch,** ein kleiner See, auf dem man Wasserskilaufen kann. Vom *Coull Castle* sind es nur etwa 3 km weiter (links) zum **Tomnaverie Stone Circle** (10), den Resten eines prähistorischen Steinkreises aus der Zeit um etwa 1600 v.Chr. und (rechts) zum prähistorischen **Culsh Earth House** (bei Tarland; → 1. Rundfahrt).

Aboyne ist ein idyllisch am *Dee* liegender Ferienort, der durch seine alljährlich im August stattfindenen „Highland Gatherings" berühmt wurde. Von Aboyne aus führen herrliche Wandwege in die umliegenden Wälder.

Beliebt sind die **Wanderwege** *The Firmouth Road* und *The Fungle Road,* die durch den *Forest of Birse* in das südlich ansteigende Bergland führen. Wenn man Zeit hat, lohnt sich die Zufahrt zu **Glen Tanar**: ein markierter Wanderweg führt über das **Braeloine Visitor Centre** (es informiert auch über die heimische Land- und Forstwirtschaft und ist von April bis September täglich offen) durch die malerische Tanar-Schlucht, die vom *Water of Tanar*, einem kleinen Bergbach, durchflossen wird, und durch den **Forest of Glen Tanar** über den 900 m hohen *Mount Keen*.

Die A-93 führt weiter über **Dinnet** (1335 fand hier eine erbitterte Schlacht statt, bei der die Schotten siegreich waren) und am kleinen **Loch Kinord** vorbei (am See sind noch Reste von uralten Behausungen der *Pikten* erhalten). Hinter dem See liegt der kleinere *Loch Davan*. Neben der Straße kann man auch noch die Linie der ehemaligen *Deeside Railway* erkennen.

Das Balmoral Castle ist die Privatresidenz der Königsfamilie wenn sie in Schottland auf Urlaub ist

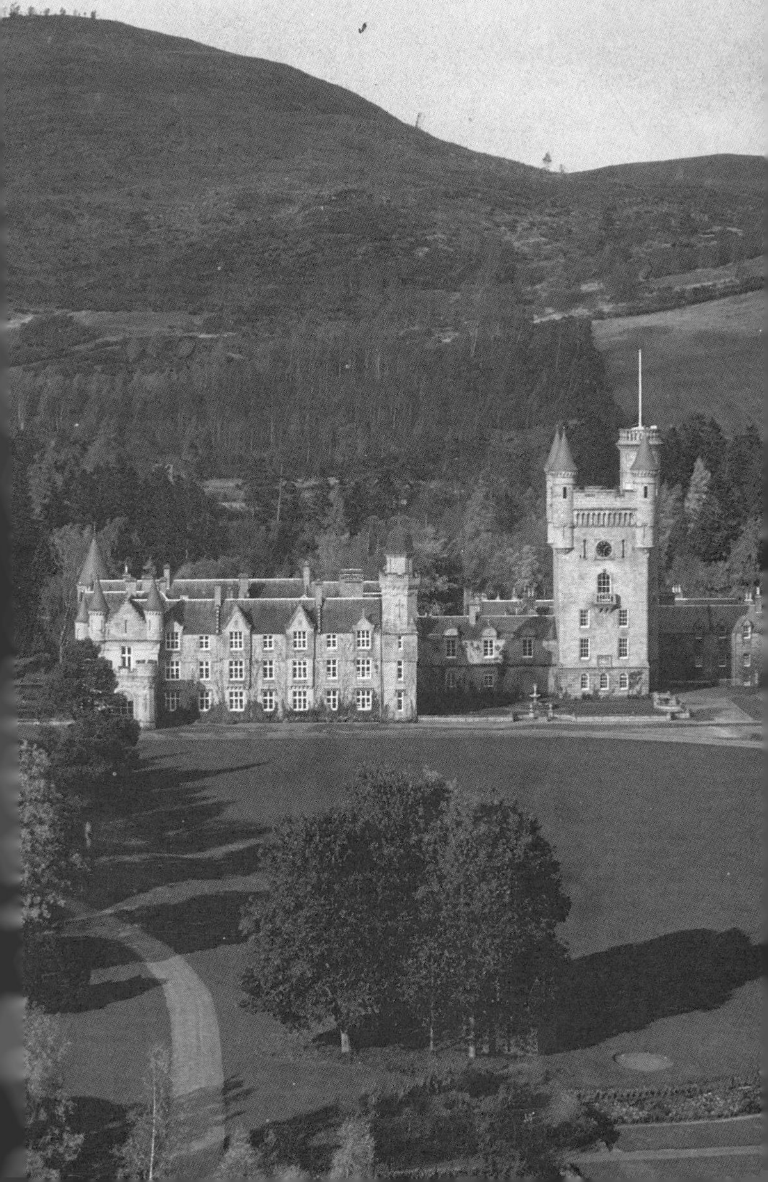

Ballater, das sogenannte „Capital of the Deeside Highlands", ist ein beliebter Ausgangspunkt für Fahrten in die Grampian Mountains und in die umliegenden Wälder, aber auch ein klimatisch begünstigter Ferienort und wichtigster Einkaufsort in dieser Region. Vor allem an Kilts, Tartans und Wollsachen hat man hier eine große Auswahl.

Auch die königliche Familie, die die Ferienzeit im 13 km weiter westlich liegenden **Balmoral** verbringt, kauft hier ein. In und rund um die *Bridge Street* gibt es nur „königliche" Läden: den Royal butcher's shop, die Royal baker's, Royal chemist's, Royal outfitter's usw.

Nur 1,5 km westlich von Ballater liegt an der A-939 nach der Einmündung des *River Gairn* in den *Dee* die **McEwan Gallery.** Das ganz und gar nicht in die Gegend passende Haus ist nicht zu übersehen. Die Galerie enthält Bilder, schottisches Kunsthandwerk und zuweilen finden hier auch Ausstellungen statt.

Die Weiterfahrt nach **Balmoral** (der Ort liegt rund 79 km westlich von Aberdeen) kann nun entweder nördlich des *Dee* (auf der A-93) oder südlich des Flusses (auf der B-976) erfolgen. Am Südufer des Flusses steht das *Abergeldie Castle,* das aber nicht zugänglich ist. Da man die gleiche Strecke wieder zurückfährt, kann man beide Routen kennenlernen.

Von **Balmoral Castle*** (11), über das schon geschrieben wurde, sind nur die ausgedehnten *Castle Grounds,* der Schloßpark, zugänglich. Einen Besucht lohnt auch die kleine Kirche von **Crathie,** die regelmäßig von der königlichen Familie zu Gottesdiensten besucht wird, wenn sie sich hier aufhält.

Wenn man auf dieser Rundfahrt auch noch **Braemar Castle*** (12) besichtigen möchte, so muß man noch 14 km auf der A-93 weiterfahren. Rechts über dem Dee liegt in besonders schöner Lage das alte Herrenhaus **Invercauld House,** und ebenfalls rechts gewahrt man etwas später die Ruinen des alten schottischen Königsschlosses **Kindrochat Castle.** Gleich darauf fährt man in **Braemar** ein, im Sommer ein Angelsportzentrum und Ausgangspunkt für herrliche Bergwanderungen, im Winter ein Skisportzentrum; Skilifte und einen Sessellift *(Glenshee Chairlift)* gibt es auf den im Süden liegenden *Cairnwell Mountain* (918 m). – Alljährlich am ersten Samstag im September findet in Braemar das berühmte **Royal Highland Gathering** statt, das „Hochlandtreffen" der Clans (es fand schon vor 900 Jahren erstmals statt), verbunden mit folkloristischen und sportlichen Wettkämpfen („throwing the hammer" „tossing the caber" u.a.), Tänzen, Dudelsackmusik usw., zumeist unter Anwesenheit der Königin und Mitgliedern des Königshauses.

Jedes Jahr treffen sich die Clans zum „Gathering"
zum friedlichen Wettstreit mit Sportveranstaltungen
Tanz, Gesang und traditionellem Brauchtum

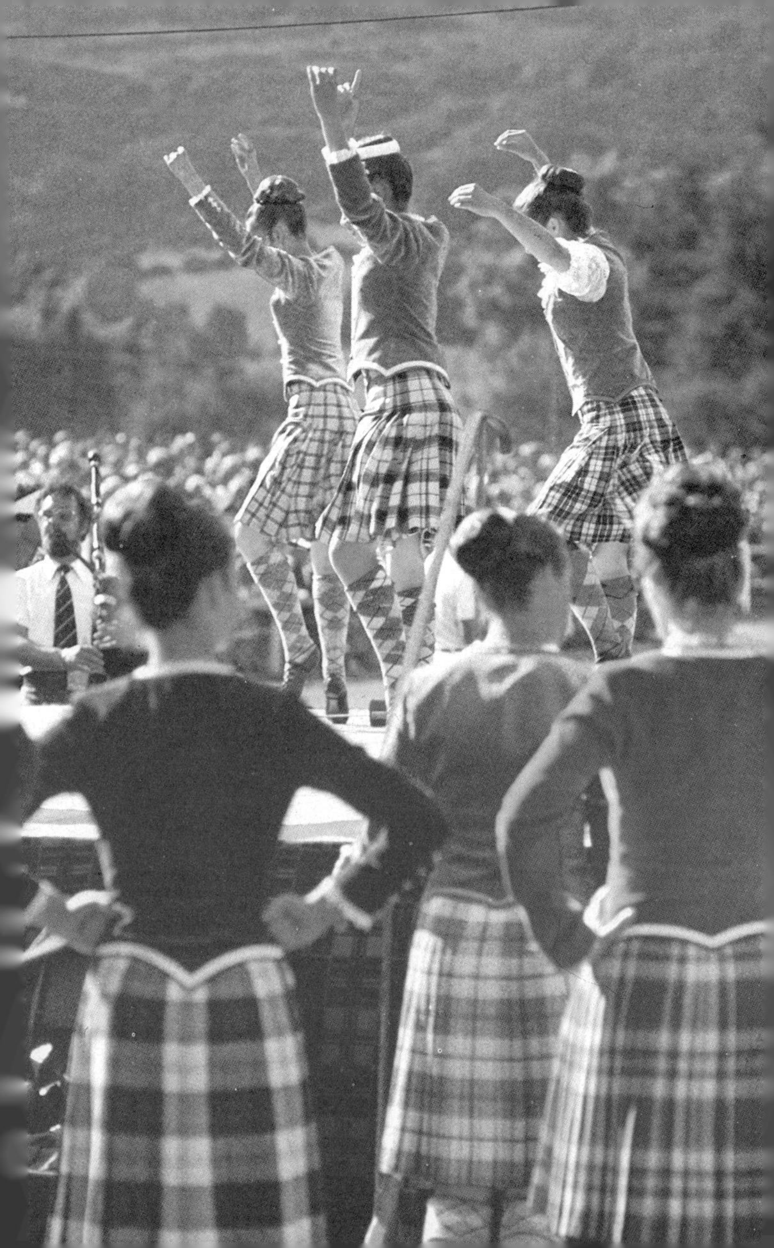

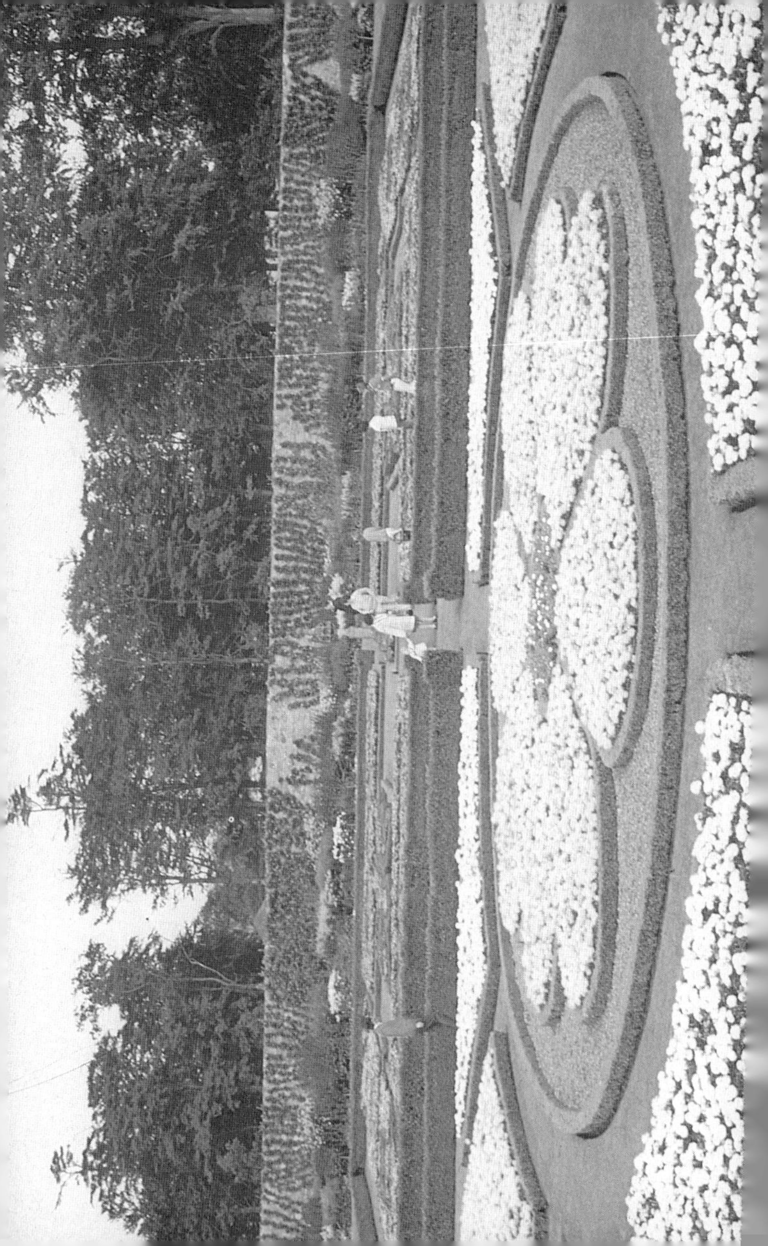

Die Rückfahrt erfolgt wieder über *Ballater* auf der A-93, dann aber biegt man links ab auf die A-97, fährt im Westen an den Lochs *Kinord* und *Davan* entlang, und immer in nördlicher Richtung weiter bis man den *River Don* erreicht. Unterwegs sieht man links das 1590 erbaute *Glenbuchat Castle* (13), das aber nicht besichtigt werden darf. Die eindrucksvollen Ruinen des kurz darauf folgenden **Kildrummy Castle*** (14) sind jedoch – ebenso wie die berühmten **Kildrummy Castle Gardens*** – der Öffentlichkeit zugänglich. Bei *Mossat* biegt man rechts auf die A-944 ab.

Man kann zuvor noch einen Abstecher zu der knapp 5 km weiter nördlich liegenden **St. Mary's church** *(Auchindoir)* unternehmen, einer der malerischsten kleinen Kirchenruinen Schottlands aus dem Mittelalter. Ganz nahe liegt auch **Craig Castle** (15), das noch einen mächtigen 18 m hohen Turm aus der ersten Hälfte des 16. Jahrhunderts besitzt.

Die A-944 führt am nördlichen Ufer des *Don* weiter nach **Alford.** Von dort erfolgt die Rückfahrt nach Aberdeen wie in der 1. Rundfahrt beschrieben.

3. Pitmedden Garden und Haddo House. Der etwa 23 km nördlich von Aberdeen (Ausfahrt auf der A-92, bei Newton of Murcar links auf die B-999) liegenden Ort *Pitmedden* ist wegen seiner prächtigen Gärten besuchenswert. **Pitmedden Garden** ist eine von Sir Alexander Seton im 17. Jahrhundert angelegte große Gartenanlage mit eingelegten Blumenbeeten und Sonnenuhren, kleinen Pavillons, Springbrunnen und originellen „Thunder Houses" an beiden Seiten des westlichen Belvedere. Das ringsum liegende Wald- und Weideland ist durch schöne Spazierwege und Picknickplätze erschlossen.

Angeschlossen ist das **Museum of Farming Life** mit einer umfassenden Sammlung von bäuerlichem Gerät und einer Ausstellung zur Geschichte der Landwirtschaft.

Nur ein paar Fahrminuten weiter nördlich liegt das teilweise zur Ruine verfallene aber immer noch sehr beachtliche **Tolquhon Castle,** der einstige Sitz der *Lairds (Lords) of Forbes:* ein Wohn-

---

Pitmedden Garden ist ein schon im 17. Jahrhundert angelegter Kunstgarten mit prachtvollen Blumenbeeten.

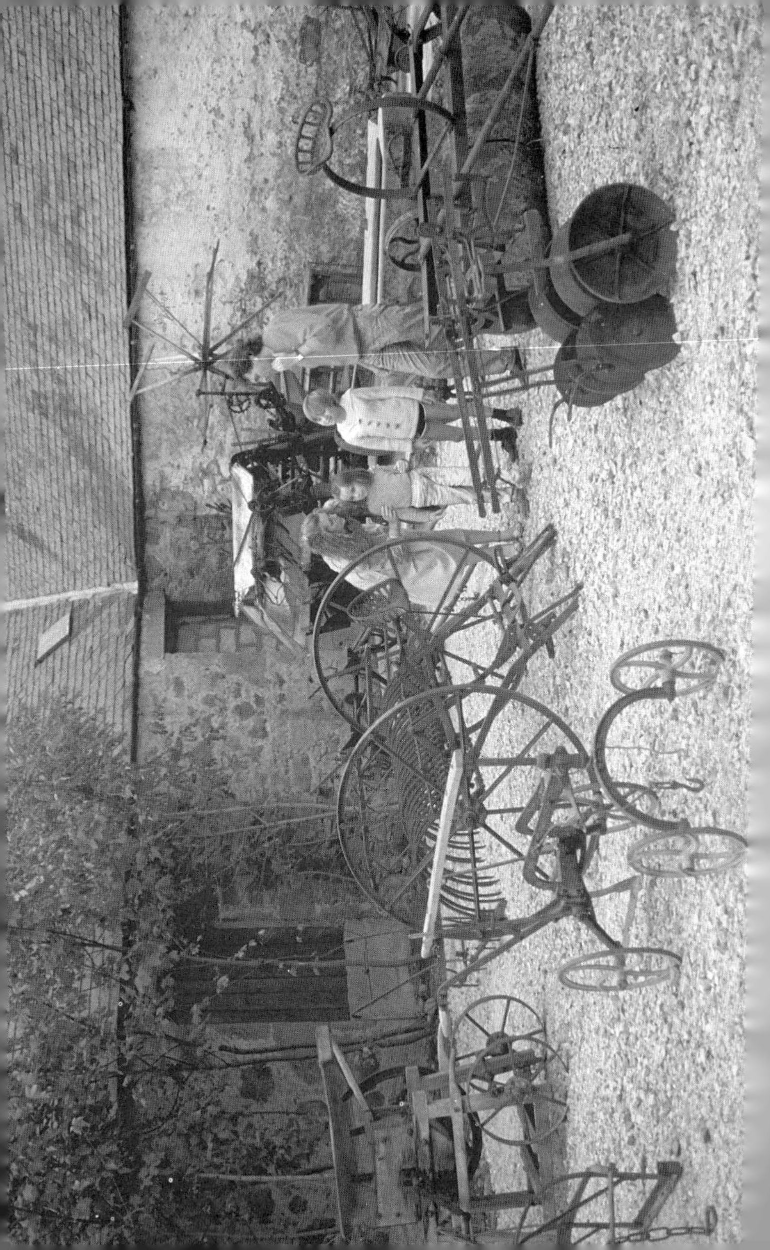

turm aus dem 15. und ein großes angeschlossenes Herrenhaus aus der zweiten Hälfte des 16. Jahrhunderts. Bemerkenswert sind der schöne Schloßhof und der von Rundtürmen flankierte Torbau.

Wieder nur wenige Fahrminuten weiter auf der B-999 verdient das im Kirchhof von **Tarves** liegende **Tarves Medieval Tomb** Aufmerksamkeit. Das eindrucksvolle Grabmal des *Laird William Forbes* von Tolquhon Castle zeigt einen recht ungewöhnlichen Stil mit gotischen und Renaissanceelementen.

Noch etwas weiter nördlich (insgesamt etwa 7 km von *Pitmedden*) liegt **Haddo House,** ein an der Stelle eines wesentlich älteren Herrensitzes im Jahr 1732 erbautes Herrenhaus der *Gordons of Haddo, Earls and Marquesses of Aberdeen,* die seit über einem halben Jahrtausend hier residieren.

Das (für mitteleuropäische Betrachter, die architektonisch wesentlich kunstvollere Bauten aus ihren eigenen Heimatländern kennen) außen recht unansehnlich wirkende Haus wird von den Schotten als Meisterwerk ihres berühmten Architekten **William Adam** gerühmt. Bemerkenswert ist die Freitreppe, die zum Eingang im ersten Stock führt, sehr schön sind die Terrassengärten. Die durch Kolonnaden mit dem Haus verbundenen Seitenflügel wurden später zugebaut. 1880 erfolgte ein weiterer Zubau mit großer Hall, Bibliothek und Kapelle. Die **Innenräume** (vor allem der *Drawing room*) sind mit Wand- und Deckendekorationen, alten Möbeln, Gemälden, Kristall-Lüstern und dergleichen sehr kostbar ausgestattet und folgen im großen und ganzen dem herrschaftlichen Stil des späten 18. Jahrhunderts. Haddo House ist in der Regel von Mai bis September an Nachmittagen zugänglich. Es ist auch der Sitz einer eigenen *Choral Society,* das *Haddo House Theatre* ist bekannt für seine Opern- und Konzertaufführungen.

Wenn man nicht die gleiche Straße zurückfahren möchte, so kann man die B-922 wählen, die kurz vor *Oldmeldrum* in die nach Aberdeen führende A-947 mündet. In diesem Fall lohnt sich kurz vor dem Erreichen der Stadt ein Aufenthalt in **Dyce** (hier befindet sich auch der Flugplatz von Aberdeen), um die *Church of St. Fergus* anzusehen. Die Kirche enthält als große Sehenswürdigkeit zwei über 1400 Jahre alte und gut erhaltene Symbolsteine der *Pikten*.

---

*Das Museum of Farming Life in Pitmedden
zeigt eine umfassende Sammlung alten bäuerlichen Geräts.*

PERTH

Die ursprünglich *St. Johnstoun* enannte Stadt entwickelte sich rund um eine Königsresidenz als wichtiger Übergang über den *River Tay*, als Marktort für Rinder und landwirtschaftliche Produkte und schließlich auch als Hafenstadt, da der *Tay* bis hierher schiffbar ist.

Eine Königsburg ist seit der Zeit um 1200 überliefert, 1298 ließ sie Edward I. von England befestigen. Bis zur Ermordung von König James I. von Schottland im Jahre 1437 war Perth die Hauptstadt des Landes. Die Witwe James I. und deren Sohn James II. verlegten dann den Hof nach Edinburgh. 1651 wurde Perth von den Truppen Cromwells besetzt. 1715 und 1745 war es ein Zentrum der Jakobiten. Heute ist Perth ein bekanntes Touristenzentrum und ein Ausgangspunkt für Reisen in das Hochland. Die beiden bekanntesten Erzeugnisse Perths sind wohl die Whiskies der Firmen Bells und Dewar.

Die Stadtbesichtigung

Die wichtigsten Sehenswürdigkeiten der Stadt liegen zwischen den beiden großen Parkanlagen *North Inch* und *South Inch,* die sich am *River Tay* erstrecken. In **North Inch** (1), befinden sich mehrere große Sportanlagen, darunter ein Golfplatz und das *Bell's Sports Centre*, ein eindrucksvoller, moderner Rundbau mit hoher Flachkuppel. Die weiträumige Parkanlage liegt an der Stelle der berühmten „Battle of the Clans" (1396), einem Schlachtfeld zwischen dem Clan Chattan und dem Clan Kay. Auch in **South Inch** (2) befinden sich Sportanlagen, Kinderspielplätze und ein kleiner See mit Ruderbooten. Die Nordseite des Parks wird vom langgestreckten *Marshall Place* begrenzt, mit der Kirche **St. Leonard's in the Field** (3) (bemerkenswerter Turmabschluß mit durchbrochenen Bogen und schmalem Aufbau), und dem sogenannten **Round House** (4) mit den neu adaptierten Räumen des 1832 erbauten, früheren Wasserwerks der Stadt, einem originellen Rundbau mit Flachkuppel.

Im Mittelpunkt der Stadt erhebt sich die 1242 erstmals geweihte **St. John's Kirk** (5), die der Stadt ihren ursprünglichen Namen

---

Am westlichen Ende des Firth of Tay
liegt die von grünen Hügeln
umgebene alte Königsstadt Perth.

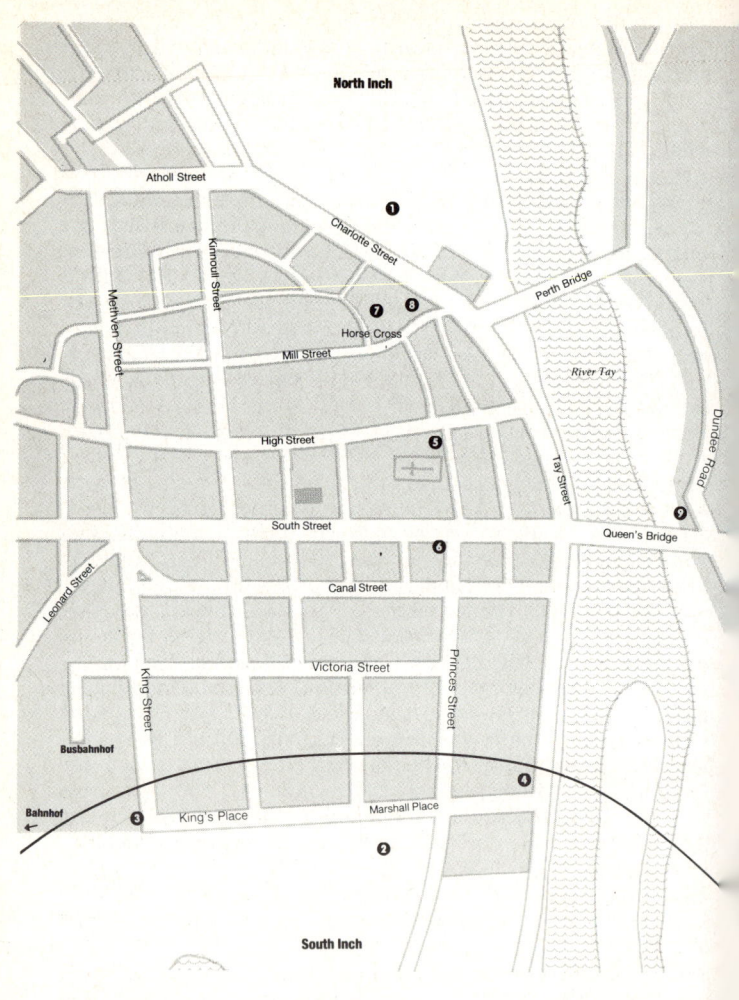

1 North Inch
2 South Inch
3 St. Leonard's in the Field
4 Round House
5 St. John's Kirk
6 Salutation Hotel
7 Fair Maid of Perth's House
8 City Art Gallery
9 Norrie Miller Park

gab. Ihr heutiges Aussehen erhielt die Kirche im 15. Jahrhundert. 1923–1928 wurde sie restauriert und dient heute als Kriegergedenkstätte. Die Kirche war seit altersher Schauplatz bedeutendster Ereignisse in der schottischen Geschichte. Hier soll Edward III. seinen eigenen Bruder erstochen haben. Weiters hielt hier am 11. Mai 1559 der Reformator *John Knox* seine berühmte Predigt „Vehement against idolatry", die die Abgötterei in den schottischen Kirchen verurteilte. Das führte zum Aufstand des Mobs und leitete die schottische Reformation ein: die Altäre und Heiligenbilder der Kirchen wurden verbrannt und die vier Mönchsklöster von Perth zerstört. In der Folgezeit wurden alle römisch-katholischen Kirchen geplündert, entweiht und zerstört. Ein paar Schritte weiter in *45 High Street,* liegt das Touristen-Informationsbüro.

In der nahen *South Street* (Nr. 34) verdient das **Salutation Hotel** (6) Beachtung. Das Gebäude stammt aus dem Jahr 1699, wurde aber seither mehrmals restauriert und teilweise erneuert. Im zweiten Jakobitenaufstand von 1745 diente das Haus „Bonnie Prince Charlie" als Hauptquartier. Sein Schlafzimmer wird heute noch in ursprünglichem Zustand gezeigt. Gleichfalls in der *South Street* (Nr. 38) befindet sich das **Perth Craft Centre** mit einer Ausstellung schottischen Kunstgewerbes; man kann hier auch den Handwerkern bei ihrer Tätigkeit zusehen.

Nahe bei *North Inch* verläuft die *Curfew Road* mit dem berühmten **Fair Maid of Perth's House** (7) aus dem 14. Jahrhundert, das 1893 restauriert wurde. Hier wohnte im Jahr 1396 *Catherine Glover,* die Heldin in Walter Scott's Erzählung „Fair Maid of Perth". Auch *Bizet* machte sie zur Titelheldin in einer seiner Opern. Heute enthält das Haus ein Museum für schottisches Kunsthandwerk und verschiedene Kuriositäten sowie eine kleine Gemälde- und Skulpturengalerie.

In der *George Street* liegt die **City Art Gallery** (8) mit dem Stadtmuseum, ein Rundbau mit hohem Giebelvorbau, der von vier ionischen Säulen getragen wird. Neben Gemälden, Skulpturen, Silberschmiedearbeiten und anderen Kunstwerken enthält es auch eine naturhistorische Abteilung und eine Ausstellung zur lokalen Geschichte.

Eine weitere Sehenswürdigkeit ist das **Balhousie Castle** in der *Hay Street,* ein viergeschossiges altes Herrenhaus mit hohen Treppengiebeln und Kegeldächern auf den Rundtürmen. In dem Gebäude ist heute das **Black Watch Museum** untergebracht, ein Militärmuseum mit vielen Erinnerungen an das berühmte schottische Regiment „Black Watch", das sich seit 1740 in vielen Schlachten hervortat.

Schließlich verdient noch der **Norrie Miller Park** (9) an der *Queen's Bridge* erwähnt zu werden, weil man von hier aus einen schönen Blick auf die Stadt hat. Malerisch ist auch die neunbogige alte Brücke über den *Tay,* die aus der Mitte des 18. Jahrhunderts stammt.

Etwa 2,5 km weiter südlich (Zufahrt von der A-85) erstrecken sich die **Branklyn Gardens** mit einer sehr sehenswerten Sammlung von heimischen und fremden Pflanzen, darunter auch aus der alpinen Flora. Ein Wanderweg führt von hier längs der steilen, oft über 100 m tief abfallenden Felswände von **Kinoull Hill** bergan zum *Kinoull Tower,* einem Wahrzeichen der Stadt, mit prächtigem Rundblick. (Es gibt auch eine Fahrstraße bis knapp unter den Aussichtspunkt.)

Ausflüge

1. Huntingtower Castle. Das schloßartige, befestigte Herrenhaus aus dem 15. Jahrhundert liegt etwa 4 km nordwestlich von Perth (Zufahrt von der A-85). Bis zum Jahr 1600 trug es den Namen *Ruthven Castle.* Hier erfolgte 1582 der berühmte „Raid of Ruthven": James VI. (der spätere James I. von England), damals erst 16 Jahre alt, wurde von *John Ruthven, Earl of Gowrie,* und dessen Bruder Alexander, zur Jagd eingeladen. Kaum im Schloß angekommen, wurde er überfallen und gezwungen, seine Ratgeber und Minister zu entlassen und fortan nur nach den Wünschen des Earl of Gowrie zu regieren. Als der König einen Fluchtversuch unternahm, wurde er eingesperrt. Die beiden Verschwörer konnten sich aber nur wenige Monate lang an der Macht halten; sie wurden schließlich überwältigt und 1584 hingerichtet.

2. Scone Palace. (4 km nördlich, Zufahrt von der A-93). Der langgestreckte Palast mit seinen Wehrtürmen und Befestigungen wurde 1803 an der Stelle eines früheren Palastes des 16. Jahrhun-

Das Herrenhaus Balhousie Castle beherbergt heute ein interessantes Militärmuseum.

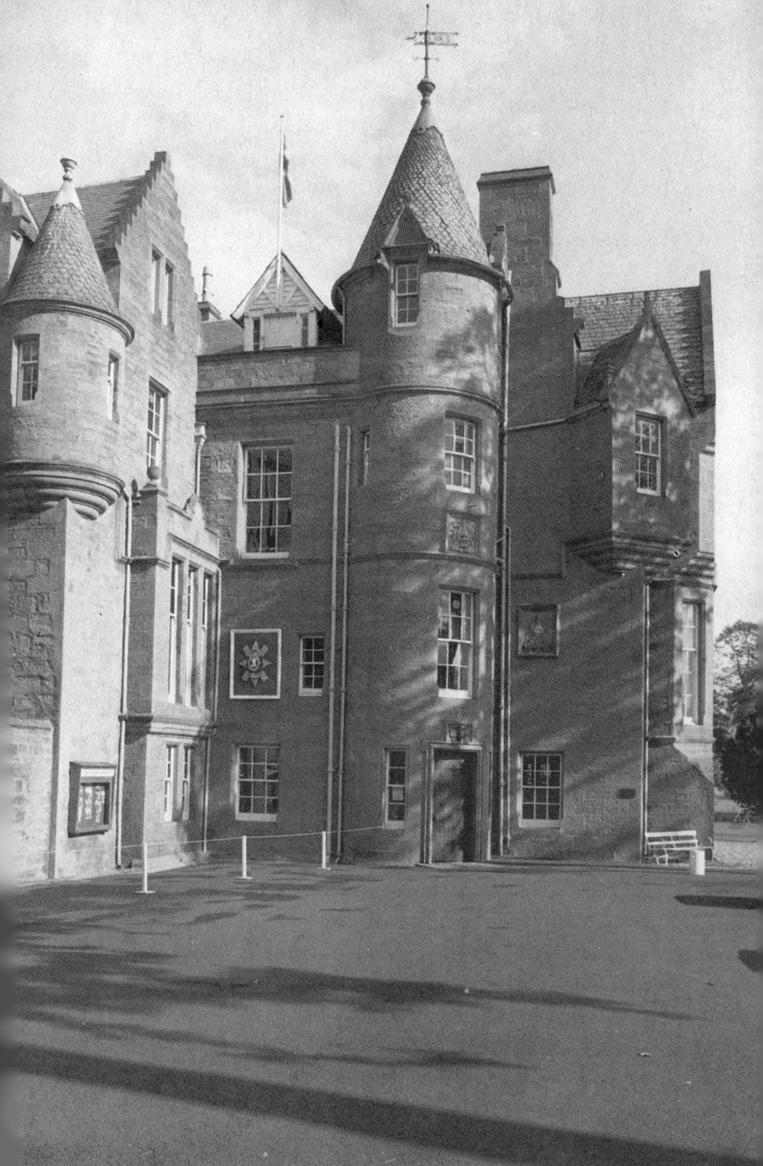

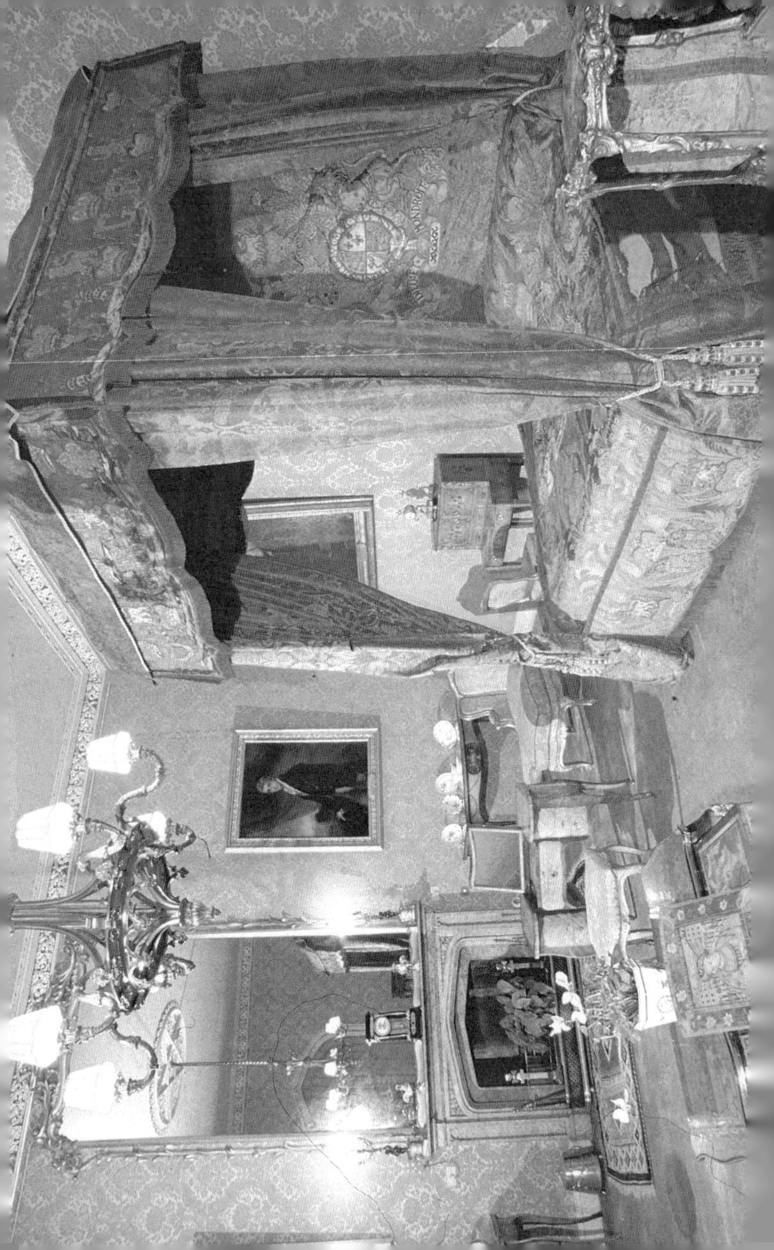

derts erbaut, wobei Teile des alten in den neuen Palast eingegliedert wurden. Seine Grundmauern sind mittelalterlichen Ursprungs. Hier residierten schon *Macbeth* und *Robert the Bruce*. Heute ist der Palast die Residenz der *Earls of Mansfield*.

Im Jahr 1114 gründete *Alexander I.* hier eine Abtei, die aber Anhänger von *John Knox* (→ oben) 1559 zerstörten. An dieser Stelle wurden viele Jahrhunderte lang die schottischen Könige gekrönt. Ursprünglich war **Old Scone** eine Hauptstadt der Pikten, und im Jahr 710 trat hier der Piktenkönig *Nechtan* zum Christentum über. Dann trafen sich hier die Clan-Chiefs, wenn sie einem neuenKönig den Treueeid schwuren. Das geschah auf dem sogenannten **Moot Hill of Scone**, der heute vom Schloßpark umgeben wird. Jeder Chief brachte dabei etwas Erde aus seiner Heimat mit, die er hier verschüttete, so daß er auf „eigenem Grund und Boden" stand, wenn er den Eid leistete.

Im Jahre 843 ließ *Kenneth MacAlpin* (König Kenneth I.; er vereinigte das Königreich der schottischen Pikten mit dem der schottischen Kelten) hier den **Stone of Destiny** aufstellen, an dem die schottischen Könige (insgesamt etwa 40) gekrönt wurden. Dieser „Krönungsstein" *(Coronation Stone; Stone of Scone)* wurde 1296 von König Edward I. als Zeichen seines Sieges über die Schotten nach Westminster gebracht, wo er seither einen Teil jenes Thrones bildet, auf dem seit *Edward the Confessor* die englischen Monarchen gekrönt werden. **Scone** blieb aber der Krönungsort der schottischen Könige bis zu Charles II. im Jahr 1651. Auf dem **Moot Hill** (→ oben) kann man heute noch die kleine Krönungskapelle sehen.

Bei der Palastführung werden die reich ausgestatteten **State Rooms** gezeigt, u.a. der *Dining Room* (mit bemerkenswerter Sammlung von Elfenbeinskulpturen), der *Ante-Room* (mit chinesischen Vasen), der *Drawing Room* (mit französischen Stilmöbeln und Gemälde von *Reynolds,* das den ersten Earl of Mansfield darstellt), die *Library* (mit Porzellansammlung), der *Ambassador's Room* (mit schwerem Baldachin über einem „Himmelbett") aus der Zeit um 1800), der *Inner Hall* (mit kostbaren Stilmöbeln) und die 50 m lange *Long Gallery* (mit Eichenholzfußboden aus dem früheren Palast von 1580 und gotisch nachempfundenem Rippengewölbe, Gemälden, Skulpturen und anderen Kunstwerken.

Der weiträumige **Schloßpark** enthält noch die Ruinen eines mittelalterlichen Torbaus. In den Gärten blühen Azaleen, Rhododendren, Rosen und in einem „Pinetum" genannten Wald finden sich noch riesige alte Bäume, seltene Koniferen und andere Gewächse, auf den angrenzenden Weiden grasen Hochlandrinder und Schafe. Weiters gibt es hier Picknickplätze, Spielwiesen, ein Kaffeehaus und das „Old Kitchen Restaurant", die einen Ausflug hierher zu einem abwechslungsreichen Erlebnis gestalten.

Der Ambassadors Room im Scone Palace

3. Elcho Castle. (6,5 km südöstlich, am Südufer des *Tay*. Ausfahrt im Süden, dann links abzweigen, Wegweiser: Rhynd, bis zu den Wegweisern Elcho Castle). Eine Burg, die früher an dieser Stelle stand, spielte schon in den Unabhängigkeitskriegen des 13. und 14. Jahrhunderts eine Rolle und war auch ein Stützpunkt des brühmten schottischen Freiheitshelden *William Wallace*. Die heutige Burg, der Herrensitz der *Earls of Wemyss*, besteht aus einem befestigten, recht düster wirkenden Wohnbau mit seitlichen Wehrtürmen und Runderkern an den Ecken, teilweise noch aus dem 15./16. Jahrhundert stammend.

4. Abernethy. Die Stadt liegt rund 14 km südöstlich von Perth (Ausfahrt im Süden auf der A-90, dann links abzweigen auf die A-913) und war in frühen Zeiten der Bischofssitz eines piktischen Königreichs und im Mittelalter ein Sitz scholastischer Gelehrsamkeit. Wichtigste Sehenswürdigkeit ist der 23 m hohe **Round Tower** aus dem frühen 9. Jahrhundert (nach anderen Auslegungen stammt er aus dem 11. oder 12. Jh.), der als Auslug erbaut worden war und den Mönchen des damaligen Klosters Schutz vor den Angriffen der Wikinger bot. Am Fuß des Rundturms ist noch ein Teil eines piktischen Skulpturensteins (7. Jh.) zu sehen. (Der Schlüssel zum Turm wird im naheliegenden Postamt verwahrt.)

Auf den umliegenden Hügeln sind noch Reste alter Erd- und Steinforts der Pikten aus der Zeit der römischen Invasion erhalten. Wenn Sie schönes Wetter zu einer kleinen Wanderung verleiten sollte, dann wählen Sie den gut markierten **Abernethy Glen Circular Walk;** Ausgangspunkt ist der *Round Tower,* dann geht es durch *Kirk Wynd* weiter, bis zum sogenannten **Castle Law,** einem Fort aus der Eisenzeit, von wo aus man einen wundervollen Rundblick genießt.

(Die Besichtigung von Abernethy und des oben genannten *Elcho Castle* kann auch mühelos in der Form einer kleinen Rundfahrt ab Perth erfolgen.)

5. Megginch Castle Gardens. (16 km östlich von Perth an der A-85.) Das zwischen Perth und Dundee liegende *Castle* aus dem 15. Jahrhundert ist in Privatbesitz, die Gärten sind aber in der Regel an Nachmittagen im Juli und August montags bis freitags, sonst nur mittwochs, zugänglich. Wer schön angelegte Gärten liebt, wird hier auf seine Rechnung kommen: es gibt einen kleinen Rosengarten des 16. Jahrhunderts, einen umwallten Kräutergarten, ein Blumenparterre aus dem 19. Jahrhundert, viele gelbe Narzissen, Rhododendren, tausendjährige Eiben und auch ein gotischer Schloßhof ist zugänglich.

STIRLING

Stirling war viele Jahrhunderte lang ein Lieblingssitz der schottischen Könige aus dem Hause Stuart *(Stewart)* und hat auch in vielen historischen Ereignissen des Landes eine bedeutende Rolle gespielt. Die Stadt liegt an den westlichen Ausläufern der *Ochill Hills,* nahe an der Mündung des *River Forth* und war seit altersher ein wichtiger Flußübergang. Man sagt, daß es keinen schottischen König gibt, der den Fluß nicht mindestens einmal an dieser Stelle überquert hätte. Die alte Brücke über den *Forth* ist heute nur mehr von Fußgängern passierbar. Dank ihrer strategischen Lage entwickelte sich die auf dem hohen Vulkanfelsen *(Stirling Rock)* thronende Burg schon seit den frühesten Zeiten. 1125 gewährte David I. der Stadt den Rang einer „Royal Burgh", und 1226 hatte Stirling bereits eine eigene Kaufmannsgilde und große Marktprivilegien.

In den letzten Jahren ist Stirling ein wichtiges Touristenzentrum zwischen den *Lowlands* und den *Highlands* geworden, auch ein beliebter Ausgangspunkt für Ausflüge zum *Loch Lomond,* zu den *Trossachs,* und in das malerische und romantische *„Rob Roy"-Country* (→ Seite 271). Gleichzeitig ist Stirling auch Universitätsstadt und ein wichtiges Kulturzentrum. Sein *MacRobert Arts Centre* (in der Universität bei *Bridge of Allan*) besteht aus einem Theater-, Opern- und Konzerthaus mit 500 Sitzplätzen, einer Kunstgalerie, einem Ausstellungskomplex u.v.a.

Die Stadtbesichtigung

Ein Spaziergang durch die Altstadt von Stirling und durch das *Castle,* ist ein Rundgang durch viele Jahrhunderte schottischer Geschichte. Obwohl „Top of the Town", wie der Einheimische seine Altstadt nennt, längst nicht mehr jene wirtschaftliche und kulturelle Bedeutung hat wie in früheren Zeiten, und auch viele der alten, historischen Gebäude schon von modernen Häusern umgeben sind, vermittelt dieser Stadtteil dem historisch interessierten Besucher immer noch Einblicke in eine Zeit, da Stirling die viel umkämpfte Residenz der schottischen Könige war.

Von der *Central Library* und der Straße *Corn Exchange* erreicht man nach wenigen Schritten den sogenannten **Black Walk,** einen im 18. Jahrhundert angelegten Weg, der längs des alten Stadtwalls den Burgfelsen hinaufführt. Der Stadtwall wurde 1547 zum

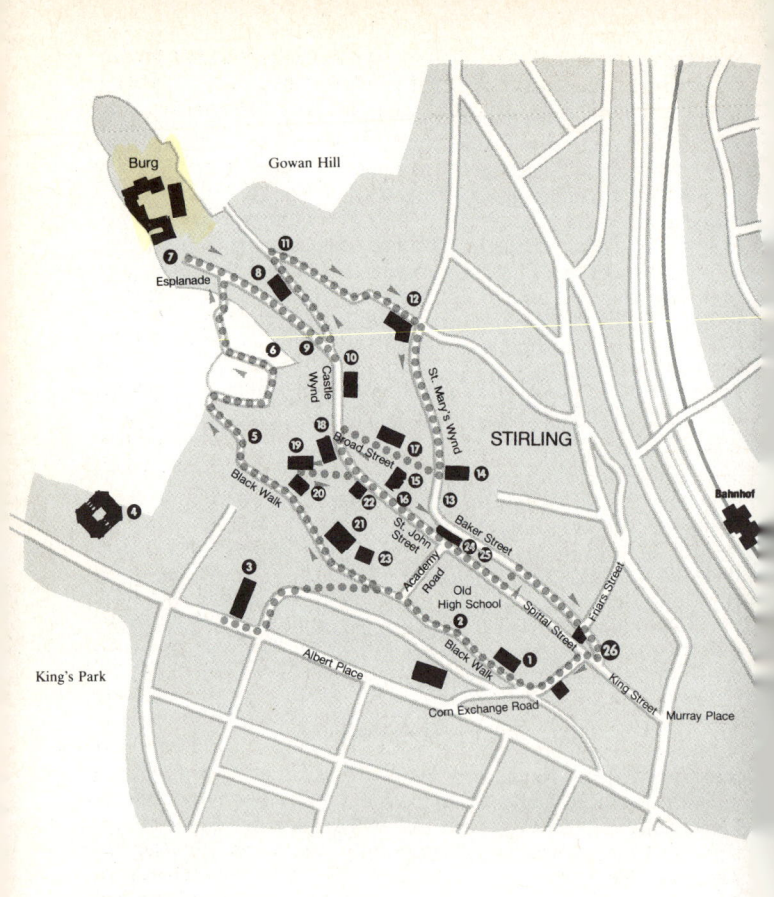

1 Circular Watchtower	9 Grammar School of the Burgh	18 Mar's Wark
2 Hangman's Entry	10 Argyll's Lodging	19 Church of the Holy Rude
3 Stirling Smith Art Gallery	11 King's Stable Lane	20 Cowane's Hospital
4 King's Knot	12 Cowane's House	21 Stadtgefängnis
5 Ladies Rock	13 Darnley House	22 Bruce of Auchenbowie's House
6 Steinpyramide	14 Moir of Leckie House	23 Erskine Marykirk
7 Stirling Castle	15 Mercat Cross	24 Darrow House
8 Stirling Castle Visitors Centre	16 Tolbooth	25 Spittal's House
	17 House of James Norrie	26 Athenäum

Schutz gegen die englische Invasion errichtet und ist noch in großen Teilen erhalten. Bis zum 18. Jahrhundert wurde er nach Kriegsschäden immer wieder erneuert. Der **Circular Watchtower** (1) ist ein runder Wachturm, von dem aus man einen schönen Ausblick hat. Ein Durchgang im Wall wird **Hangman's Entry** (2) genannt, weil hier der Henker die Stadt verließ, wenn vor ihren Mauern Hinrichtungen stattfanden. Es folgt die **Old High School,** die 1854 an der Stelle der ehemaligen *Greyfriars Friary* und dem Zünftehaus *(Hall of the Seven Trades of Stirling)* erbaut wurde.

Von der *Academy Road* führt links ein Weg hinunter zur **Stirling Smith Art Gallery** (3) mit dem *Städtischen Museum.* Kunstgalerie und Museum wurden 1874 von dem Maler und Kunstsammler *Thomas Stuart Smith* gegründet. Neben Kunstsammlungen verschiedenster Art enthält das Museum auch archäologische, volkskundliche und naturgeschichtliche Abteilungen, hauptsächlich über das Gebiet rund um Stirling sowie völkerkundliche Sammlungen über Afrika, China, Japan, Indien und den pazifischen Raum.

Weiter den *Back Walk,* gelangt man zu einem höher gelegenen Aussichtspunkt, mit Blick auf den Golfplatz und den *King's Park*. In früheren Zeiten lag dort ein ausgedehnter Wildpark, der als Jagdrevier diente. Am Fuß des Burgfelsens kann man **King's Knot** (4) sehen, einen stufenweise aufgeschütteten Hügel, der einst Teil der um 1630 angelegten königlichen Gärten war. Kurz darauf erreicht man den nahe beim Burgfriedhof liegenden Aussichtspunkt **Ladies Rock** (5), von dem aus die Hofdamen den Turnieren und Ritterspielen in der Senke vor der Burg zusahen.

Nun geht es durch den alten Friedhof zu einer Gruppe von Marmorfiguren, die zum Gedenken an Margaret und Agnes Wilson aufgestellt wurden, die man während der Glaubenskriege ihres katholischen Religionsbekenntnisses wegen im Solway Firth ertränkte. Einige Grabsteine stammen noch aus dem 17. Jahrhundert. Ein Weg führt von hier an einer grauen **Steinpyramide** (6) vorbei, die an die Opfer der Glaubenskriege erinnert. Schließlich erreicht man die vor der Burg liegende weiträumige **Esplanade** mit der Statue von König Robert the Bruce.

Von dieser Stelle aus genießt man einen umfassenden Rundblick. Tief unten quert die im 15. Jahrhundert erbaute **Old Stirling Bridge** den *River Forth.* Über 300 Jahre lang war sie der einzige Übergang über den Fluß. In einer Flußschleife gewahrt man die Ruinen der *Cambuskenneth Abbey* (→ unten). Auf der anderen Seite der Brücke sieht man das eindrucksvolle *Wallace Monument* (→ unten).

Stirling Castle* (7) ist eines der schönsten und besterhaltenen Renaissancegebäude des 16. Jahrhunderts in Schottland. (Es ist im Kapitel „Burgen und Schlösser" beschrieben.) Im Schloß ist auch das *Argyll and Sutherland Highlanders Museum* untergebracht; es ist für alle jene interessant, die sich mit der Tradition der schottischen Regimenter beschäftigen.

An der Esplanade befindet sich das **Stirling Castle Visitors Centre** (8) mit einer umfassenden Ausstellung über die Geschichte der Burg. Von hier führt ein markierter Rundweg um die Burg herum und über *Gowan Hill* bis zur Richtstätte und den alten Kanonen.

Nun wieder bergab gehend passiert man zuerst die ehemalige **Grammar School of the Burgh** (9) aus dem Jahr 1788, die an der Stelle von früheren Schulgebäuden aus der Zeit seit 1470 liegt. Heute dient das Gebäude als Hotel (mit einem Biergarten). Nur wenige Schritte weiter liegt **Argyll's Lodging** (10), das zu den bemerkenswertesten und besterhaltenen Gebäudekomplexen Schottlands aus der Zeit vor dreihundert Jahren zählt. Der 1632 erbaute Komplex war die Stadtresidenz von *Sir William Alexander of Menstrie*, dem späteren *Earl of Stirling*, der im Jahr 1621 als einer der Gründer von *Nova Scotia (New Scotland, Nordamerika)* in die Geschichte einging. Später war das Haus im Besitz der *Earls of Argyll*, nach denen es auch benannt ist. Im 19. Jahrhundert wurde der Bau zum Militärhospital umgestaltet; seit 1961 dient er als Jugendherberge.

Der oben erwähnte *Sir William Alexander* wurde in dem 8 km östlich von Stirling liegenden **Menstrie Castle** (Zufahrt auf der A-91) geboren. Das recht düster wirkende Schloß stammt aus dem 16. Jahrhundert und kann in der Regel von Mai bis September mittwochs, samstags und sonntags an Nachmittagen besichtigt werden. Es enthält viele Gedenkstücke an die Gründung von Nova Scotia.

Man biegt nun scharf nach links ab und folgt der Straße *Castle Wynd*, die unterhalb des *Visitors Centre* (→ oben) vorbeiführt, bis zur **King's Stable Lane** (11), in die man rechts einbiegt. Die Straße trägt den Namen nach den Ställen von König Charles I., in denen seine Pferde standen, wenn er gerade als Gast in *Argyll's Lodging* weilte. Am Ende der Straße biegt man wieder rechts ab in *St. Mary's Wynd*. Von den vielen alten Häusern, die vor gar nicht allzu

Das mächtige Stirling Castle gehört zu den besterhaltenen Renaissanceburgen Schottlands.

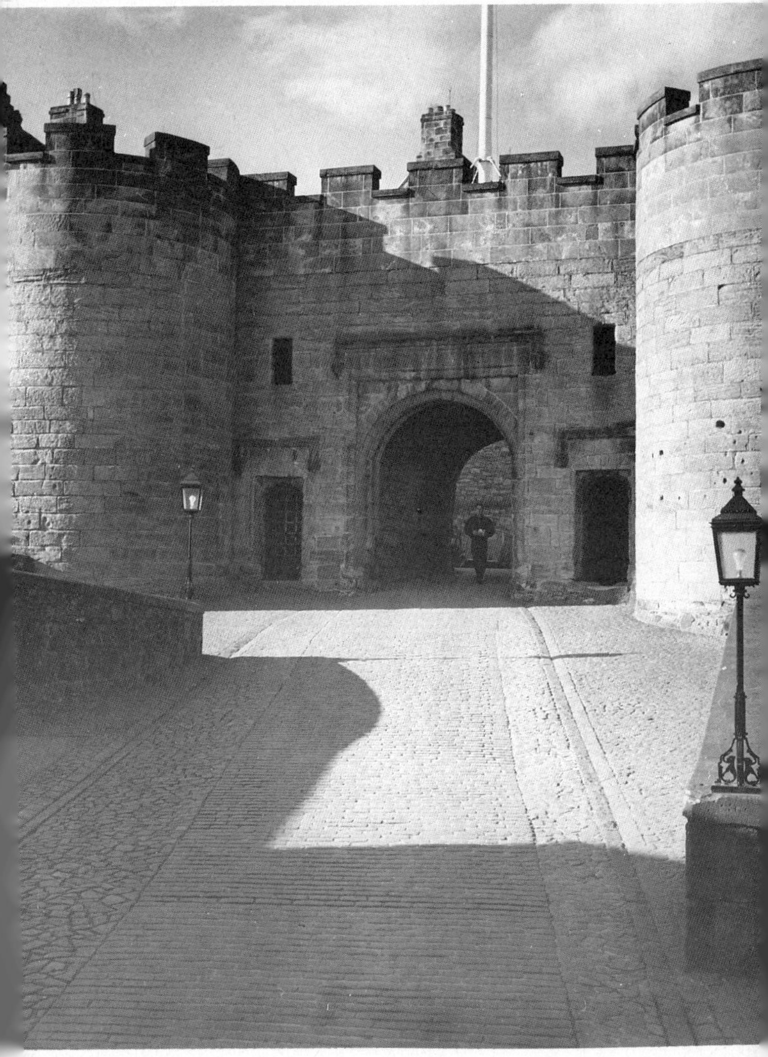

langer Zeit noch hier standen, ist nur mehr **Cowane's House** (12) erhalten und auch das nur mehr als Ruine. Das aus dem 16. und 17. Jahrhundert stammende Haus trägt den Namen seines ursprünglichen Besitzers, der sich als Wohltäter der Stadt auszeichnete.

Am Ende der Straße öffnet sich rechts die platzartige **Broad Street.** Links steht das als **Darnley House** (13) bezeichnete, dreistöckige Haus, das auf den Resten jenes Hauses erbaut worden sein soll, in dem *Lord Darnley,* der Gemahl von Maria Stuart, wohnte. Das Haus war im Besitz der Familie *Erskine,* die mit der Betreuung von Maria Stuart, James VI. und Prince Henry beauftragt war, als diese noch Kinder waren.

Hinter *Darnley House* und durch einen der typischen schottischen *Closes* (Durchgang) zu erreichen, liegt das **Moir of Leckie House** (14), ein altes Bürgerhaus, von dessen Rückfront sich ein schöner Blick über das *Forth Valley* bietet.

Im Mittelpunkt der **Broad Street,** die früher als Marktplatz diente, steht das **Mercat Cross** (15) an der Stelle eines wesentlich älteren Marktkreuzes, von dem aber nur mehr die Figur des Einhorns mit dem königlichen Wappenschild erhalten ist. Bemerkenswertester Bau der Broad Street ist der **Tolbooth** (16) aus dem Jahr 1705, der gleichfalls an der Stelle eines früheren noch älteren Stadthauses steht. Der von *William Bruce,* einem bekannten Architekten, errichtete Bau enthielt sowohl die Ratssäle wie auch das Stadtgefängnis. (Neben dem Haupteingang erinnert eine Gedenktafel an Hinrichtungen im 19. Jh.) Schönster Teil des *Tolbooth* ist sein hoch aufragender Glockenturm mit vergoldeter Wetterfahne an der Spitze.

Viele Häuser der Broad Street haben noch ihre (sorgfältig restaurierten) Fassaden aus dem 17. und 18. Jahrhundert erhalten, so auch das dem *Tolbooth* gegenüberliegende schmale, viergeschossige **House of James Norrie** (17) aus dem Jahr 1671, mit einem Treppengiebel.

Am Ende der Straße liegen die imposanten Ruinen von **Mar's Wark** (18). Der erste *Earl of Mar,* Regent von Schottland und Gouverneur von Stirling Castle, ließ sich hier im Jahr 1572 einen Stadtpalast erbauen, von dem aber nur mehr die reichgegliederte, wehrhafte Renaissancefassade mit den Schießscharten erhalten ist. Der Bau blieb Residenz der *Earls of Mar* bis zum Jahr 1715, als der sechste Earl nach der fehlgeschlagenen Jakobitenrebellion aus dem Land fliehen mußte. Der Bau wurde dann in eine Kaserne verwandelt, später als Arbeitshaus für Landstreicher benutzt und im Jakobitenaufstand von 1746 durch Kanonenbeschuß zerstört. Interessanterweise ließ man die Ruine stehen, „damit ihr Gemäuer den Marktplatz vor den wütenden Westwinden beschütze" – wie in einer alten Chronik zu lesen steht. Nun, diesem Umstand verdanken wir den noch erhaltenen Teil von einem der eindrucksvollsten Renaissancegebäuden des 16. Jahrhunderts.

Mar's Wark benachbart erhebt sich die **Church of the Holy Rude** (19), deren ältesten Teile noch aus der Zeit um 1414 stammen, während die Grundmauern noch älter sein sollen. Im Innern der Kirche hatte jede Handwerkszunft einen eigenen, ihrem Schutzheiligen geweihten Altar, und von wohlhabenden Bürgern wurden zusätzlich noch Privatkapellen und Altäre gestiftet. 1576 wurde in der Kirche James VI. im Alter von 13 Monaten zum König gekrönt; die Predigt hielt dabei *John Knox*. Auch Maria Stuart war hier gekrönt worden. Die *Chapel of St. Andrew* ist die einzige noch erhaltene Kapelle aus dieser Zeit. Aus dem 16. Jahrhundert stammen Apsis und Chor.

Mitte des 17. Jahrhunderts konnte sich die Pfarrgemeinde nicht über die Art des Gottesdienstes einigen, sodaß in der Kirche eine Trennwand eingezogen werden mußte und sie dadurch in eine „Westkirche" und „Ostkirche" geteilt war. Erst bei Restaurierungsarbeiten im Jahr 1936 entfernte man die Trennwand; bei dieser Gelegenheit wurden auch die Querschiffe erneuert. Eindrucksvoll ist der festungsartige Glockenturm.

Wenige Schritte weiter liegt **Cowane's Hospital** (20), das 1634 von *John Cowane* (→ oben) als Altersheim für Mitglieder der Kaufmannszunft gestiftet worden war. Die Statue des Stifters und Gildenmeisters steht in einer Nische über dem Haupteingang im Glockenturm, zu dessen beiden Seiten fast unverändert erhalten gebliebene Flügelbauten des 17. Jahrhunderts stehen. Das Gebäude beherbergt heute die *Guildhall* der Stadt und ein kleines Museum zur Stadtgeschichte. Auch Ausstellungen und Sommerkonzerte finden hier statt.

Im Osten des ehemaligen Hospitals grenzt der **Dutch Hedge Garden** mit einer Bowling-Spielfläche aus dem Jahr 1712 an, dem ältesten „Bowling Green" Schottlands und zweitältesten in Großbritannien (nach jenem von Plymouth). Der dreistöckige, befestigte Bau davor ist das 1846 erbaute **Stadtgefängnis** (21), das später zu einer Militärhaftanstalt eingerichtet wurde.

Nun weiter zur *St. John Street,* mit dem **Bruce of Auchenbowie's House** (22), das nach seinem einstigen Besitzer benannt ist und aus dem 16./17. Jahrhundert stammt. Man sagt, daß das Haus früher dem *Earl of Bothwell* gehörte, ehe er Maria Stuart ehelichte. Man befindet sich nun im ältesten Teil der Altstadt. Von der *St. John Street* zweigt rechts ein Zugang ab zur **Erskine Marykirk** (23) aus dem Jahr 1825, die an der Stelle der von *Ebenezer Erskine* 1740 gegründeten ersten Kirche der „Associate Presbytery" (ein Zweig der *Church of Scotland*) steht. Vor der Kirche liegt das Grab des Kirchengründers.

Wo die *Academy Road* in die *St. John Street* einmündet, liegt das **Darrow House** (24), auch „Glengarry Lodge" genannt, eines der schönsten in der Stadt noch erhaltenen Häuser des 17. Jahrhunderts, mit Treppengiebeln und vorgeschobenem, rundem Stiegenturm, den ein Kegeldach krönt. Das benachbarte **Spittal's House** (25) trägt den Namen von *Robert Spittal,* dem Hofschneider von König James IV., der hier wohnte. Das gleichfalls mit Treppengiebeln und Rundturm versehene Haus des 17. Jahrhunderts wurde aber 200 Jahre später teilweise verändert.

Nun ist es nicht mehr weit bis zur *King Street,* an deren Beginn das **Athenäum** (26) mit seinem hohen Turm Beachtung verdient. Über dem Eingang ist in einer Nische eine Statue des Volkshelden *William Wallace* (→ unten) zu sehen. Das Athenäum wurde 1817 als Kulturhaus und Lesesaal erbaut, wurde aber später Sitz der *Council Chambers,* da der *Tolbooth* (→ oben) zu weit vom neuen Geschäftszentrum der Neustadt entfernt lag.

Die hier abzweigende **Friars Street** war in alten Zeiten die Hauptstraße, die zum Hafen und zur **Cambuskenneth Abbey** führte. Die Ruinen dieser 1147 als Augustinerkloster gegründeten Abtei liegen etwa 1,6 km östlich der Stadt. 1326 war sie der Schauplatz eines von *Robert the Bruce* einberufenen Parlaments. König James III. und seine Gemahlin *Queen Margaret of Denmark* sind hier bestattet. Der Turm aus dem 13. Jahrhundert kann heute noch bestiegen werden.

Die *King Street* führt zur *Port Street* und zu **Murray Place,** dem modernen Einkaufszentrum von Stirling. Das „Thistle Centre" wird gern als schönstes überdachtes Shopping-Zentrum Schottlands bezeichnet. Hier kann man auch noch Teile einer alten Rundbastion sehen, die früher zur Stadtbefestigung gehörte.

Etwa 2 km nordöstlich der Stadt (Zufahrt von der A-997, *Hillfoots Road*) erhebt sich auf dem „Abbey Craig" genannten Felsen das imposante **Wallace Monument,** das an den schottischen Nationalhelden *William Wallace* erinnert, der im Jahr 1297 die weit überlegenere Streitmacht der Engländer in der **Battle of Stirling Bridge** vernichtend schlug. Der 1870 aufgeführte mehrstöckige Turmbau, mit der Statue des Helden, enthält eine Ausstellung mittelalterlicher Waffen, darunter auch das Schwert von *Wallace,* und audio-visuelle Darbietungen über das Leben zu dieser Zeit, weiters eine „Hall of Heroes" und eine Aussichtsterrasse, von der aus man einen prächtigen Rundblick, u.a. auch auf *Stirling Castle** genießt. Schon wegen dieses Ausblicks lohnt es sich, die 246 Stufen hinaufzusteigen.

An einen anderen, wahrscheinlich noch bedeutenderen Sieg über die Engländer unter Edward II. erinnert das **Schlachtfeld von Bannockburn** (1314), etwa 3 km südlich der Stadt, mit der Reiterstatue von *Robert the Bruce* und einer „Rotunde", welche jene Stelle bezeichnet, an der die königliche Standarte aufgepflanzt war. Auch hier kann man in einer Ausstellung auf audio-visuelle Art erfahren, wie es zu dieser Schlacht gekommen ist und wie es dem kleinen Heer der Schotten gelang, die große Streitmacht der Engländer zu besiegen.

Ausflüge

Das Gebiet zwischen Stirling und den Trossachs, von Edinburgh wie von Glasgow mühelos in etwa einer Fahrstunde zu erreichen, ist ein Kernland Schottlands, was seine Geschichte, Tradition und Landschaft betrifft. Hochragende Berge, tiefe Seen, rauhe Moorlandschaften, fruchtbare Tiefebenen, eindrucksvolle Burgen, berühmte Schlachtfelder und eine überraschend große Zahl an guten touristischen Einrichtungen machen dieses Gebiet zu einem beliebten Ausflugs- und Ferienzentrum. Wer nur wenig Zeit zur Verfügung hat, wird einige landschaftliche Höhepunkte bei der nachfolgend beschriebenen Rundfahrt finden.

1. Rundfahrt (ca. 85 km) nach Aberfoyle, zu den Trossachs, nach Callander und über Dunblane zurück nach Stirling. Man verläßt Stirling im Nordwesten, überquert die M-9 und fährt zuerst auf der A-84 etwa 9,5 km nach *Blair Drummond.* Hier liegt **Scotland's Safari Park** (1), mit Löwen, Zebras, Kamelen, Giraffen, Tiger, Antilopen, einem Affendschungel, Nilpferden und vielen anderen Tieren. Der Safaripark ist in der Regel zwischen April und Oktober geöffnet.

Ausflüge von Stirling

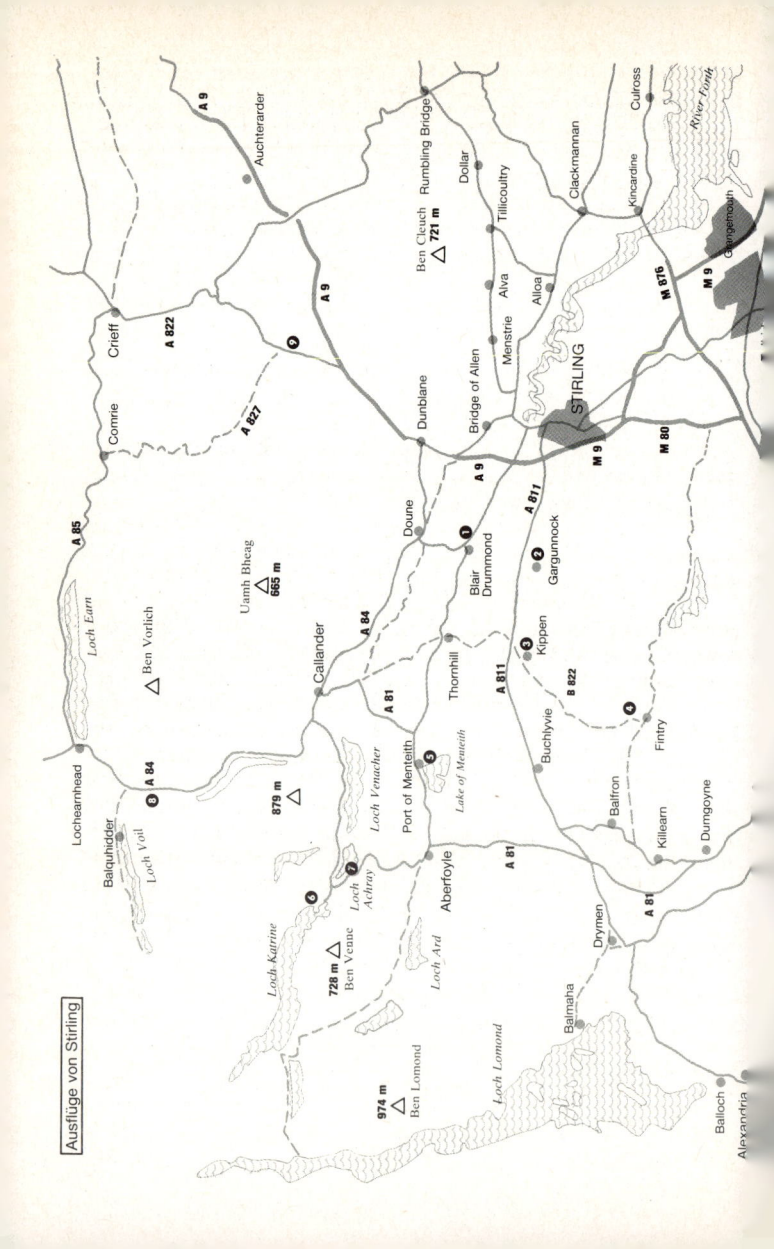

Wenn Sie gerade an einem Mittwoch unterwegs sein sollten, so lohnt sich hier der Abstecher auf der B-8075 zum etwa 4 km südlich liegenden **Gargunnock Garden** (2) mit vielen Narzissen, Azaleen, Rhododendren usw. rund um das (nicht zugängliche) Herrenhaus aus dem 16. bis 18. Jahrhundert. Erkundigen Sie sich aber vorher noch genau über die Besichtigungszeiten! **Gargunnock** ist auch ein beliebter Ausgangspunkt für Bergwanderungen in die etwa 500 m hohen *Gargunnock Hills*. Das etwa 5 km weiter westlich und sehr malerisch liegende Dorf **Kippen** (3) besitzt eine sehenswerte neue Kirche mit reicher Innenausstattung. Von Kippen zweigt die B-822 in südlicher Richtung ab. Wer ein typisches *Clan-Castle* aus dem 14./15. Jahrhundert sehen möchte, erreicht auf dieser Straße nach wenigen Fahrminuten das **Culcreuch Castle** (4), das heute noch der Familiensitz des *Galbraith-Clans* ist. Mehrere historisch eingerichtete Räume, auch Geheimgänge und ein Kerker können besichtigt werden.

Von *Blair Drummond* fährt man auf der A-873 über *Thornhill* weiter (die A-84 biegt rechts ab nach *Doune* und *Callander*, das man auf der Rückfahrt kennenlernt) nach **Port of Menteith**, das am Nordufer des malerischen *Lake Menteith* liegt. Mit einem Fährboot erreicht man die Insel *St. Colmac* mit den Ruinen der **Inchmahome Priory** (5), einem 1238 gegründeten Augustinerklosters, das zu seiner Blütezeit auch von König *Robert the Bruce* besucht worden war. Maria Stuart suchte hier Schutz vor der englischen Invasion. Auf *Inch Tulla*, einer anderen kleinen Insel, liegen die Burgruinen des einstigen Stammsitzes der *Earls of Menteith*.

Aberfoyle (→ auch Seite 271), das man kurz darauf erreicht, ist ein malerisch liegender Touristenort, ein Zentrum für Pony Trekking, ein Ausgangspunkt für weite (markierte) Wanderungen zu den umliegenden Lochs und durch den *Queen Elizabeth Forest Park* zum *Loch Lomond* (→ Seite 270) und als „Gateway to the Trossachs" bekannt. Die B-829 führt von hier durch eine überaus reizvolle Waldlandschaft *(Pass of Aberfoyle)* an den kleinen Seen *Loch Ard* und *Loch Chon* vorbei zum Westufer des idyllischen *Loch Katrine*, während die A-821 sich hier nordwärts wendet und durch den romantischen **Achray Forest** („Duke's Pass") mitten hinein in die „Trossachs" führt, und zum Ostufer des **Loch Katrine** (6) (Lohnend ist eine Dampferfahrt auf dem See). Die malerische Berg- und Seenlandschaft der „Trossachs" wird gerne als „the Highlands in miniature" bezeichnet. Das Land ist durch die Erzählungen von Sir Walter Scott („The Lady of the Lake") welt-

---

1 Scotland's Safari Park	4 Culcreuch Castle	7 David Marshall Lodge
2 Gargunnock Garden	5 Inchmahome Priory	8 Strathyre
3 Kippen	6 Loch Katrine	9 Ardoch Roman Camp

berühmt geworden. Es ist auch das Land des *Rob Roy Macgregor* (1671-1734), der vielerorts als eine Art „schottischer Robin Hood" verehrt wird.

An der A-821 liegt die **David Marshall Lodge** (7) mit einem *Visitor Centre*. Schon wegen des weiten Rundblicks über das obere *Forth Valley* und zum *Ben Lomond* lohnt sich hier ein kurzer Aufenthalt. Von hier führen markierte Wanderwege in die umliegenden Wälder. Für PKW-Touristen wurde auch eine eigene Panoramastraße angelegt, der sogenannten **Achray Forest Drive,** mit wunderschönen Ausblicken über die „Trossachs" und mit Picknickplätzen.

Die A-821 wendet sich dann ostwärts, führt am Nordufer des *Loch Achray* und des *Loch Venachar* entlang, und mündet kurz vor *Callander* wieder in die A-84.

Die hier links abzweigende Straße führt durch den romantischen *Pass of Leny* und längs des vom *Ben Ledi* (876 m) überragten **Loch Lubnaig** (Paddeln, Rudern) in das waldreiche **Strathyre Valley** und nach **Strathyre** (8), einem Ferienort mit guten Fischereimöglichkeiten und malerischer alter Brücke über *Balvaig Burn*. Nordwestlich benachbart liegt **Balquhidder,** wo sich auf dem Kirchhof das Grab von *Rob Roy*, seiner Frau und zweien seiner Söhne befindet; die Kirche selber enthält den bemerkenswerten *St. Angus' Stone* aus dem 8. Jahrhundert. Von dort sind es nur mehr wenige Fahrminuten nach **Lochearnhead** (Wassersportzentrum mit Rudern, Segeln, Wasserskilauf usw.; → Route 6).

Callander liegt malerisch am Zusammenfluß von *River Teith* und *River Leny* (sehenswerte *Falls of Leny* und *Bracklinn Falls*) und ist nicht nur reich an historischen Erinnerungen, sondern auch ein sehr beliebter Ferienort mit ausgezeichneten touristischen Einrichtungen. Sir Walter Scott weilte gerne hier; das alte *Roman Camp Hotel* war ursprünglich ein Jagdsitz des *Duke of Perth*. Der Hügel am Westende des Städtchens trug einst ein von Agricola im 1. Jahrhundert erbautes römisches Fort.

Auf der A-84 erreicht man wenig später **Doune,** mit dem prächtigen **Doune Castle***, den besuchenswerten **Doune Park Gardens** und dem **Doune Motor Museum** (viele Oldtimer, darunter Jaguar, Bentley, Aston Martin, Lagonda und der zweitälteste Rolls Royce der Welt). Die Brücke über den *Teith* wurde 1535 von *Robert Spittal* erbaut (→ auch Seite 314), weil ihm der Fährmann einmal das Einsteigen in das Fluß-Fährboot verweigerte, als er zufällig kein Geld für die Überfuhr mithatte.

Nahe bei Aberfoyle zieht die Straße am malerischen Loch Ard vorbei. Im Hintergrund der 974 m hohe Ben Lomond.

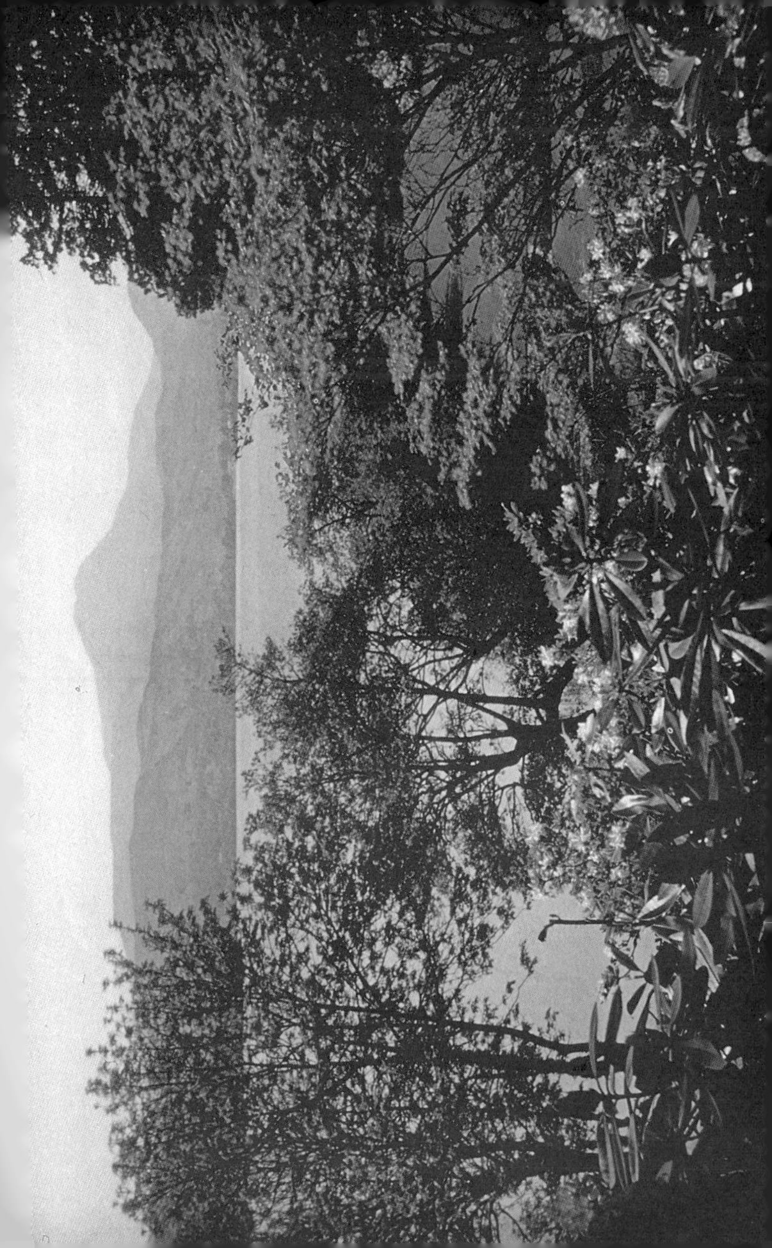

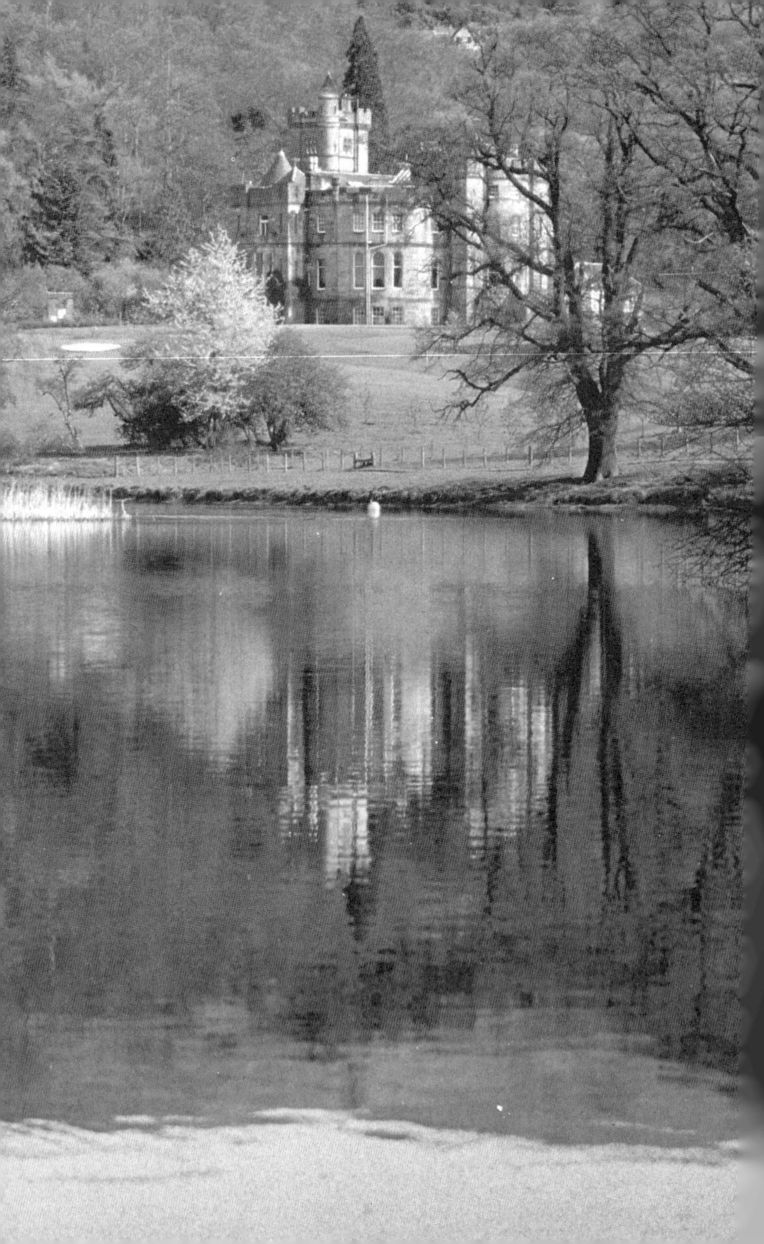

Während die A-84 nun südwärts über *Blair Drummond* (→ oben) zurück nach Stirling zieht, setzt man die Rundfahrt auf der ostwärts führenden A-820 fort, auf der man gleich darauf **Dunblane** erreicht. Das kleine Städtchen ist ein gern besuchter Ferienort und vor allem wegen seiner gotischen Kathedrale aus dem 13. bis 15. Jahrhundert, die an der Stelle einer noch älteren normannischen Kirche steht (Bauteile am Turm stammen noch aus dem 11./12. Jh.), besuchenswert. Neben der Kirche verdient auch das *Dean's House* (1624) Beachtung, das heute ein Museum mit lokalen historischen Sammlungen beherbergt. Malerisch sind die altertümlichen, engen Gassen mit der 1409 erbauten und im 16. Jahrhundert erneuerten *Old Bridge* über das Flüßchen *Allan Water* und dem charakteristischen *Old Coaching Inn*. Ebenso charakteristisch ist der ,,Ramoyle" genannte Stadtteil, eine ehemalige kleine Webersiedlung mit engen Gassen, die seit über 300 Jahren unverändert erhalten blieben.

Längs des Flusses und über die Hügel führen schöne Spazierwege, einer davon in östlicher Richtung, zum ,,Gathering Stone" von **Sheriffmuir**, wo sich am 13. November 1715 eine ungewöhnliche Schlacht abgespielt hat: die jakobitischen Highland-Clans, angeführt vom *Earl of Mar*, standen dem Royalistenheer und den Lowland-Clans des *Duke of Argyll* gegenüber. Das hügelige Gelände in dieser rauhen Moorlandschaft und das kalte, stürmische Winterwetter waren schuld daran, daß beide Heere die gegnerische Linien durchbrachen und feindliche Standarten eroberten, aber niemand das strategielose Schlachtgetümmel übersehen konnte, sodaß am Ende des Tages jede Partei den Sieg für sich reklamierte und die Überlebenden kaum noch Verbündete und Gegner voneinander unterscheiden konnten. Da es aber den Jakobiten nicht gelungen war, das royalistische Heer König Georgs I. entscheidend zu schlagen und den Thron für Schottland zurückzuerobern, verloren die Highland-Clans das Vertrauen in den *Earl of Mar* und der Jakobitenaufstand von 1715 brach zusammen. An der Schlacht hatten 14.000 Mann teilgenommen.

Für die Rückfahrt von Dunblane nach Stirling (6,5 km) wählt man am besten die Straße über **Bridge of Allan,** einem schön gelegenen Ferienort und Badeort (Mineralwasserquellen von *Airthrey*) am *Allan Water,* mit der Universität von Stirling.

Von Dunblane führt die A-9 nordöstlich weiter über *Greenloanig* – wo man links auf der A-822 das **Ardoch Roman Camp** (9) (ein großes römisches Fort des 2. Jh. mit umliegenden Lagern) besichtigen kann – und über *Auchterarder* (sehenswert ist die naheliegende Dorfkirche von **Tullibardine** aus dem 15. Jahrhundert, an der A-823) nach *Perth**. Von Dunblane nach Perth sind es 44 km.

Die University of Stirling nahe bei Bridge of Allan

2. Menstrie Castle, Castle Campbell und Wasserfälle des Devon.
Man verläßt Stirling im Norden auf der A-91 Richtung **Menstrie.** Nach der Besichtigung von *Menstrie Castle* (→ Seite 310) folgt man der A-91 weiter nach **Dollar** (17 km) mit dem sehenswerten *Castle Campbell**. Kurz nach Dollar zweigt rechts von der A-91 eine Straße zu **Rumbling Bridge** ab: von hier aus hat man Zugang zu einigen der schönsten und malerischsten Schluchten und Wasserfälle des *Devon River,* der hier von zwei Brücken aus den Jahren 1713 und 1816 überspannt wird. Die bekanntesten und nächstliegenden Wasserfälle sind *The Devil's Mill* und *Cauldron Linn*.

3. Alloa, Clackmannan und Culross. Man verläßt Stirling im Norden, biegt kurz vor der Ausfahrt rechts ab auf die ostwärts ziehende A-907 und erreicht nach wenigen Fahrminuten **Alloa,** eine Handels- und Industriestadt am Nordufer des *Firth of Forth*, mit bemerkenswertem *Alloa Tower House* (15. Jh.), einst ein Wohnsitz der Familie Erskine, der späteren *Earls of Mar* (→ auch Seite 312). Maria Stuart, James V., James VI. und dessen Söhne Henry und Charles lebten hier als Kinder.

Alloa östlich benachbart liegt **Clackmannan,** ein altertümliches Städtchen (*Mercat Cross* und *Old Tolbooth* aus dem 17. Jh.) mit dem auf einem Hügel thronenden **Clackmannan Tower.** Das aus dem 14. Jahrhundert stammende Turmhaus, von dem aus man den *Firth of Forth* überblickt, war einmal eine der Königsresidenzen von Malcolm IV., nach dem auch der Hügel „King's Seat Hill" benannt ist. Nach der Schlacht von *Bannockburn* (→ Seite 315) wohnte hier auch *Robert the Bruce*.

Nördlich von Clackmannan erstreckt sich der **Gartmorn Country Park** (mit Stausee und Staudamm), ein Naturschutzgebiet, das zu schönen Spazierwegen und zur Vogelbeobachtung einlädt. Es gibt dort ein *Visitor Centre*, Picknickplätze und gute Fischereimöglichkeiten.

Während die A-907 nach *Dunfermline* (→ Route 5) weiterzieht, biegt man rechts auf die A-977 ab und erreicht gleich darauf **Kincardine-on-Forth,** von wo eine Straßenbrücke über den *Firth of Forth* (und zur Autobahn M-9) führt. Nördlich des Ortes breitet sich der weiträumige *Tulliallan Forest* aus, mit kleinen Seen und schönen Spazierwegen. Wenig später gelangt man auf der A-985 nach **Culross** (23 km). Das malerische kleine Städtchen hat sich noch sein Aussehen aus dem 16. und 17. Jahrhundert bewahrt: kleine, weißgetünchte Häuser mit Treppengiebeln und roten Schindeldächern, steil ansteigende mit Kopfsteinen gepflasterte Straßen, das „The Study" genannte alte Haus aus dem Jahr 1633, mit Stiegenturm und Giebel (es ist museal zugänglich und enthält Gegenstände zur Stadtgeschichte aus drei Jahrhunderten), das davorstehende alte *Mercat Cross* mit einem Einhorn auf hoher Säule, schließlich auch der malerische kleine „Culross Palace" (1597–1611), Herrensitz von *Sir George Bruce,* der den Seehandel mit Salz und Kohle aus Culross betrieb und der Stadt damit einen bescheidenen Wohlstand bescherte. 1588 weilte König James V. hier als Gast. Die Innenräume des Herrenhauses sind mit Wand- und Deckenmalereien aus dem 17. Jahrhundert geschmückt. Hinter dem Herrenhaus erstreckt sich ein schöner Terrassengarten.

Sehenswert sind ferner die alte Abteikirche mit noch erhaltenem Chor aus dem 13. Jahrhundert, das *Bishop Leighton's House* (17. Jh.), „The Ark" und „Nunnery" sowie das 1526 erbaute *Town House* von **Sandhaven,** das 1783 eine neue Fassade mit Außentreppen und einen Glockenturm erhielt; bemerkenswert sind der Ratssaal mit Deckenmalereien von 1626 und die ehemaligen Gefängnisse (im Erdgeschoß für Diebe, im Obergeschoß für „Hexen").

Am Westrand von Culross liegt am Ufer des *Forth* das **Dunimarle Castle** aus dem 19. Jahrhundert, das u.a. eine kostbare Porzellansammlung und bemerkenswerte alte Gemälde enthält. Erwähnenswert ist auch der schöne Schloßgarten.

Das Schloß kann in der Regel von April bis Oktober jeden Mittwoch, Donnerstag, Samstag und Sonntag nachmittags besichtigt werden.

E
ALLGEMEINE TOURISTISCHE HINWEISE
(Stand 1991 – ohne Gewähr)

1. Informationen über Schottland

Allgemeine Informationen über Fragen, die den Urlaub betreffen, Prospekte, Unterkunftsverzeichnisse, Veranstaltungskalender usw. erhält man bei den Auskunftsstellen der *British Tourist Authority*, des *Scottish Tourist Board,* und der regionalen schottischen Informationsbüros.

British Tourist Authority
  D-6000 Frankfurt am Main 1, Taunusstr. 52-60,
  Telefon 069/2380711
  Ch-8001 Zürich, Limmatquai 78, Telefon 01/474277 oder 474297

Scottish Tourist Board
  Edinburgh EH4 3EU, 23 Ravelston Terrace, Telefon 031/332 2433
  London SW 1, 19 Cockspur Street, Telefon 071/930 8661

Regionale schottische Informationsbüros (eine Auswahl)
  Aberdeen AB9 1DE, St. Nicholas House, Broad Street
  Telefon 0224/632727
  Ayr KA7 1 BG, 39 Sandgate, Telefon 0292/284196
  Brodick, Isle of Arran, Brodick Pier, Telelefon 0770/2140/2401
  Dundee DD1 3BA, 4 City Square, Telefon 0382/27723
  Edinburgh EH2 2QP, Waverly Market, 3 Princes Street,
  Telefon 031/557 1700
  Glasgow Gl, 35–39 St. Vincent Place, Telelefon 041/204 4400
  Inverness IV1 1EZ, 23 Church Street, Telefon 0463/234353
  Perth PH1 5TJ, 45 High Street, Telefon 0738/38353
  Portree, Isle of Skye 1V51 9BZ, Information Centre, Tel. 0478/2137
  Stornoway, Isle of Lewis PA87 2 XY, 4 South Beach Street,
  Telefon 0851/3088
  Orkney, Kirkwall KW15 1NX, 6 Broad Street, Telefon 0856/2856
  Shetland, Lerwick ZE1 0LU, The Market Cross, Telefon 0595/3434

Schriftliche Anfragen richte man an das **Tourist Board,** Adresse wie oben angegeben. Daneben besitzen noch alle größeren Orte Informationsstellen, wo man auch Zimmerreservierungen machen kann. Man wende sich diesbezüglich an das **Tourist Information Centre,** das durch ein betreffendes Schild gekennzeichnet ist.

2. Einreisebestimmungen

Deutsche, Schweizer und Österreicher benötigen für eine Ferienreise bis zu 6 Monaten nur einen gültigen Personalausweis, Österreicher und Schweizer müssen zusätzlich an der Grenze eine Besucherkarte ausfüllen. Autofahrer benötigen nur den nationalen Führerschein und das Nationalitätskennzeichen. Die internationale (grüne) Versicherungskarte wird nicht verlangt, bei etwaigen Unfällen ist es aber ratsam, sie mitzuhaben. Es besteht Anschnallpflicht. Fahrräder können ohne Formalitäten mitgeführt werden.
Hunde und andere Haustiere können nicht mitgenommen werden. Wer zuwiderhandelt und Tiere „versteckt" mitnimmt, muß mit sehr schweren Strafen rechnen.

Inländische und ausländische Zahlungsmittel können uneingeschränkt ein- und ausgeführt werden. Da sich diese Bestimmungen aber kurzfristig ändern können, ist es ratsam, noch vor der Abreise genaue Auskünfte bei einer Bank einzuholen.

Zollfrei ein- und ausgeführt werden dürfen von Reisenden aus EG-Ländern 300 Zigaretten oder 75 Zigarren oder 400 g Tabak, 1 1/2 Liter Spirituosen mit mehr als 38% Alkohol oder 2 Liter mit weniger als 38%, zuzüglich 4 Liter Tafelwein, 75 Gramm Parfum, 3/8 Liter Gesichtswasser und andere Waren im Wert von £ 120,– (für Österreicher und Schweizer £ 28,–). Angehörige aus Nicht-EG-Ländern (Österreicher und Schweizer) dürfen zwei Drittel der angegebenen Mengen an Alkohol und Rauchwaren ein- und ausführen.

3. Die Einreise

Wenn Sie **mit dem Flugzeug** einreisen wollen, so haben Sie wöchentlich fünf Direktflüge von Düsseldorf nach Edinburgh und Glasgow (British Airways) und mehrmals täglich Flüge von Berlin, Bremen, Düsseldorf, Frankfurt, Genf, Hamburg, Hannover, München, Nürnberg, Stuttgart, Wien und Zürich über London nach Schottland.

Von London gibt es Anschlußflüge nach Aberdeen, Dundee, Edinburgh, Glasgow und Inverness. Besonders angenehm sind die „Shuttle Services" von London jede Stunde nach Glasgow und jede zweite Stunde nach Edinburgh, wobei die Flugzeit etwas über eine Stunde beträgt. Für diese Flüge sind keine Reservierungen notwendig, Sie erscheinen einfach 30 bis 40 Minuten vor dem Abflug, ein Platz im Flugzeug ist meistens garantiert.

Was die **Flugpreise** betrifft, so gibt es zahlreiche verbilligte Flüge, wie etwa die „Flieg- und Spartarife" und „Apextarife" (BA), bei denen man meist in London umsteigen muß. Voraussetzung für die fast 50% verbilligten Flugpreise ist die gleichzeitige Buchung von Hin- und Rückflug, und daß der Rückflug frühestens am Sonntag nach Reiseantritt erfolgt. Man kann auch einen normalen Linienflug in eine wesentlich verbilligte Pauschalreise zum IT-Tarif (IT = *Inclusive Tour*) integrieren, dabei muß man neben dem Flug auch die Übernachtung oder einen Mietwagen am Zielort buchen. Weiters gibt es viele verbilligte Charterflüge, Städteflüge usw. über die Flug- und Reisebüros Auskünfte geben.

Kinder bis zu zwei Jahren bezahlen (ohne Platzanspruch) 10% des normalen Flugpreises, bis zu 12 Jahren die Hälfte. Große Preisermäßigungen gibt es auch für Jugendliche und Studenten bis 22 bzw. 25 Jahren. Da sich Tarife und Preisermäßigungen laufend ändern, wendet man sich am besten an ein Flugbüro (Lufthansa, British Airways usw.) um Auskunft.

Mit der Eisenbahn haben Sie praktisch von allen großen Städten aus mindestens zweimal täglich eine Verbindung nach London und von dort weiter nach Schottland. Alle Züge verkehren nur bis an die Kanalküste (Hoek von Holland, Ostende, Dünkirchen, Calais usw.), wo man auf Schiffsfähren umsteigen muß. Vom englischen Landehafen (Harwich, Dover usw.) hat man dann direkt Anschluß nach London. Die Bahnfahrt von London nach Schottland ist problemlos. Da die Züge fast ununterbrochen verkehren, ist eine Vorausreservierung der Plätze kaum erforderlich. Von London (Bahnhof *King's Cross*) gibt es täglich mindestens 15 Inter-City-Schnellzüge täglich nach **Edinburgh,** mindestens 9 nach **Dundee,** mindestens 7 nach **Aberdeen.** Von London (Bahnhof *Euston*) gibt es weiters mindestens 16 Schnellzüge täglich nach Carlisle oder Glasgow, mindestens 9 nach Perth, mindestens 5 nach Aviemore oder Inverness.

In 4 Stunden und 37 Minuten legt der „Flying Scotsman" die Strecke von London nach Edinburgh zurück, für die Strecke von London nach Glasgow braucht ein Schnellzug nur 5 Stunden, nach Aberdeen etwa 7 Stunden, nach Inverness etwa 11 Stunden.

Wer gerne mit dem Schiff reist, kann mit dem Zug nach Rotterdam fahren, dort weiter mit dem Schiff der *North Sea Ferries* nach Hull (Abfahrt täglich 18 Uhr, Fahrzeit etwa 14 Stunden), und von Hull weiter nach Edinburgh, Aberdeen usw.

Wichtigste Fähren und Eisenbahnen in Schottland

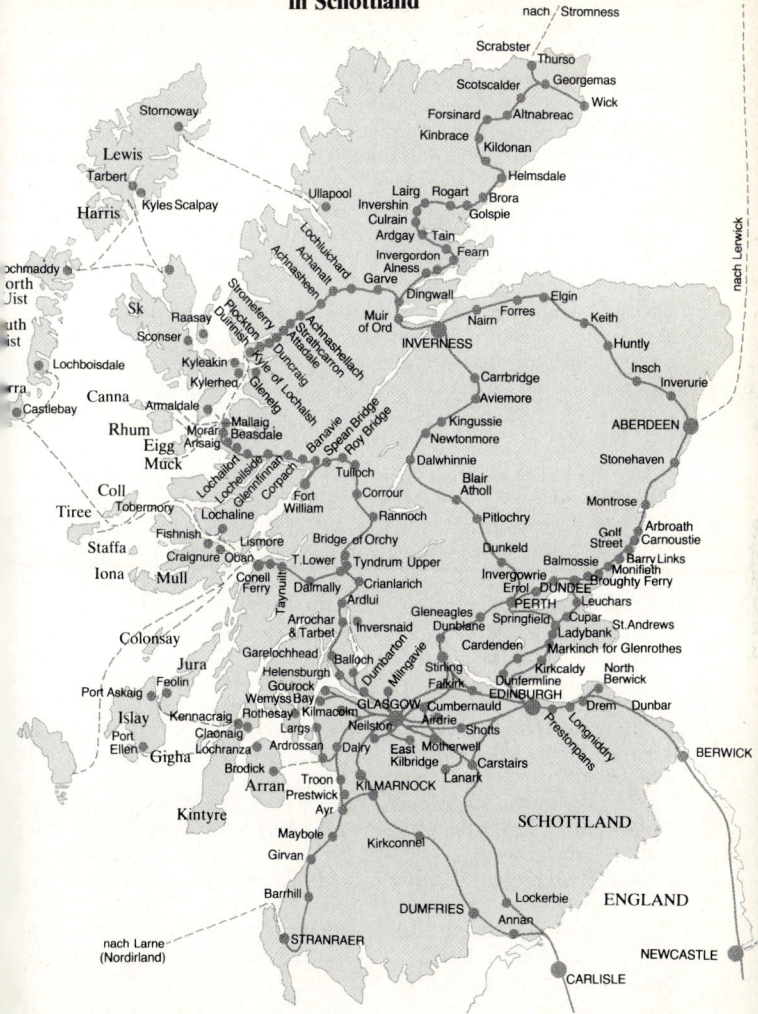

Auch bei der **Fahrt mit der Eisenbahn** kann man zahlreiche Fahrpreisermäßigungen in Anspruch nehmen. So bieten u.a. die *Deutsche Bundesbahn* und *Eurotrain* jungen Leuten unter 26 Jahren die **Inter-Rail-Karte** an, die derzeit 420.-- DM kostet und einen Monat gültig ist und mit der man für die bundesdeutsche Strecke nur die Hälfte bezahlt und in Großbritannien dann beliebig herumreisen kann, ohne einen zusätzlichen Fahrausweis. Weiters gibt es die „**Vorzugskarte**" der *Deutschen Bundesbahn,* mit der man etwa 15% des Fahrpreises spart, wenn man die Rückreise frühestens an dem ersten Tag der Gültigkeit folgenden Sonntag antritt. Beim sogenannten „**Spartarif**" bezahlt man gleich um 25% weniger, wenn man von Ostende das Nachtschiff bzw. von Hoek van Holland das Tagschiff benutzt. Genaue Auskünfte geben die Auskunftsbüros der Deutschen Bundesbahn bzw. gute Reisebüros. Auch von Österreich aus kann man verschiedene Fahrpreisermäßigungen in Anspruch nehmen. Hier informiert Sie die ÖBB (Österreichische Bundesbahn).

Für die **Fahrt mit dem Auto** stehen eine Vielzahl verschiedener Fährschiffe zur Verfügung. Wer rasch nach Schottland gelangen will, wird wahrscheinlich die Fahrt über London vermeiden und mit dem Autofährschiff von Zeebrügge oder Rotterdam/Europoort direkt nach **Hull** fahren, von wo aus es direkte *Trunk Roads* (mehrbahnige Autostraße) oder *Motorways* (Autobahnen) nach Newcastle bzw. Carlisle gibt. Die Reiserouten von beiden Städten nach Edinburgh bzw. Glasgow finden Sie im Routenteil dieses Buches.

Die Fahrt von Rotterdam/Europoort nach Hull (täglich um 18 Uhr) dauert 14 Stunden, sie kostet je nach der Jahreszeit

pro Person mit Liegeplatz	125–145 DM
ein PKW (Höhe nicht über 2,40 m)	160-200 DM
ein Motorrad	55 DM
ein Fahrrad	20 DM

Von Zeebrügge nach Hull (ebenfalls mit *North Sea Ferries,* täglich um 18 Uhr, Fahrzeit 15 Stunden): wie ab Rotterdam/Europoort.

Wer die Seereise nicht liebt, kann die Verbindung von Ostende nach Dover wählen, von wo bis zu sechs Fährschiffe täglich verkehren. Der Fahrpreis beträgt

    pro Person   DM 61,–
    ein PKW bis 4 m Länge   DM 83–200,–
    bis 4,50 m   DM 83–233,–

Wesentlich billiger ist der Preis für den Wagen über die Route Hoek van Holland – Harwich. Fahrzeit 6 1/2 bis 8 1/2 Stunden)
    zweimal täglich   DM 95–220,–

Die Fahrt mit dem **Europabus** (München – Frankfurt/M. – Köln – Brüssel – London) und von London weiter mit dem Schnellbus der *National Travel* nach Glasgow (Fahrzeit 10 Stunden) oder nach Edinburgh (Fahrzeit 9 Stunden). Auskünfte über den Europabus erhält man bei der Deutschen Bundesbahn bzw. bei allen DER-Reisebüros.

Über die **Express-Autobuslinien** von London (und anderen englischen Städten) nach Schottland erkundige man sich bei:

Scottish Citylink, London W1, 298 Regent Street, Telefon 636 9373
oder bei
National Travel (NBC) Limited, London SW1W, Victoria Coach Station, Buckingham Palace Road, Telefon 730 0202.

Ein Fährschiff zu den Shetland-Inseln im Hafen von Aberdeen

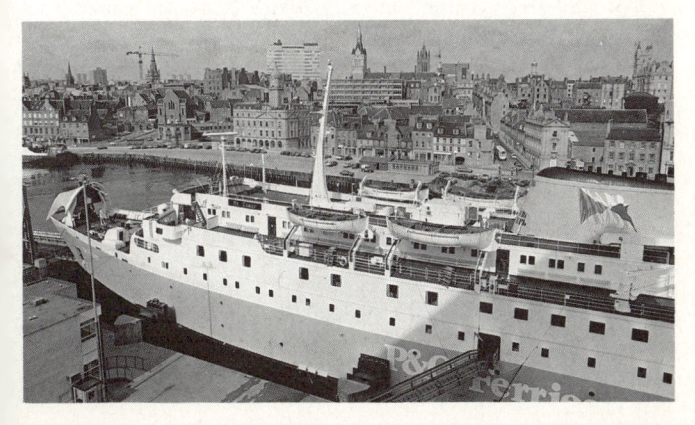

4. Das Reisen in Schottland

Ein ausgezeichnetes Verkehrsnetz erschließt Schottland mit Bahn, Bus und Fährschiff. Für Touristen gibt es eine Vielzahl von Netzkarten, die sehr preisgünstiges Reisen ermöglichen.

Das **„Railrover" Ticket:** mit dieser Netzkarte reisen Sie auf einem großen Teil der schottischen Bahnstrecke
für sieben aufeinanderfolgende Tage um ca. DM 140,–
für vierzehn aufeinanderfolgende Tage ca. DM 235,–
Kinder unter 5 Jahren fahren gratis, von 5 - 15 Jahren um 34% ermäßigt gegenüber dem Erwachsenenpreis.

Der **Highland and Island Travel Pass:** er bedeutet unbegrenztes Reisen mit Eisenbahn (II. Klasse) und Fähre kreuz und quer durchs Schottische Hochland und zu den Inseln, ausgenommen der *Shetlands*. In der Hochsaison (Juni bis September):
an 7 von 8 aufeinanderfolgenden Tagen DM 170,–
an 13 von 15 aufeinanderfolgenden Tagen DM 220,–

Die Hin- und Rückfahrt (Bahn oder Bus) zwischen Glasgow, Edinburgh oder Aberdeen und den „Highlands and Islands" ist im Preis eingeschlossen. Bei diesem Pass gibt es keine Kinderermäßigung. In der Vor- und Nachsaison (Oktober bis Mai) sind die Preise um ca. 33 % ermäßigt. Mit dem Travel Pass erhalten Sie auch 33 % **Preisnachlaß** auf den Standard-Routen der **Autobusse,** wie auch Preisnachlässe in vielen Hotels, Restaurants, Geschäften und bei den verschiedenen Eintrittsgebühren.

Brit Rail Pass: erlaubt unbeschränktes Reisen in ganz Großbritannien mit Eisenbahn und Bahnbus.

„Gold Pass" (I. Kl.)	„Silver Pass" (II. Kl.)
4 von 8 Tagen DM 390,–	DM 270,–
8 von 15 Tagen DM 550,–	DM 390,–
15 von 30 Tagen DM 790,–	DM 560,–

Ermäßigte Preise für Junioren von 15-26 Jahren. Kinder bis 15 Jahre: halber Preis. Senioren ab 60 Jahren bezahlen für den „Gold Pass" ca. 11 % weniger).

Auskünfte über Fahrpläne, Fahrzeiten und Bestellungen:
British Rail,
D-6000 Frankfurt/Main, Neue Mainzer Str. 22,Telefon 069/232381;
D-4000 Düsseldorf, Bismarckstraße 27, Tel. 0211/329287;
D-2000 Hamburg 36, Neuer Wall, Telefon 040/362199;
A-1040 Wien, Wiedner Hauptstr. 5/10, Tel. 0222/650336;
Ch-4002 Basel, Centralbahnplatz 9, Telefon 061/231404.

Man kann den *Brit Rail Pass* auch in den Hauptbahnhöfen mit internationalem Bahnkartenverkauf bestellen, bezahlen und bekommt dafür einen Gutschein, den man dann bei der Ankunft in Großbritannien (bzw. auf dem Fährschiff) gegen den richtigen Paß einlöst. Der Paß wird gültig, wenn er den Stempel des ersten Reisetags trägt.

Brit Express Card: bewirkt eine Ermäßigung in Höhe von einem Drittel des normalen Fahrpreises auf allen Expreß-Autobuslinien von National Travel in England und vielen Routen von Scottish Omnibuses, Green Line und anderen Firmen. Sie können die *Brit Express Card* in einem guten Reisebüro bestellen oder gegen Vorlage des Reisepasses direkt bei *National Travel,-* Victoria Coach Station, in London kaufen.

Darüber hinaus gibt es verbilligte Tagesrückfahrkarten, ermäßigte Weekend- Rückfahrkarten und **Day Excursion Tickets.**

Die **Fährschiff-Verbindungen** sind in der Regel ausgezeichnet; wer die Hebrideninseln bereisen will, hat die Möglichkeiten zu „Mini Cruises", die zwei bis drei Tage dauern oder der fahrplanmäßigen Schiffe bzw. Autofähren. Auch hier gibt es große Preisermäßigungen bei Hin- und Rückfahrt, das „Excursion Ticket", das Sechstageticket usw. Auskünfte über Fahrpläne, Fahrpreise und Bestellungen (Autoplatzreservierung):
Caledonian MacBrayne, Hebridean and Clyde Ferries,
The Ferry Terminal, Gourock PA19 1Qp.

Sehr beliebt sind die **Family Day Tickets,** die für zwei Erwachsene mit ein bis zwei Kindern (mit und ohne PKW) gelten. Man fährt am Morgen zu der gewählten Insel und kehrt am späten Nachmittag wieder zurück. Diese „Familienfahrpreise" sind stark ermäßigt.

Wer mit oder ohne PKW auf die Inseln reisen will, hat u.a. die Möglichkeit, ein **Island Runabout Ticket** zu erwerben, das unbeschränkt für alle Fährschiffe gilt (Platzreservierung in der Saison ist vorteilhaft) und für die Dauer von 8 oder 15 Tagen erworben werden kann.

Über die zahlreichen weiteren, regionalen Netzkarten mit oft bedeutenden Fahrpreisermäßigungen erkundigen Sie sich bitte bei Ihrem BTA-Büro oder direkt bei den schottischen Informationsbüros (→ S. 324) vor Reiseantritt, da sich nicht nur die Fahrpreise sondern auch die Gültigkeitsdauer und Art der Netzkarten kurzfristig ändern können.

Zu den Orkney- und Shetland Inseln fährt man entweder ab Aberdeen oder (die Kurzüberfahrt) von Scrabster (bei Thurso). Genaue Auskünfte geben

    P & O Ferries, PO Box 5, Jamiesons Quay, Aberdeen.

Ausgezeichnet sind auch die **Flugverbindungen** innerhalb Schottlands. Die Flugzeit von Glasgow oder Edinburgh nach Inverness beträgt 50 Minuten, von Aberdeen nach Edinburgh oder Wick 40 Minuten, von Glasgow nach Aberdeen 50 Minuten, von Inverness nach Aberdeen 25 Minuten. Die wichtigste schottische Fluglinie ist LOGANAIR, die folgende Orte anfliegt: Barra, Benbecula, Campbeltown, Edinburgh, Glasgow, Inverness, Islay, Kirkwall, Lerwick, Stornoway, Tiree und Wick, außerdem 8 Orte auf den Orkneyinseln und 4 Orte auf den Shetlandinseln. Wenn Sie die genauen Flugpläne in Ihrem Reisebüro nicht bekommen, so wenden Sie sich bitte direkt an

    Loganair ltd., Glasgow Airport, Paisley, Renfrewshire.

Auch BRITISH AIRWAYS fliegt auf den Strecken Glasgow – Aberdeen, Glasgow – Inverness – Orkney – Shetland, Glasgow – Benbecula, Glasgow – Stornoway, Edinburgh – Aberdeen – Kirkwall – Shetland und Aberdeen – Sumburgh (Flugplan für diese Fluglinie in guten Reisebüros erhältlich). Außerdem verkehrt die Linie DAN AIR zwischen Inverness und Aberdeen, die Linie AIR UK zwischen Aberdeen und Edinburgh und die Linie ABERDEEN AIRWAYS zw. Edinburgh, Aberdeen und Wick.

Höchstgeschwindigkeiten für **PKW-Fahrer**: auf Landstraßen 60 Meilen (96 km/h), auf Motorways (Autobahnen) 70 Meilen (112 km/h), in geschlossenen Ortschaften 30 Meilen (48 km/h).

Der Schotte fährt diszipliniert und eher noch langsamer als erlaubt. Man fährt links und überholt rechts. Im Westen Schottlands und vor allem in den *Highlands* gibt es oft auf weite Strecken keine Tankstellen, auch sind die meisten ab 17 Uhr und fast immer an Sonntagen geschlossen. Daher: Tank schon samstags rechtzeitig vollfüllen lassen, wenn Sie sonntags unterwegs sein wollen! Die Qualität ist bei den Tankstellen durch „Sterne" ersichtlich. Es gibt Zapfsäulen mit 2 Sternen (90 Oktan), 3 Sternen (94 Oktan) und 4 Sternen (97 Oktan). Benzin (petrol) wird in Liter, selten noch in Gallonen (4,5 Liter) abgegeben. Die Preise sind uneinheitlich und je nach Tankstelle und Landesteil verschieden (eine *Gallone* = ca. £ 2.05). Die meisten Tankstellen führen auch bleifreies Benzin.

Mietwagen. In allen größeren Städten gibt es Verleihfirmen (Adressen kann man im Telefonbuch heraussuchen oder im Touristen-Informationsbüro erfragen); für einen PKW zwischen 1300 und 1600 ccm bezahlt man je nach Marke und Alter des Wagens zwischen £ 120 und 220 pro Woche, bei unbeschränkter Kilometerzahl.

Praktisch ist das Mieten eines **Wohnmobils,** wenn Sie unabhängig reisen wollen. Die Wagen haben vier bis sechs Schlafplätze, fließendes Wasser, Gaskocher und Dusche, auch Kochgerät ist zumeist vorhanden. Wenn Sie auf **Campingplätzen** übernachten, so besorgen Sie sich von Ihrer nächsten BTA-Vertretung die Broschüre „Where to Stay – Scotland: Camping and Caravan Parks". Auch Ihr Automobilklub wird ein Verzeichnis haben. **Caravan-Parks** der Spitzenklasse tragen das Empfehlungsschild: „Thistle".

5. Hotels, Gasthöfe und andere Unterkunftsmöglichkeiten

Der Standard der schottischen Hotels, Gasthöfe und Gästehäuser ist hoch, die Preise für die Übernachtung entsprechen etwa jenen in der Schweiz, sie liegen also im Durchschnitt um 10–12% höher als in vergleichbaren Häusern der Bundesrepublik und Österreichs. Wie bei uns gibt es auch Vor- und Nachsaisonpreise. Die Hauptsaison reicht in der Regel von Mitte Juni bis Mitte September (in den Wintersportorten auch während der Skisaison), doch gibt es lokale Verschiebungen und keine einheitliche Regelung. In einem Hotel der gehobenen Mittelklasse (Kat. B und C) wird man für die Übernachtung mit Frühstück £ 20–40 bezahlen müssen, in einfacheren Häusern (Kat. D und E) und Privathäusern („Bed and breakfast") etwa die Hälfte. Zimmer auf einer Farm (Bauernhof) kosten inklusive Abendessen und Frühstück pro Woche und Person ab £ 80. Bei längeren Aufenthalten werden immer Ermäßigungen gewährt, manche Hotels haben auch verbilligte Wochenend-Pauschalen.

Die *British Tourist Authority* (BTA), das *Scottish Tourist Board* (STB) und die *Automobile Association* (AA) veröffentlichen alljährlich Hotel- und Gaststättenführer mit den jeweils gültigen Preisen. Da gibt es Führer für „Hotels and Guesthouses", für „Bed and Breakfast", für „Guesthouses and Inns", für „Farm Holidays" usw., die in der Regel in den Büros der BTA und des STB gekauft oder bestellt werden können; zumindestens sagt man Ihnen dort, wo Sie die Bücher rasch erhalten.

Einige Hotels, Pensionen, Bauernhöfe und Gaststätten in ländlichen Gegenden werden wegen ihrer außergewöhnlichen Gastfreundschaft und hervorragenden Leistungen vom *Scottish Tourist Board* besonders empfohlen. Halten Sie nach dem blauweißen Empfehlungsschild des STB Ausschau, das solche Häuser kennzeichnet. Sie können aber auch vom STB eine Broschüre erwerben, in der diese Häuser mit Adressen angeführt sind. Die Klassifikation erfolgt von einer bis zu fünf „Kronen" auf dem sichtbar angebrachten Empfehlungsschild, wobei 5 Kronen absolute Spitze sind. Zuzüglich gibt es noch eine Gradierung, die sich ausschließlich auf die Qualität des Hauses bzw. der angebotenen Zimmer bezieht; vom STB können drei Grade verliehen werden: „APPROVED", „COMMENDED" und „HIGLY COMMENDED".

Wenn Sie **auf gut Glück in Schottland unterwegs** sind, dann lohnt es sich, in den zahlreichen Touristen-Informationsbüros vorbeizuschauen, wo man (fast) immer in der Lage ist, eine Unterkunft in der gewünschten Preisklasse zu besorgen. Wenn man mit dem PKW unterwegs ist, dann kann man auch von so einem Büro aus gegen eine geringe Gebühr die Reservation für den kommenden Abend vornehmen lassen, wo man gerade übernachten möchte. Viele Reisende haben es sich zur Gewohnheit gemacht, sich vor ihrer Weiterreise jeden Morgen die Zimmer für das Abendquartier vorauszubestellen zu lassen.

In Schottland besteht auch ein ungemein reichhaltiges Angebot an Ferienhäusern und Ferienwohnungen. Von der Schäferhütte, dem Blockhaus, einem fest verankerten Wohnwagen am Meer, bis zum luxuriösen Appartment in einem Schloß oder Herrenhaus reicht die Skala.

Jugendherbergen gibt es in Schottland praktisch überall. Nicht nur in den Städten Edinburgh, Glasgow, Perth, Stirling, Aberdeen, Ayr, Oban usw., sondern auch 16 im nordwestlichen Hochland, 15 im nordöstlichen Hochland, 7 auf den Hebrideninseln, 2 auf Arran, 4 auf den Orkneys und eine auf Shetland (Lerwick). Darüber hinaus auch 18 in den Lowlands, davon 8 im Grenzland (Borders). Genaue Auskünfte erhält man beim eigenen Jugendherbergsverband bzw. direkt von der

Scottish Youth Hostel Association (SYHA) in Stirling, 7 Glebe Crescent.

Pkw-Touristen finden vielerorts die Möglichkeit,
in charakteristischen kleinen Cottages an der Straße zu übernachten.
Das Schild „bed and breakfast" weist darauf hin,
daß Zimmer vermietet werden.

BED &
BREAKFAST

6. Währung und Geldumtausch

Das Pfund Sterling (£) wird in 100 Pence unterteilt. Im Umlauf sind Banknoten zu £ 50, 20, 10, und 5, ferner Münzen im Wert von £ 1, 50p, 20p, 10p, 5p, 2p und 1p sowie einige alte Silbermünzen. Schottische Banken geben eigene Banknoten heraus, die auch im übrigen Großbritannien Gültigkeit haben, ebenso wie auch das englische Pfund zum gleichen Wert in Schottland gültig ist. Kreditkarten werden im allgemeinen überall akzeptiert.

In Schottland sind die Banken in der Regel von Montag bis Freitag von 9.30 bis 12.30 und von 13.30 bis 15.30 Uhr geöffnet, am Donnerstag zusätzlich von 16.30 bis 18 Uhr. Wenn die Banken geschlossen sind (samstags und sonntags) können Sie Reiseschecks auch in größeren Reisebüros und Empfangsschaltern großer Hotels einlösen; die Bearbeitungsgebühr ist allerdings unterschiedlich hoch. Im übrigen lohnt es sich, DM schon zu Hause umzuwechseln.

    1 Pfund Sterling (£) ca. DM 3.–
    1 DM   ca.   £ 0,34

Quellennachweis: „Scotland A-Z", „Historic Houses and Castles", „The Malt Whisky Trail", und andere Broschüren des Scottish Tourist Board und der BTA in deutscher u. englischer Sprache.

Orts- und Stichwortverzeichnis

A

Abbotsford House 101
Abercorn 112
Aberdeen 272
  Anthropologisches
    Museum 227
  Art Gallery 281
  Auld Brig
    o'Balgownie 284
  Auld Brig o'Dee 285
  Duthie Park 285
  Fish Market 278
  Hazlehead Park 284
  King's College 277,284
  Marischal College 277
  Mercat Cross 277
  Music Hall 282
  Old Aberdeen 284
  Old Tolbooth 275
  Provost Skene's House
    273,275
  Provost Ross's House
    278,280
  Robert Gordon's
    College 281
  Seaton Park 284
  St.Machar's Cathedral
    282,283
  St.Mary's Cathedral
    282
  St.Nicholas Church 281
  Town House 275
  Union Terrace
    Gardens 282

Aberdour 158
Aberfeldy 56,149
Aberfoyle 271,317
Aberlady 109
Abernethy 306
Aboyne 290
Aboyne Castle 290
Achiltibuie
Achnasheen 203
Adam Robert 45,63,106
  112,219,221,243
  248,249,250,260
Adam William 63,78,94,
  112,149,177,266,267,
  282,297

Addinston 98
Ailsa Craig 84,87
Aldie Castle 37
Alexander I 158,217,
  225,305
Alexander II 17,42,52,
  54,65,161
Alexander III 17,42,
  103,158
Alford 44,288,295
Alloa 322
Alloway 23, 85
Amhuinnsuidhe Castle
  37,206
Angus Folk Museum
  56,169
Anstruther 166
Antonius Pius,
  Grenzwall 16,113,114
Applecross 202
Arbroath 171
Arbingland 77
Ardanaiseig Gardens 118
Ardchattan Priory 119
Ardvourlie House 37,206
Ardwell House Gardens 83
Argyll Forest Park
  91,115,129
Armadale 140,142
Arran, Insel 42,134
Arrochar 115,129
Athelstaneford 107
Atholl Highlanders 39
Auchinleck 78
Auldearn 182
Aviemore 155
Ayr 85
Ayton 104

B

Balhousie Castle 301,303
Baliol, John 17,76
Ballachulish 119
Ballantrae 83
Ballater 292
Ballindalloch Castle 37
Ballinluig 116,149
Balloch 115,271
Ballygowan 128
Balmerino Abbey 161

Balmoral 292
Balmoral Castle 38,287,292
Balnakeil 198
Balquhidder 318
Balranand Nature Reserve
  208
Balvenie Castle 38
Banavie 123
Banchory 44,287,290
Banff 175,177
Bannockburn 17,65,315
Barcaldine Castle 38,119
Barquillean Garden 118
Barra, Insel 209
Bass Rock 109
Beattock Summit 72
Beaufort Castle 38
Beauly Priory 190
Beinn Eighe Nationalpark
  202
Beith 87
Benbecula, Insel 208
Ben Croachan 118
Ben Lawers 116
Ben Lomond 115,271,318
Ben Loyal 196,197
Ben Nevis 12,120,121,124
Bettyhill 195
Biggar 72
Birnie 185
Birsay 212
Black Isle 190
Blackness Castle 112
Blair Atholl 39,152
Blair Castle 39,
  41,152,153
Blair Drummond 315,317
Blantyre 269
Boat of Garten 156
Bonar Bridge 190,200
Bonawe 118
Bo'ness 113
Bonnybridge 114
Bonnie Prince Charlie
  (siehe Charles Edward)
Borthwick 102
Bothwell Castle 75
Bothwell Earl of 19,59,
  253,314

Bowhill House 101
Braemar 28,292
Braemar Castle 40,292
Brechin 170
Bridge of Allan 321
Brodick 135
Brodick Castle 42,135
Brodie Castle 182
Brora 191
Buchan Ness 178
Buckhaven 163
Buckie 187
Burghead 183
Burleigh Castle 63
Burnmouth 104
Burns, Robert 22,23,40, 76,77,78,79,84,86,87, 219,225,238
Burnswark 71
Burntisland 158
Bute, Insel 89

C

Caerlaverock Castle 42,76
Caerlaverock Naturpark 75
Cairngorm Mountains 12,155
Cairnpapple Hill 114
Calderglen 75
Caledonia Canal 123,124,125
Callander 318
Calvine 152
Cambuskenneth Abbey 314
Campbell Castle 43,322
Campbell, Mary 79,91
Campbeltown 133
Canisbay 194
Canna, Insel 145
Cannonbie 98,99
Cape Wrath 198
Carbisdale Castle 43,190
Carlungie 171
Carnasserie Castle 127
Carrbridge 156
Carrick Castle 91
Carsaig 137
Carter Bar 93
Castlebay 209, 210
Castle Douglas 67,80
Castle Fraser 288

Castle Kennedy 82
Cawdor Castle 43,181,182
Ceres 160
Charles I 19,51,105,107 148,217,310
Charles II 21,230,241,305
Charles Edward 21,40,46, 50,53,56,60,100,103, 119,123,125,142,144, 155,156,208,209,226, 229,232,241,275,301
Clackmannan 322
Claonaig 134
Cockburnspath 104,105
Coldingham 105
Coldstream 95
Coll, Insel 136
Colosay 136
Comrie 115
Connel 38
Contin 203
Corpach 123
Coull Castle 290
Covenanters 21,40,42, 51,61,67,74,78,81, 105,109,134,246,247
Cowall 91
Craig Castle 296
Craigellachie 156
Craighouse 132
Craigcleuch 99
Craigievar Castle 44,288
Craigmillar Castle 253
Craignethan Castle 74
Craignure 67,137
Crail 167
Cramond 252
Crarae Woodland Garden 131
Crathes Castle 44,47,287,289
Crathie 38,292
Crianlarich 115
Crichton Castle 98
Crieff 116
Crinan Canal 128
Cromwell 19,43,46,51,60, 66,87,95,119,121,190, 217,226,229,236, 241,299
Crossraguel Abbey 85

Croy Brae 84
Cruden Bay 64,178
Cruggleton 82
Cuillin Hills 140,142,144
Culcreuch Castle 317
Cullen 177
Culloden 21,121, 144,155,156
Culross 322
Culzean Castle 45, 84
Cumnock 78
Cupar 160

D

Dairsie 161
Dalbeattie 77
Dalkeith 98,254
Dalmaglar Castle 45
Dalmally 61
Dalmeny 254
Darnaway Castle 183
Darnley, Lord 19,59,241, 243,253,260,312
David I 16,60,95, 217,244,272,307
David II 17,18
Dawick House Gardens 104
Dean Castle 79
Dee, River 12,38, 44,272,287,290,292
Delgatie Castle 175
Dervaig 137
Devil's Beef Tub 72
Dingwall 190
Dinnet 290
Dirleton 46,109
Dirleton Castle 46,109
Dollar 43,322
Don, River 277,284, 287,295
Dornie 54
Dornock 190
Douglas 74
Doune 45,318
Doune Castle 46,318
Dounreay 195
Drum Castle 49,287
Drumlanring Castle 50,77
Drummond Castle Gardens 116
Drummore 83

Drumnadrochit 68,126
Drumtrodden 82
Dryburgh Abbey 95,97,101
Duart Castle 137
Dufftown 38,185
Duffus Castle 185
Dumbarton 115
Dumfries 28,42,76,79
Dunadd 128
Dunbar 105
Dunbeath 50,191
Dunbeath Castle 50
Dunblane 321
Dundas Castle 50
Dundee 167,168,169
Dunderave Castle 51
Dundonald Castle 79
Dundonnell 201
Dundrennan Abbey 80
Dunfermline 146
Dunimarle Castle 323
Dunkeld 148,149
Dunnet Head 195
Dunnottar Castle 51,174
Dunollie Castle 118
Dunoon 91
Dunrobin Castle 52,191,192
Duns 105
Duns Scotus 24,105,208
Dunstaffnage Castle 52,118
Duntrune Castle 128
Dunvegan 53
Dunvegan Castle 53,144
Durisdeer 77
Durness 196
Dyce 297
Dysart 159

E

Earlston 96
Earlsferry 166
Easdale Island 127
East Fortune 107
East Linton 106
Ecclefechan 71
Echt 63,288

Edinburgh 29,216
  Acheson House 238
  Anchor Close 235
  Arthur's Seat 244
  Assembly Rooms 249
  Brodie's Close 233
  Calton Hill 238,252
  Cannonball Church 238
  Cannonball House 232
  Cannongate Tolbooth 238
  Castle 225
  Charlotte Square 249
  City Chambers 235
  City of Edinburgh Art Centre 252
  Crown Square 229
  Dean Bridge 250
  Dean Village 250
  George Square 248
  Gladstone's Land 236
  Grassmarket 246
  Greyfriars Church 247
  Holyrood Abbey 244
  Holyroodhouse 232,241
  Huntly House 238
  James's Court 232
  Lady Stair's House 225,233
  Magdalen Chapel 246
  Mercat Cross 234
  Moray House 236
  Moray Place 249,251
  Museum of Childhood 236
  Mylne's Court 232
  Nationalbibliothek 235
  National Gallery 222
  National Gallery of Modern Art 251
  National Monument 252
  National Museum of Antiquities 251
  National Portrait Gallery 251
  New Town 249
  Outlook Tower 232
  Parliament House 235
  Princes Street 219
  Gardens 222
  Randolph Crescent 250
  Register House 221
  Riddle's Close 233
  Royal Botanic Gardens 251
  Royal Mile 232
  Royal Scottish Academy 222
  Royal Scottish Museum 247
  Scott Monument 221
  St.Andrew Square 252
  St.Bernard's Well 250
  St.Cuthbert's 225
  St.Giles Cathedral 230,233
  St.John's Episcopal Church 225
  St.Margaret's Chapel 226
  St.Mary's Episcopal Cathedral 250
  The Mound 222,225
  Thistle-Kapelle 234
  Tron Kirk 235
  United Service Museum 229
  Universität 248
  Waverley Steps 221
  West Register House 250
  White Horse Close 238,239
  Zoo 253

Edinshall Broch 105
Edrom 105
Edward I 46,68,113,182,225,254,299
Edward II 61,315
Edward III 17,18,40,226,301
Edzell 53
Edzell Castle 53,171
Eglisay, Insel 213
Eigg, Insel 145
Eildon Hills 96
Eilean Donan Castle 54,124

Eilean Mor 131
Elcho Castle 306
Elgin 184
Elgol 142
Elie 166
Elizabeth I 18,19, 80,209,221
Elizabeth II 55,230
Els Ness, Insel 213
Edigarry 209, 210
Elvan Valley 72
Eriskay, Insel 209
Esk River 98,99
Ettrick Water 100
Eyemouth 104
Eynhallow, Insel 212

F
Failford 79
Fair Isle 26,215
Falkirk 114
Falkland 28,159
Farr 195
Ferniehurst Castle 54,93
Fife, Halbinsel 146,157,158,166
Fife Ness 167
Finavon 170
Fingask Castle 55
Finlaystone 89
Fionnphort 138
Firth of Clyde 11,45,91,129, 255,271
Firth of Forth 11,66,104,109,111, 112,114,146,158, 226, 253,322
Firth of Tay 161,298
Flodden 18,100,246,254
Fordyce 177
Forres 183
Fort Augustus 125
Fort William 28,121
Fowlis Wester 116
Fraserburgh 179
Furnace 129
Fyfie 175

G
Gairloch 201
Galashiels 102
Galloway Forest Park 80,81
Galloway House Gardens 82
Gargunnock 317
Garvellachs 127
Gifford 107
Gigha, Insel 133
Girnigoe Castle 55,60,194
Girvan 84
Glamis Castle 55,58,169
Glasgow 255
  Art Gallery 264
  Botanischer Garten 256
  Burrell Kunstsammlung 266
  Carlton Place 226
  City Centre 259
  Crookston Castle 267
  Egyptian Halls 259
  Fishmarket Steeple 262
  Fossil Grove 267
  George Square 257
  Glasgow Cross 260
  Glasgow School of Art 262
  Hunterian Museum 256
  Kelvingrove Park 264
  Linn Park 266
  Old Glasgow Museum 262
  Pollock House 266
  Provand's Lordship 260
  Provan Hall 267
  Queen's Park 266
  Rathaus 257
  Royal Bank of Scotland 260
  Royal Exchange Square 260
  Scottish Design Centre 257
  Städtisches Museum 264
  St.Andrew's Square 262
  St.Mungo Kathedrale 259
  St.Vincent Street Church 257
  Stirling Maxwell, Kunstsammlung 266
  Straßenmarkt The Barras 260
  Tenement House 264
  Tolboth Steeple 260
  Tollcross „Kindermuseum" 267
  Trades House 260
  Transport Museum 266
  Tron Steeple 260
  Universität 265
  Victoria Bridge 262
  Zoo, Calderpark 267
Glen Coe 117,118,119
Glenelg 140
Glenelg Brochs 124
Glen Falloch 115
Glenfinnan 123
Glenkiln 76
Glen Loy 124
Glenluce 82
Glenmore Forest Park 155
Glen Roy 124
Glenshiel 124
Glen Shira 129
Glen Spean 129
Glen Tarbert 119
Glen Urquhart 126
Golspie 52,191
Gourock 91,271
Grampian Mountains 12,118,146,287
Grandtully 149
Grandtully Castle 56,149
Grangemouth 114
Grantown-on-Spey 182
Great Cumbrae 88
Great Glen 12,125
Greenock 91,255
Gretna Green 69
Grey Mare's Tale 72
Gruinard Bay 201
Gullane 109

H
Haddington 107
Haddo House 297
Hadrianswall 16

Hailes Castle 106
Hamilton 267
Handa, Insel 198
Harris 26,207
Hawick 99
Helensburgh 115
Helmsdale 191
Hermitage Castle 59,99
Highland Games and
 Gatherings 28,292
Highland Wildlife
 Park 155
Hill of Tarwit 160
Hopetoun House 111
Hoy, Insel 213
Hume Castle 95
Huntingtower Castle 302
Huntly 187
Husinish 206

I
Inchnadamph 199
Ingliston 111
Innerleithen 102
Insch 62
Inoverallochy 181
Inveraray 51,59,129
Inveraray Castle
 59,129
Inverarnan 115
Inverbervie 174
Invercallochy 181
Inverewe Gardens 201
Invergarry 124
Inverkeithing 158
Inverness
 28,60,156,157
Inverness Castle 60,157
Inverpolly
 Nationalpark 200
Inverurie 188
Iona, Insel 138
Irvine 86
Islay, Insel 131

J
Jakobiten 21,51,53,61,
 67,68,113,123,125,
 152,232,288,312,321
James I 87,299
James II 67,94,159,236
James III 119,314

James IV 18,71,100,230,
 241,248,314
James V 18,55,113,159,
 241,322,323
James VI (I von England)
 19,63,148,160,226,
 230,241,302,316,322
Jarlshof 215
Jedburgh 54,93
John o'Groat's 194
Jura, Insel 132

K
Kailzie Gardens 103
Keil 134
Keiss Castle 61,194
Keith 187
Kelburn Country
 Centre 88
Kellie Castle 166
Kempock Stone 91
Kenmore 116
Kenneth MacAlpin 16,305
Kelso 63,94
Kerrera 118
Kilbarchan 270
Kilberry 131
Kilbirnie 88
Kilchurn Castle 61,118
Kildrummy Castle 61,295
Killin 116
Kilmarnock 79
Kilmartin 127
Kilmory 131
Kilmuir 144
Kilninver 127
Kilpheder 209
Kilwinning 87
Kincardine 68
Kincraig 155
Kinghorn 158
Kingshouse 118
Kingussie 152
Kinloch Castle 145
Kinlochewe 202,203
Kinlochleven 119
Kinlochmoidart 119
Kinmount Gardens 75
Kinneff 174,230
Kinross 62,148

Kinnross House 63,148
Kirkcaldy 159
Kirkcudbright 80
Kirkmadrine 83
Kirkoswald 84
Kirkwall 211,213
Kirk Yetholm 94
Kirriemuir 170
Kirtlebridge 71
Kishorn 202
Knapdale 131
Knox, John 14,18,43,
 234,235,236,301,313
Knoydart 125
Kyleakin 140
Kylesku 140
Kyle of Lochalsh 124,140
Kyle of Tongue 196,197
Kylerhead 140
Kyles of Bute 129

L
Lairg 43
Lamberton 104
Lamlash 135
Lammermuir Hills
 104,105,107
Lanark 74
Langholm 99
Langside, Battle of 63,80
Largo 163,166
Largs 17,28,42,88
Latheron 193
Lauder 66,98
Laurencekirk 171
Lauriston Castle 253
Leadhills 72
Ledmore 200
Leith 219,253
Leith Hall 186,188
Lennoxlove House 107
Leod Castle 62,203
Lerwick 28,214
Lesmahagow 74
Leverburgh 207
Lewis, Insel 37,204,205
Lickley Head Castle 62
Liddesdale 59
Linlithgow 112
Livingstone, David 269
Loch Aboyne 290
Loch Achray 318

Lochailort 123
Loch Ainort 142
Loch Alemoor 100
Loch Aline 137
Loch Arkaig 124
Loch Awe 61,118
Lochboisdale 204,209
Loch Broom 200
Lochcarron 203
Loch Clatteringshaws 80
Loch Creran 119
Loch Crinan 128
Loch Doon 81
Loch Duich 124
Loch Dunvegan 53
Loch Earn 115
Lochearnhead 115,319
Loch Ech 91
Loch Etive 52,118,119
Loch Ewe 201
Loch Fyne 51,59 129,131
Lochgilphead 131
Loch Goi 91
Loch Hourn 125
Lochinch Castle 82
Lochindorb Castle 182
Lochinver 199
Loch Katrine 270,271, 317
Loch Kinord 290,295
Loch Laggan 123
Loch Leven 62,63, 119,148
Loch Leven Castle 62,148
Loch Linnhe 64,119, 120,121
Loch Lochy 120,124
Loch Lomond 115, 270,271
Loch Long 91,115
Loch Loyal 196
Lochmaben Castle 71
Loch Maree 201
Lochmaddy 207
Loch Melfort 127
Loch Moidart 67,119
Loch Morar 123
Loch Morlich 155
Lochnagar 38

Loch nan Uamh 119,123
Loch Ness 12,68,125,126
Loch of the Lowes 72,101,149
Loch Oich 124
Lochranza 135
Loch Ryan 82,83
Loch Sconser 142
Loch Seaforth 37
Loch Shiel 122
Loch Shin 190
Loch Sionascraig 200
Loch St.Mary's 72,101
Loch Sunart 119
Loch Tarbert 37,131
Loch Tay 116,149
Loch Torridon 202
Loch Trool 81
Loch Tulla 118
Loch Tummel 151
Loch Venachar 318
Lochwinnoch Nature Reserve 88
Lochy River 118
Lower Largo 163
Luce Bay 82,83
Ludag 209,210
Lumphanan 288,290
Lunan Bay 173
Lybster 193

M
Malcolm I 16
Malcolm II 55
Malcom III Canmore 16,60,146,225
Mallaig 123,142
Manderston 105
Mar, Earls of 17,40, 61,288,312,321,322
Maria Stuart 18,19,40,53, 60,63,65,80,93,103, 113,175,217,221,226, 230,241,243,253,260, 267,312,313,317,322
Maryculter 287
Mauchline 78
Maxwelton House 77
May, Insel 167
Maybole 45,85
Megginch Castle 306

Melfort 127
Mellerstain House 63,95
Melrose Abbey 95,97,101
Menstrie Castle 310,322
Menzies Castle 151
Midmar Castle 63,288
Moffat 71
Monadliath Mountains 12,152
Montrose 173
Moray Firth 12,65,156, 175, 181,183,187,189
Mossat 161
Motherwell 75
Muchalls 174
Muck, Insel 145
Mull, Insel 67,137
Mull of Galloway 83
Mull of Kintyre 134
Mungo Park 24,101

N
Nairn 43, 182
Neidpath Castle 64,103
Nektan (Nechtan), König 14,170,305
Newark Castle 64
Newhaven 253
New Lanark 74
Newtonmore 152
Newton Stewart 81
North Berwick 16,66,109
Northon 207
North Uist, Insel 207
Noss, Insel 214

O
Oban 52,116,127,136
chiltree Castle 113
Oldmeldrum 175
Onich 119
Orkney Inseln 194, 195,210
Oronsay, Insel 136

P
Paisley 269
Papa Westray, Insel 213
Pass of Brander 118
Pass of Killiecrankie 152
Peebles 28,64,103
Perth 148,299
Peterculter 287

Peterhead 179
Pitlochry 151
Pitmedden 295,296
Pittenweem 166
Playfair, William 94,222,248
Pluscarden Priory 185
Port Askaig 131
Port Bannatyre 89
Port Glasgow 89,255
Port Logan 83
Portnacroish 64,119
Port of Menteith 317
Portpatrick 83
Portree 144
Port William 82
Preston 106
Prestwick 86

Q

Queen Elizabeth Forest Park 271
Queen Victoria 40,101,241,257

R

Raasay 142
Rammerscales 71
Rannoch Moor 118,151
Restenneth Priory 170
Rhinns of Galloway 83
Rhum, Insel 145
Robert the Bruce 17,42,29,61,65,68,71, 76,80,81,84,96,116, 135,148,170,171,217, 225,230,272,305,314, 315,317,322
Rob Roy Macgregor 60 129,271,318
Rockcliffe 77
Rodel 207
Rosehearty 181
Roslin (Rosslyn) 254
Roslin Castle 254
Rothesay 89
Rousay, Insel 213
Rowallan Castle 79
Ruthwell 75

S

Saltcoats 87
Sanday, Insel 213

Sandwick 214
Sandwood Bay 198
Sanquhar 78
Scalloway 215
Scapa Flow 210,211
Scone Palace 302,304,305
Scots Dyke 98
Scott, Sir Walter 23,43,53,93,95,100, 101,102,129,219, 222,225,230,248,249, 271,317,318
Scourie 198
Scrabster 195
Seil Island 127
Selkirk 23,64,100
Shakespeare 44,55,60,183
Sheriffmuir 321
Shetland Inseln 213
Shiel Bridge 124
Sinclair Castle 55,194
Skara Brae 212
Skiag Bridge 199
Skipness 134
Skirza 194
Slains Castle 64
Sligachan 142
Solway Firth 42,75,86
Southend
South Esk River 170,171,173
South Ronaldsay, Insel 210
South Uist, Insel 208
Spean Bridge 123
Spey, River 12, 152,156,182,185
Spittal of Glenshee 45
St.Abb's Head 105
St.Andrews 163,164
St.Columba 16,60, 131,138
St.Cyrus 174
St.Monans 166
St.Ninian 81,89
St.Ninian's Isle 215
Staffa, Insel 138
Stalker Castle 64,119
Stevenston 87

Stewart Castle 65,181
Stirling 65,307
Stirling Castle 65,310
Skara Brae 212
Stobo 104
Stonehaven 51,174
Stornoway 204,205
Stow 102
Stranraer 82
Strathaven 74
Strathclyde Country Park 75
Strath More 200,204
Strathpeffer 62,203
Strathyre 318
Strome Castle 203
Stromness 211,212
Strone 129
Sumburgh 215
Summer Islands 200
Sutherland 198
Sweatheart Abbey 76
Sween Castle 131
Symington 86

T

Tain 190
Tanera More 200
Tantallon Castle 66,109
Tarbert (Kintyre) 131,133
Tarbert (Lewis) 206,207
Tarbet 115
Tarland 288,290
Tarves 297
Tay, River 12,56,148,149, 161,299
Tayinloan 133
Telford, Thomas 24,99, 123,149,156
Teviot, River 99,100
The Machars 81
Thirlestane Castle 66,98
Thomas Learmonth (the Rhymer) 22,96
Thornhill 50,77
Threave Castle 67,80
Thurso 195
Tioram Castle 67,119

Tiree, Insel 136
Tobermory 137
Tolquhon Castle 295,297
Tomatin 156
Tongland 80
Tongue 196
Torosay Castle 67,137
Torphichen 113
Torridon Naturpark 202
Torrin 142
Tranent 108
Traprain 106
Traquair House 103
Treshnish Islands 138
Troon 86
Trossachs, 255,271,317
Trotternish 144
Trumpan 144
Tulliallan Castle 68
Turnberry 84
Turriff 175
Tweed, River 12,64,94, 95,100,102,104
Tweed-Stoffe 26, 100,102,103,204
Tyndrum 116
Tynet 185
Tyninghame 108

U
Uig 144
Ullapool 200
Unapool 199
Union Canal 111,112
Unst, Insel 215
Urquhart Castle 68,126

V
Veensgarth 215

W
Walkerburn 102
Wanlochhead 72
Watt, James 91,113,255
Wemyss Bay 88
Westerkirk 99
West Kilbride 87
Westray, Insel 213
Whaligoe 193
Whitekirk 108
Whithorn 81,82
Whiteness 215
Wick 55,193
Wigtown 81
William the Lion 17,65,68,103, 171,173
William Wallace 17,65,74,86,306,314
Winton House 108
Wolf of Badenoch 152,182,185
Wyre, Insel 213

Y
Yarrow Water 101
Yell, Insel 215
Yester Castle 107

Fotografieren,
damit Ihre schönsten Urlaubserinnerungen
nicht verblassen!

Die Mehrheit der fotografierenden Weltenbummler bevorzugt für die Aufzeichnung ihrer Urlaubserinnerungen das farbige Papierbild, während für andere das Farbdia in der großflächigen Projektion das Nonplusultra bedeutet. Wofür Sie sich auch entscheiden, möglicherweise für beides und zwei Kameras: die Qualität Ihrer Bilder wird durch die Qualität des verwendeten Filmmaterials entscheidend mitbestimmt. Deshalb verwenden wir Filme, die auch von Profis gekauft werden.

Kodak beispielsweise, auf dem Filmsektor weltweit führend, bietet Filme für jede Kamera und jede Aufnahmesituation an. Die gebräuchlichsten Filme auf Reisen und auch sonst: Kodacolor Gold Filme für Papierbilder in satten, natürlich wirkenden Farben, und Ektachrome oder Kodachrome Filme für brillante Farbdias. Es gibt diese Filme in verschiedenen Lichtempfindlichkeiten: Mit dem Kodacolor Gold 200 Film (24°) werden Sie die meisten Tageslichtverhältnisse meistern, ebenso – falls Sie Dias bevorzugen – mit dem Ektachrome 200 oder dem Kodachrome 200 Film. Ein farblich überaus interessantes Material ist auch der neue Ektachrome 100 HC Film (21°). Für Aufnahmen bei wenig Licht und für Aufnahmen mit langbrennweitigen Teleobjektiven stehen auch Filme mit 400 und 1000 ISO (27° und 31°) zur Verfügung. So z.B. der neue Kodak Ektar 1000 Film, das in dieser Empfindlichkeitsklasse schärfste Material für Papierbilder mit exzellenter Farbwiedergabe.

Eine grundsätzliche Anmerkung noch zum Filmkauf: decken Sie den Filmbedarf für Ihre Reise bei Ihrem Fotohändler. Er wird Ihnen einwandfreies Material zu vernünftigen Preisen anbieten. Im Ausland müssen Sie fast überall mehr dafür bezahlen und oft auch für Material, dessen Qualität z.B. durch Hitzeeinwirkung gelitten hat. Wichtig ist auch, daß Ihre belichteten Filme möglichst bald in ein Fotolabor gegeben werden, damit Sie die Farben auf Ihren Bildern so wiederfinden, wie Sie sie gesehen haben.

Wie beim Filmmaterial sollten Sie auf Qualität und Ausrüstung der Kamera Wert legen – handlich in der Bedienung, vielseitig in der Aufnahmetechnik und trotzdem klein im Gepäck. Besonders das Objektiv ist entscheidend für die Qualität Ihrer Aufnahmen. Deshalb sind lichtstarke Zoomobjektive eine empfehlenswerte Ausrüstung. Bei Leica z.B. die Vario-R-Objektive 1:3,5/35-70 mm und Vario R 1:4/70-210 mm mit unerreichten Zeichnungseigenschaften in der Kleinbildfotografie.

Die heute viel verwendeten Kompaktkameras sind natürlich die einfachste Ausrüstung, um seine Urlaubserinnerungen festzuhalten. Auch in diesem Markt hat Leica mit ihren Qualitätsobjektiven ein Angebot: Leica AF-C1 ist mit allen Automatikfunktionen und einem Bifokal-Objektiv ausgestattet, das sich von der Weitwinkelposition 1:2,8/40 mm auf Knopfdruck in die Telestellung 1:5,6/80 mm umschalten läßt. Mit beiden Brennweiten sind auch Nahaufnahmen bis 70 cm möglich.

Und nun – viel Erfolg für ein „farbiges Reiseerlebnis".

REISE-NOTIZEN

REISE-NOTIZEN

REISE-NOTIZEN

REISE-NOTIZEN

REISE-NOTIZEN

REISE-NOTIZEN

Goldstadt-Reiseführer (0190)

EUROPA

Deutschland
Bayerischer Wald (2309)
Bodensee und Umgebung (2303)
Fichtelgebirge (2318)
Fränkische Schweiz (2319)
Harz (2305)
Oberpfalz (2310)
Odenwald (2313)
Schwäbische Alb, Donautal (2304)
Schwarzwald Nord (2302)
Schwarzwald Süd (2301)

Frankreich
Franz. Atlantikküste (2076)
Bretagne (4077)
Burgund (4072)
Cote d'Azur (2070)
Cote Languedoc - Roussillon (2071)
Korsika (2015)
Das Tal der Loire (4078)
Provence u. Camargue (2032)
Vogesen, Straßbg., Colmar (2023)

Griechenland (4218)
Kreta (2055)
Korfu (2054)
Rhodos (2022)

Großbritannien
Mittelengland -
  East Anglia (4082)
Nordengland (4083)
Schottland (4059)
Südengland (2058)

Irland (4042)

Island (4043)

Italien
Apulien u. Kalabrien (31)
Elba (2044)
Gardasee und Iseosee (2012)
Florenz (66)
Friaul - Julisch Venetien (2028)
Italienische Riviera (4)
Meran mit Ausflügen (2009)
Golf von Neapel (2025)
Rom (2026)
Sizilien (2024)
Südtirol (2010)
Toskana (2041)

Jugoslawien
Jugoslawische Adria (2027)

Malta Gozo, Comino (2046)

Niederlande (4216)

Österreich
Burgenland (2062)
Kärnten (2060)
Salzburger Land (2061)
Steiermark (2063)
Wien (2064)

Portugal (211)
Algarve (2011)
Azoren (6201)
Lissabon (2081)
Madeira (2045)

Schweiz
Berner Oberland (50)
Tessin (2051)
Zentralschweiz (49)

Skandinavien
Dänemark (4016)
Finnland (4040)
Lappland (29)
Norwegen (4039)
Schweden (4033)

Spanien
Costa Blanca (20)
Costa Brava (2002)
Costa del Sol,
  Costa de la Luz (2019)
Gran Canaria (2036)
  Lanzarote, Fuerteventura
Mallorca (2003)
Nordwestspanien (18)
Südspanien (4200)
Teneriffa (2035)
  La Palma, Gomera, Hierro

Tschechoslowakei (2013)

Ungarn (2037)

UDSSR
Leningrad (4214)
Moskau (4213)

Zypern (Republik, 4017)

AFRIKA
Algerien mit Sahara (4212)
Marokko (30)
Maur'itius (6234)
Namibia -
  Südwestafrika (6265)
Nigeria (204)
Seychellen (6229)
Südafrika (6215)
Tunesien (4021)

AMERIKA
Bolivien (6219)
Brasilien (245)
Chile (241)
  mit Feuerland u. Osterinsel
Cuba (246)
Ecuador mit Galapagos (6243)
Kolumbien (6242)
Peru (220)
USA - Gesamt (4207)
USA - Der Südwesten (6255)
New York (4038)
Venezuela (6244)

ASIEN
INDISCHER OZEAN
PAZIFISCHER OZEAN
Birma (235)
China (236)
Hawaii (6233)
Hong Kong (4222)
Israel (6251)
Japan (6224)
  Tokyo, Nara, Kyoto
Malaysia (6226)
Malediven (6228)
Nordindien und Nepal (6209)
Seoul (6237)
Südindien (6208)
Sri Lanka (6227)
Thailand (206)
Türkei (4217)

AUSTRALIEN (6231)
Neuseeland (6232)

Sprachführer

Die einfache Hörsprache –
lesen und sofort richtig sprechen
1401 Französisch   1406 Portugiesisch
1402 Englisch   1407 Italienisch
1403 Spanisch   1408 Türkisch
1404 Griechisch   1409 Russisch
1405 Serbokroatisch

Wanderführer

Spaziergänge u. Wanderungen vom
halbstündigen Küstenspaziergang
bis ganztägigen alpinen Bergtouren,
Fahrpläne und kleiner Sprachführer,
Übersichts- und Routenskizzen,
Fotos sw und Farbe, 96 Seiten.
Elba (453)   **Korsika** (455)
Gomera (452)   **Samos** (456)
Ischia (454)   **Teneriffa** (451)

Reisebücher

DER GROSSE GOLDSTADT

Bermuda (8702)
Reiseführer für Urlaubs- und Business-
Travellers. Impressionen und Informatio-
nen in Texten, Farbbildern und Karten.

Bermuda englisch (8705)

Heilige Stätten (8704)
Pilgerziel Jerusalem – allen
jüdischen, christlichen und moslemischen
heiligen Stätten widmet sich dieser
Pilger-, Reise- und Kunstführer.

Kenia
Safari- und Reiseführer (8706)
Marianne Mengier aus Erlangen schreibt:
„Wir sind viel in der Welt unterwegs,
aber kaum ein Reiseführer hat uns so
gute Dienste geleistet. . ."
FAZ: „... brillante Fotos ..., man hat das
Gefühl, daß man sich auf den Text ver-
lassen kann..."